Piero Zamperoni

Methoden der digitalen Bildsignalverarbeitung

Piero Zamperoni

Methoden der digitalen Bildsignalverarbeitung

mit 146 Abbildungen

Springer Fachmedien Wiesbaden GmbH

CIP-Titelaufnahme der Deutschen Bibliothek

Zamperoni, Piero:
Methoden der digitalen Bildsignalverarbeitung/
Piero Zamperoni. – Braunschweig; Wiesbaden:
Vieweg, 1989

Das in diesem Buch enthaltene Programm-Material ist mit keiner Verpflichtung oder Garantie irgend-
einer Art verbunden. Der Autor und der Verlag übernehmen infolgedessen keine Verantwortung und
werden keine daraus folgende oder sonstige Haftung übernehmen, die auf irgendeine Art aus der
Benutzung dieses Programm-Materials oder Teilen davon entsteht.

Der Verlag Vieweg ist ein Unternehmen der Verlagsgruppe Bertelsmann.

ISBN 978-3-528-03365-1   ISBN 978-3-322-83935-0 (eBook)
DOI 10.1007/ 978-3-322-83935-0

Est-il concevable
d'adhérer à une religion
fondée par un autre?
Cioran

Vorwort

Die digitale Bildsignalverarbeitung ist in den letzten Jahren zu einem weitgehend selbständigen Bereich geworden, der als Lehrfach in manchen Universitäten und Fachhochschulen und als Weiterbildungskurs angeboten wird. Durch die Verfügbarkeit billiger und leistungsfähiger Bildverarbeitungssysteme ist auch die Anzahl der Anwender von Bildverarbeitungsmethoden zur Lösung fachspezifischer Aufgaben in Medizin, Biologie, Werkstückerkennung, Materialforschung, Fernerkundung und in vielen anderen industriellen und wissenschaftlichen Gebieten stark angestiegen.

Allen diesen potentiellen Anwendern, sowie den Studenten der Universitäten und Fachhochschulen, möchte dieses Buch einen Überblick über die Methoden der digitalen Bildverarbeitung vermitteln. Der Umfang der einschlägigen Literatur und die Vielfalt der dort dargelegten Methoden ist so groß, daß, selbst bei etwa 250 Buchseiten, erhebliche Kompromisse zwischen Breite und Tiefe des behandelten Lehrstoffs erforderlich wurden. Ich hoffe, daß die hier getroffene Auswahl für möglichst viele der Leser einen akzeptablen Mittelweg bietet.

Einige sonst selten behandelte Themenbereiche, wie z. B. die Digitalgeometrie, die Bildanalyse durch Zerlegung in Elementarmuster und die mathematische Morphologie, die von großer praktischer Bedeutung sind, nehmen in diesem Buch eine wichtige Stelle ein. Für eine Vertiefung derjenigen Verfahren der Bildverarbeitung, die auf bereits klassische Gebiete aufbauen, wie z. B. die Digitalverarbeitung mehrdimensionaler Signale, die statistische Signaltheorie und die Mustererkennung, wurde auf entsprechende Lehrbücher verwiesen.

In der Stoffbehandlung wurden absichtlich die methodischen Aspekte betont, mit dem Hauptziel, auf die qualitative Auswirkung der besprochenen Bildoperatoren hinzuweisen und dem Leser eine Art Werkzeugpalette zur Verfügung zu stellen. Dies soll auch mit Hilfe von zahlreichen Experimentalergebnissen erreicht werden. Ein Überblick über die verfügbaren „Werkzeuge" und die Beschreibung der Wirkungsweise jedes einzelnen von ihnen soll den Leser in die Lage versetzen, Verfahren zur Lösung fachspezifischer Aufgaben durch Auswahl und Kombination von verschiedenen Methoden zu entwerfen.

Der Stoff dieses Buches bleibt ganz auf den Bereich der sogenannten "low-level-vision" beschränkt und erhebt keinen Anspruch, Themen der „künstlichen Intelligenz" aufzugreifen. Dies geschieht im Bewußtsein, daß es selbst auf dem Gebiet der low-level-vision noch zahlreiche offene Probleme gibt, und daß der Stand der Technik noch weit davon entfernt ist, alle Anforderungen der darauf aufbauenden Methoden der „künstlichen Intelligenz" zu erfüllen.

Zur Auswahl des Stoffes hat die in einem Fachhochschulkurs gesammelte Unterrichtserfahrung beigetragen; daher die Hoffnung, daß dieser Band als Leitfaden für ähnliche Lehrveranstaltungen oder für Weiterbildungskurse dienen kann.

Für Verbesserungs- und Ergänzungsvorschläge bin ich im voraus dankbar.

Für die Überlassung wertvollen Bildmaterials soll den folgenden Personen Dank ausgesprochen werden: H. von Borstel, L. Cordella, H.-U. Döhler, L. Graça, M. Henze, Y. Huang, V. Jungmann, M. Kocher, V. Märgner, C. Pennati, C. Politt, A. Sawchuk, K. Schäfer, G. Sommer und G. Thiesing. Ein Dank soll auch an die Herren T. Gude und H. Raulf für ihre Hilfe bei der Manuskriptherstellung und besonders an Prof. H. Schönfelder für seine moralische Unterstützung gehen. Schließlich, bin ich mir des Risikos bewußt, daß die sprachliche Ausdrucksweise dieser Arbeit stellenweise von einer venezianischen Färbung behaftet sein kann; soll dies sich doch in annehmbaren Grenzen halten, so ist das nur Frau G. Teistler zu verdanken.

Braunschweig, März 1989   *Piero Zamperoni*

Inhaltsverzeichnis

Kapitel 1

Digitalisierte Bilder

1.1 Struktur und Aufgaben eines Bildverarbeitungssystems

Bildaufnahme - Bildverbesserung - Erzeugung von Merkmalbildern - Bildcodierung - Bildanalyse - Gewinnung globaler Aussagen - Fachgebiete, die in die Bildverabeitung einfließen

Die schematische Struktur eines Bildverarbeitungssystems allgemeiner Art ist in *Abb. 1.1* gezeigt.

Eine Fernsehkamera oder ein sonstiger Bildsensor nimmt eine Szene auf und erzeugt ein analoges Bildsignal mit den dazugehörigen Synchronimpulsen, meistens nach der üblichen Fernsehnorm, wie für die Wiedergabe auf einem Fernsehmonitor erforderlich. Das Bildsignal wird jedoch zuerst mit Hilfe eines Analog/Digital-Wandlers abgestastet und in ein Digitalsignal umgewandelt. Damit findet eine wesentliche Veränderung des Bildsignals statt, deren Folgen für die gesamte Methodik der Bildverarbeitung von großer Bedeutung sind. Auf diese Folgen wird später im Abschnitt 1.2 ausführlich eingegangen.

Durch die Digitalisierung wird aus einem kontinuierlichen Signal ein sowohl in der Zeitdimension als auch im Grauwertbereich diskretes Bildsignal erzeugt. Im Zeitbereich besteht das Signal aus einer Folge von Abtastwerten, deren Wiederholungsrate nach dem Abtasttheorem aus der Bandbreite des analogen Bildsignals folgt. In der Grauwertskala ergibt sich die Anzahl $G = 2^n$ der reproduzierbaren Grauwertstufen aus der Anzahl n der Bits pro Abtastwert, mit der der Analog/Digital-Wandler arbeitet. Um dem Betrachter den Eindruck einer kontinuierlichen Grauwertskala ohne Diskretisierungseffekte zu vermitteln, sind mei-

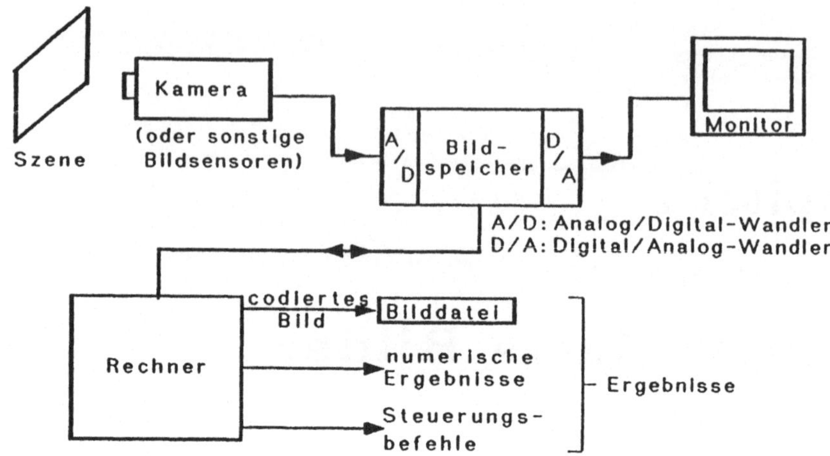

Abbildung 1.1: Schematische Darstellung eines Bildverarbeitungssystems.

stens $n = 8$, in manchen Fällen $n = 6$ Bit/Abtastwert ($G = 256$ bzw. $G = 64$ Graustufen) ausreichend (s. auch Abb. 1.2 und 1.3).

Der digitale Bildspeicher hat die Aufgabe, ein Vollbild aus dem Bildsignal in dem vom Analog/Digital-Wandler angebotenen Format festzuhalten, damit die entsprechenden Bilddaten für den Rechner verfügbar sind. Der Rechner verarbeitet die Bilddaten nach gegebenen Programmen. Die Algorithmen, Operatoren und Methoden, die, in geeignete Rechnerprogramme umgesetzt, zur Verarbeitung verwendet werden, sind Gegenstand dieses Buches. Da es digitalisierte Bilddaten sind, die verarbeitet werden, spricht man hier von "digitaler" Bildverarbeitung, im Gegensatz zur optischen Bildverarbeitung, die im Bereich der optischen Nachrichtentechnik angesiedelt ist, oder zur analogen Bildverarbeitung, die z.B zur Verbesserung der Bildqualität in der Fernsehstudiotechnik dient, und deren Ausgangspunkt das analoge Bildsignal ist.

Die Ergebnisse der Bildverarbeitung können, je nach Aufgabenstellung und Anwendungsgebiet, sehr unterschiedlicher Art und Form sein. Vom Anwendungsgebiet abgesehen, kann man verschiedene Kategorien von Zielen unterscheiden, je nach dem Grad der Abstraktion aus den ursprünglichen "rohen" Bilddaten. Auch die Datenstruktur der Ergebnisse ist von Kategorie zu Kategorie unterschiedlich. Man kann beispielsweise die folgenden Aufgabengruppen umreißen:

I) Bildverbesserung
Das Ziel ist hier, Verluste an Bildqualität, die z.B. durch Rauschen, Unschärfe, schlechte Grauwertdynamik, Impulsstörungen, Geometrieverzerrungen u.a. auf-

treten können, möglichst gut zu kompensieren. Die Datenstruktur des Originalbildes als zweidimensionales Feld von $n \times n$ Grauwerten (z.B. $n = 512$) wird nicht
verändert. Das verbesserte Bild ist im wesentlichen für eine visuelle Auswertung
durch einen Benutzer bestimmt, der oft als Fachmann in einem der möglichen
Anwendungsgebiete der Bildverarbeitung auch anwendungsbezogene Gütekriterien für die Ergebnisbilder aufstellt. Durch die Bildverarbeitung soll die visuelle
Auswertung insofern unterstützt werden, daß interessierende Muster oder Objekte
verdeutlicht oder erst recht sichtbar gemacht, Störungen und irrelevanter Bildinhalt dagegen unterdrückt werden sollen.

II) Erzeugung von Merkmalbildern
Als Merkmalbilder werden hier Grauwertbilder mit symbolischer Bedeutung gekennzeichnet. Das Ergebnis hat zwar noch die Datenstruktur eines $n \times n$ -Feldes,
aber jedes Element dieses Feldes ist nicht ein Grauwert, sondern der numerische
Wert eines am entsprechenden Bildpunkt gemessenen Merkmals, z.B. die Kan-
tenstärke, die Detailstärke, das Anisotropiemaß der Textur u.a. In anderen Fälllen
kann es sich um ja/nein-Prädikate handeln, wie z.B. die abgeschätzte Zugehörigkeit eines Bildpunktes entweder zu einem Objekt oder zum Hintergrund. Diese
Zugehörigkeit kann im entsprechenden Bildpunkt symbolisch durch eine Binärzahl
(ja $= 1 =$ weiß, nein $= 0 =$ schwarz) dargestellt werden. Das Ergebnisbild, wie z.B.
ein sogenanntes "Kantenbild" (s. auch Abschnitt 4.4), hat zwar die Struktur eines
Bildes und ist meistens für eine visuelle Auswertung bestimmt; es hat aber nicht
die semantische Bedeutung einer natürlichen Szene und kann oft nur von einem
Fachmann, der als Betrachter eben am zu extrahierenden Merkmal interessiert ist,
interpretiert werden.

III) Bildcodierung
Das Ergebnis ist ein codiertes Bild, das nicht explizit als Feld von $n \times n$ Grauwerten vorliegt sondern zur Wiedergabe als sichtbares Bild erst decodiert werden
muß. Als Beispiel kann hier die Konturcodierung (s. Abschnitt 1.3) erwähnt
werden. Der wichtigste Aspekt der Codierung in der Bildverarbeitung ist die
Möglichkeit, das Bild in einer strukturierten Datei zu erfassen, deren Bestandteile
abgeschlossene und visuell relevante Gebiete aus dem Bildinhalt darstellen, wie
z.B. Objekte, Regionen, Kurven oder Strukturen. Außerdem kann diese Datei
hierarchisch strukturiert werden (s. Abschnitt 6.4.), d.h. die Bilddaten sind dort
schichtweise abgelegt. Diese Schichten beinhalten zuerst eine grobe Bilddarstellung, dann weiteres Detail mit steigender Feinheit. Bei der Bildrekonstruktion
ist dadurch der Benutzer in der Lage, eine schnelle, aber grobe Bildwiedergabe
zu bewirken und nach Wunsch beliebig viel zusätzliches Detail mit Inkaufnahme
einer längeren Wiedergabezeit hinzuzufügen, bis zur fehlerfreien Rekonstruktion
des Originalbildes. Die Möglichkeit, solche strukturierten Bilddateien aufzubauen,
ist in der Bildverarbeitung der wichtigste Aspekt der Codierung, im Gegensatz
zur Bildübertragung, wo die Datenkompression durch Reduktion der statistischen

Redundanz und der Irrelevanz im Vordergrund stehen.

IV) Bildanalyse

Hier ist das Ziel die Extraktion komplexerer Informationen aus dem Bild, die sich auf ganze Objekte oder Bildregionen beziehen und bereits ein höheres Niveau der Bildbeschreibung darstellen. Die Datenstruktur der Ergebnisse ist vom ursprünglichen Bildformat meistens weit entfernt. Man erhält z.B. Listen der im Bilde auftretenden Objekte mit ihren Merkmalen, wie Fläche, Formfaktor, Konkavitäten u.a., oder eine schematische Objektbeschreibung mit Hilfe seines Skeletts (s. Abschnitt 5.3.) oder des Konkavitätsbaums (s. Abschnitt 6.4.5.).
Im Extremfall kann die Bildanalyse auf der Ebene der "low level vision" auf die Herstellung einer inhaltlichen Szenenbeschreibung hinzielen, wobei Objekte und Bildregionen mit ihren gegenseitigen räumlichen Beziehungen erkannt und explizit beschrieben werden. Dieser "high level vision"-Aspekt der Bildanalyse ist nicht Gegenstand dieses Buches.

V) Globale Aussagen, Steuerbefehle

Ist die Bildverarbeitung Teil eines komplexen Prozesses in der Fertigung, Automation oder Auswertung naturwissenschaftlicher Daten, so kann ihr die Aufgabe gestellt werden, eine globale Aussage über eine Szene zu liefern, die automatisch zur Steuerung weiterer Vorgänge verwendet werden soll. In der Werkstückerkennung kann es z.B. eine ja/nein-Entscheidung sein, ob die Qualität eines Prüflings der Norm entspricht. In der rechnerunterstützten medizinischen Diagnose kann es sich z.B. um das Auftreten verdächtiger Gewebestrukturen handeln u.s.w. In diesem Fall hat man die höchste Abstraktion der Ergebnisse in bezug auf den Bildinhalt, da aus der gesamten Menge der Bilddaten schließlich nur ein oder wenige bit Information extrahiert werden.

Sofern das Ergebnis der Bildverarbeitung unter den Punkten I, II und – nach entsprechender Decodierung – III fällt, wird es als $n \times n$ - Grauwertfeld vom Bildspeicher in Abb. 1.1 festgehalten. Nach der Digital/Analog-Wandlung und Hinzufügung der erforderlichen Synchronimpulse kann das Ergebnisbild über den Monitor zur Betrachtung wiedergegeben werden. Hierzu übernimmt der digitale Bildspeicher die Funktion eines Wiederholungsspeichers mit der im Fernsehen üblichen Bildrate von 25 Vollbildern/Sekunde, um ein stehendes Bild zu erzeugen.

Die digitale Bildsignalverarbeitung kann noch nicht als etablierte, eigenständige Disziplin betrachtet werden. Sie ist aber für viele "klassische" Gebiete, die in sie einfließen, interessant, weil oft der praktische Einsatz zahlreicher Methoden aus diesen Gebieten erforderlich ist. Die wichtigsten dieser Gebiete sind:

- Nachrichtentechnik

- Informationstheorie

- Statistische Signaltheorie

- Videotechnik

- Mustererkennung

- Theorie der Zellularautomaten

- Geometrie und Topologie

- Algebra

- Dynamische Optimierung

Systematische Kenntnisse der Methoden dieser Disziplinen sind notwendig, jedoch meistens nicht hinreichend, um komplexe Bildverarbeitungsprobleme zu lösen. Vielmehr sind auch Erfindungsgabe, Heuristik (wie z.B. bei der Festlegung geeigneter Merkmale zur Bildbeschreibung) und Phantasie oft unentbehrlich.

1.2 Diskrete Bilddaten und Geometrie auf einem diskreten Bildraster

Räumliche Auflösung - Grauwertauflösung - Binärbilder - Diskrete Geometrie - Bildpunkt - Nachbarschaftsbeziehungen - Pfad - Digitales gerades Segment - Entfernung - Metrik - Kreisscheibe - Winkelauflösung - Konvexität - Hexagonales Raster

Wie im vorigen Abschnitt erwähnt, besteht ein digitalisiertes Bild aus einer diskreten Anzahl von Bildpunkten, die der Kapazität des vorhandenen Bildspeichers entspricht. Die Grauwerte der Bildpunkte werden im Analog/Digital-Wandler durch Abtastung des kontinuierlichen Videosignals gewonnen. Die Abtastfrequenz f, die erforderlich ist, um aus dem zeitdiskreten Signal das kontinuierliche Originalsignal verzerrungsfrei wiederzugewinnen, wird vom Abtasttheorem festgelegt und beträgt $2 \cdot f_B$, wenn f_B die Bandbreite des analogen Bildsignals ist [34]. Zum Abtasttheorem für ein- und zweidimensionale Signale und zu den Rekonstruktionsfehlern, die sich bei unzureichender Abtastfrequenz ergeben (aliasing), wird hier auf die einschlägige Literatur verwiesen [1].

Im Rahmen dieser Arbeit wird davon ausgegangen, daß ein mit Einhaltung des Abtasttheorems digitalisiertes Originalbild als zweidimensionales Feld von $n \times n$ Grauwerten, mit einem typischen Wert von $n = 512$, vorliegt. Diese räumliche Auflösung entspricht etwa der Qualität eines Fernsehbildes. Die auftretenden Qualitätsverluste bei Reduzierung der Auflösung auf $n = 64, 32$ und 16 sind in *Abb. 1.2*

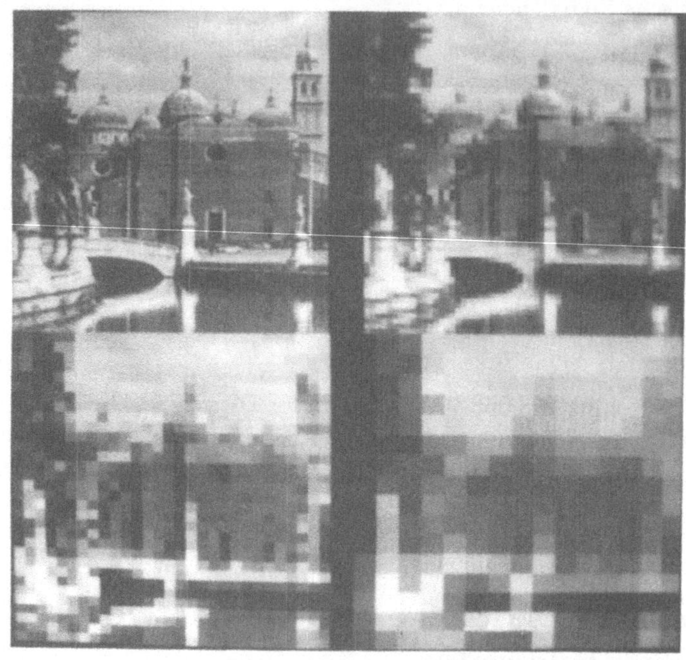

Abbildung 1.2: Einfluß der räumlichen Auflösung von nxn Bildpunkten auf die
Bildqualität. O.l.: n = 256; o.r.: n = 64; u.l.: n = 32; u.r.: n = 16.

dokumentiert. Die Grauwertauflösung beträgt meistens 8 Bit/Abtastwert, da dieser Wert für eine gute Wiedergabe der vollen Grauwertskala mit 256 Graustufen ausreicht. Außerdem beansprucht damit bei der Bildspeicherung jeder Bildpunkt genau 1 Byte. Die bei einer Herabsetzung dieser Zahl auf 6, 3, 2 und
1 Bit/Bildpunkt auftretenden Diskretisierungseffekte, die eine Bildqualitätsver-
schlechterung bewirken, sind in *Abb. 1.3* dokumentiert. Neben Grautonbildern mit
8 Bit/Bildpunkt und voller Grauwertauflösung sind Binärbilder von großer Bedeutung. Diese werden auch Schwarz/Weiß-Bilder genannt, weil sie nur die Grauwerte
0 = schwarz und 255 = weiß beinhalten. Binärbilder sind deshalb wichtig, weil
sie oft, und besonders im Bereich der automatischen Werkstückerkennung, die gesamte relevante Forminformation der abgebildeten Objekte beinhalten. Manchmal
ist es auch so, daß die abgebildete Szene inhaltlich einem Binärbild entspricht (z.B.
ein flaches Werkstück einheitlicher Farbe auf einem homogenen Hintergrund, eine
graphische Zeichnung, Schrift u.s.w.), während alle übrigen Grauwerte zwischen
schwarz und weiß durch die Kameraaufnahme auf Grund verschiedener Störfak-
toren unvermeidlich entstehen. In solchen Fällen würde die Eliminierung aller
Grauwerte zwischen 1 und 254 bei Erhaltung aller Formmerkmale des Bildes keinen Verlust, sondern sogar einen Gewinn an Qualität darstellen. Diese Operation,
allgemein Grauton-Binär-Umwandlung oder Binarisierung genannt, kann meistens

Abbildung 1.3: Einfluß der Grauwertauflösung mit b Bit/Bildpunkt auf die Bildqualität. O.l.: b = 6; o.r.: b = 3; u.l.: b = 2; u.r.: b = 1.

nicht so problemlos durchgeführt werden, wie man sich vielleicht intuitiv vorstellt; auf diese Problematik wird in Abschnitt 2.3. näher eingegangen.

Eine Binarisierung des Originalbildes ist, wenn sie dem Bildinhalt entspricht, auch deshalb vorteilhaft, weil dadurch eine Datenreduktion von 8 auf 1 Bit/Bildpunkt stattfindet. Außerdem können lokale Operatoren (s. Kapitel 3.) und Punkt-zu-Punkt-Verknüpfungen zwischen Binärbildern als logische Operationen zwischen Binärgrößen in Rechnerprogrammen oder durch spezielle Hardware vorteilhaft durchgeführt werden. Schließlich können auch Grautonbilder auf Binärbilder zurückgeführt werden, wenn man jede Bit-Ebene eines Bytes, der den Grauwert eines Bildpunktes darstellt, als selbständiges Binärbild betrachtet und erst nach Durchführung eines Bit-Schicht-Operators (s. z.B. [261], [267]) die 8 Bit-Ebenen zu einem einzigen Grauwert verknüpft.

Wie bereits im vorigen Abschnitt erwähnt, hat die Tatsache, daß die Bildebene, d.h. der Definitionsbereich der Grauwertfunktion, diskret ist, schwerwiegende Folgen auf die Bildverarbeitung, weil alle Grundbegriffe der euklidischen Geometrie, die zum Teil axiomatischer Natur sind, neu definiert und gründlich durchdacht werden müssen. Um diesen Sachverhalt zu verdeutlichen, kann man sich auf die

Betrachtung von Binärbildern beschränken und einen Versuch unternehmen, einige Begriffe der diskreten Geometrie zu definieren. Für eine ausführliche Einführung in die digitale Geometrie kann auf [5] verwiesen werden.

Zuerst ist es notwendig, für die Abbildung eines kontinuierlichen Objektes auf die diskrete Bildebene eine Diskretisierungsvorschrift zu vereinbaren. Die diskrete

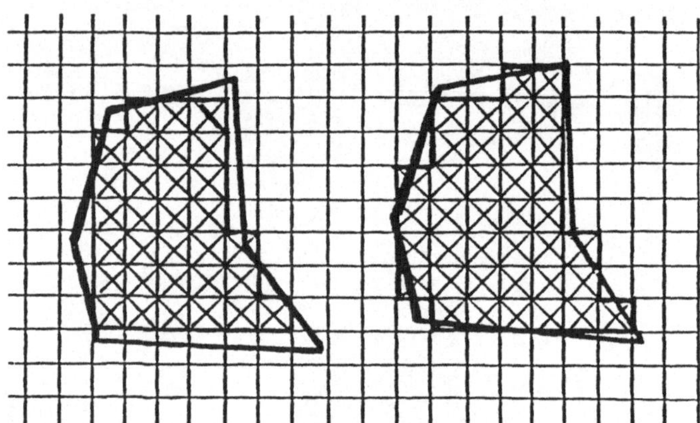

Abbildung 1.4: Diskretisierungseffekte in Abhängigkeit von der Lage eines Objektes auf dem quadratischen Raster.

Bildebene besteht aus einem quadratischen Raster, wie in *Abb. 1.4* gezeigt, in dem jede Zelle einen Bildpunkt darstellt. Das Zugrundelegen eines quadratischen Rasters ist zweckmäßig, da es den physikalischen Gegegebenheiten eines von einer herkömmlichen Kamera erzeugten Bildsignals entspricht. Andere Raster, wie z.B. das hexagonale Raster (s. auch Abb. 1.11a) haben andere Vorteile, sind jedoch technisch schwieriger zu realisieren.

Als Diskretisierungsvorschrift bietet sich die Regel an, daß ein Bildpunkt als Element des diskretisierten Objektes gilt, wenn seine Fläche zu 50% oder mehr vom kontinuierlichen Objekt abgedeckt ist. Wie die Abb. 1.4 zeigt, treten bereits hier die ersten Schwierigkeiten mit der diskreten Bildebene auf. Je nach der Lage des Objektes auf dem Raster ergeben sich auffällige Formunterschiede der diskretisierten Objekte. Diese Unterschiede sind desto gravierender, je kleiner die Fläche der Objekte ist. In einigen Fällen können, selbst bei größeren Objekten, wichtige Merkmale wie die Konvexität oder die Anzahl der einfach zusammenhängenden Teile von der Lage des Abtastrasters abhängen.

Geht man vom Punkt als elementarsten Begriff der Geometrie aus, so liegt es nahe, eine Rasterzelle als Bildpunkt zu definieren. Im Gegensatz zum Punkt der klassischen Geometrie, hat ein diskreter Bildpunkt eine nicht unendlich kleine

Fläche. Alle weiteren geometrischen Begriffe können dann in einer Reihenfolge aufgebaut werden, die nicht unbedingt die gleiche wie in der klassischen Geometrie sein muß. Eine genaue Definition der digitalen Gerade z.B. kann erst später, nach der Einführung des Konturcodes (s. Abschnitt 1.3) gegeben werden. Die *Abb. 1.5* zeigt, daß es intuitiv nicht möglich ist, zu bestimmen, ob die diskreten Objekte, die sich aus der Diskretisierung eines geraden Segmentes und eines konvexen Objektes der euklidischen Geometrie ergeben, gerade bzw. konvex sind.

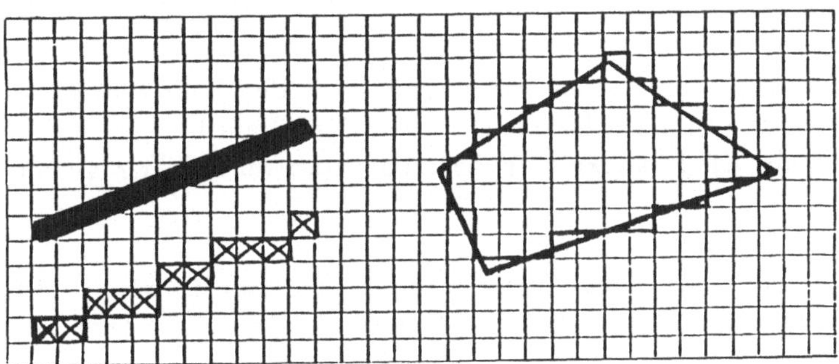

Abbildung 1.5: Diskretisierung eines geraden Segmentes und eines konvexen Polygons.

Der nächste Schritt in die diskrete Geometrie ist die Festlegung der Nachbarschaftsbeziehungen, d.h. der Untermenge der Bildpunkte der Ebene, die mit einem gegebenen Bildpunkt P benachbart sind. Diese Festlegung ist notwendig, weil es kein intuitives Kriterium gibt, um zu entscheiden, ob diagonal angrenzende Bildpunkte benachbart sein sollen oder nicht. Die *Abb. 1.6a und b* zeigen die zwei gebräuchlichsten Arten von Nachbarschaftsbeziehungen, nämlich die 4-Nachbarschaft und die 8-Nachbarschaft. Im Prinzip wären jedoch auch andere Nachbarschaften möglich, indem man einfach die Bildpunktmenge festlegt, die mit einem Bildpunkt P benachbart ist, wie z.B. die in Abb. 1.6c abgebildete pseudohexagonale Nachbarschaft. Solche ungewöhnlichen Nachbarschaftsarten haben allerdings geringe praktische Bedeutung.

Auf der Basis der Nachbarschaft kann man einen 4-Pfad oder einen 8-Pfad zwischen zwei Bildpunkten P_1 und P_2 als eine Folge von benachbarten Bildpunkten definieren, die von P_1 zu P_2 führen. In Abb. 1.6d ist ein geschlossener 8-Pfad abgebildet, der eine digitalisierte geschlossene Kurve darstellt. Diese Kurve ist insgesamt als 8-Pfad zu betrachten, weil sie, neben einem echten 4-Pfad, auch die Strecke AB beinhaltet, die nur unter Voraussetzung der 8-Nachbarschaft zusammenhängend ist. Egal ob man sich auf 4- oder auf 8-Nachbarschaft festlegt, ergeben sich bei einem quadratischen Raster einige unüberwindbare Widersprüche, die

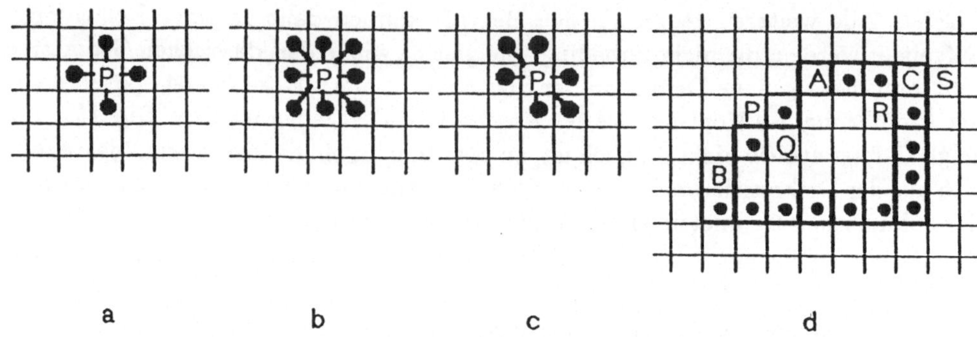

a   b   c   d

Abbildung 1.6: Nachbarschaftsbeziehungen auf der diskreten Ebene mit quadratischem Raster. a) 4-Nachbarschaft; b) 8-Nachbarschaft; c) pseudo-hexagonale Nachbarschaft; d) paradoxe Nachbarschaftsbeziehungen der 4- und der 8-Nachbarschaft.

in Konflikt mit unserer geometrischen Intuition stehen. Bei der 8-Nachbarschaft sind die Hintergrundpunkte P und Q in Abb. 1.6d benachbart, obwohl man von einer geschlossenen digitalen Kurve erwarten würde, daß sie die Ebene in zwei nicht zusammenhängende Regionen teilt. Wenn man sich andererseits auf die 4-Nachbarschaft festlegt, ist ACB eine offene und zusammenhängende digitale Kurve. Entfernt man den Bildpunkt C, so zerfällt diese Kurve in zwei Stücke und man könnte erwarten, daß über die Öffnung ein zusammenhängender Pfad RCS im Hintergrund zustandekäme. Das ist jedoch nicht der Fall, da R und C nicht benachbart sind.

Um diese Widersprüche aufzuheben, ist es bei Binärbildern üblich, für die Objekte eine 8-Nachbarschaft und für den Hintergrund eine 4-Nachbarschaft festzulegen. In dieser Arbeit wird, wenn nicht anders hingewiesen, diese Festlegung zugrundegelegt.

Die Länge L eines Pfades zwischen zwei Bildpunkten A und B kann als die Anzahl der Schritte dieses Pfades definiert werden, z.B. $L_8 = 3$ im kürzeren 8-Pfad und $L_4 = 14$ im längeren 4-Pfad über C in Abb. 1.6d. Danach könnte man ein digitales gerades Segment (DGS) $\overline{AB}$ als einen Pfad minimaler Länge zwischen A und B auffassen. Diese sich an die euklidische Geometrie anlehnende Definition ist jedoch aus den folgenden zwei Gründen unbefriedigend:

- Wie in *Abb. 1.7* verdeutlicht, ist die Definition nicht eindeutig, da es mehrere Pfade minimaler Länge ($L_8 = 7$ in Abb. 1.7a und $L_4 = 12$ in Abb. 1.7b) und zum Teil recht unterschiedlichen Verlaufs gibt.

- Wie später im Abschnitt 1.3 im Zusammenhang mit der Konturcodierung deutlich werden wird, erfüllen einige der Realisierungen des DGS $\overline{AB}$ nicht die Bedingungen eines digitalen konvexen Objektes. Nach unserer intuitiven Vorstellung eines DGS, das als Sonderfall eines diskreten Objektes mit Fläche $\neq 0$ betrachtet werden kann, soll jedoch dieses Objekt konvex sein, da es auf keiner Seite gekrümmt sein darf.

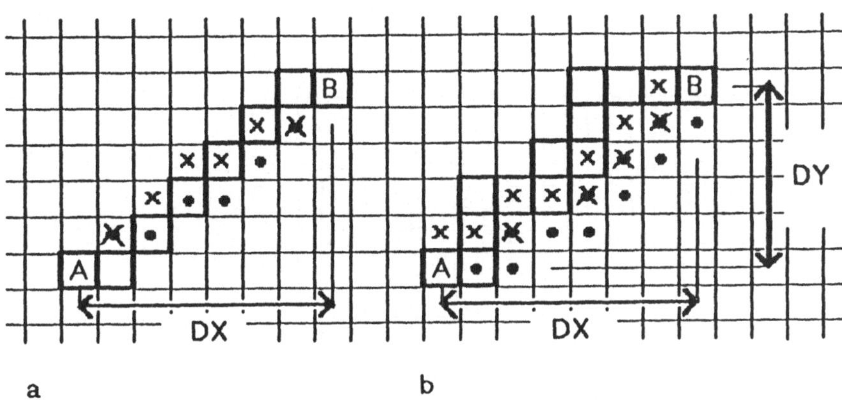

Abbildung 1.7: Minimale Pfade in einem quadratischen Raster. a) 8-Nachbarschaft; b) 4-Nachbarschaft.

Eine genaue Definition des DGS wird ebenfalls später im Abschnitt 1.3, nach der Einführung des Konturcodes, zusammen mit einem Algorithmus zur Erkennung von DGS gegeben.

Aus der Abb. 1.7 geht auch der Ausdruck der 8-Entfernung D_8 und der 4-Entfernung D_4 zwischen den Bildpunkten A und B hervor:

$$D_8 = \max(DX, DY) \qquad D_4 = DX + DY \qquad (1.1)$$

Der Begriff der Entfernung auf einer diskreten Ebene mit quadratischem Raster muß hier etwas vertieft werden. Es ist zu klären, inwieweit Distanzfunktionen, wie D_4 und D_8 in (1.1), auf der diskreten Ebene definierbar sind, die sowohl der intuitiven Vorstellung der Entfernung der euklidischen Geometrie entsprechen, als auch einige axiomatische Bedingungen erfüllen. Eine Distanzfunktion d_{AB} zwischen den Bildpunkten A und B hat metrische Eigenschaften (ist eine Metrik [46]) wenn sie die folgenden Bedingungen erfüllt:

$$
\left.
\begin{array}{ll}
\text{a)} & d_{AB} \geq 0 \\
\text{b)} & d_{AB} = 0 \quad \text{dann und nur dann, wenn} \quad A = B \\
\text{c)} & d_{AB} = d_{BA} \\
\text{d)} & d_{AB} \leq d_{AC} + d_{BC} \quad \text{(Dreieck-Ungleichung)}
\end{array}
\right\} \qquad (1.2)
$$

In [7] wird der Themenkomplex der Distanz und der Metrik auf einer diskreten Ebene, sowie der Näherung der euklidischen Distanz ausführlich behandelt. Man kann zeigen ([7]), daß sowohl D_8 als auch D_4 und die euklidische Distanz Metriken sind.

Eine Kreisscheibe mit Radius r und Zentrum A ist die Menge der Bildpunkte P der Ebene, für die $d_{AP} \leq r$ gilt. Die *Abb. 1.8 a und b* zeigt die Form der

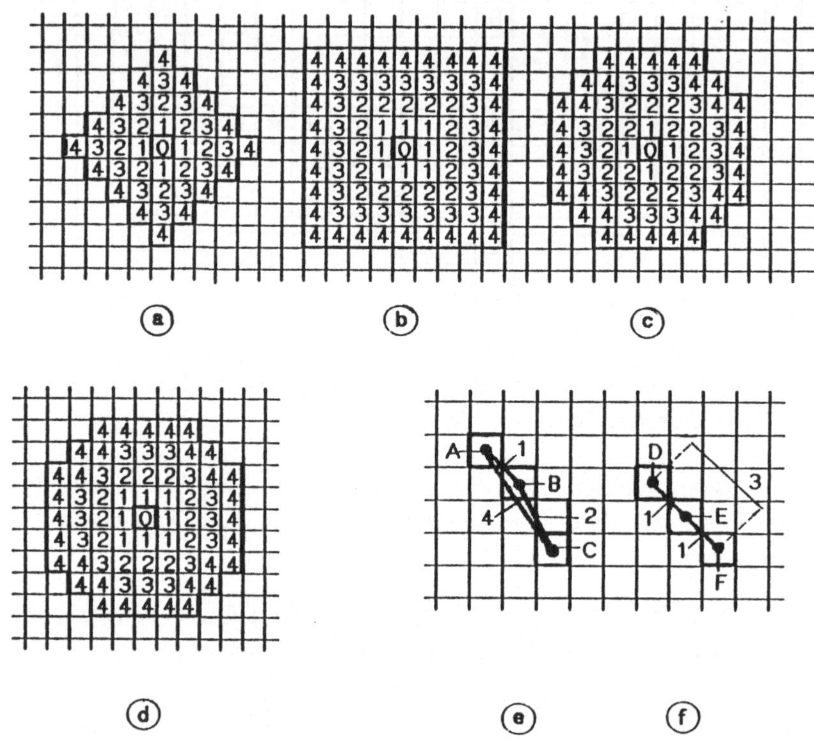

Abbildung 1.8: Digitale "Kreise" mit: a) 4-Entfernung; b) 8-Entfernung; c) Oktagon-Entfernung; d) bester Näherung der euklidischen Entfernung.

"Kreise", die sich ergeben, wenn man als Distanzfunktion D_4 bzw. D_8 zugrundelegt. Die Zahlen in Abb. 1.8 stellen die Entfernungen des jeweiligen Bildpunktes zum Zentrum dar. Man stellt fest, daß die Form dieser "Kreisscheiben" von der gewöhnlichen Form stark abweicht, was bei Aufgaben, in denen es um Messungen an digitisierten Objekten geht, unbefriedigend sein kann. Zwei Möglichkeiten, bessere Näherungen der Formen der euklidischen Geometrie zu erzielen, sind in Abb. 1.8 c) und d) dargestellt. Die Kreisscheibe von Abb. 1.8c ist durch alternierende Anwendung, Schicht nach Schicht, von D_4 und D_8 aufgebaut. Man kann zeigen ([7]), daß auch die entsprechende Oktagon-Distanz:

$$D_0 = \max(D_8, D) \qquad \text{mit} \quad D = \text{Integer}[\tfrac{2}{3}(D_4 + 1)] \qquad (1.3)$$

eine Metrik ist, weil sowohl D_8 als auch D Metriken sind. Die andere Möglichkeit ist, wie in Abb. 1.8d gezeigt, die Distanz als die beste Integer-Näherung D_{euk} der euklidischen Distanz zu definieren. Das Besondere von D_{euk} ist, daß sie keine Metrik ist, weil sie die Bedingung (1.2d) nicht erfüllt [7]. Dies ist aus den Bildern 1.8e und 1.8f ersichtlich. Dort ist

$$4 = d_{AC} > d_{AB} + d_{BC} = 1 + 2 = 3 \qquad \text{und} \qquad 3 = d_{FD} > d_{DE} + d_{EF} = 1 + 1 = 2$$
$$(1.4)$$

Das bedeutet, daß die Länge eines DGS größer als die Summe der Längen der zwei Teilsegmenten werden könnte, in die es zerlegt worden ist. Trotz dieses Nachteils wird die euklidische Distanz in vielen praktischen Anwendungen auf Vermessungsaufgaben in digitalisierten Objekten deshalb verwendet([8], [9], s.auch Abschnitt 5.2.), weil die damit verbundenen absoluten Fehler in der Größenordnung eines Bildpunktes bleiben. Bei D_8 oder D_4 können dagegen prozentuale Abweichungen bis +41% bzw. −30% auftreten.

Ein weiterer wichtiger Aspekt der digitalen Geometrie ist die Winkelauflösung, die auf einer diskreten Ebene erreichbar ist und deren Grenzen in *Abb. 1.9* verdeutlicht werden. Betrachtet man unterschiedliche Realisierungen eines DGS als ein

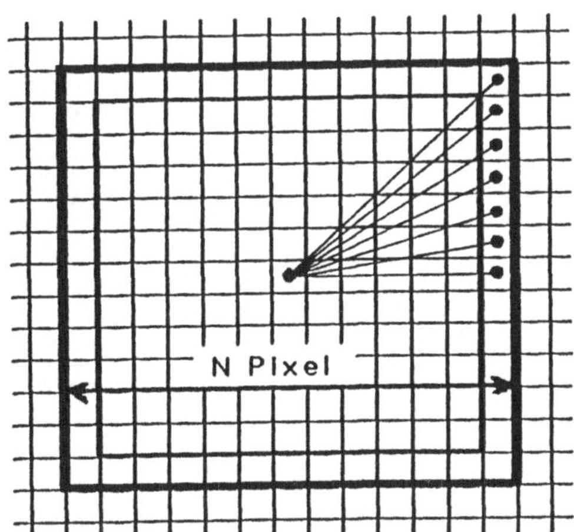

Abbildung 1.9: Winkelauflösung in einem quadratischen Raster von $N \times N$ Bildpunkten.

einziges DGS, so kann der zentrale Bildpunkt eines Bildfeldes von $N \times N$ Bildpunkten nur über $4(N - 1)$ unterschiedliche digitale gerade Strecken mit dem Bildrand verbunden werden. Die obere Grenze β der damit erreichbaren Winkelauflösung beträgt

$$\beta = \frac{\pi}{2(N-1)} \tag{1.5}$$

Für $N = 128$ ergibt sich z.B. $\beta = 0,725^\circ$. Eine obere Auflösungsgrenze dieser Größenordnung ist durchaus akzeptabel. Wenn es aber darum geht, die relative Winkellage kleiner Binärobjekte zueinander, wie z.B. quadratischer Werkstücke der Größe $N \times N$, zu messen, dann kann die Bildauflösung kritisch werden. Mit $N = 20$ erhält man $\beta = 6,525^\circ$, eine zur automatischen Positionierung von Werkstücken möglicherweise unzureichende Winkelauflösung. Deshalb muß bei der Formulierung von Winkelpositionierungsaufgaben im industriellen Bereich die Winkelauflösungsgrenze immer im Auge behalten werden.

Eine für die Formanalyse sehr wichtige Eigenschaft ist die Konvexität. Die Wichtigkeit der Erkennung konvexer Objekte wird in den Abschnitten 1.3. und 6.4.4. in Zusammenhang mit der Konturcodierung noch deutlicher erscheinen, da konvexe Binärobjekte beliebiger Form durch den Konturcode mit starker Datenreduktion dargestellt werden können. In der euklidischen Geometrie wird als konvex ein Objekt definiert, bei dem das Segment, das zwei beliebige Objektpunkte verbindet, wie in *Abb. 1.10a* gezeigt, ganz im Objekt liegt. Wie kann man nun diese

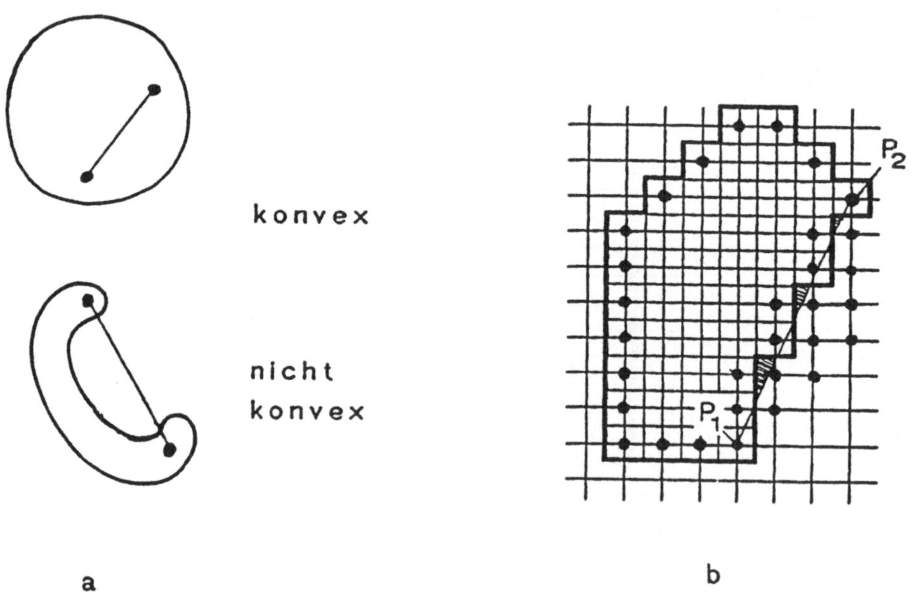

Abbildung 1.10: Konvexität in der euklidischen Ebene (a) und in der diskreten Ebene auf der Basis der Sehneneigenschaft (b).

Definition auf die diskrete Geometrie übertragen, wenn das DGS zwischen zwei Bildpunkten nicht eindeutig definiert ist (s. Abb. 1.7) ? Von den zahlreichen

Vorschlägen und Auffassungen des Konvexitätsbegriffs, die in der Fachwelt Niederschlag gefunden haben ([2], [10], [11], [12]), sollen hier die folgenden erörtert werden:

1. Ein diskretes Objekt g ist konvex, wenn es mindestens ein kontinuierliches konvexes Objekt gibt, dessen Diskretisierung im gegebenen Raster g ist. In diesem Fall ist mindestens eines der zwischen zwei beliebigen Bildpunkten A und B (mit $A \in g$ und $B \in g$) konstruierbaren DGS ganz in g enthalten ([10], [11]).

2. "Sehneneigenschaft" (chord property [2], [13], s. Abb. 1.10b): ein diskretes Objekt g ist genau dann konvex, wenn für beliebige Bildpunkte $P_1 \in g$, $P_2 \in g$ die Fläche (gestrichelt) zwischen dem Umriß von g und der euklidischen Gerade durch die Zentren von P_1 und P_2 keine Zentren von Rasterzellen beinhaltet.

3. E_{12} sei die euklidische Länge des Polygonzuges, der die Zentren der Rasterzellen eines 8-Pfades zwischen zwei beliebigen Bildpunkten P_1 und P_2 eines diskreten Objektes g verbindet. g ist genau dann konvex, wenn alle diejenigen 8-Pfade, für die $E_{12} \Rightarrow$ min gilt, ganz in g liegen [12]. Das Objekt der *Abb. 1.10b* ist in diesem Sinne nicht konvex. Durch Hinzufügung der Hintergrundzellen mit Zentren, die durch • gekennzeichnet sind, würde g konvex werden.

Von diesen drei Definitionen der Konvexität ist 3. die restriktivste und 1. die am wenigsten restriktive. Definition 2. kommt dem Konvexitätsbegriff der euklidischen Geometrie sehr nahe und ist weit verbreitet. Andererseits hat die Definition 3. bei der Analyse und Codierung von Binärbildern praktische Vorteile, die im Abschnitt 1.3 in Zusammenhang mit der Konturcodierung näher erläutert werden. Man kann nämlich zeigen, daß ein im Sinne der Definition 3. konvexes Binärobjekt beliebiger Form und Größe durch einen geordneten Satz von 10 Zahlen fehlerfrei dargestellt werden kann.

Ein digitales gerades Segment (DGS) ist, im Gegensatz zu einem Segment der euklidischen Geometrie, auch ein digitales Objekt mit Fläche $\neq 0$, da es aus Bildpunkten einheitlicher Fläche besteht. Man kann die begründete Forderung stellen, daß dieses Objekt konvex sein muß, da intuitiv beide Seiten eines Segmentes frei von Krümmungen bzw. Konkavitäten sein sollten. Die Definition 2. kommt dieser Forderung nach, und auf ihrer Grundlage kann man mit Hilfe des Konturcodes zeigen, daß es zwischen zwei Bildpunkten höchstens zwei unterschiedliche DGS geben kann [14]. Dagegen gibt es nach der Definition 3. nur dann ein (und ein einziges) DGS zwischen zwei Bildpunkten, wenn ihre Zentren auf einer $n \times 45^o$-Geraden liegen ($n = 0 \ldots 3$). In den anderen Fällen ist das DGS kein konvexes Objekt.

Als Alternative zum quadratischen Raster wurde an manchen Stellen das in
Abb. 1.11a abgebildete hexagonale Raster vorgeschlagen ([16] S. 39, [17]). Der
Vorteil des hexagonalen Rasters ist, daß es die am Anfang dieses Abschnittes dar-
gelegten Widersprüche der 8- und 4-Nachbarschaft vermeidet und somit erlaubt,
eine einheitliche Nachbarschaftsart für Objekt und Hintergrund zugrundezulegen.
Darüber hinaus stellt eine Kreisscheibe im hexegonalen Raster (Bildpunkte × in
Abb 1.11a) eine bessere Näherung einer euklidischen Kreisscheibe dar als bei 8-
oder 4-Nachbarschaft im quadratischen Raster. Die technische Realisierung ei-

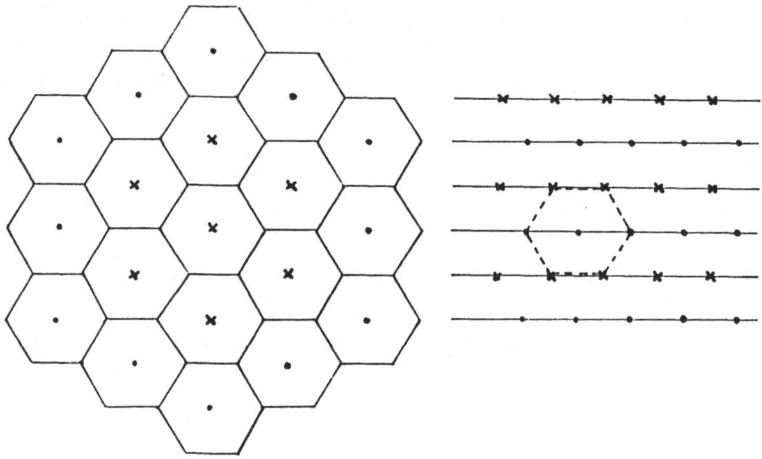

Abbildung 1.11: a) hexagonales Raster; b) pseudo-hexagonales Raster

nes hexagonalen Rasters bei der Bilderfassung, z.B. durch eine Fernsehkamera, ist
jedoch umständlich zu realisieren und wird in den meisten praktischen Anwendungsfällen vermieden. Eine in Abb. 1.11b abgebildete Abhilfe ist der Versatz des
Abtastrasters um einen halben Abtastintervall in jeder zweiten Abtastzeile bei zeilenweiser Abtastung. Dadurch erhält man jedoch kein ideales hexagonales Raster,
wie aus Abb. 1.11b leicht ersichtlich ist.

1.3 Konturcodierung

> Datenreduktion durch Konturcodierung - Geschlossene digitale Kurven
> - Digitale gerade Segmente - Residuum - Konturglättung - Konkavität
> und Konvexität - Konturcodierung konvexer Objekte - Konturlänge - Ob-
> jektfläche - Drehung - Krümmung - Konturvergleich - Weitere Operationen
> mit dem Konturcode

Die Konturcodierung ist ein Verfahren zur fehlerfreien Darstellung beliebiger Binärobjekte auf einem diskreten Raster, das dank seiner praktischen Vorteile und großer
Ausbaufähigkeit bei den verschiedensten Anwendungen weit verbreitet ist. Der
Konturcode (Englisch: contour code, chain code oder Freeman code) ist eine Folge
von Ziffern, die die Form eines Binärobjektes oder einer digitalen Kurve genau darstellt [18], [19]. Will man auch die absolute Lage des Objektes im Bilde festhalten,
so muß die Ziffernfolge durch die absoluten Koordinaten (X, Y) des Konturanfangs
ergänzt werden.

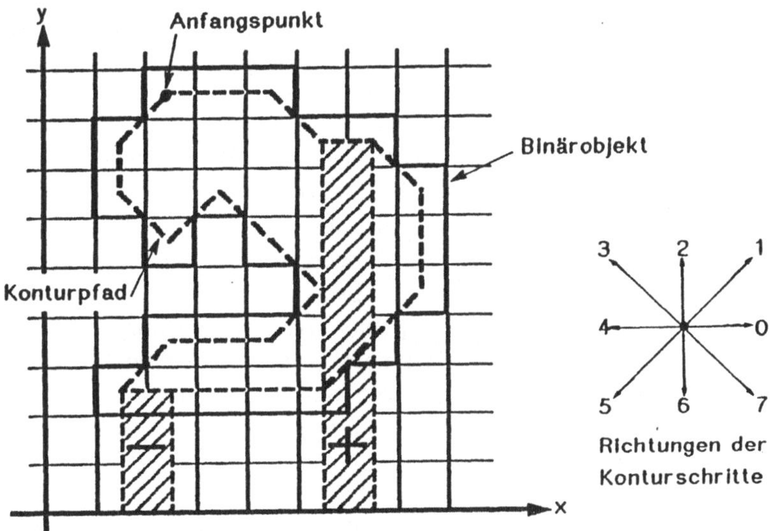

Abbildung 1.12: Prinzip der Konturcodierung

Das Prinzip der Konturcodierung ist in *Abb. 1.12* auf der Basis der 8-Nachbar-
schaft auf dem quadratischen Raster erläutert. Der Konturpfad, als 8-Pfad betrachtet, wird durch die geordnete Folge der Konturschritte, ab einem gegebenen
Anfangsbildpunkt, beschrieben. Jeder Konturschritt geht in einer der 8 möglichen

Richtungen, in denen man auf einem quadratischen Raster von einem Bildpunkt aus einen seiner 8-Nachbarn erreichen kann. Diese Richtungen werden mit den Ziffern 0 bis 7 codiert. Man kann leicht feststellen, daß nicht jede beliebige Ziffernfolge

$$S_1, S_2 \ldots S_i, S_{i+1} \ldots S_N \tag{1.6}$$

mit $0 \leq S_i \leq 7$ einen mit der 8-Nachbarschaft konsistenten Konturcode darstellen kann. Stellt die Zahlenkette (1.6) einen digitalen Polygonzug als 8-Pfad minimaler Länge dar, so muß die folgende Beziehung zwischen aufeinanderfolgenden Schritten gelten:

$$\min(D_i, 8 - D_i) \begin{cases} < 3 & \text{für } i \text{ ungerade} \\ < 2 & \text{für } i \text{ gerade} \end{cases} \quad \text{mit} \quad D_i = (|S_i - S_{i+1}|)_{mod8} \tag{1.7}$$

Ist (1.6) dagegen der Konturpfad (gegen den Uhrzeigersinn) eines Binärobjektes, so gelten für zwei aufeinanderfolgende Konturschritte die folgenden Einschränkungen:

$$(S_i - S_{i+1})_{mod8} \begin{cases} \neq 3 & \text{für } i \text{ ungerade} \\ \neq 2 \text{ und } \neq 3 & \text{für } i \text{ gerade} \end{cases} \tag{1.8}$$

Der Konturcode wird auch Kettencode genannt, weil jeder Konturschritt erst nach Decodierung der gesamten vorhergehenden Konturkette zu einer korrekten Konturrekonstruktion führt.

Die Konturcodierung gehört zu denjenigen Bildverarbeitungsvorgängen, die im Abschnitt 1.1 als Umsetzung "roher" Bilddaten in eine codierte Bilddatei bezeichnet wurden. Der Nachteil, daß die Bilddaten erst decodiert werden müssen, um die abgebildeten Objekte sichtbar zu machen, wird oft in Kauf genommen, weil das codierte Bild andere, wesentlich wichtigere Vorteile bietet. Diese Situation kommt in der Bildverarbeitung häufig vor. Die erreichbaren Vorteile sind in diesem Fall die Datenreduktion, die Merkmalextraktion aus dem Konturcode und die Durchführung geometrischer Operationen durch numerische Manipulationen der Konturkette, ohne auf die rohen Bilddaten zurückgreifen zu müssen.

Was die Datenreduktion anbetrifft, können mit Hilfe der Konturcodierung, je nach dem Bildinhalt, hohe Datenreduktionsfaktoren erreicht werden. Statt 1 Bit für jeden Bildpunkt des Bildes, braucht man hier nämlich nur 3 Bits für jeden Konturschritt der Objekte. Das Objekt der *Abb 1.12* in einem Bildfeld von 32 × 32 Bildpunkten kann z.B. durch die Konturcodierung mit nur $(3 \times 23) + (2 \times 5) = 79$ Bits statt $32 \times 32 = 1024$ Bits fehlerfrei dargestellt werden, wobei der Datenreduktionsfaktor etwa 13 beträgt.

Noch größere praktische Bedeutung haben die auf die Konturcodierung aufbauenden Methoden zur Merkmalextraktion und zur Durchführung geometrischer Transformationen von Binärobjekten. Im folgenden sind daher einige dieser Methoden ausführlicher beschrieben.

a) Geschlossene Kurven

Ein digitaler 8-Pfad ist geschlossen genau dann, wenn die Anzahl n_i der Konturschritte in den Richtungen $i = 0\ldots7$ die folgenden Bedingungen erfüllt:

$$\begin{cases} n_1 + n_2 + n_3 = n_5 + n_6 + n_7 \\ n_3 + n_4 + n_5 = n_7 + n_0 + n_1 \end{cases} \tag{1.9}$$

Damit wird ausgedrückt, daß der gesamte Beitrag der Konturschritte zur Verschiebung sowohl in horizontaler als auch in vertikaler Richtung gleich 0 sein muß. Die Konturkette des Objektes von Abb. 1.12 erfüllt diese Bedingungen.

b) Digitales Gerades Segment (DGS)

Mit Hilfe der Konturcodierung wird es möglich, den Begriff eines DGS genau zu definieren und einen Algorithmus zu geben, um DGS zu erkennen. In [3] findet man eine erste, noch unvollständige Charakterisierung eines DGS anhand seines Konturcodes:

I) In der Konturkette dürfen nur 2 Ziffern, S_1 und S_2 , auftreten, mit $|S_1 - S_2|_{mod8} = 1$.

II) Die seltener auftretende Ziffer darf immer nur einzeln auftreten.

III) S_1 und S_2 müssen möglichst homogen vermischt sein.

Die Bedingung III) konnte später in [4] und [15] genauer präzisiert werden, und zwar in einer Weise, die als Algorithmus zur Erkennung von DGS aus dem gesamten Konturcode einer digitalen Kurve formuliert werden kann. Dieser Algorithmus wird nun mit Hilfe der *Abb. 1.13*, in der $S_1 = 0$ und $S_2 = 1$ ist, erläutert.

1. Der Zähler i wird auf 1 gesetzt.

2. In der Konturkette K_i werden die Bedingungen I) und II) geprüft.

   (a) I) oder II) ist nicht erfüllt.
       Die Kurve ist kein DGS. Ende.
   (b) I) und II) sind beide erfüllt. Weiter zu Schritt 3.

3. S_1 (0 im Beispiel von Abb. 1.13) sei der seltener auftretende Konturschritt. Dann wird S_1 nicht weiter betrachtet. Aus den Längen der Folgen des Konturschrittes S_2 wird eine neue Zahlenkette K_{i+1} gebildet, die dann rein formell wie eine Konturkette behandelt wird.

   (a) K_{i+1} besteht aus einer einzigen Ziffer. Dann ist die Kurve ein DGS. Ende.
   (b) K_{i+1} besteht aus mehr als einer Ziffer. Zurück zu 2.

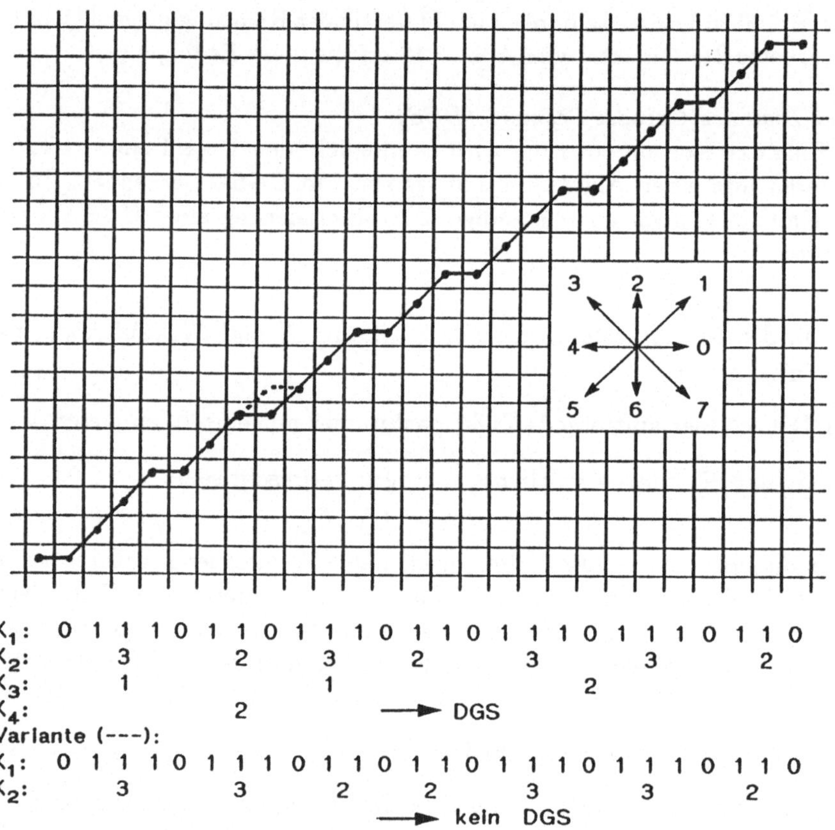

Abbildung 1.13: Definition eines digitalen geraden Segmentes (DGS) und Algorithmus zur Erkennung eines DGS. Die Variante - - - ist kein DGS.

Die Abb. 1.13 zeigt ein Anwendungsbeispiel dieses Algorithmus und die explizite Form der sukzessiven Zahlenketten K_1 bis K_4 , nämlich bis zur Erkennung des DGS zwischen den Bildpunkten A und B. Mit dem gleichen Algorithmus kann man auch erkennen, daß die gestrichelte Variante der digitalen Kurve kein DGS ist.

Dieser Algorithmus setzt voraus, daß der gesamte Konturcode einer digitalen Kurve bekannt ist. Daraus wurde aber auch ein anderer Algorithmus entwickelt, der die Erkennung von DGS on-line ermöglicht, d.h. während der Erfassung der digitalen Strecke bzw. während der Durchführung der Konturcodierung [15]. Diese kann z.B. durch Konturverfolgung eines Objektes stattfinden, wie in Abschnitt 4.5. erläutert. Dadurch kann man feststellen, ob das untersuchte Objekt ein Polygon ist, d.h. ob seine Kontur nur aus DGS besteht. Es konnte auch gezeigt werden, daß DGS, die vom oben beschriebenen Algorithmus erkannt werden, auch konvexe Objekte nach der Definition 2. vom Abschnitt 1.2, im Sinne der Sehneneigenschaft, sind [6], [15].

c) Residuum - Kurvenglättung

Das Residuum einer Konturkette mit Anfang im Bildpunkt A und Ende im Bildpunkt B ist die Kette minimaler Länge zwischen A und B und kann durch einfache Manipulationen des Konturcodes bestimmt werden [19]. Dabei können, wie in *Abb. 1.14a* gezeigt, beliebige Konturschritte S_1 und S_2 paarweise aus der Konturkette herausgegriffen werden und anhand der Tabelle 1 durch andere Schritte ersetzt werden. Dies wird so lange wiederholt, bis in der transformierten Konturkette keine zu verändernden Schrittpaare mehr auftreten.

In Tabelle 1 ist $m = \min(S_1, S_2)$ und $M = \max(S_1, S_2)$; $m + 1$ u.s.w. sind modulo-8.

		Tabelle 1
$M - m$	m	neue Konturschritte
0	- - -	keine Änderung
1	- - -	keine Änderung
2	ungerade	$m + 1, m + 1$
2	gerade	$m + 1$
3	ungerade	$m + 1$
3	gerade	$m + 2$
4	- - -	m und M tilgen
5	ungerade	$m - 1$
5	gerade	$m - 2$
6	ungerade	$m - 1, m - 1$
6	gerade	$m - 1$
7	- - -	keine Änderung

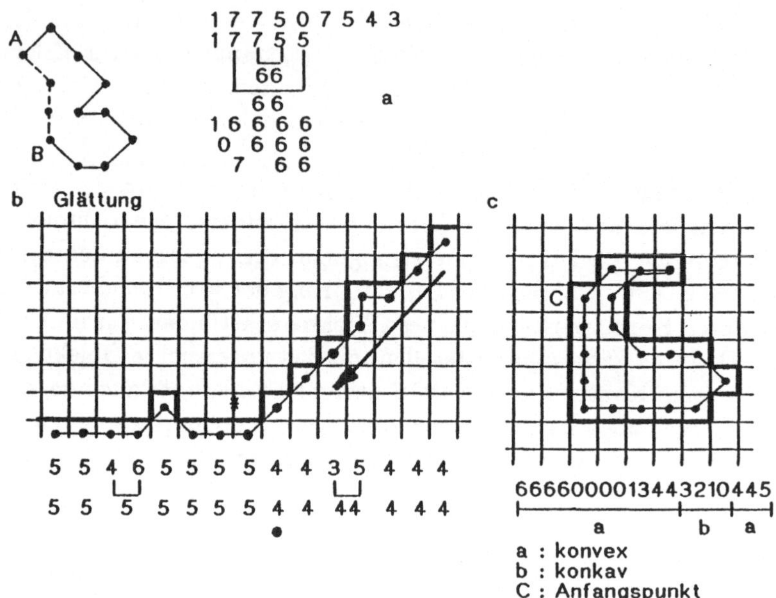

Abbildung 1.14: Geometrische Operationen mit dem Konturcode. a) Bestimmung des Residuums; b) Kurvenglättung; c) Erkennung von Konkavitäten und Konvexitäten

Die Konturglättung zur Minderung des Diskretisierungsrauschens kann als ein Sonderfall der Bestimmung des Residuums betrachtet werden, nämlich für kurze Konturstrecken innerhalb einer gegebenen Fensterbreite, die die Stärke der Glättung bestimmt. In Abb. 1.14b ist ein Beispiel der lokalen Glättung einer Kontur über ein Fenster von 2 Konturschritten gegeben, bei Anwendung der Substitutionsregel der Tabelle 1.

d) Konkavität - Konvexität

Für manche Aufgaben der Bildanalyse und Bildcodierung ist es vorteilhaft, aus der restriktivsten der drei im Abschnitt 1.2 gegebenen Definitionen der Konvexität, nämlich aus der Definition 3., auszugehen, um eine wichtige Eigenschaft der Konturcodierung ausnutzen zu können. Es ist nämlich leicht zu erkennen, daß der Konturcode eines in diesem Sinne konvexen Binärobjektes aus einer monotonen (modulo-8) Zahlenfolge besteht, genauer gesagt, aus einer monoton steigenden Zahlenfolge, wenn man vereinbart, die Kontur gegen den Uhrzeigersinn zu verfolgen. Ein konvexes Objekt beliebiger Form und Größe kann damit durch eine geordnete Folge von 8 Zahlen $N_0, N_1, \ldots N_7$ dargestellt werden, die jeweils die Anzahl der Konturschritte in die Richtungen $0, 1, \ldots 7$ angeben. Die Konturkette muß also nicht mehr explizit, sondern kann in codierter Form angegeben werden, z.B.:

$$4,0,5,1,1,3,2,1 \quad statt \quad 0,0,0,0,2,2,2,2,2,3,4,5,5,5,6,6,7 \,.$$

In dieser Weise kann eine beträchtliche Vielfalt an Formen mit nur 8 Zahlen (zuzüglich 2 Zahlen für die absoluten Koordinaten eines Bezugspunktes der Konturkette) sehr kompakt und fehlerfrei dargestellt werden. Wie später in Abschnitt 6.4. ausführlicher erläutert, kann dieser Umstand bei der Bildanalyse ausgenutzt werden, indem man komplexe Objekte in konvexe Elementarmuster zerlegt.

Aus dem Konturcode eines Binärobjektes kann man, wie in Abb. 1.14c gezeigt, Konvexitäten und Konkavitäten erkennen. Konvexe Konturstrecken sind durch monoton steigende (modulo-8) Zahlenfolgen im Konturcode gekennzeichnet, Konkavitäten dagegen durch fallende Zahlenfolgen. Auf dieser Basis ist es möglich, Algorithmen zur Bestimmung der minimalen konvexen Hülle eines Objektes durch numerische Manipulationen der Konturkette zu entwickeln (s. auch Abschnitt 6.4.5.).

e) Kurvenlänge - Konturlänge
Die Länge L einer digitalen Kurve oder der Kontur eines Objektes, in Bildpunkten ausgedrückt, ergibt sich aus der einfachen Formel:

$$L = n_g + \sqrt{2}\, n_u \qquad\qquad (1.10)$$

wobei n_g und n_u die Anzahl der geraden bzw. ungeraden Schritte des Konturcodes sind.

f) Fläche eines Objektes
Ein Algorithmus, zur Flächenberechnung eines Binärobjektes aus seinem Konturcode ist bereits aus den ersten Arbeiten von H. Freeman bekannt [18], [19]. Dort wird als Objektfläche die vom Konturpfad umrandete Fläche betrachtet (s. Abb. 1.12). Das hier vorgestellte und aus [19] abgeleitete Verfahren [20] berechnet dagegen die Anzahl der innerhalb des Objektumrisses enthaltenen Rasterzellen. Diese Methode ist genauer für kleine und besonders für linienförmige Objekte oder Objektteile, bei denen das Verfahren von [19] einen Flächenbeitrag von 0 ergeben würde. Das Prinzip, auf dem sich die Flächenberechnung stützt, ist in Abb. 1.12 umrissen. Die Fläche des Objektes ergibt sich als Summe einzelner 1-Bildpunkt-breiten Spalten, in [19] "modifier" genannt (gestrichelt in Abb. 1.12), jede mit geeignetem Vorzeichen. Jede Spalte liegt in vertikaler Richtung zwischen dem Konturpfad und einer auf beliebiger Höhe liegenden x-Achse. Die Flächenberechnung startet am ersten Konturschritt mit einer Anfangsfläche $A = 0$ und mit einem beliebigen Wert B des "modifiers" und wird dann mit den sukzessiven Konturschritten fortgeführt. An jedem Konturschritt werden Gesamtfläche und "modifier" nach der Tabelle 2 verändert: $A \to A + \Delta A$, $B \to B + \Delta B$. Nachdem die gesamte Konturkette verarbeitet worden ist, heben sich die mitgerechneten Flächen, die zwischen dem Objekt und der x-Achse liegen, gegenseitig auf, und die Variable A erhält den Wert der gesuchten Objektfläche.

	Tabelle 2	
Richtung des Konturschrittes	ΔA Inkrement der Fläche	ΔB Inkrement des Modifiers
0	$-B$	0
1	$-B-1$	$+1$
2	0	$+1$
3	$+B+1$	$+1$
4	$+B$	0
5	$+B-1$	-1
6	0	-1
7	$-B+1$	-1

Vorteile dieses Verfahrens sind seine Rechengeschwindigkeit, die von der Konturlänge und nicht von der Fläche abhängt, und die Tatsache, daß die Fläche direkt bei der Erfassung der Objektkontur während einer Konturverfolgung (s. auch Abschnitt 4.5.) stattfinden kann, so daß, sobald die Konturverfolgung beendet ist, sich auch der Wert der Objektfläche ergibt.

g) Drehung eines Objektes

Um ein konturcodiertes Objekt um einen Winkel ϕ um den Ursprung $(0,0)$ der Bildkoordinaten zu drehen, ist es erforderlich, zuerst aus dem Konturcode die absoluten Koordinatenpaare (x, y) aller Konturpunkte und dann alle Koordinatenpaare (x_1, y_1) des gedrehten Objektes mit Hilfe der Formel

$$\begin{cases} x_1 = x \cos\phi + y \sin\phi \\ y_1 = y \cos\phi - x \sin\phi \end{cases} \tag{1.11}$$

zu berechnen. Diese Lösung, die wegen der Aufrundung der errechneten Werte x_1, y_1 zu ganzen Zahlen für die Objektwiedergabe auf einem diskreten Raster nicht exakt ist, hat auch den Nachteil, daß das gedrehte Objekt nicht mehr durch seinen Konturcode dargestellt ist. Für manche Anwendungen (Objektvergleich, Merkmalextraktion, geometrische Transformationen mit dem Konturcode) ist es jedoch wichtig, die Drehung direkt am Konturcode durchzuführen, um als Ergebnis die Konturkette des gedrehten Objektes zu erhalten. Diese Aufgabe ist jedoch mit einigen Schwierigkeiten verbunden und läßt bestenfalls eine angenäherte Lösung zu.

Ein einzelner Konturschritt s $(0 \leq s \leq 7)$ kann durch die Addition modulo-8 mit einer Ganzzahl n um $n \times 45^o$ gedreht werden. Versucht man diese einfache Regel auf ganze Konturketten anzuwenden, so treten im allgemeinen verschiedenartige Verzerrungen auf, die in *Abb. 1.15* erläutert sind, nämlich nicht geschlossene Konturlinien, Größenänderung, Formverzerrung und ihre Kombinationen. Trotz dieser Schwierigkeiten wurde in [21] ein angenähertes Verfahren entwickelt, um eine Objektdrehung um einen Winkel

$$w = \left(M + \frac{u}{v}\right) 45^o \qquad (1.12)$$

mit M, u, v natürlichen Zahlen und $u < v$ direkt am Konturcode durchzuführen. Die wesentlichen Schritte dieses in [21] ausführlich erläuterten Verfahrens sind:

- Durchführung einer Drehung um $M\,45^o$ durch Erhöhung jeder Ziffer der Konturkette um M modulo-8.

- Durchführung der restlichen Drehung um $\frac{u}{v}\,45^o$ durch Erhöhung ausgesuchter Elemente der Konturkette um 1 (modulo-8).

- Abschätzung der dadurch auftretenden Form- und Größenveränderungen und Kompensation derselben.

- Manipulation der resultierenden Konturkette zur Erfüllung der Bedingungen (1.9) für die Geschlossenheit der Konturlinie.

Ein in *Abb. 1.16* gezeigtes Beispiel der mit diesem Verfahren erzielten Ergebnisse, mit $w = \left(4 + \frac{7}{18}\right) 45^o$ verdeutlicht auch das Ausmaß der dabei erreichbaren Kompensation der Formverzerrungen.

h) Krümmung

Die Krümmung ist ein in manchen Anwendungen nützliches lokales Merkmal einer Kurve oder einer Kontur, das in engem Zusammenhang mit der Eigenschaft der lokalen Konvexität (s. Punkt d) steht. Bei der Definition der lokalen Krümmung muß man berücksichtigen, daß es auf der diskreten Ebene nur 8 Richtungen der Konturschritte in 45°-Sprüngen gibt. Selbst im Falle einer digitalen geraden Strecke (Krümmung = 0) schwankt lokal die Richtung der Konturschritte um 45°. Ein gewisses Ausmaß an Konturglättung ist daher notwendig, um sinnvolle Krümmungswerte zu erhalten. Systematische Untersuchungen über die Diskretisierung von Binärmustern [22] deuten darauf hin, daß für "gut diskretisierte" Konturen ein Glättungsfenster von etwa 5 Konturschritten optimal ist. Im allgemeinen Fall eines Glättungsfensters von m Konturschritten kann die lokale Krümmung $c_i(m)$ am i-ten Konturschritt s_i wie folgt definiert werden:

$$c_i = \begin{cases} \frac{8-K_i}{4} & \text{wenn} \quad K_i > 4 \\ \frac{K_i}{4} & \text{wenn} \quad -4 \leq K_i \leq 4 \\ \frac{-8-K_i}{4} & \text{wenn} \quad K_i < -4 \end{cases} \qquad (1.13)$$

$$\text{mit} \qquad K_i = \sum_{k=i-m+1}^{i} (s_i)_{mod8} - \sum_{k=i}^{i+m-1} (s_i)_{mod8} \qquad (1.14)$$

Die Teilung durch 4, d.h. durch die maximale absolute Abweichung zwischen zwei Konturrichtungen, normiert den Krümmungswert:

$$-1 \le c_i(m) \le 1 \tag{1.15}$$

wobei eine positive (negative) Krümmung einer Konkavität (Konvexität), d.h. einer monoton fallenden (steigenden) Ziffernfolge entspricht.

Bei der Konturstrecke von Abb. 1.14b ergeben die Formeln (1.13) und (1.14) mit $m = 3$ eine maximale Krümmung von $-\frac{1}{4}$ (Konkavität) am Konturschritt, der mit • gekennzeichnet ist.

i) Konturvergleich

Durch den Vergleich zwischen zwei Konturketten kann man ein "Maß der Ähnlichkeit" zwischen zwei Kurven oder zwischen zwei Objekten bestimmen. Dies ist oft der erste Schritt zur Lösung komplexer Aufgaben der Mustererkennung, Formvergleich und Clusteranalyse. Bereits in [23] findet man einen Vorschlag zur Erkennung gegebener, in einer digitalen Kurve eingebetteter Segmentstücke. Ein Problem, das sich häufig stellt, ist die Bestimmung eines der menschlichen Wahrnehmung möglichst nahe kommenden Ähnlichkeitsgrades zwischen zwei etwa gleich großen Objekten oder Profilen. Um diesen Ähnlichkeitsgrad zu bestimmen, müssen zwei Konturketten verglichen werden, die im Regelfall unterschiedlich lang sind. Um dieses Problem zu lösen, kann man nach einem der folgenden Ansätze verfahren:

I) Die kürzere Konturkette K_2 wird bis zur Länge der längeren Kette K_1 hin durch Einfügung zusätzlicher Konturschritte und ohne Formverzerrung gestreckt. Zu diesem Zweck können an gleichmäßig verteilten Stellen in K_2 und in geeignetem Mischverhältnis einzelne Konturschritte wiederholt werden. Dann kann ein Unterschiedsmaß D zwischen den zwei gleich langen Ketten K_1 und K_2' durch einfachen Vergleich der entsprechenden Konturschritte errechnet werden [24]:

$$\begin{aligned} K_1 &= a_1 \ldots a_i \ldots a_n \,, \qquad K_2' = b_1 \ldots b_i \ldots b_n \\ D &= \tfrac{1}{n} \textstyle\sum_{i=1}^{n} \min(d_i\,, 8 - d_i) \quad \text{mit} \quad d_i = (|a_i - b_i|)_{mod8} \end{aligned} \tag{1.16}$$

II) Ein Unterschiedsmaß zwischen den unveränderten Ketten K_1 und K_2 beliebiger Länge wird mit einem der zahlreichen auf der dynamischen Programmierung aufbauenden Methoden, wie z.B. dem "nonlinear elastic matching" oder der "weighted Levenshtein distance" errechnet [25], [26]. Dieser Ansatz erfordert einen erheblich höheren Rechenaufwand als I), erlaubt aber, die Kostenfaktoren der einzelnen lokalen Unterschiede zwischen Teilstrecken der zu vergleichenden Konturketten problemangepaßt zu verteilen.

j) Weitere Operationen mit dem Konturcode

Da der Konturcode die gesamte Information über eine Kurve oder ein Objekt beinhaltet, ist es im Prinzip möglich, mit dem Konturcode alle Operationen durchzuführen, die man mit den "rohen" Bilddaten durchführen könnte. Einige dieser Operationen werden hier aufgelistet, wobei für eine ausführliche Beschreibung der Verfahren auf die entsprechende Literatur verwiesen wird:

- Berechnung der Momente einer Kurve oder eines Objektes, bezogen auf eine Achse [19].

- Bestimmung der Schnittpunkte von zwei Kurven [18].

- Größenänderung eines Binärobjektes [27].

- Durchführung der morphologischen Operationen der Erosion und Dilatation (s. auch Abschnitt 7.2.) [28].

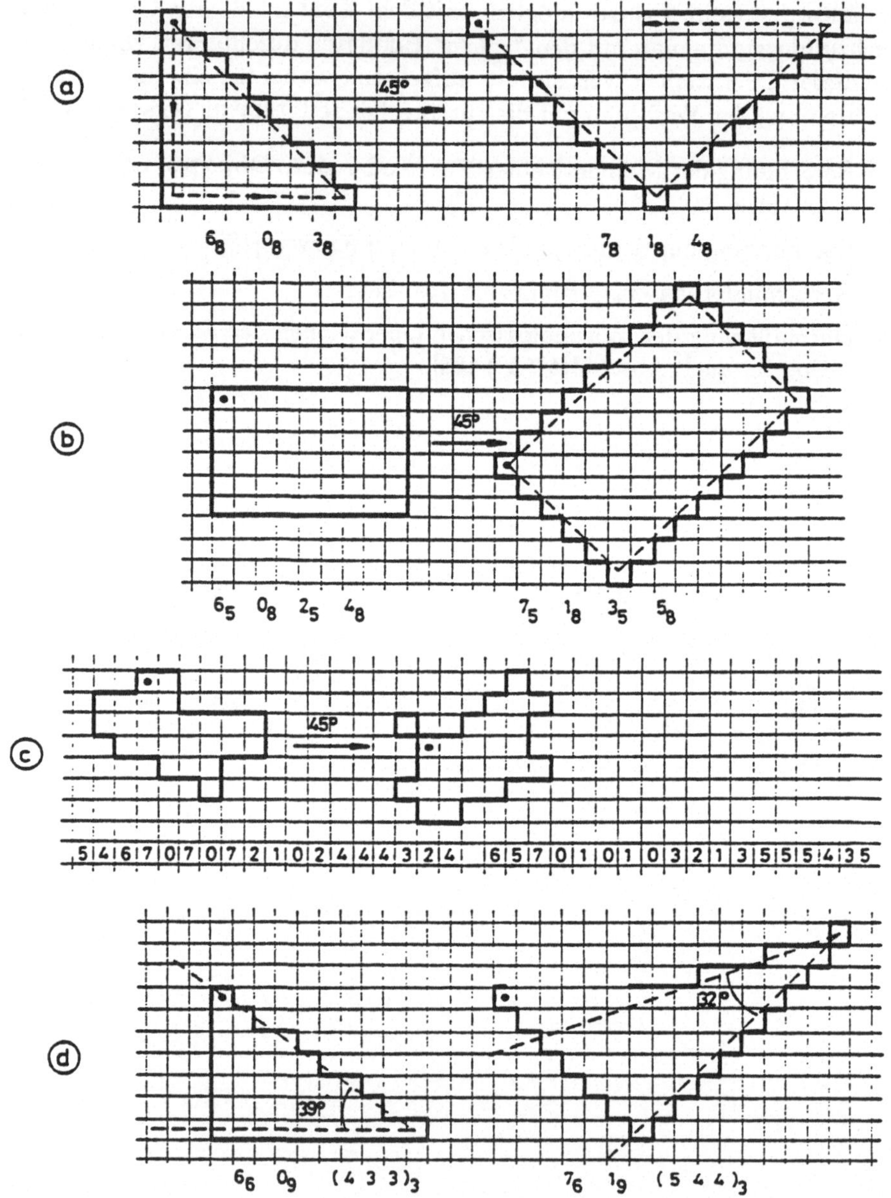

Abbildung 1.15: Objektverzerrungen bei einer 45°-Drehung mit dem Konturcode. Der Konturcode ist in a), b) und d) symbolisch (z.B. bedeutet 6_8 eine Folge von 8 6er, u.s.w.), in c) explizit angegeben. a) nicht geschlossene Konturlinie; b) Dehnung oder Stauchung ohne Formverzerrung; c) Formverzerrung ohne Größenänderung; d) Kombination der Verzerrungen a bis c.

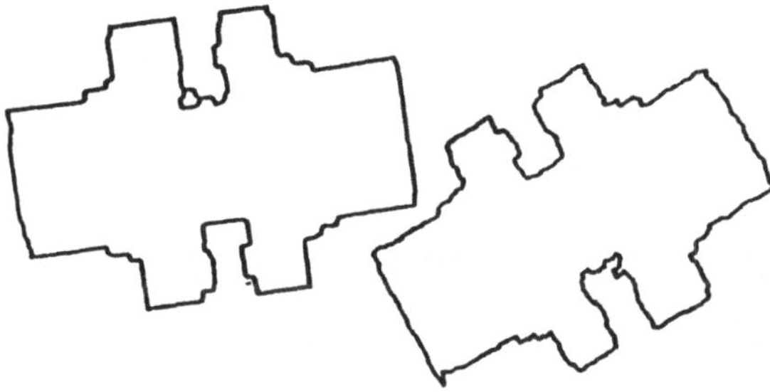

Abbildung 1.16: Experimentalergebnis der Drehung eines Binärobjektes mit einer Konturlänge von 710 Schritten nach der Methode von [21] um den Winkel $(4 + \frac{7}{18}) \, 45^o = 197,5^o$.

Kapitel 2

Punktoperatoren

2.1 Transformationen der Grauwertkennlinie

Lineare Kennlinie - Wurzel-Kennlinie - Quadratische Kennlinie - Streckung der Grauwertdynamik

Auf der untersten Komplexitätsstufe der Operatoren befinden sich die Punktoperatoren. Sie werden so genannt, weil ihr Ergebnis nur vom Originalgrauwert des jeweiligen Bildpunktes und nicht von den Grauwerten der benachbarten Bildpunkte abhängt. Dieser neue Grauwert ersetzt dann den Originalgrauwert. Punktoperatoren sind somit Transformationen der Grauwertskala im Wertebereich zwischen Schwarz (Grauwert 0) und Weiß (z.B. Grauwert 255) nach einer Funktion, die den Originalgrauwert x mit dem transformierten Grauwert y verknüpft. Diese Funktion kann eine analytisch geschlossene Form haben, wie in einigen Beispielen der *Abb. 2.1a*:

- *lineare Kennlinie*: keine Transformation.

$$y = x \tag{2.1}$$

- *Wurzel-Kennlinie*: die Grauwertdynamik wird bei hohen Grauwerten (hellen Bildteilen) gedehnt, bei niedrigen Grauwerten (dunklen Bildteilen) gestaucht.

$$y = \sqrt{255\,x} \tag{2.2}$$

- *Quadratische Kennlinie*: die Grauwertdynamik wird bei hohen Grauwerten gestaucht, bei niedrigen Grauwerten gedehnt.

$$y = \frac{x^2}{255} \tag{2.3}$$

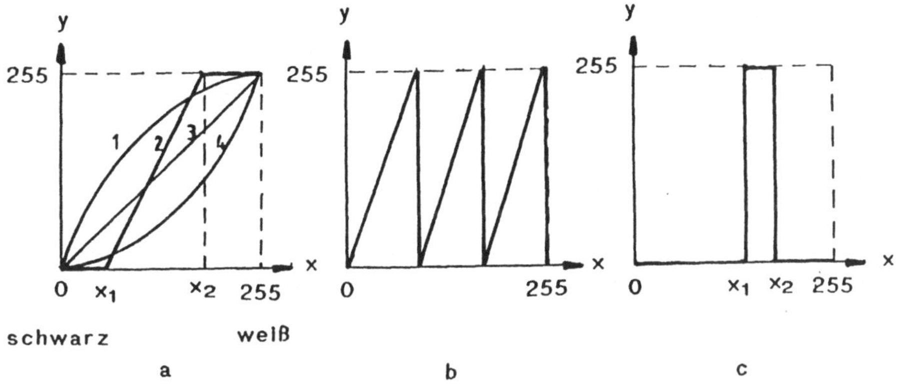

Abbildung 2.1: Transformationen der Grauwertkennlinie. a) lineare, quadratische, Wurzel- und stückweise lineare Kennlinie zur Streckung der Grauwertdynamik; b) mehrdeutige Kennlinie; c) Weiß-Markierung des Grauwertbereichs zwischen x_1 und x_2

Die Funktion kann aber auch stückweise linear oder nicht monoton sein, oder sie kann sogar explizit durch eine look-up-table angegeben werden. Dazu sind in Abb. 2.1b und c weitere Beispiele aufgeführt. In Abb. 2.1a ist außerdem die Streckung der Grauwertdynamik im Grauwertbereich zwischen x_1 und x_2 auf die volle Grauwertskala durch die Funktion

$$y = \begin{cases} 0 & \text{für} \quad x < x_1 \\ \frac{x - x_1}{x_2 - x_1} 255 & \text{für} \quad x_1 \leq x \leq x_2 \\ 255 & \text{für} \quad x > x_2 \end{cases} \tag{2.4}$$

dargestellt. Diese Operation erweist sich als sehr nützlich für die Qualitätsverbesserung schwach kontrastierter Bilder, weil dadurch die ganze verfügbare Grauwertskala ausgenutzt wird. Es kommt nämlich häufig vor, daß selbst unter günstigen Bildaufnahmebedingungen nur der Teilbereich der Grauwertskala zwischen den Grauwerten x_1 und x_2 effektiv beansprucht wird. Bei Kameraaufnahmen ist dieser Effekt oft durch die Szenenbeleuchtung und durch die automatische Verstärkungsregelung der Kamera bedingt. Manchmal ist in einer Reihe von Aufnahmen unter gleichen Bedingungen dieser Fehler systematischer Natur, und die Werte x_1 und x_2 können als feste Parameter für eine automatische Grauwertstreckung verwendet werden.

Abb. 2.1b zeigt ein Beispiel einer nichtmonotonen Kennlinie, die zur besseren Veranschaulichung von Grauwertunterschieden benutzt werden kann. Die Trans-

formationskennlinie der Abb. 2.1c erzeugt ein Binärbild, in dem alle Bildpunkte
mit Grauwert zwischen x_1 und x_2 als Objektpunkte und alle übrigen Bildpunkte
als Hintergrundpunkte betrachtet werden.

2.2 Grauwertäqualisation

**Bestimmung der Äqualisationskennlinie - Unteräqualisation - Überäquali-
sation**

Während die Operation der Streckung die Form der Grauwertverteilungsfunktion
(Grauwerthistogramm) nur streckt, ohne sie zu verändern, hat die Grauwertäqualisation das Ziel, eine Gleichverteilung der Grauwerte zu bewirken. Dadurch wird,
wie bei der Steckung, eine Bildverbesserung schwach kontrastierter Aufnahmen angestrebt. Die Grauwertäqualisation führt jedoch nicht automatisch bei jedem Bild
zu einer Qualitätsverbesserung. Bei ausgeprägt bimodalen Grauwerthistogram-
men, wie etwa bei einem hellen Objekt auf dunklem Hintergrund, werden durch
die Äqualisation alle Zwischengrauwerte verstärkt, die sonst auf die Hell/Dunkel-
Übergänge beschränkt sind. Dies kann falsche Konturen zum Vorschein treten
lassen.

Nach der Streckung oder Äqualisation treten im allgemeinen Lücken im Grauwerthistogramm auf, weil es nur eine endliche Anzahl von Grauwerten gibt (z.B.
256). Wenn z.B. ein dicht besetztes Histogramm zwischen den Grauwerten $x_1 =
100$ und $x_2 = 131$ auf die volle Grauwertskala gespreizt wird, verteilen sich die 32
Grauwerte in regelmässigen Abständen von 8 Grauwerten zwischen 0 und 255.

Zur Bestimmung der für die Äqualisation erforderlichen Transformationskenn-
linie $y = y(x)$ kann man zuerst eine kontinuierliche Grauwertverteilung des Originalbildes mit Histogrammdichtefunktion $h(x)$ betrachten. Die angestrebte Dich-
tefunktion $g(x)$ nach der Äqualisation ist durch eine Gleichverteilung der Grauwerte dargestellt:

$$g(y) = C \quad \text{(Konstante)} \tag{2.5}$$

Stellt man die Bedingung, daß Elementarflächen des Originalhistogramms Elementarflächen des transformierten Histogramms entsprechen, so erhält man:

$$h(x)\,dx = g(y)\,dy = C\,dy \tag{2.6}$$

Wie in [29] gezeigt, bedeutet (2.6), daß die gesuchte Funktion $y(x)$ eine monotone
Grauwerttransformation sein soll, dadurch gekennzeichnet, daß

$$x_1 \leq x_2 \longleftrightarrow y_1(x_1) \leq y_2(x_2) \tag{2.7}$$

ist. Durch Integration erhält man aus Gl. (2.6):

$$\frac{dy}{dx} = \frac{1}{C}\, h(x)\; , \qquad y(x) = \frac{1}{C}\int_0^x h(x)\, dx \qquad (2.8)$$

D.h. die Äqualisationskennlinie ergibt sich aus dem Integral der Histogrammdichtefunktion. In der Praxis gibt es jedoch nur diskrete Originalgrauwerte X bzw. transformierte Grauwerte Y und ein diskretes genormtes Histogramm $H(X)$. $H(X)$ ist das Verhältnis zwischen der Anzahl der Bildpunkte mit Grauwert X und der Gesamtzahl der Bildpunkte. Die Formel (2.8) für $C = \frac{1}{256}$ wird dann:

$$Y(X) = 256 \sum_{i=0}^{X} H(i) \qquad (2.9)$$

In [29] wird eine verallgemeinerte Form von (2.9) gegeben, die auch eine Über bzw. Unteräqualisation ermöglicht:

$$Y(X) = 256\, \frac{\sum_{i=0}^{X}[H(i)]^m}{\sum_{i=0}^{255}[H(i)]^m} \qquad (2.10)$$

wobei (2.9) ein Sonderfall von (2.10) für $m = 1$ ist. In *Abb. 2.2a* ist das Verfahren zur Bestimmung der Äqualisationskennlinie erläutert. In Abb. 2.2b sind Beispiele von Kennlinien mit $m \neq 1$ nach Gl. (2.10) gegeben. Es ist leicht erkennbar, daß mit $m > 1$ die häufigsten Grauwerte im abgebildeten unimodalen Histogramm noch stärker als mit $m = 1$ über die gesamte Grauwertskala gespreizt werden. Dagegen tritt bei $m < 0$ eine Unteräqualisation auf. Alle Graustufen des Bildes werden in einen schmalen Bereich um die Spitze der unimodalen Verteilung zusammengedrängt. Einige Bildbeispiele mit den entsprechenden Histogrammen sind in *Abb. 2.3* aus [167] gezeigt. Die Abb. 2.3b ist das Ergebnis der normalen Äqualisation des Originalbildes 2.3a mit $m = 1$, an dessen Histogramm das oben erläuterte Auftreten von Lücken sichtbar ist. Nach einer Unteräqualisation mit $m = -10$ ergibt sich dagegen das sehr flaue Bild der Abb. 2.3c, das nur noch 4 Grauwerte enthält. Diese 4 Grauwerte werden dann durch eine Äqualisation mit $m = 1,5$ wieder auseinandergespreizt, wodurch der Bildinhalt in seinen Grundzügen von neuem sichtbar gemacht wird.

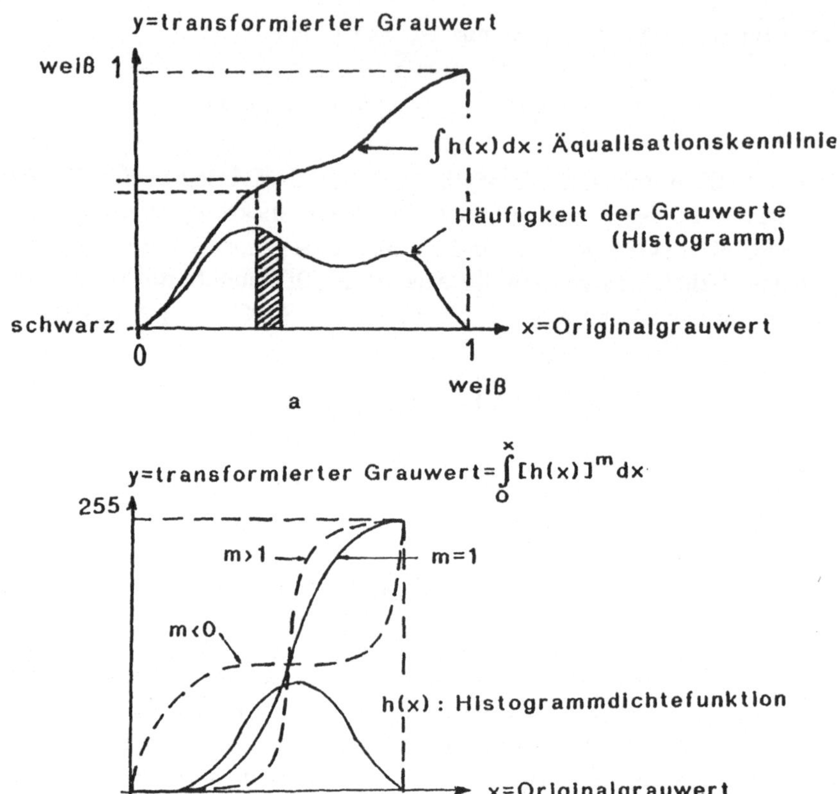

Abbildung 2.2: Grauwertäqualisation. a) Bestimmung der Äqualisationskennlinie; b) Kennlinie bei Unteräqualisation ($m < 0$) und bei Überäqualisation ($m > 1$)

2.3 Binarisierung von Grauwertbildern

Problematik - Feste Binarisierungsschwelle - Schwellenbestimmung mit Hilfe des Histogramms - Statistischer Ansatz nach der Klassentrennbarkeit - Informationstheoretischer Ansatz - Lokaladaptive Schwelle

In zahlreichen Anwendungsgebieten der digitalen Bildverarbeitung können die zu analysierenden Bilder grundsätzlich als Binärbilder betrachtet werden, d.h. als Bilder, die im Idealfall nur zwei Grauwerte, nämlich hell (weiß) und dunkel (schwarz) beinhalten, z.B.:

- Schrift und Zeichnungen

- flache Werkstücke mit homogener Oberfläche

- Mikroskopbilder von Zellen, Chromosomen u.s.w.

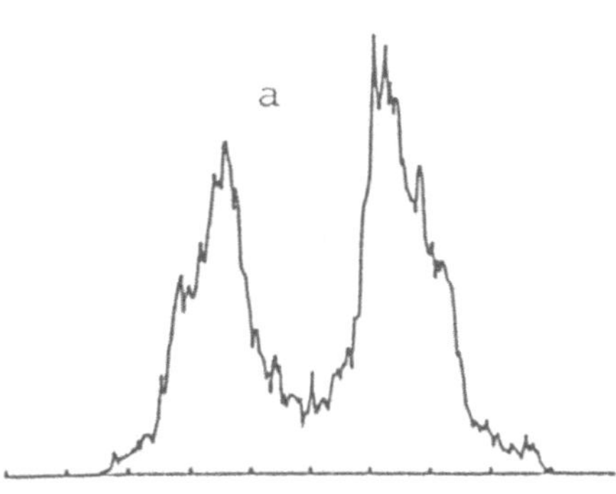

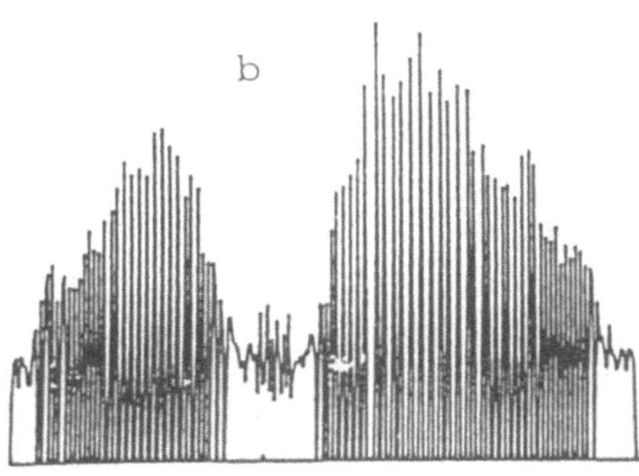

Abbildung 2.3: Experimentalbeispiele der Grauwertäqualisation. Neben jedem Bild ist das entsprechende Grauwerthistogramm gezeigt. a) Original; b) Äqualisation mit $m = 1$.

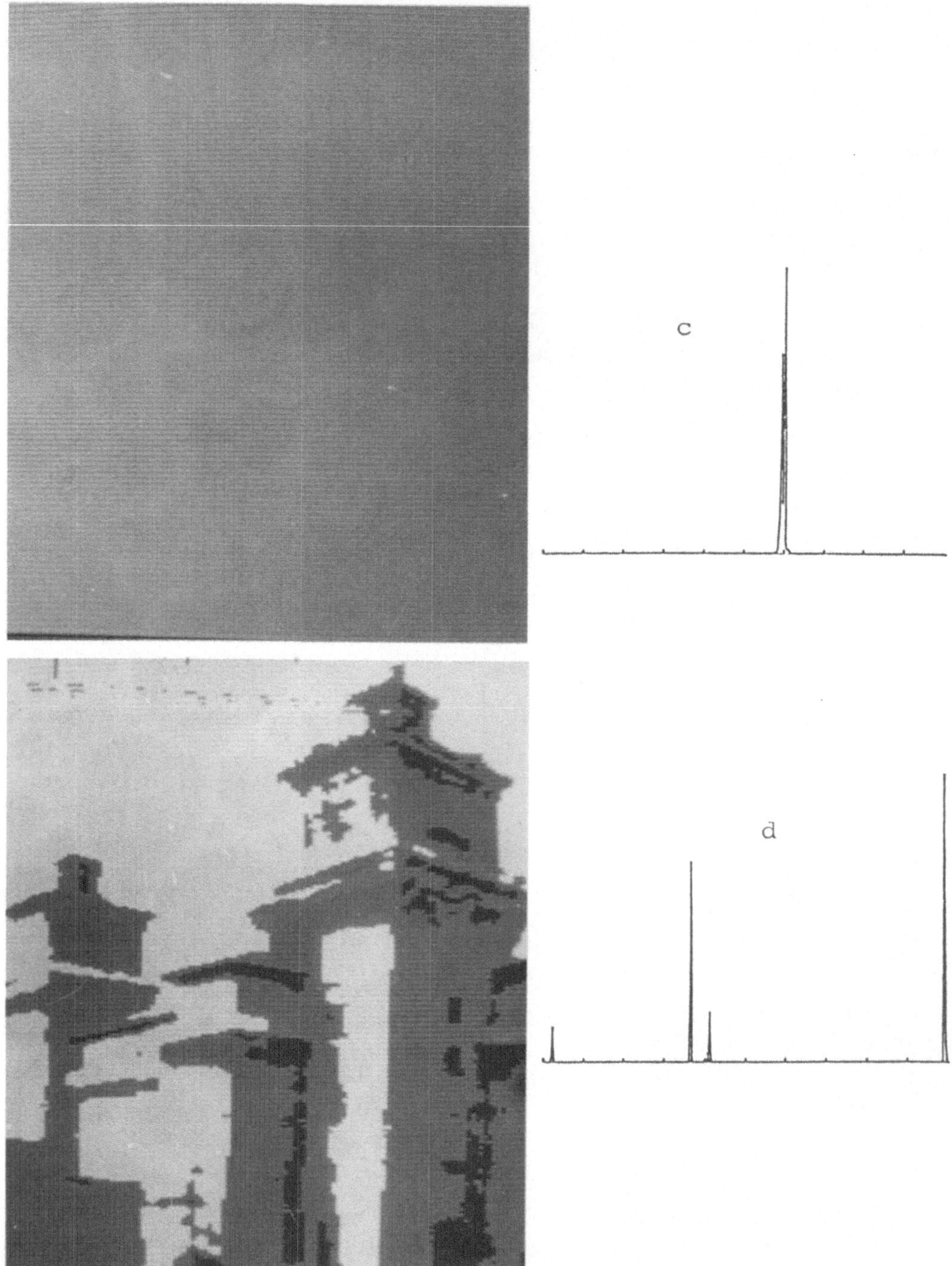

Abbildung 2.4: Fortsetzung der Abb. 2.3. c) Unteräqualisation von b mit $m = -10$; d) Überäqualisation von c mit $m = 1,5$.

Andere Bildszenen beinhalten an sich schon mehrere Grauwerte, aber der für den Anwender einzig relevante Bildinhalt steckt ganz in der Form der im Bild auftretenden Regionen, Linien oder Objekte. Auch in diesem Fall ist das ideale Bildmodell zweipegelig. Nach der Erfassung dieser Bildszenen mit einer Fernsehkamera, was den weitaus häufigsten Fall darstellt, erhält man, selbst unter optimalen Aufnahmebedingungen, ein digitalisiertes Bild mit Grauwerten, die im Regelfall über breite Bereiche der Grauwertskala (z.B. 256 Graustufen) gestreut sind. Jeder Bildpunkt wird dann mit 8 Bits dargestellt, obwohl 7 davon semantisch irrelevant sind und datenmäßig einen Ballast darstellen.

Die Gründe für das Auftreten der vielen Streugrauwerte sind systembedingt und vielfältiger Natur:

- Rauschen der Kamera

- inhomogene Szenenbeleuchtung

- Apertureffekt, d.h. begrenzte Flankensteilheit des Videosignals

- unterschiedliche Empfindlichkeit der Optik in der Mitte und am Rande des Bildfeldes, usw.

In diesem Zusammenhang stellt sich die in der Bildverarbeitung sehr wichtige Aufgabe der Binarisierung eines Grautonbildes, d.h. seiner Umwandlung in ein Binärbild bei möglichst vollständiger Erhaltung des subjektiv relevanten Bildinhalts. Die Schwierigkeit dieser Aufgabe wird oft unterschätzt, und aus diesem Grund werden dafür manchmal unzulängliche oder nur im Optimalfall angemessene Methoden verwendet, die potentielle Fehlerquellen in weiteren Bildverarbeitungsschritten verbergen.
Die einfachste Lösung, nämlich die Anwendung einer konstanten Grauwertschwelle S, mit $0 \leq S \leq 255$, und der Grauwerttransformation:

$$y(x) = \begin{cases} 0 & \text{für} \quad x < S \\ 255 & \text{sonst} \end{cases} \tag{2.11}$$

ist meistens nur unter sehr günstigen Bedingungen erfolgversprechend. Eine typische Situation ist in *Abb. 2.5* dargestellt. Das ideale Binärsignal der Vorlage ist durch Rauschen, Unschärfe und überlagerte Hintergrundsignale so gestört, daß man durch die Anwendung einer konstanten Schwelle ein völlig verzerrtes Binärsignal erhält. In *Abb. 2.6* sind die Auswirkungen eines zu tiefen, eines zu hohen und eines richtig eingestellten Schwellenwertes auf einem im wesentlichen zweipegeligen

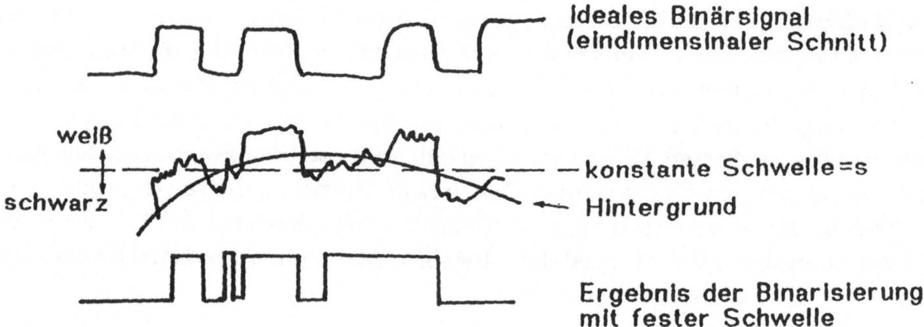

Abbildung 2.5: Probleme der Binarisierung mit einer konstanten Grauwertschwelle.

Bild gezeigt. Die optimale Schwellenwerteinstellung konnte selbst hier auch nur empirisch erreicht werden.

Die Binarisierung ist eines der am häufigsten auftretenden Probleme der Bildverarbeitung. Daher wurden im Laufe der Zeit zahlreiche Methoden entwickelt, um die oben geschilderten Schwierigkeiten zu überwinden. Einige dieser Methoden werden im folgenden kurz geschildert.

2.3.1 Konstante Schwelle zwischen den Maxima eines bimodalen Grauwerthistogrammes

In einigen günstigen Fällen weist das gesamte Bild eine ausgeprägt bimodale Grauwertverteilung auf. Das Histogramm der Grauwerte, dessen typischer Verlauf in *Abb. 2.7a* gezeigt ist, weicht dann nicht allzu stark vom Idealmodell eines Zweipegelbildes, nämlich von zwei scharfen Anhäufungen (Englisch "modes"), eine für das Objekt und eine für den Hintergrund, ab. Der gleichverteilte Histogrammanteil ist im wesentlichen durch das Rauschen bedingt; die Unschärfe der Modes ist den Beleuchtungseffekten, den Eigenschatten und der begrenzten Auflösung des gesamten Aufnahmesystems zuzuschreiben. In diesem Fall wird die Binarisierungsschwelle in das Tal zwischen den zwei Modes gelegt.

2.3.2 Schwellenwertbestimmung mit Hilfe eines modifizierten Histogramms ([30])

In der Praxis tritt der günstige Fall der Abb. 2.7a nur selten auf. Viel häufiger, und selbst bei ausgeprägt bimodalen Bildinhalten (homogenes Objekt in einem

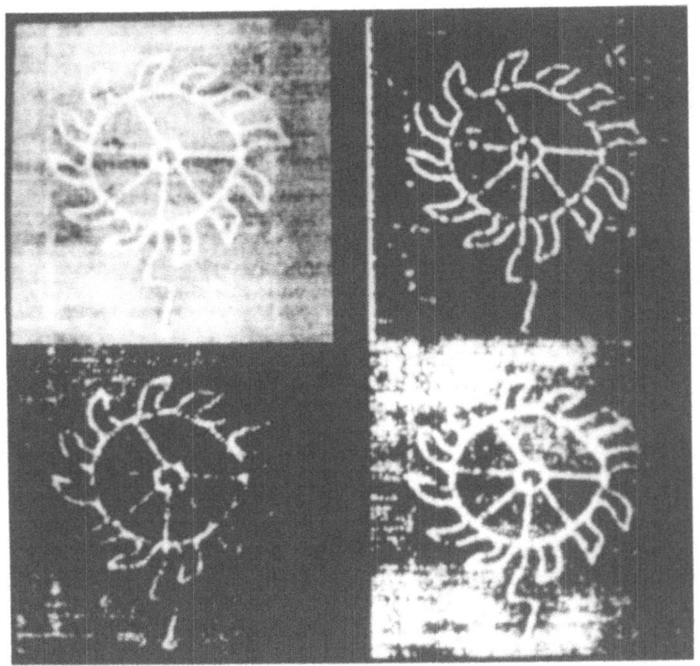

Abbildung 2.6: Auswirkung der Höhe der Grauwertschwelle bei der Binarisierung von Grautonbildern. O.l.: Grauwertbild; o.r.: Binärbild, erhalten nach Streckung der Grauwerte, Hintergrundsubtraktion und Binarisierung; u.l.: Binärbild mit zu hoher Binarisierungsschwelle; u.r.: Binärbild mit zu tiefer Schwelle.

homogenen Hintergrund), sind Grauwerthistogramme der Art wie in Abb. 2.7b abgebildet. Um die rein von Objekt und Hintergrund bedingten Modes zu verdeutlichen und dann in das dazwischen liegende Tal die Schwelle zu legen, wird zuerst ein modifiziertes Histogramm erzeugt, das nur die Bildpunkte aus dem Inneren des Objektes und des Hintergrunds berücksichtigen soll. Zu diesem Zweck bildet man ein Histogramm nur aus Bildpunkten mit einem niedrigen Wert des Gradienten (s. auch Abschnitt 3.3.), nämlich aus Bildpunkten, die nicht in den Übergangsbereichen zwischen Hintergrund und Objekt liegen. Wenn $Z(X,Y)$ der Grauwert als Funktion der räumlichen Koordinaten X, Y ist, dann ist der Gradient $g(X,Y)$:

$$g(X,Y) = \sqrt{(\frac{\partial Z}{\partial X})^2 + (\frac{\partial Z}{\partial Y})^2} \qquad (2.12)$$

mit

$$\frac{\partial Z}{\partial X} = \frac{Z(X+1) - Z(X-1)}{2}, \qquad \frac{\partial Z}{\partial Y} = \frac{Z(Y+1) - Z(Y-1)}{2} \qquad (2.13)$$

weil auf einer diskreten Ebene die Ableitung durch den Inkrementalquotienten ersetzt wird. Die Art der dadurch erreichbaren Verbesserung ist in Abb. 2.7c

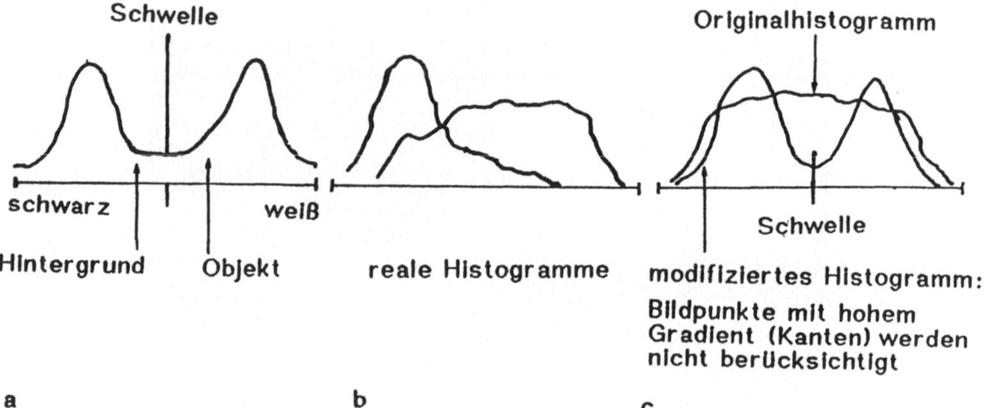

Abbildung 2.7: Bestimmung der Grauwertschwelle für die Binarisierung. a) bimodales Grauwerthistogramm; b) reale Histogramme; c) modifiziertes Histogramm.

qualitativ dargelegt. Das modifizierte Histogramm weist einen Einbruch auf, der den günstigsten Wert der Binarisierungsschwelle darstellt.

2.3.3 Statistischer Ansatz nach der Klassentrennbarkeit ([31])

Dieses Verfahren bedarf keiner Vorkenntnisse des Bildinhalts und bestimmt die Binarisierungsschwelle S nur nach einem statistischen Gütekriterium, das aus der Diskriminantenanalyse genommen wird [76], [78]. Das zu binarisierende Grauwertbild wird durch die Statistik erster Ordnung, d.h. durch sein genormtes Histogramm $p(0), p(1) \ldots p(i) \ldots p(255)$, mit $0 \leq p(i) \leq 1$, beschrieben, wobei $p(i)$ die Auftrittswahrscheinlichkeit des Grauwertes i darstellt. Jeder mögliche Schwellenwert S, mit $0 \leq S \leq 255$, trennt die Grauwerte in 2 Klassen, K_0 und K_1, nämlich die Klassen der Grauwerte, die nach der Binarisierung dem Objekt bzw. dem Hintergrund zugewiesen werden. Die Auftrittswahrscheinlichkeiten der Elemente dieser Klassen sind:

$$P_0 = \sum_{i=0}^{S} p(i) \qquad \text{und} \qquad P_1 = \sum_{i=S+1}^{255} p(i) = 1 - P_0 \qquad (2.14)$$

Weiterhin werden die folgenden Größen berechnet: die mittleren Grauwerte m_0 von K_0, m_1 von K_1 und m des gesamten Bildes, wobei

$$m = m_0 P_0 + m_1 P_1 \qquad (2.15)$$

ist, und die entsprechenden Varianzen

$$s_0^2 = \sum_{i=0}^{S} (i - m_0)^2 \, p(i) \qquad s_1^2 = \sum_{i=S+1}^{255} (i - m_1)^2 \, p(i) \qquad (2.16)$$

Diese Größen sind alle Funktionen des Parameters S. Das Kriterium für die Festlegung von S ist nun die Maximierung der Varianz s_B^2 zwischen K_0 und K_1 und die Minimierung der Varianz s_W^2 innerhalb von K_0 und K_1, d.h. die Suche nach möglichst kompakt gebündelten und gut getrennten Grauwertklassen. Dafür werden die Größen

$$s_B^2 = P_0 \, (m_0 - m)^2 + P_1 \, (m_1 - m)^2 \qquad \text{und} \qquad s_W^2 = P_0 \, s_0^2 + P_1 \, s_1^2 \qquad (2.17)$$

berechnet und das Verhältnis $\frac{s_B^2}{s_W^2}$, das vom Parameter S abhängt, maximiert. Der gesuchte Schwellenwert ist derjenige Wert von S, der dieses Verhältnis maximiert. Dieses Verfahren wurde z.B. erfolgreich verwendet um Schreibmaschinencharakter aus einem gestörten Hintergrund zu extrahieren.

2.3.4 Informationstheoretischer Ansatz ([32])

Auch nach diesem Ansatz, der hier nur summarisch dargelegt werden kann, wird die Binarisierungsschwelle S lediglich auf der Basis der Statistik erster Ordnung bestimmt. Der Grundgedanke ist, S so zu wählen, daß der Informationsgehalt des binarisierten Bildes, berechnet anhand der Grauwertverteilung vor der Binarisierung, maximal wird. Würde man den Informationsgehalt nach der Binarisierung berechnen, so würde man, wie in [32] bemerkt, das Histogramm des Originalbildes nicht berücksichtigen und die Schwelle immer so festlegen, daß die Bildpunkte des Ergebnisbildes zur Hälfte weiß und zur Hälfte schwarz sind.
Mit gleicher Notation wie im vorhergehenden Fall in Gl. (2.14), ist der Informationsgehalt H' nach der Binarisierung:

$$H' = -P_0 \, ld \, P_0 - P_1 \, ld \, P_1 \qquad (2.18)$$

und wenn man die Abhängigkeit vom Anfangshistogramm explizit darstellt, erhält man:

$$- H' = [\sum_{i=0}^{S} p(i)] \cdot ld \, [\sum_{i=0}^{S} p(i)] + [\sum_{i=S+1}^{255} p(i)] \cdot ld \, [\sum_{i=S+1}^{255} p(i)] \qquad (2.19)$$

Der Informationsgehalt H des Anfangshistogramms setzt sich zusammen aus einem Anteil $\alpha \, H$, mit $0 \leq \alpha \leq 1$, der Grauwerte $\leq S$, und aus einem Anteil $(1 - \alpha)H$ der übrigen Grauwerte, mit:

$$\alpha \, H = - \sum_{i=0}^{S} p(i) \cdot ld \, p(i) \qquad (1 - \alpha) \, H = - \sum_{i=S+1}^{255} p(i) \cdot ld \, p(i) \qquad (2.20)$$

In [32] wird gezeigt, daß es für die Summen von $p(i)$ in (2.19) obere Grenzen gibt,
nämlich:

$$\sum_{i=0}^{S} p(i) \leq \frac{\sum_{i=0}^{S}(p(i) \cdot ld\, p(i))}{ld\,[\max(p_0 \ldots p_S)]} \qquad \sum_{i=S+1}^{255} \leq \frac{\sum_{i=S+1}^{255}(p(i) \cdot ld\, p(i))}{ld\,[\max(p_{S+1} \ldots p_{255})]} \qquad (2.21)$$

Die Gleichungen (2.18) bis (2.21) ergeben:

$$H' \geq H \left\{ \alpha \, \frac{ld\,[\sum_{i=0}^{S} p(i)]}{ld\,[\max(p_0 \ldots p_S)]} + (1 - \alpha) \, \frac{ld\,[\sum_{i=S+1}^{S} p(i)]}{ld\,[\max(p_{S+1} \ldots p_{255})]} \right\} \qquad (2.22)$$

Es wird nun der Wert des Parameters α gesucht, der die rechts in (2.22) stehende untere Grenze des Informationsgehalts maximiert und daraus nach (2.20)
die Schwelle S berechnet. Auch mit diesem Verfahren wurden gute Ergebnisse,
besonders für die Binarisierung komplexer Grautonbilder, erzielt. Es ist jedoch zu
bemerken, daß es für die Binarisierung natürlicher Szenen kein objektives Gütekriterium geben kann, und daß die Gleichsetzung dieses Gütekriteriums mit dem
Maximum des Informationsgehalts noch keine Garantie für eine optimale Erhaltung des semantischen Bildinhalts nach der Binarisierung gibt.

2.3.5 Lokaladaptive Schwelle

Will man trotz der damit verbundenen Schwierigkeiten doch eine feste Binarisierungsschwelle verwenden, so können zumindest einige Maßnahmen getroffen werden, um die Erfolgsaussichten dieser Lösung zu erhöhen. Einige dieser Maßnahmen
sind die Hysterese und die Glättung.

Hysterese: sie soll vermeiden, daß bei rauschbedingten zufälligen Schwankungen des Grauwertes um den Schwellenwert S, wie in Abb. 2.5 gezeigt, völlig in-
konsistente Binärobjekte entstehen, die Störungen mit voller Grauwertdynamik
darstellen. Die Vorschrift von Gl. (2.11) für die Grauwerttransformation muß wie
folgt ergänzt werden:

$$S = \begin{cases} S_0 & \text{wenn} \quad y_a + y_b = 255 \\ S_0 + q & \text{wenn} \quad y_a = y_b = 0 \\ S_0 - q & \text{wenn} \quad y_a = y_b = 255 \end{cases} \qquad (2.23)$$

mit S_0 = Konstante, q = Hysteresebereich, und wo y_a bzw. y_b die bereits binarisierten Grauwerte (0 oder 255) von zwei Bildpunkten, A und B aus der Nachbarschaft des aktuellen Bildpunktes P sind. Bei einer zeilenweisen Bildabtastung von
oben links nach unten rechts könnte z.B. A der obere Nachbar und B der linke
Nachbar von P sein.
In Abb. 4.11. ist ein Beispiel der Auswirkung einer Hysterese mit $q = 40$ Graustufen gezeigt. Im Vergleich mit dem Bild ohne Hysterese ergibt die Hysterese ein
rauschärmeres, dafür aber auch detailärmeres Bild.

Glättung: wie das Rauschen, wird auch jede andere inhalts- oder hintergrund-
bedingte Schwankung des Bildsignals um die Schwelle infolge der Binarisierung auf
die volle Schwarz-weiß-Dynamik verstärkt. Eine Glättung ist oft notwendig, um
diesen Effekt zu unterdrücken. Hierzu kann, neben Gl. (2.11), eine lokaladaptive
Schwelle S verwendet werden:

$$S = S_0 - k\,\overline{x} \qquad (2.24)$$

wo $S_0 =$ eine Konstante und k ein Gewichtsfaktor des lokalen mittleren Grauwertes $\overline{x}$ ist (Richtwert: $k = 0,2$ bis $0,5$). Dies hat zur Folge, daß die Schwelle in
objektarmen Bildregionen erhöht wird, damit kleine helle Störungen mit Grauwerten im Objektbereich die Schwelle nicht erreichen. Auf der anderen Seite wird im
Objektinneren die Schwelle herabgesetzt, damit lokale dunkle Störungen über der
Schwelle bleiben und somit keine Lücken im Objekt entstehen.

2.4 Hintergrundkompensation

Wie bereits im Abschnitt 2.3 im Zusammenhang mit der Binarisierung erwähnt,
kann dem Bildsignal ein unerwünschtes Hintergrundsignal überlagert sein, das sowohl durch den Erfassungsvorgang (z.B. durch die Szenenbeleuchtung) als auch
durch Inhomogenität der Vorlage bedingt sein kann. Eine Eliminierung des Hintergrunds kann lediglich zur Bildverbesserung dienen, aber sie kann auch einen wichtigen Vorverarbeitungsschritt für eine Binarisierung darstellen, besonders wenn die
zu extrahierenden Objekte eine hohe Raumfrequenz haben (wie z.B. bei Schrift
und Graphik) und die Hintergrundkompensation wie eine Hochpaßfilterung im
Ortsfrequenzbereich wirkt.

Besonders bei der Werkstückerkennung, bei der die Bildszene weitgehend vom
Benutzer gestaltet werden kann, ist es möglich, ein einfaches Kompensationsver-
fahren zu verwenden. Aus dem Originalbild wird eine zweite Aufnahme der leeren
Szene Bildpunkt-zu-Bildpunkt subtrahiert. Voraussetzung für eine gute Kom-
pensation ist jedoch, daß das Hintergrundsignal sich infolge der automatischen
Verstärkungsregelung der Kamera zwischen den beiden Aufnahmen kaum ändert.
Ist diese Bedingung erfüllt, so ist auch gewährleistet, daß das Ergebnis der punkt-
weisen Bildsubtraktion, wie für eine Grauwertfunktion erforderlich, immer ≥ 0
bleibt.
Wie aus der Abb. 2.5 (Mitte) ersichtlich, kann das Hintergrundsignal TP als das
Ergebnis einer starken Tiefpaßfilterung des Originalsignals OR betrachtet werden.
Unter der Annahme, daß OR und TP etwa die gleiche Grauwertdynamik besit-
zen, können sie mit dem Gewichtungsfaktor k punktweise voneinander subtrahiert
werden:

$$ER = \frac{1}{1-k}\,(OR - k \cdot TP) \qquad 0 < k \leq 1 \qquad (2.25)$$

Damit bleibt gewährleistet, daß auch das Ergebnisbild ER im gleichen Bereich der Grauwertdynamik wie OR bleibt. Durch den Parameter k kann man die Kompensationsstärke einstellen.

Um das Hintergrundsignal zu extrahieren, ist hier meistens eine starke Tiefpaßfilterung erforderlich, wie etwa durch die Bildung des mittleren Grauwertes über große Gebiete, beispielsweise über 50×50 Bildpunkte. Um den beträchtlichen Rechenaufwand einer solchen Operation zu verringern, bietet sich hier als Abhilfe die Anwendung von angenäherten Mittelwerten an, da in diesem Fall die Genauigkeit des Mittelwertes nur sekundäre Bedeutung hat. Eine schnelle und angenäherte Mittelwertberechnung kann durch Separierung des Vorgangs in zwei Bilddurchläufe erzielt werden. Im ersten Durchlauf wird die Grauwertfunktion in horizontaler Richtung über n Bildpunkte, im zweiten wird das Ergebnis des ersten Durchlaufs in vertikaler Richtung ebenfalls über n Bildpunkte gemittelt. Der Rechenaufwand steigt proportional zu $2\,n$ statt zu n^2 wie bei der Berechnung des echten Mittelwertes über ein Fenster von $n \times n$ Bildpunkten.
Dieses Beispiel gibt Anlaß zu einer allgemeinen Bemerkung. Es lohnt sich oft, zu überlegen, ob für eine bestimmte Anwendung statt des genauen Wertes eines Bildoperators
in einem $n \times n$ - Fenster, ein durch Separierung erhaltener angenäherter Wert dieses Operators - mit Inkaufnahme tolerierbarer Fehler - anwendbar ist. Sind die Fehler wirklich vernachlässigbar, so lohnt sich wegen des kleineren Rechenaufwands der Einsatz der separierbaren Version eines Operators.

Kapitel 3

Lokale Operatoren

3.1 Allgemeines über lokale Operatoren

Allgemeines - Lokale Operatoren und Zellularautomaten

Lokale Operatoren haben, wie die Punktoperatoren, meistens das Ziel der Bildverbesserung; dann gelten für sie die allgemeinen Betrachtungen über Bildverbesserungsoperatoren von Abschnitt 1.1. Das Ergebnis eines lokalen Operators ist daher oft ein Bild mit der semantischen Bedeutung einer Szene, die für die Betrachtung und Auswertung durch den Menschen bestimmt ist.

In einem lokalen Operator hängt der Ergebnisgrauwert Q_0 nicht nur, wie bei den Punktoperatoren, vom Originalgrauwert P_0 eines Bildpunktes ab, sondern auch von den Grauwerten $P_1, P_2 \ldots P_N$ der Bildpunkte in einem gegebenen Operatorfenster U. Wie in *Abb. 3.1* gezeigt, wird das Operatorfenster meistens symmetrisch um den zentralen Bildpunkt P_0 (auch aktuellen Bildpunkt genannt) gelegt, weil sowohl die Blendefunktion der Aufnahmegeräte als auch die Struktur der natürlichen Bilder, statistisch in ihrer Gesamtheit betrachtet, isotrop sind. Um einen lokalen Operator durchzuführen, wird das Bild in einer gegebenen Reihenfolge Bildpunkt für Bildpunkt abgetastet, z.B. wie in Abb. 3.1 gezeigt, nämlich zeilenweise von oben nach unten und von links nach rechts. Diese Abtastreihenfolge wird hier in der Regel zugrundegelegt. Die Verarbeitung fängt erst am M-ten Bildpunkt der M-ten Zeile an, mit

$$M = \frac{L+1}{2} \qquad \text{und} \qquad N + 1 = L^2 \qquad (3.1)$$

damit das ganze Operatorfenster U mit L^2 Bildpunkten den Bildrand nicht überschreitet.

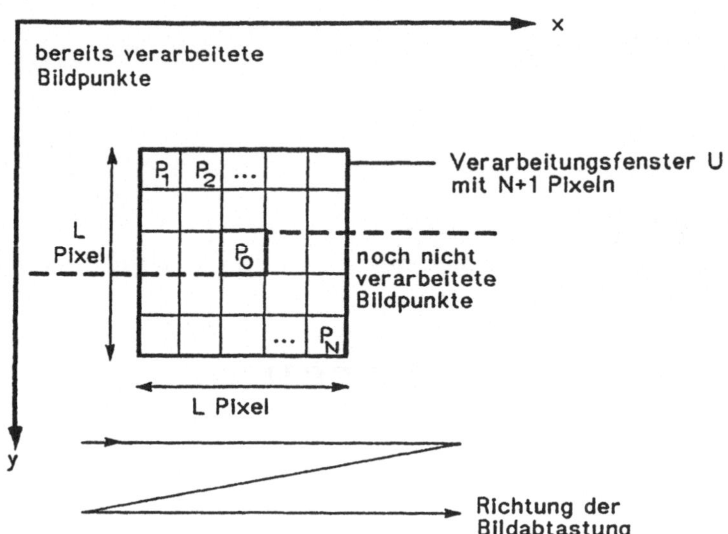

Abbildung 3.1: Erläuterung eines lokalen Operators im Ortsbereich mit einem Operatorfenster U von $L \times L$ Bildpunkten

Der Ergebnisgrauwert Q_0 ist eine Funktion, die als Argumente die Originalgrauwerte des aktuellen Bildpunktes P_0 und seiner Nachbarn $P_1 \ldots P_N$ hat, wobei die Bildpunkte und ihre Grauwerte hier mit dem gleichen Symbol P_i gekennzeichnet werden:

$$Q_0 = f(P_0, P_1, P_2 \ldots P_N) \tag{3.2}$$

Die Funktion f kann die unterschiedlichsten Formen haben, z.B.:

- linear oder nichtlinear

- analytisch definiert oder explizit durch eine look-up-table beschrieben

- als logische Verknüpfung von Binärgrößen bei Binärbildern, wobei die Grauwerte binäre Größen sind ("L" = schwarz = Grauwert 0, "H" = weiß = Grauwert 255).

Der Ergebnisgrauwert Q_0 ersetzt dann P_0; die genaue Bedeutung dieser Operation wird weiter unten im Abschnitt 3.2 ausführlich erörtert. Danach wird der nächste Bildpunkt rechts von P_0 zum aktuellen Bildpunkt, das Fenster U wird ebenfalls um einen Bildpunkt nach rechts verschoben, und die Verarbeitung setzt sich in dieser Weise bis zur rechten unteren Bildecke fort.
Der Mechanismus eines lokalen Operators weist auffällige Ähnlichkeiten zu den Zellularautomaten auf ([33]):

- Bildpunkt $\longrightarrow$ Zellulareinheit

- Operator $\longrightarrow$ Überführungsfunktion

- Grauwert $\longrightarrow$ Zustand einer Zelle

- Ergebnisgrauwert $\longrightarrow$ neuer Zustand

- Bild $\longrightarrow$ Konfiguration   usw.

Bildoperatoren können als Zellularautomaten mit sehr vielen Zuständen (typischer Wert: 256) und einer meistens analytisch beschriebenen Überführungsfunktion betrachtet werden, denn eine vollständige look-up-table für alle möglichen Kombinationen zwischen den Zuständen der Operatorargumente und dem neuen Zustand einer Zelle wäre zu umständlich. Die Gemeinsamkeiten zwischen den zwei Gebieten sind bei Binärbildern, wo jede Zelle nur zwei Zustände haben kann, besonders stark.

3.2 Parallele und sequentielle Verarbeitung

Parallele Verarbeitung - Sequentielle Verarbeitung - Ähnlichkeiten mit nichtrekursiven bzw. mit rekursiven Filtern - Beispiele

Es gibt prinzipiell zwei Möglichkeiten, mit den Grauwerten Q_0, die das Ergebnis eines lokalen Operators für die einzelnen Bildpunkte darstellen, das Ergebnisbild aufzubauen. Bei der Parallelverarbeitung (*Abb. 3.2a*) wird der Ergebnisgrauwert

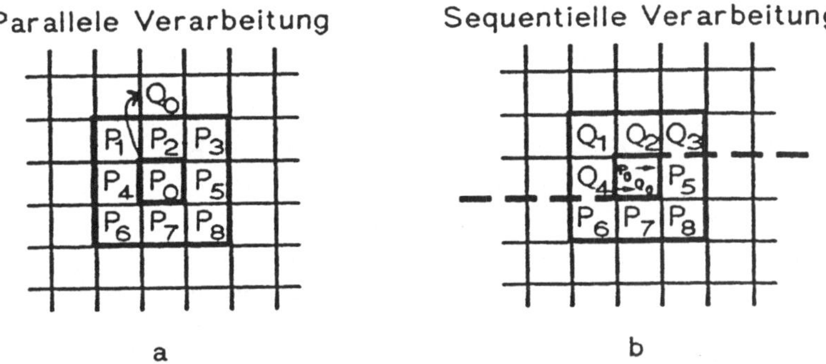

Abbildung 3.2: Lokaler Operator in einem 3×3 - Fenster mit: a) paralleler Verarbeitung und b) sequentieller Verarbeitung.

Q_0 an die Stelle mit den gleichen Ortskoordinaten wie P_0, jedoch in einem getrennten Bildfeld, geschrieben, in dem sich Bildpunkt für Bildpunkt das verarbeitete Bild aufbaut. Die Argumente $P_0 \dots P_N$ des Operators sind immer nur Originalgrauwerte, und es gibt eine vollständige Trennung zwischen Originalbild und verarbeitetem Bild. Das Ergebnis der Operatoranwendung ist daher von der Reihenfolge der Verarbeitung der Bildpunkte, d.h. von der Richtung der Bildabtastung, unabhängig. Ein paralleler Operator kann somit durch den Ausdruck (3.2) symbolisch dargestellt werden.

Die parallele Verarbeitung entspricht der Arbeitsweise eines Feldrechners (array processor) oder eines Zellularautomaten, in dem alle Einheiten gleichzeitig und unabhängig von den Zustandsübergängen der übrigen Zellen einen neuen Zustand annehmen.

In der Praxis ist es nicht notwendig, ein getrenntes Speicherfeld für das Ergebnisbild bereitzustellen. Die Trennung zwischen Originalgrauwerten und Ergebnisgrauwerten bleibt auch dann gewährleistet, wenn die Ergebnisse, um $\frac{L+1}{2}$ Zeilen nach oben verschoben, das Originalbild überschreiben. Abb. 3.2a zeigt eine mögliche Form dieser Verschiebung zwischen P_0 und Q_0 unter Voraussetzung der Abtastrichtung von Abb. 3.1. Am Ende der Verarbeitung ist das Ergebnisbild um $\frac{L+1}{2}$ Zeilen gegenüber dem Originalbild verschoben, und ebensoviele Zeilen und Spalten am Rande des Originalbildes gehen verloren.

In der sequentiellen Verarbeitungsweise (s. Abb. 3.2b) wird dagegen der Ergebnisgrauwert Q_0 an die gleiche Stelle und in das gleiche Bildfeld eingetragen und überschreibt somit P_0. Daher sind die Argumente eines sequentiellen Operators zum Teil Originalgrauwerte und zum Teil bereits verarbeitete Grauwerte. Welche die Originalgrauwerte sind, hängt von der Abtastreihenfolge ab. Somit ist auch das Ergebnisbild eines sequentiellen Operators im allgemeinen ganz entscheidend von der Reihenfolge abhängig, in der die Bildpunkte verarbeitet werden. Diese Abhängigkeit ist ein allgemeines Merkmal aller sequentiellen Methoden in der Mustererkennung. In Abb. 3.2b sind die Operatorargumente dargestellt, die der Verarbeitungsreihenfolge der Abb. 3.1 entsprechen. Ein sequentieller Operator kann durch die Funktion

$$Q_0 = f(Q_1 \dots Q_{\frac{N}{2}}, P_0, P_{\frac{N}{2}+1} \dots P_N) \tag{3.3}$$

dargestellt werden.

Eine weitere Ähnlichkeit, nämlich die zwischen lokalen Operatoren und Transversalfiltern, ist in *Abb. 3.3* anhand eines eindimensionalen Beispiels verdeutlicht. Ein paralleler Operator entspricht einem nichtrekursiven Filter (Abb. 3.3a); der Ausgang Q_0 ergibt sich aus einer Verknüpfung nur zwischen Eingangswerten $P_1 \dots P_4$. Ein sequentieller Operator entspricht dagegen einem Rekursivfilter (Abb. 3.3b); man erhält den Ausgang Q_0 durch eine Verknüpfung sowohl von Eingangswerten P_0, P_3, P_4 als auch von bereits erhaltenen Ergebnissen Q_1 und Q_2.

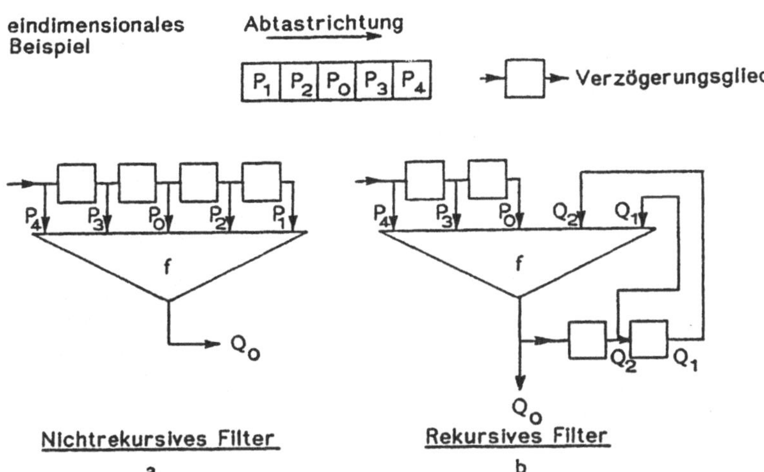

Abbildung 3.3: Darstellung eines eindimensionalen Bildoperators als Transversalfilter. a) nichtrekursiv (parallele Verarbeitung); b) rekursiv (sequentielle Verarbeitung).

Üblicherweise stellt man sich einen lokalen Operator als parallelen Operator vor, weil die Zusammenhänge zwischen Bilddaten und Ergebnis in einer rekursiven Struktur schwieriger zu vergegenwärtigen und abzuschätzen sind als in einem nichtrekursiven System. Im Prinzip kann aber jeder lokale Operator sowohl in der parallelen als auch in der sequentiellen Verarbeitungsweise durchgeführt werden [121]. Einige Operatoren sind nur parallel, andere nur sequentiell sinnvoll. Weitere Operatoren können sowohl parallel als auch sequentiell zu nützlichen Ergebnissen führen, jedoch mit unterschiedlichen Auswirkungen, Eigenschaften, Vor- und Nachteilen, die man kennen sollte, um die günstigste Verarbeitungsweise zu wählen. Für diese dritte Art von Operatoren kann man etwa davon ausgehen, daß sequentielle Operatoren wirksamer und daher schneller (weniger Iterationen) sein können; als typische Nachteile sind dagegen die Abhängigkeit von der Verarbeitungsreihenfolge und Verschleppungseffekte zu erwähnen.

Um vorgreifend einen Einblick in die Problematik der sequentiellen und parallelen Verarbeitung zu vermitteln, werden nun zwei Beispiele in *Abb. 3.4* beschrieben. In Abb. 3.4a wird ein Operator zur Skelettierung eines Binärbildes betrachtet, das ein 2 Bildpunkte breites Objekt beinhaltet. Zur Skelettierung, die später im Abschnitt 5.3. ausführlich behandelt wird, werden Objektpunkte getilgt. Als Tilgungskriterium wird in einem 3×3-Fenster geprüft, ob man den zentralen Bildpunkt eliminieren kann, ohne das Objekt in mehrere Teile zu zerreißen. Da alle Objektpunkte diese Bedingung erfüllen, würde man mit einem parallelen Operator

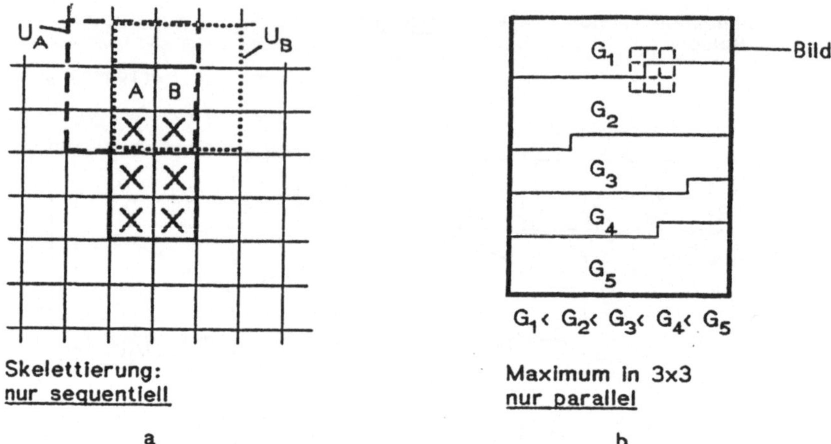

Abbildung 3.4: Erläuterung der Parallel-Sequentiell-Problematik bei lokalen Operatoren. a) Skelettierung (nur sequentiell); b) Maximum-Operator (nur parallel). U_A, U_B : Operatorfenster der Bildpunkte A und B. G_1 bis G_5 : konstante Grauwerte.

das ganze Objekt tilgen. Hier ist ein sequentieller Operator angebracht, in dem die Information über die bereits getilgten Objektpunkte in das Tilgungskriterium für den aktuellen Bildpunkt miteinbezogen wird.

Abb. 3.4b zeigt, als Beispiel eines nur in der parallelen Verabeitungsweise sinnvollen Operators, den Maximum-Operator, der später im Abschnitt 3.7 näher betrachtet wird. Das Ergebnis dieses Operators ist der höchste Grauwert im Operatorfenster (3×3 Bildpunkte in Abb. 3.4b). Bei einer sequentiellen Durchführung dieses Operators mit einer Abtastreihenfolge wie in Abb. 3.1 tritt der höchste, bis zum jeweiligen Abtastpunkt im Bilde aufgetretene Grauwert G_i ($i = 1 \ldots 5$) immer als einer der Argumente des Operators auf. G_i kann nur von einem noch höheren Grauwert G_{i+1} abgelöst werden. Am Ende besteht das Ergebnisbild aus einer sinnlosen Folge nahezu waagerechter Streifen.

3.3 Lineare Operatoren

Überlagerungsprinzip - Charakterisierung eines Operators - Impulsantwort - Faltung - Operationen im Ortsfrequenzbereich - Lineare Entzerrung - Gradientoperator - Laplace-of-Gaussian-Filter

Die Theorie der linearen passiven zeitinvarianten Netzwerke ist ein klassisches Gebiet der Nachrichtentechnik, das von grundlegender Bedeutung für die Signalverarbeitung allgemein, und speziell für die Verarbeitung zweidimensionaler Bildsignale ist. Die Grundlagen dieser Theorie sind Gegenstand zahlreicher Lehrbücher, wie [34], [35] und [36]. Was den zweidimensionalen Fall der Bildverarbeitung speziell betrifft, werden die einschlägigen Aspekte der linearen Netzwerktheorie in [36], [37] und [46] Band 1 behandelt.

Mit Bezug auf Abb. 3.1, können lineare Operatoren als zweidimensionale Linearfilter betrachtet werden, in denen die Funktion f in Gl. (3.2) bzw. (3.3) linear ist. Im ersten Fall entspricht der Bildoperator einem nichtrekursiven Filter (Englisch FIR = finite impulse response), im zweiten Fall einem rekursiven Filter (Englisch IIR = infinite impulse response), s. auch Abb. 3.3.

Für lineare Operatoren gilt das Überlagerungsprinzip, nämlich:

$$f(A\,x_1 + B\,x_2) = A \cdot f(x_1) + B \cdot f(x_2) \tag{3.4}$$

mit A und B als Konstanten. Die Auswirkung des Operators auf die gewichtete Summe der Signale x_1 und x_2 ist gleich der gewichteten Summe der einzelnen Auswirkungen auf x_1 und x_2.

Die Gültigkeit des Überlagerungsprinzips ist Voraussetzung für die Charakterisierung eines Operators durch seine Übertragungsfunktion oder durch seine Impulsantwort, die sich aus der Fourier-Transformation der Übertragungsfunktion ergibt [35]. Charakterisierung bedeutet hier, daß man die Antwort des Operators auf ein beliebiges Signal (bzw. auf ein Signal mit beliebigem Spektrum) ermitteln kann, wenn man seine Antwort auf einen idealen Impuls (bzw. seine Übertragungsfunktion im Frequenzbereich) kennt. Dieses ist ein großer Vorteil der linearen Operatoren, weil es dadurch möglich ist, aus dem erwünschten Verlauf einer gegebenen Standard-Grauwertfunktion nach der Anwendung des Operators die Struktur des erforderlichen Operators zu berechnen. Diesem Vorteil und anderen Vorteilen gegenüber stehen die, im Vergleich zu den nichtlinearen Operatoren, relativ engen Grenzen des Einsatzbereiches der linearen Operatoren in der Bildverarbeitungspraxis. Dieser Bereich ist im wesentlichen auf Tiefpaß- und Hochpaßfilter, Bandpaß und Bandsperre, sowohl im Ortsbereich als auch im zweidimensionalen Ortsfrequenzbereich, beschränkt.

Nichtlineare Operatoren, in denen Funktionen wie "Maximum", "Minimum" oder "Betrag" auftreten können, zeichnen sich dagegen durch ihre vielfältige Anwendbarkeit und durch einen mit den linearen Operatoren vergleichbaren Rechenaufwand aus. Dafür sind sie im allgemeinen nicht durch eine einzige Funktion charakterisierbar, weil für sie das Überlagerungsprinzip nicht gilt.

Im Rahmen dieser Arbeit werden daher die linearen Operatoren nur in jenen Grundsätzen erörtert, die für ihren praktischen Einsatz für Bildverarbeitungsaufgaben von wesentlicher Bedeutung sind; für ihre Vertiefung wird auf die Lehrbücher [34], [35], [36] und [37] verwiesen.

Ein linearer Operator H für ein kontinuierliches zweidimensionales Bildsignal (Grauwertfunktion) kann wie in *Abb. 3.5* dargestellt werden. Die Funktionen f, g und h der Ortskoordinaten x, y stehen durch die zweidimensionale Fourier-

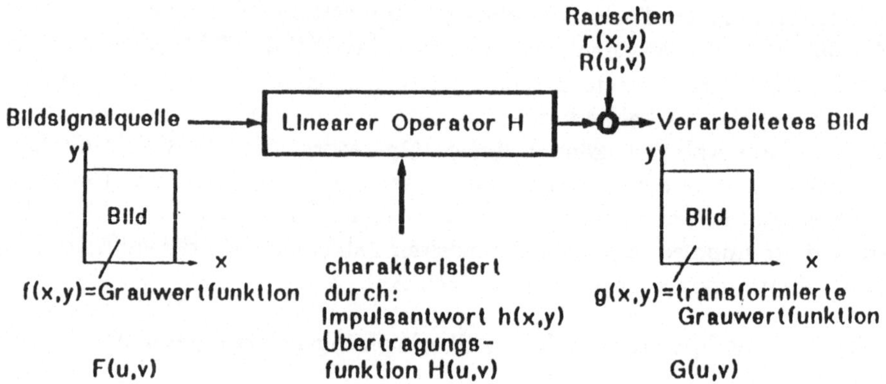

Abbildung 3.5: Darstellung eines linearen Operators H für eine kontinuierliche Grauwertfunktion $f(x, y)$ als lineares System.

Transformation in funktionalem Zusammenhang mit den entsprechenden Spektralfunktionen F, G und H der Ortsfrequenzen u (horizontal) und v (vertikal). Dieser funktionale Zusammenhang wird symbolisch durch:

$$\left. \begin{array}{l} f(x, y) \circ\!\!\!-\!\!\!-\!\!\!\bullet F(u, v) \\ g(x, y) \circ\!\!\!-\!\!\!-\!\!\!\bullet G(u, v) \\ h(x, y) \circ\!\!\!-\!\!\!-\!\!\!\bullet H(u, v) \end{array} \right\} \tag{3.5}$$

dargestellt.

Die Beziehungen zwischen der Grauwertfunktion $f(x, y)$ an der Signalquelle und der Grauwertfunktion $g(x, y)$ nach der Anwendung des linearen Operators können sowohl im Ortsbereich

$$g(x, y) = f(x, y) * h(x, y) + r(x, y) \tag{3.6}$$

als auch im Spektralbereich

$$G(u, v) = F(u, v) \cdot H(u, v) + R(u, v) \tag{3.7}$$

ausgedrückt werden [36], [38], wobei das Zeichen $*$ die Faltung der Grauwertfunktionen f und h darstellt:

$$f(x, y) * h(x, y) = \int_{-\infty}^{+\infty} \int_{-\infty}^{+\infty} f(X, Y) \cdot h(x - X, y - Y) \, dX \, dY \tag{3.8}$$

und $r(x, y)$ eventuell vorhandenes additives Rauschen bedeutet.

In der Systemtheorie der elektrischen Nachrichtenübertragung für kontinuierliche Signale ist, mit Bezug auf *Abb. 3.5*, die folgende Betrachtungsweise üblich: H ist ein verzerrendes System oder ein Übertragungskanal, und seine Übertragungsfunktion $H(u, v)$ wird benutzt, um die Veränderungen des Signalspektrums zwischen Eingang und Ausgang von H zu berechnen. Hierbei tritt in Gl. (3.7) $H(u,v)$ als ortsfrequenzabhängiger Multiplikator des Eingangssignals $F(u,v)$ auf. Eine solche Betrachtungsweise ist intuitiv anschaulicher als eine Systemcharakterisierung im Ortsbereich, die auf der Basis der eher unübersichtlichen Faltung von Gl. (3.6) erfolgt.

In der Bildverarbeitung hat man jedoch meistens mit diskreten und nichtkausalen Systemen zu tun. Die Kausalität ist dadurch aufgehoben, daß das gesamte Bildfeld als Grauwertmatrix gespeichert ist (s. auch Parallelverarbeitung im Abschnitt 3.2) und somit auch im Sinne der Verarbeitungsreihenfolge "zukünftige" Grauwerte verfügbar sind. Hier bietet die Faltung im Ortsbereich eine anschaulichere Betrachtungsweise der Funktion eines linearen Operators als im Ortsfrequenzbereich. Dieser Operator besteht dann aus einer gewichteten Summe der Grauwerte in einem Operatorfenster um den aktuellen Bildpunkt, wobei die Gewichte diskrete Abtastwerte der zweidimensionalen Impulsantwort $h(x,y)$ sind. Die Größe dieses Fensters entspricht demjenigen Gebiet im Ortsbereich, in dem $h(x,y) \neq 0$ ist. Ersetzt man bei einem Bild von $M \times M$ Bildpunkten die kontinuierlichen Ortskoordinaten x und y durch die diskreten Ortskoordinaten m und n bzw. i und j , mit

$$\left. \begin{array}{ll} -I \leq i \leq I & , \quad -J \leq j \leq J \\ I < m < M - I & , \quad J < n < N - J \end{array} \right\} \tag{3.9}$$

und für quadratische $L \times L$-Operatorfenster

$$I = J = K = \frac{L-1}{2} \tag{3.10}$$

so erhält man die diskrete Form der Gl. (3.8) und schließlich der Gl. (3.6), die ein diskretes Bildsignal $g(m,n)$ als Ergebnis eines linearen Operators in Abwesenheit von Rauschen ergibt:

$$g(m,n) = \sum_{i=-I}^{I} \sum_{j=-J}^{J} f(i,j) \cdot h(m-i,\, n-j) \tag{3.11}$$

Aus der *Abb. 3.6* ist die konkrete Bedeutung der Faltung gemäß Gl. (3.11) ersichtlich. Dort ist ein symmetrisches Operatorfenster mit $I = J = 2$ und $L = 5$ dargestellt, das im Bildpunkt mit den absoluten Ortskoordinaten (m,n) zentriert ist. Die Koeffizienten $h(m-i,\, n-j)$ sind die Abtastwerte der diskreten Impulsantwort des Operators mit Koordinatenursprung in (m,n); sie sind in der jeweiligen Ortslage dargestellt und mit h_0 bis h_5 bezeichnet. Ihre Werte sind so gewählt, daß sie zusammen einen punktsymmetrischen Tiefpaßoperator mit etwa gaußscher Impulsantwort ergeben.

In der Bildverarbeitung werden lineare Operatoren im allgemeinen wie in Abb. 3.6, nämlich durch Angabe der Koeffizienten $h(i,j)$ der Impulsantwort, dargestellt. Zur Durchführung des Operators sind dann die Grauwerte $f(m-i,\, n-j)$ eines um den

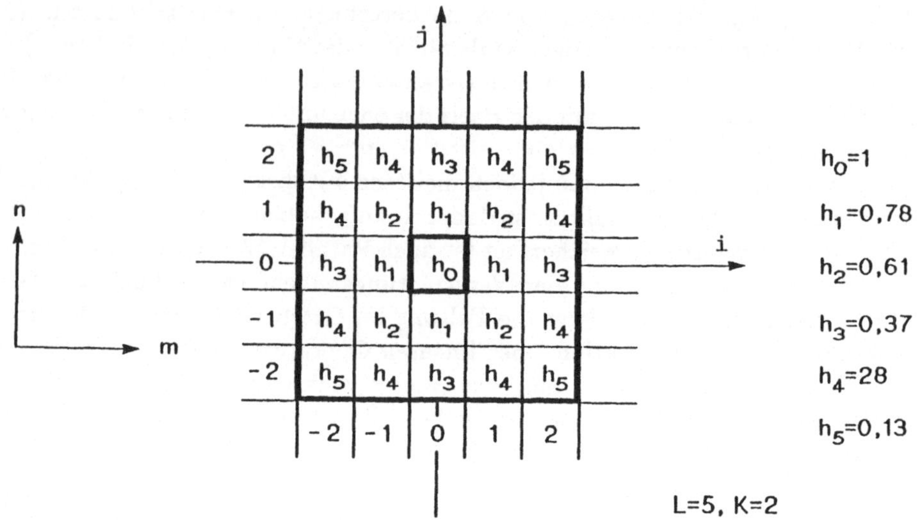

Abbildung 3.6: Darstellung eines diskreten linearen Operators als Faltung mit einer diskreten Impulsantwort im Ortsbereich.

aktuellen Bildpunkt (m, n) zentrierten Operatorfensters mit den entsprechenden Koeffizienten $h(i, j)$ zu multiplizieren und aufzusummieren.

Die Verarbeitung von zweidimensionalen diskreten Bildsignalen ist auch im Ortsfrequenzbereich möglich, obwohl für Filterungszwecke die Faltung meistens weniger rechenaufwendig ist. In Anlehnung an den kontinuierlichen Fall wird für diskrete zweidimensionale Signale die diskrete Fourier-Transformation in einem zweidimensionalen diskreten Ortsfrequenzbereich definiert. Die diskrete Fourier-Transformation, ihre Eigenschaften und ihre Einsatzmöglichkeiten in der Bildverarbeitung sind in [36] ausführlich behandelt. Im Rahmen dieser Arbeit soll daher lediglich ein typisches Beispiel der Bildfilterung im Ortsfrequenzbereich nach dem folgenden Schema aufgeführt werden:

Origi- nalbild	a $\rightarrow$	Diskrete Fourier Transfor- mation	b $\rightarrow$	Ausfilterung bestimmter Spektral- anteile	c $\rightarrow$	Inverse diskrete Fourier Transfor- mation	d $\rightarrow$	Gefiltertes Bild
Ortsbereich		Ortsfrequenzbereich						Ortsbereich

Das oben abgebildete Schema kann besonders dann vorteilhaft werden, wenn bestimmte Bildstrukturen, wie z.B. additiv überlagerte periodische Störmuster mit einer komplizierten Form, im Ortsfrequenzbereich deutlich erkannt werden können. Dann ist es möglich, die entsprechenden Spektralkomponenten mit Hilfe einfacher Filter im Ortsfrequenzbereich zu eliminieren. Durch Rücktransformation erhält man somit ein störungsfreies Bild im Ortsbereich. Die *Abb. 3.7* zeigt eine Tiefpaß-

Abbildung 3.7: Filterung im zweidimensionalen Ortsfrequenzbereich mit Hilfe der Fourier-Transformation. Originalbild (o.l.) mit seinem Spektrum (u.l.) und Ergebnis der Tiefpaßfilterung (o.r.) mit seinem Spektrum (u.r.).

filterung des Originalbildes (oben links) mit Hilfe der zweidimensionalen Fourier-Transformation. Im zweidimensionalen Ortsfrequenzspektrum (unten links) mit Ursprung in der Bildmitte stellt der Grauwert die Intensität der entsprechenden Spektralkomponente dar. Nach der Ausfilterung des Hochfrequenzanteils (Detail) bleibt nur der kreisförmige Tieffrequenzbereich um den Ursprung erhalten (unten rechts). Durch seine Rücktransformation ergibt sich das tiefpaßgefilterte Bild im Ortsbereich (oben rechts).

In anderen Fällen ist das Bildsignal an der Stelle a des obigen Schemas bereits mit linearen Verzerrungen behaftet (z.B. Unschärfe der Aufnahmevorrichtung usw.), die man kennt und die man ausgleichen möchte. Das diskrete Ortsfrequenzspektrum $F(c, r)$ des Originalsignals ist eine Funktion der Ortsfrequenzen c in horizontaler und r in vertikaler Richtung. $F(c, r)$ kann als Produkt eines ungestörten

"Urspektrums" $F'(c, r)$ und der Übertragungsfunktion $U(c, r)$ eines verzerrenden linearen Netzwerks betrachtet werden:

$$F(c, r) = F'(c, r) \cdot U(c, r) \tag{3.12}$$

Die Aufgabe besteht nun darin, ein geeignetes Linearfilter $U^{-1}(c, r)$ so zu berechnen, daß man an der Stelle c des obigen Schemas das entzerrte Ortsfrequenzspektrum

$$F(c, r) \cdot U^{-1}(c, r) = F'(c, r) \tag{3.13}$$

erhält und dadurch, nach der Rücktransformation in den Ortsbereich, das unverzerrte "Ursignal".

Die inverse Bildfilterung im Ortsfrequenzbereich, d.h. die Realisierung des Operators U^{-1} in (3.13), ist nicht unproblematisch und daher in der Praxis nicht häufig verwendet. Für eine Vertiefung ihrer signaltheoretischen Aspekte soll hier auf [29], [36] und [39] verwiesen und lediglich auf einige damit verbundene Schwierigkeiten hingewiesen werden, die zum Teil auf die diskrete Natur und auf den begrenzten Wertebereich der Bildsignale zurückzuführen sind, nämlich:

- Rundungsfehler der Rechnerarithmetik

- Stabilität des inversen Filters

- Pole des Filters an den Nullstellen der Übertragungsfunktion $U(c, r)$. Hier ist das Signal klein und das frequenzunabhängige Rauschen wird besonders stark angehoben.

- Mehrdeutigkeit der Lösungen, weil die Bildfunktion außerhalb des Bildrands undefiniert ist.

- Begrenztheit des Grauwertbereiches bei der Rücktransformation aus dem Ortsfrequenzbereich.

Eine Analyse der linearen Operatoren auch im Ortsfrequenzbereich (Übertragungsfunktion) neben dem Ortsbereich (Impulsantwort) ist oft nützlich, um ihre Filtereigenschaften zu veranschaulichen. Dies soll nun anhand von zwei Kantenoperatoren als Beispiel verdeutlicht werden.
Das Ziel eines Kantenoperators ist, ein sogenanntes "Kantenbild" zu erzeugen, d.h. ein Bild, in dem der Grauwert eines Bildpunktes proportional zur Steilheit und zur Sprunghöhe einer eventuell durch den Bildpunkt verlaufenden Kante ist. Kantenoperatoren sind in der Bildverarbeitung sehr wichtig: sie sind oft der erste Schritt auf dem Weg der Formanalyse oder der Merkmalextraktion. In Abschnitt 4.4. werden Kantenoperatoren ausführlich und praxisnäh behandelt. Die folgenden Betrachtungen haben dagegen eher das Ziel, Kantenoperatoren als Filter vom

Gesichtspunkt der Systemtheorie aus zu charakterisieren. Der Weg zur praktischen Realisierung dieser Filter als Bildverarbeitungsalgorithmen geht jedenfalls meistens, wie in Abb. 3.6 gezeigt, über die Bestimmung der Koeffizienten des Faltungskernes, d.h. ihrer diskreten Impulsantwort.

Das erste Kantenoperatorbeispiel ist ein Gradientfilter. Die *Abb. 3.8* zeigt schematisch eine Grauwertfunktion $f(x,y)$. Die Ableitung f'_β in Richtung β ist:

$$f'_\beta = f'_x \cos \beta + f'_y \sin \beta \tag{3.14}$$

Durch die Ableitung nach β erhält man die Richtung α der maximalen Variation

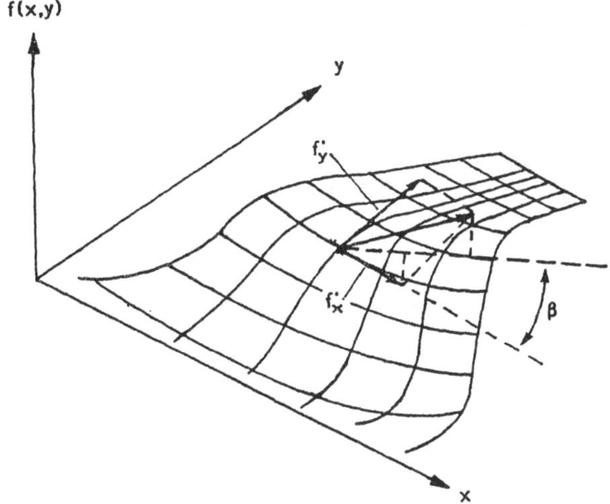

Abbildung 3.8: Gradient einer kontinuierlichen Grauwertfunktion $f(x,y)$.

von $f(x,y)$:

$$\alpha = \arctan \frac{f'_y}{f'_x} \tag{3.15}$$

Der Gradient ist nun die Ableitung f'_α in Richtung der größten Variation, wo der Gradientenbetrag G gegeben ist durch:

$$G = \sqrt{(f'_x)^2 + (f'_y)^2} \tag{3.16}$$

Die Herstellung eines Gradientbildes erfordert daher in jedem Bildpunkt die Differenzierung in zwei orthogonale Richtungen der Ortskoordinaten. Weil die Grauwertfunktion diskret ist, müssen Differentialquotienten durch endliche Differenzen ersetzt werden:

$$f'_x = \frac{f(x+1) - f(x-1)}{2} \quad \text{und} \quad f'_y = \frac{f(y+1) - f(y-1)}{2} \tag{3.17}$$

Die eindimensionale Impulsantwort eines Gradientfilters in x- bzw. y-Richtung
hat den folgenden Verlauf:

$$...0 \quad 0 \quad 0 \quad -\tfrac{1}{2} \quad 0 \quad +\tfrac{1}{2} \quad 0 \quad 0 \quad 0...$$

Im Frequenzbereich bedeutet die Differentiation eine Multiplikation des Amplitu-
denspektrums mit einem der Ortsfrequenz proportionalen Faktor, d.h. eine Anhebung der hohen Ortsfrequenzen. In natürlichen Bildern hat aber der Bildinhalt
meistens ein mit der Ortsfrequenz abfallendes Amplitudenspektrum (z.B. nach
einer Gauß- oder Exponentialfunktion), wogegen das Rauschen ein im Frequenzbereich etwa konstantes Spektrum aufweist. Daraus folgt, daß die Anwendung
des Gradientoperators nicht nur ein Kantenbild erzeugt, sondern auch das mit
dem Bildinhalt unkorrelierte Rauschen verstärkt. Dies bewirkt das Auftreten von
falschen Kanten und punktförmigen Störungen.

Das zweite Beispiel ist ein rauschunempfindlicher linearer Kantenoperator, das
sogenannte "laplacian-of-gaussian"-Filter (LoG-Filter) [40], [41], [42]. Dieses Filter
besteht aus der Kettenschaltung eines Gauß-Tiefpasses und einer zweifachen Ableitung. Der Gauß-Tiefpaß, der eine Rauschunterdrückung bewirken soll, hat eine
ebenfalls gaußförmige Impulsantwort und ein minimales Produkt von Anstiegszeit
× Bandbreite [35]. Die Impulsantwort des Gauß-Tiefpaßfilters ist:

$$f(x,y) = \frac{1}{2\,\pi\,s^2}\,\exp(-\frac{x^2+y^2}{2s^2}) \tag{3.18}$$

Mit einem einzigen Wert der Streuung s ist $f(x,y)$ punktsymmetrisch um $(x =
0,\, y = 0)$ und separierbar, weil $\exp(-x^2-y^2) = \exp(-x^2)\cdot\exp(-y^2)$. Die Summe
der zwei partiellen zweiten Ableitungen f_x'' und f_y''

$$f_x'' + f_y'' = A(x^2 + y^2 - 2s^2)\cdot\exp(-\frac{x^2+y^2}{2s^2}) \tag{3.19}$$

mit $A =$ Konstante gibt dann die Impulsantwort des LoG-Filters, nämlich den
Faltungskern des linearen Operators. Dieser ist in *Abb. 3.9b* neben der Impulsantwort des Gauß-Tiefpasses der Abb. 3.9a abgebildet. Abb. 3.9c zeigt ein plastisches
Profil der zweidimensionalen Impulsantwort des LoG-Filters. In Abb. 3.9d ist der
eindimensionale Schnitt einer verrauschten Kante der Grauwertfunktion abgebil-
det. Nach dem Gauß-Tiefpaß erhält man die rauschfreie und etwas verschlissene
Kante von Abb. 3.9e, während Abb. 3.9f die gesamte Auswirkung des LoG-Filters
auf die Kante zeigt. Durch die zweifache Differentiation ergibt sich hier eine steile
Flanke, deren Nulldurchgang in seiner Lage mit dem Mittelpunkt der Anstiegs-
flanke übereinstimmt. Ein eindimensionaler Schnitt durch das zweidimensionale
Ortsfrequenzspektrum in Abb. 3.9g verdeutlicht den Bandpaßcharakter des LoG-
Filters: die Anhebung der hohen Ortsfrequenzen erstreckt sich nicht bis zum Ende

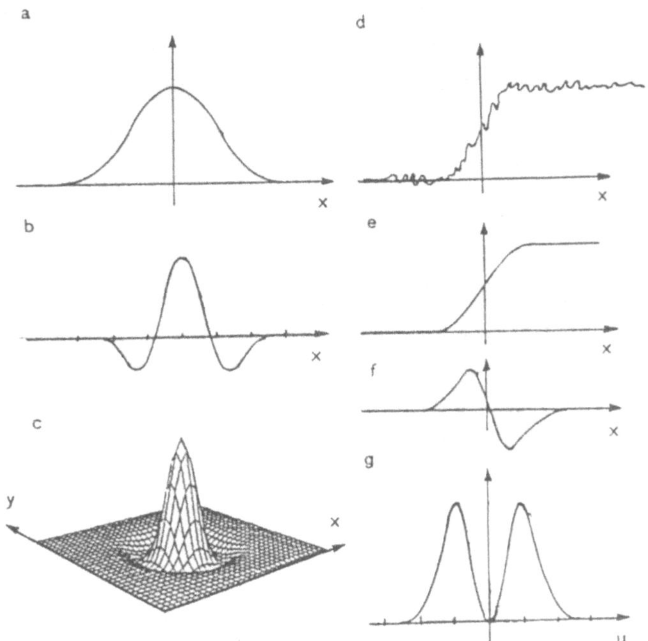

Abbildung 3.9: Eindimensionales laplacian-of-gaussian-Filter (LoG). a) Impulsantwort eines Gauß-Tiefpasses $G(x)$; b) erste Ableitung $G'(x)$ des Gauß-Tiefpasses; c) zweidimensionale Impulsantwort des Log-Filters; d) verrauschte Anstiegsflanke eines Bildsignals; e) geglättete Anstiegsflanke nach der Anwendung des Gauß-Tiefpasses auf d); f) Ergebnis der Anwendung des LoG-Filters auf d); g) Amplitudenspektrum des LoG-Filters im Bereich der Ortsfrequenz u.

des Spektralbereiches hinaus, damit das Rauschen anteilmäßig möglichst wenig verstärkt wird.

Das LoG- Filter kann auch unter einem anderen Gesichtspunkt betrachtet werden, der zugleich eine Realisierungsmöglichkeit dieses Filters nahelegt [43], [44]. Bereits in der Röntgentechnik war das auf photographischer Basis arbeitende Verfahren des "unsharp masking" zur Bildverschärfung durch Hervorhebung der hohen Ortsfrequenzen bekannt. Hierbei erhält man ein verschärftes Bild $f_s(x,y)$ durch Subtraktion eines unscharfen Bildes vom Originalbild $f(x,y)$. Das unscharfe Bild kann durch Defokusierung, d.h. durch einen Tiefpaß mit gaußscher Übertragungsfunktion und gaußscher Impulswort $G(x,y)$ erzeugt werden:

$$f_s(x,y) = f(x,y) \cdot [1 - G(x,y)] \tag{3.20}$$

Wie in [43] gezeigt, entspricht der Faktor $[1 - G(x,y)]$ unter bestimmten Bedingungen dem Laplace-Operator $f_x'' + f_y''$. Wenn man nun zur Rauschunterdrückung dem Laplace-Operator von Gl. (3.20) das Gauß-Tiefpaßfilter $G_1(x,y)$ vorschaltet, erhält man das Ergebnis $f_L(x,y)$ des LoG-Filters als Differenz (Bildpunkt zu Bildpunkt) zwischen zwei mit unterschiedlich scharfen Gaußtiefpässen gefilterten Bildern:

$$f_L(x,y) = G_1(x,y) * \{f(x,y)\left[1 - G(x,y)\right]\} \tag{3.21}$$

$$f_L(x,y) = f(x,y) * G_1(x,y) - f(x,y) * G_2(x,y) \tag{3.22}$$

$$\text{mit} \qquad G_2(x,y) = G(x,y) * G_1(x,y) \tag{3.23}$$

Abb. 3.10 aus [43] zeigt als Beispiel die eindimensionale Impulsantwort eines LoG-Filters als Differenz zwischen einem 9×9- und einem 13×13-Gauß-Tiefpaß. Auch das Ortsfrequenzspektrum entspricht dem in Abb. 3.9g abgebildeten Verlauf.

Die Technik der Differenzbildung zwischen zwei gauß-tiefpaßgefilterten Bildern findet einen weiteren Einsatz bei der hierarchischen Bildcodierung durch sukzessive Näherung [44], die im Abschnitt 6.7.2. in Zusammenhang mit pyramidalen Bilddatenstrukturen ausführlich erörtert wird.

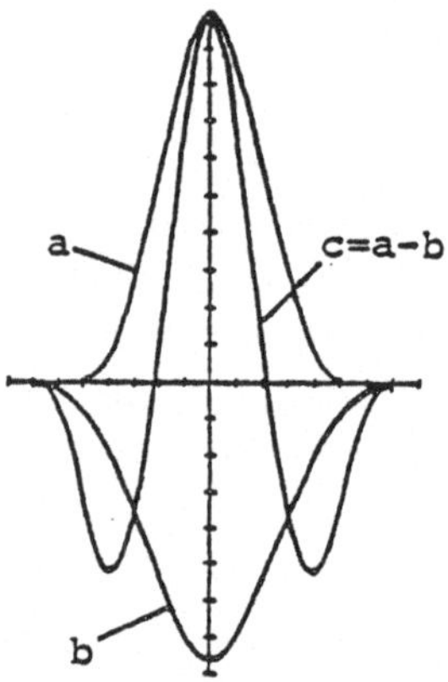

Abbildung 3.10: Laplacian-of-gaussian-Filter. Eindimensionale Impulsantwort c) als Differenz zwischen zwei Gauß-Impulsantworten, a) und b).

3.4   Homomorphe Bildfilterung

In einigen Fällen kann man die Nichtlinearität der erwünschten Filterungsoperationen umgehen und lineare Methoden anwenden, um Störanteile aus dem Bildsignal herauszufiltern. In einem typischen Fall dieser Art ergibt sich das Bildsignal $f(x,y)$ als Produkt eines Reflexionsanteils $R(x,y)$ und eines Beleuchtungsanteils $B(x,y)$:

$$f(x,y) = R(x,y) \cdot B(x,y) \tag{3.24}$$

Wie in [46] Band 1 näher erläutert, gilt dieses Modell des Bildentstehungsprozesses mit guter Näherung in zahlreichen praktischen Fällen, nämlich dann, wenn der Einfallswinkel der Szenenbeleuchtung nicht wesentlich von 90° abweicht, wie z.B. bei Luftbildaufnahmen. Die relevante Bildinformation steckt meistens nur in $R(x, y)$, während $B(x, y)$ eine niederfrequente Funktion ist, die im wesentlichen unerwünschte Schwankungen der Szenenbeleuchtung darstellt.

Die Grauwertfunktion $f(x, y)$ kann mit Hilfe eines nichtlinearen Vierpols mit logarithmischer Kennlinie transformiert werden. Man erhält dann:

$$\log[f(x, y)] = \log[R(x, y)] + \log[B(x, y)] \tag{3.25}$$

Diese transformierte Grauwertfunktion besteht aus der additiven Überlagerung von zwei Anteilen. Der niederfrequente Beleuchtungsanteil $\log[B(x, y)]$ kann nun durch Faltung mit der Impulsantwort eines geeigneten Hochpaßfilters (alternativ: durch Filterung im zweidimensionalen Ortsfrequenzbereich) eliminiert werden. Im Anteil $\log[R(x, y)]$ wird dann die anfängliche Logarithmierung durch einen Vierpol mit Exponentialkennlinie rückgängig gemacht, woraus man schließlich den reinen Reflexionsanteil $R(x, y)$ erhält. Der gesamte Vorgang läßt sich schematisch wie folgt darstellen (FFT = schnelle Fourier-Transformation):

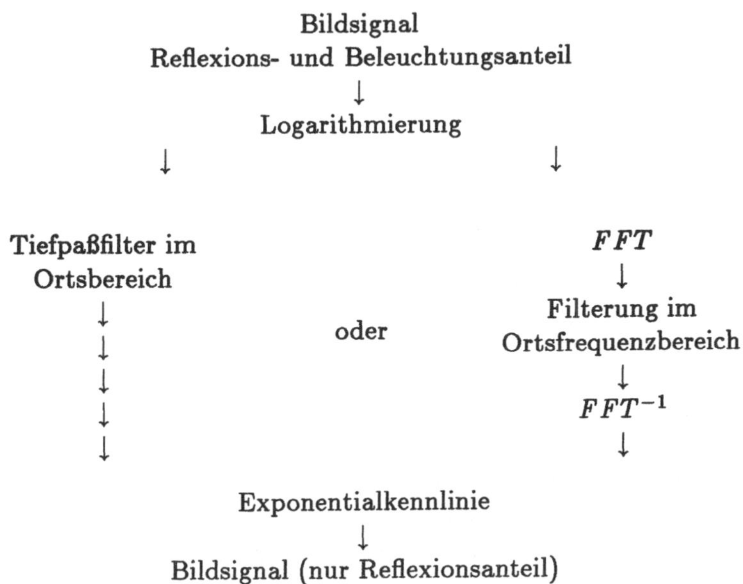

3.5　Bildverbesserung: Glättung und Rauschunterdrückung

Gauß-Tiefpaß - Spalttiefpaß - Glättung in einer ausgesuchten Nachbarschaft - Medianoperator

Lokale Operatoren, gleichgültig ob linear oder nichtlinear, können anhand ihrer Auswirkung in Klassen eingeteilt werden. So stellen die Glättungsoperatoren eine sehr wichtige und weitverbreitete Operatorenklasse dar. Ziel der Glättung ist meistens die Unterdrückung des Rauschanteils in der Grauwertfunktion. Aufgrund des bereits geschilderten Breitbandcharakters des Rauschens im Vergleich mit dem abfallenden Spektralinhalt natürlicher Szenen, muß ein Glättungsoperator Tiefpaßeigenschaften besitzen. Der Ausdruck "Tiefpaß" kann jedoch nur mit Einschränkungen verwendet werden, weil die gebräuchlichsten Glättungsoperatoren nichtlinear sind.

Lineare Glättungsoperatoren sind durch Angabe des Faltungskerns, d.h. ihrer Impulsantwort, vollständig definiert. Ein Beispiel wurde bereits mit dem Gauß-Tiefpaß von Abb. 3.6 gegeben. Die Faltungsoperation von Gl. 3.11 kann in kompakter Weise als gewichtete Summe Q_0 der Grauwerte P_i $(i = 0 \ldots N)$ der Abb. 3.1 mit den dazugehörigen Koeffizienten a_i dargestellt werden:

$$Q_0 = A \sum_{i=0}^{N} a_i \cdot P_i \qquad \text{mit} \qquad A = \text{Konstante} \qquad (3.26)$$

Wenn das Ergebnisbild für die visuelle Betrachtung bestimmt ist und nicht nur ein Feld von Meßwerten liefern soll (s. auch Abschnitt 1.1.), dann muß Q_0 im Wertebereich der darstellbaren Grauwerte, z.B. von 0 bis 255, bleiben, da es keine negativen Grauwerte geben kann. Dafür müssen die Koeffizienten a_i zusätzliche Bedingungen erfüllen. Eine hinreichende Bedingung ist:

$$A = [\sum_{i=0}^{N} a_i]^{-1} \qquad \text{mit} \qquad a_i \geq 0 \qquad \forall i \qquad (3.27)$$

Unter dieser Bedingung bleibt eine Fläche konstanten Grauwertes im Operatorfenster $(P_0 = P_1 = \ldots = P_N)$ nach der Filterung unverändert, und die Auswirkung des Operators beschränkt sich auf das Bilddetail, wie z.B. auf verrauschte Gebiete. Ein Gauß-Tiefpaß in einem 3×3-Fenster hat die Koeffizienten:

$$
\begin{array}{ccc}
0,11 & 0,32 & 0,11 \\
0,32 & 1 & 0,32 \\
0,11 & 0,32 & 0,11
\end{array}
$$

In diesem Fall, so wie im Fall von Abb. 3.6, erhält man nur eine Näherung eines idealen Gauß-Tiefpasses aufgrund der Beschränkung auf $L \times L$ Bildpunkte des eigentlich unbegrenzten Definitionsbereiches der Gaußfunktion und auf Grund der Näherung der Kreissymmetrie durch ein quadratisches Raster.

Ein anderes oft verwendetes Glättungsfilter ist der Spalttiefpaß, so genannt, weil die Impulsantwort nach einer Spaltfunktion, d.h. nach einer idealen zweidimensionalen quadratförmigen Blende verläuft (s. *Abb. 3.11*). Die Koeffizienten a_i sind hier alle gleich 1. Der Spalttiefpaß hat eine stärkere Glättungswirkung als der Gauß-Tiefpaß; dafür kann er auch, als linearer Operator, hochfrequente periodische Störungen hervorrufen, weil seine Übertragungsfunktion einer Si-Funktion im Ortsfrequenzbereich entspricht [38], die nicht monoton abklingt. Die *Abb. 3.12*

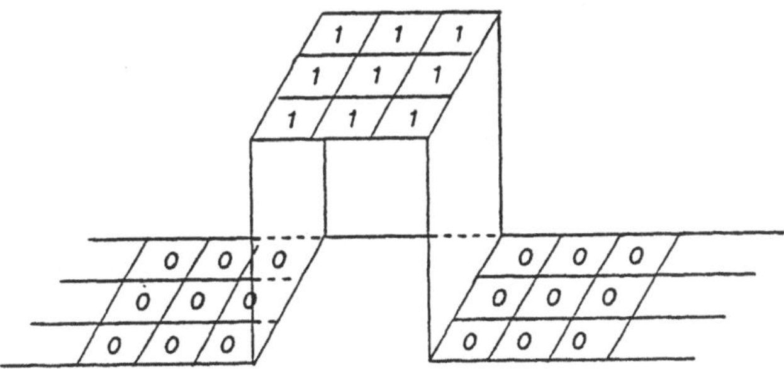

Abbildung 3.11: Plastische Darstellung der Koeffizienten eines zweidimensionalen Spalttiefpaß-Filters.

zeigt in der oberen Reihe ein verrauschtes Bild (oben rechts) neben dem Originalbild (oben links) und auf der unteren Reihe das mit Spalttiefpaß (unten links) und mit Gauß-Tiefpaß (unten rechts) geglättete verrauschte Bild mit einem Operatorfenster von 3×3 Bildpunkten.

Lineare Glättungsfilter haben den Nachteil, daß sie, neben der Rauschunterdrückung, schlechthin alle hohe Ortsfrequenzen abschwächen, was Unschärfe d.h. Detailverlust und Verschleifung der Hell-Dunkel-Kanten bewirkt. Eine Verbesserung dieser Situation erfordert meistens den Übergang zu nichtlinearen Methoden. Manche Ansätze in dieser Richtung können als "Glättung in einer ausgesuchten Umgebung" (averaging in a selected neighbourhood) bezeichnet werden [47], [48], [49], [50]. Der Grundgedanke ist, daß man zur Rauschunterdrückung nur innerhalb homogener Gebiete, nicht jedoch über Kanten hinweg glätten soll. Dazu müssen die Gewichtungskoeffizienten a_i in (3.26) desto kleiner gewählt werden, je wahrscheinlicher es ist, daß die Bildpunkte P_i und P_0 unterschiedlichen Regionen angehören. Diese Wahrscheinlichkeit kann man in erster Näherung als vom Grauwertunterschied $|P_i - P_0|$ abhängig betrachten. Einen Operator dieser Art erhält man mit

$$a_i = 255 - |P_i - P_0| \tag{3.28}$$

Abbildung 3.12: Glättung mit Gauß-Tiefpaß und mit Spalttiefpaß. O.l.: Originalbild; o.r.: verrauschtes Bild; unten: Glättung des verrauschten Bildes mit Spalttiefpaß (links) und mit Gauß-Tiefpaß (rechts).

zusammen mit (3.26) und (3.27). Die Nichtlinearität liegt hier in der Ortsabhängigkeit der a_i und in der Betragsbildung in (3.28). *Abb. 3.13 u.l.* zeigt das Ergebnis der Glättung des Bildes 3.12 o.r. mit dieser Methode. In [48] wird an Stelle der "weichen" Gewichtung der Gl. (3.28) die folgende "harte" Gewichtung vorgeschlagen:

$$a_i = \begin{cases} 1 & \text{wenn} \quad |P_0 - P_i| < S \\ 0 & \text{sonst} \end{cases} \qquad (3.29)$$

wobei die Schwelle S mit der Streuung der Grauwerte im Operatorfenster gleichgesetzt wird.

Ein weiteres Ziel, für welches Glättungsoperatoren eingesetzt werden können, ist die Bildung homogener Regionen durch Agglomeration von Bildpunkten gleichen Grauwertes. Von diesem Gesichtspunkt aus ist die Mittelwertbildung durch einen Spalttiefpaß ungeeignet, weil das Ergebnis in der Regel ein Grauwert Q_m ist, der keinem der im Fenster auftretenden Grauwerte P_i gleich ist. Eine bessere Alternative bietet der Operator:

$$Q_0 = P_k \;: \quad |P_k - Q_m| = \min_i \{|P_i - Q_m|\}$$
$$\text{mit} \qquad Q_m = \tfrac{1}{N+1} \sum_{i=0}^{N} P_i \qquad 0 \le k \le N \qquad (3.30)$$

Abbildung 3.13: Glättung in einer ausgesuchten Umgebung der verrauschten Szene von Abb. 3.12 o.r. mit einem 3×3-Operatorfenster. O.l.: Medianfilter; o.r.: modifizierte Mittelwertbildung nach Gl. (3.30); u.l.: selektive Glättung nach Gl. (3.28); u.r.: Gauß-Tiefpaß ohne Auswertung des zentralen Bildpunkts.

In dieser Weise werden auch Hell-Dunkel-Kanten ($P_i = P_1$ oder $P_i = P_2 \; \forall i$) nicht verschliffen, weil Q_0 entweder gleich P_1 oder gleich P_2 ist. Abb. 3.13 o.r. zeigt das Ergebnis der Filterung des Bild 3.12 o.r. mit diesem Operator.
Die Problematik der Regionenbildung durch Agglomeration von Bildpunkten wird in [50] mit verschiedenen Lösungsansätzen und Experimentalbeispielen behandelt und in dieser Arbeit im Abschnitt 6.6. von einem anderen Blickpunkt aus nochmals erörtert.

Der Medianoperator ist ein sehr häufig verwendetes Filter nicht nur zur kantenerhaltenden Glättung in Grautonbildern, sondern auch zur Konturglättung von Binärbildern. Dieser Operator ist ein Sonderfall der Rangordnungsoperatoren, die im Abschnitt 3.7 ausführlich erläutert werden. Er ist aber auch der bekannteste und am stärksten verbreitete Rangordnungsoperator, dessen statistische und deterministische Eigenschaften Gegenstand zahlreicher Untersuchungen gewesen sind [51], [52], [53], [54], [55]. An dieser Stelle soll der Medianoperator jedoch nur als Glättungsfilter betrachtet werden. Bei der Medianfilterung werden die Grauwerte des Operatorfensters, wie z.B. im folgenden 3×3-Fenster

$$110 \quad 110 \quad 160$$
$$120 \quad 50 \quad 200$$
$$130 \quad 50 \quad 180$$

nach steigender Größe geordnet:

$$50 \le 50 \le 110 \le 110 \le 120 \le 130 \le 160 \le 180 \le 200$$

Als Ergebnis wird den Medianwert, d.h. im allgemeinen Fall eines $L \times L$-Fensters mit $L^2 = N+1$ Bildpunkten, der $(\frac{N}{2}+1)$-te größte Grauwert genommen (in diesem Beispiel 120). Die Auswirkung des Medianoperators auf einem eindimensionalen

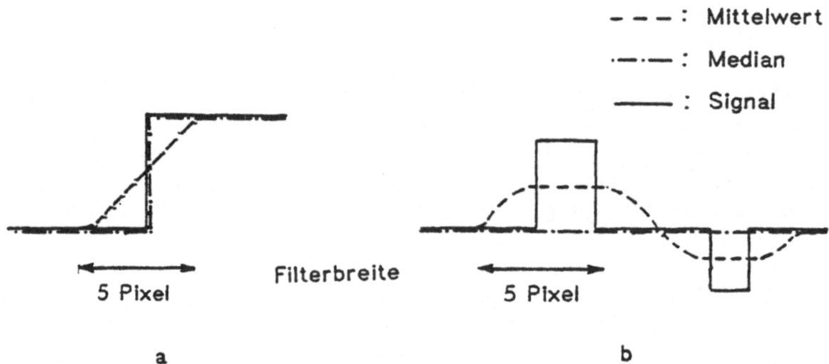

Abbildung 3.14: Auswirkung des Medianfilters im Vergleich mit dem Mittelwertfilter auf eindimensionale Signale. a) ideale Kante; b) Impulsstörungen.

Schnitt der Grauwertfunktion im Vergleich zur einfachen Mittelwertbildung ist in *Abb. 3.14* veranschaulicht. Die ideale Kante des Originalsignals bleibt nach der Medianfilterung erhalten. Dagegen werden bei einer Fensterbreite von 5 Abtastwerten kurze Impulsstörungen mit kleinerer Länge als 3 Bildpunkte völlig eliminiert.
Im eindimensionalen Fall läßt im allgemeinen ein Medianfilter mit einer Fensterbreite von k Abtastwerten jede monotone Folge von m Abtastwerten mit

$$m \ge \frac{3+k}{2} \tag{3.31}$$

unverändert [52].
In Abb. 3.14a ist $m \ge 5$ und $k = 5$, wodurch die Bedingung (3.31) erfüllt ist. Für Abb. 3.14b gilt dagegen $m \le 3$, $k = 5$, und die zu kurzen monotonen Signalwertefolgen werden eliminiert.

Für zweidimensionale Bildsignale läßt sich keine einfache Regel wie (3.31) formulieren, da die Verhältnisse wesentlich komplizierter sind (s. auch Abschnitt

3.7). In erster Näherung und besonders für eine einzige Iteration des Medianoperators kann man jedoch die Regel (3.31) als Richtwert zugrundelegen. Abb. 3.13
o.l. zeigt die Auswirkung eines 3 × 3-Medianfilters auf das verrauschte Bild 3.12
o.r. im Vergleich mit zwei anderen Glättungsoperatoren und mit einem Gauß-
Tiefpaß in einem 3 × 3-Fenster (Abb. 3.13 u.r.). In *Abb. 3.15* werden anhand eines
synthetischen Gittermusters (o.l.) mit hinzugefügtem Rauschen (o.r.) Mittelwert-
(u.l.) und Medianoperator (u.r.) mit einem 3 × 3-Operatorfenster verglichen.

Abbildung 3.15: Vergleich der Auswirkung der Mittelwert- und Medianfilter mit
einem 3 × 3-Fenster auf einem verrauschten Bild. O.l.: Originalbild; o.r.: verrauschtes Bild; u.l.: Mittelwertfilter; u.r.: Medianfilter.

3.6 Bildverbesserung: Bildverschärfung

Kantenversteilerung - Laplace-Operator

Das Ziel der Bildverschärfung ist die Wiederherstellung der ursprünglichen Bild-
schärfe, die infolge der Bilderfassung oder sonstiger Bildverarbeitungsvorgänge
verlorengegangen ist. Das Prinzip ist seit den Anfängen der Fernsehtechnik bekannt [56] und wird in *Abb. 3.16* dargestellt. Eine unscharfe Kante kann durch

Hinzufügung eines geeigneten Korrektursignals, das aus dem Bildsignal selbst mit linearen oder mit nichtlinearen Operationen abgeleitet wird, versteilert werden.

Weil das Ziel der Bildverschärfung eine Anhebung der hohen Ortsfrequenzen

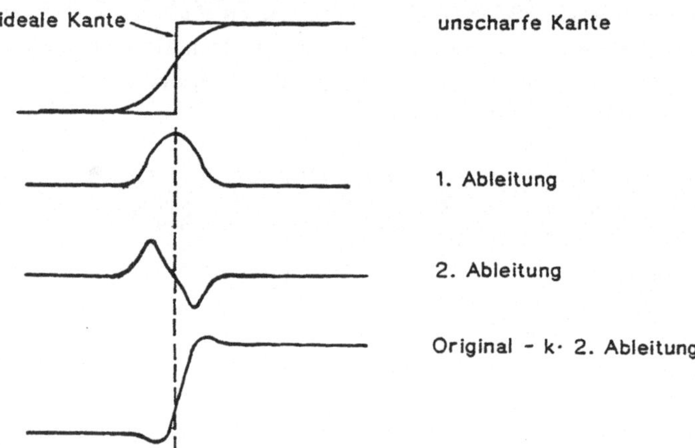

Abbildung 3.16: Prinzip der Bildverschärfung durch Hinzufügung der negativen zweiten Ableitung des Bildsignals.

ist, gibt es, wie bereits im Abschnitt 3.3 erwähnt, einen engen Zusammenhang mit den Ableitungen n-ter Ordnung der Grauwertfunktion $f(x, y)$, die im Ortsfrequenzbereich (u, v) eine Multiplikation mit dem Faktor u^n bzw. v^n bedeuten. In Einklang mit der Struktur der meisten natürlichen Bilder und mit dem menschlichen Sehen muß diese Anhebung isotrop sein. In [46] Band 1 wird gezeigt, daß nur Ableitungen $[f^n(x, y)]^k$ mit geradem n oder mit geradem k und beliebigem n rotationsinvariant sind. Die einfachste Möglichkeit, die sich anbietet, um in dieser Weise ein Korrektursignal $S(x, y)$ zu erzeugen, ist:

$$S(x, y) = [f_x'(x, y)]^2 + [f_y'(x, y)]^2 \tag{3.32}$$

Auf der diskreten Ebene werden Ableitungen durch diskrete Inkremente der Grauwertfunktion in der Umgebung des jeweils aktuellen Bildpunktes ersetzt. Mit den Bezeichnungen $P_0 = f(x, y)$, $P_1 = f(x + 1, y)$, $P_2 = f(x, y + 1)$, $P_3 = f(x - 1, y)$, $P_4 = f(x, y - 1)$ erhält man:

$$
\begin{matrix}
 & P_2 & \\
P_3 & P_0 & P_1 \\
 & P_4 &
\end{matrix}
$$

$$S(P_0) = (\frac{P_1 - P_3}{2})^2 + (\frac{P_2 - P_4}{2})^2 \tag{3.33}$$

$S(P_0)$ ist das Quadrat des Gradienten von Gl. (3.16) und wird dem Originalgrauwert P_0 in geeignetem Mischverhältnis hinzugefügt.

Wie aus Abb. 3.16 ersichtlich, liefert die erste Ableitung einer Kante nicht die ideale Signalform für die erwünschte Korrektur, nämlich die Differenz zwischen den zwei Kurvenverläufen im obersten Teil der Abb. 3.16. Um eine bessere Näherung des erforderlichen Korrektursignals zu erhalten, kann mit Hilfe eines nichtlinearen Schwellenbegrenzers aus der ersten Ableitung die Impulsspitze abgekappt und dem etwas zeitverzögerten Kantensignal additiv überlagert werden. Eine Technik dieser Art, die sich mit Analogschaltungen und in Echtzeit realisieren läßt, wurde oft in den Anfangszeiten des Fernsehens dazu verwendet, um bei der Magnetbandaufzeichnung oder bei der Normwandlung eines Videosignals tiefpaßbedingte Qualitätsverschlechterungen zu kompensieren ([56]).
Eine besser geeignete Signalform bietet die zweite Ableitung mit negativem Vorzeichen, bereits aus dem Abschnitt 3.3 als Laplace-Operator $L(x, y)$ bekannt:

$$L(x, y) = f_x''(x, y) + f_y''(x, y) \tag{3.34}$$

Auf der diskreten Ebene, mit der gleichen Notation wie oben, wird:

$$\begin{aligned} L(P_0) &= [(P_1 - P_0) - (P_0 - P_3)] + [(P_2 - P_0) - (P_0 - P_4)] \\ L(P_0) &= P_1 + P_2 + P_3 + P_4 - 4P_0 \end{aligned} \tag{3.35}$$

Durch Subtraktion des Laplace-Operators vom Originalgrauwert P_0 erhält man das Ergebnis Q_0 des Verschärfungsoperators:

$$Q_0 = P_0 - L(P_0) = 5P_0 - (P_1 + P_2 + P_3 + P_4) \tag{3.36}$$

Daraus erkennt man, daß in einem Gebiet konstanten Grauwerts $Q_0 = P_0$ ist, d.h. das verschärfte Bild beansprucht etwa den gleichen Grauwertbereich wie das Originalbild. Man erkennt auch das Prinzip des "unsharp masking" (s. auch Abschnitt 3.3) wieder: in (3.36) ergibt sich Q_0 aus der Differenz zwischen dem Originalbild und einer durch Mittelwertbildung erzeugten unscharfen Kopie desselben.
Ein Beispiel der Bildverschärfung mit Hilfe des Laplace-Operators ist in *Abb. 3.17 o.l.* (Original) und 3.17 o.r. (verschärftes Bild) dargestellt. Die untere Hälfte der Abb. 3.17 verdeutlicht die zwei Komponenten des Kantenbildes, nämlich links die vertikale Komponente $|(P_1 - P_0) - (P_0 - P_3)|$ und rechts die horizontale Komponente $|(P_2 - P_0) - (P_0 - P_4)|$. Die Betragsbildung ist notwendig, um diese Teilkantenbilder darzustellen, indem auch negative Signalanteile in den Bereich der nichtnegativen Grauwerte versetzt werden.
Das Beispiel zeigt außerdem, daß das im Bild vorhandene Restrauschen (z.B. Diskretisierungsrauschen) aufgrund der Höhenanhebung mitverstärkt wird.

Abbildung 3.17: Bildverschärfung mit dem Laplace-Operator. O.l.: Originalbild; o.r.: verschärftes Bild; unten: die zwei Komponenten des Korrektursignals (in der Dynamik verstärkt): l. vertikales Kantensignal und r. horizontales Kantensignal.

3.7 Rangordnungsoperatoren

Verallgemeinerte Rangordnungsoperatoren - Schneller Sortieralgorithmus - Minimum - Maximum - k-trimmed-mean - Kantenoperator - Mid-Range-Operator - Nichtlineares unsharp masking - Lokaladaptive Min./Max.-Operatoren - Eigenschaften der Rangordnungsoperatoren - Separierbarkeit - Schneller Median-Algorithmus

Die Rangordnungsoperatoren bilden eine breite Klasse nichtlinearer Operatoren, die in der Verarbeitung eindimensionaler Signale sich bereits als wirksam und wenig rechenaufwendig erwiesen haben. Dort sind sie auch als "störfeste Prädiktoren" (robust estimators) bekannt [57], [58], [59], [60], [63], [64], [65]. Ihre statistischen und deterministischen Eigenschaften, wie z.B. die zu verwendenden Koeffizientensätze, um, bei gegebenem Störspektrum, den Rauschabstand zu maximieren, waren Gegenstand zahlreicher Untersuchungen. Ihre Erweiterung auf zweidimensionale Bildsignale kann nicht unmittelbar erfolgen und ist manchmal nicht möglich. Trotzdem haben sich Rangordnungsoperatoren im weitesten Sinne auch in der Bildverarbeitung als sehr nützlich erwiesen, selbst dann, wenn man

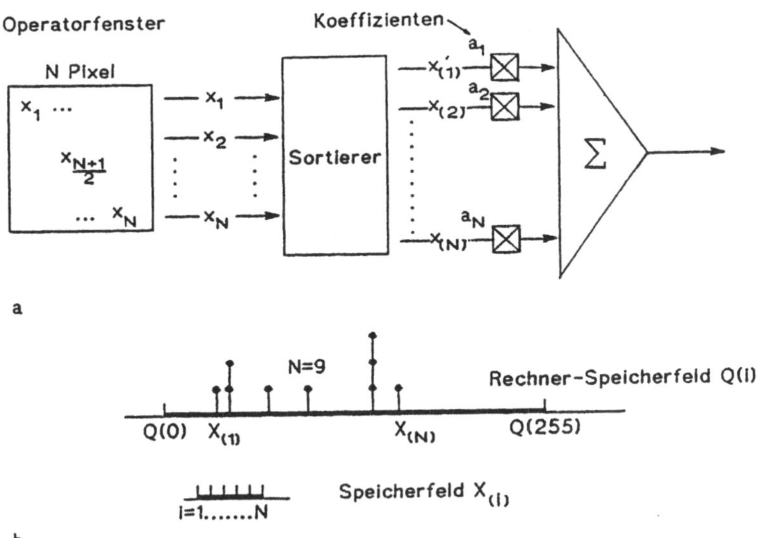

Abbildung 3.18: Rangordnungsoperatoren. a) allgemeines Schema; b) schneller Sortieralgorithmus für die Grauwerte in einem Operatorfenster.

bei ihrem Einsatz nicht über die gleichen systematischen Kenntnisse wie im eindimensionalen Fall verfügt und man daher mehr empirisch vorgehen muß.

Ein Rangordnungsoperator in seiner allgemeinsten Form ist eine Funktion der nach Rang geordneten Grauwerte $x_1 \ldots x_N$ des Operatorfensters. Zunächst kann man sich auf quadratische Fenster und auf lineare Funktionen beschränken. Die *Abb. 3.18a* zeigt die allgemeine Struktur eines Rangordnungsoperators, wobei $x_{(1)} \ldots x_{(N)}$ die nach Größe geordneten Grauwerte $x_1 \ldots x_N$ sind:

$$x_{(1)} \leq x_{(2)} \leq \ldots \leq x_{(N)} \tag{3.37}$$

Für die Aufgabe des Sortierens gibt es in der Informatik zahlreiche Lösungen [61]. Im Fall der Rangordnungsoperatoren liegt die Anzahl N der zu sortierenden Grauwerte meistens unter 100, weil aus Rechenzeitgründen die Operatorfenstergröße nicht zu groß gewählt werden darf, z.B. maximal 9×9 Bildpunkte. Nach einer vergleichenden Studie [62] werden Sortiermethoden mit Rechenzeitaufwand proportional zu $N \cdot \log N$ (heapsort, quicksort oder mergesort) oder zu $N^{\frac{3}{2}}$ (Shell-Verfahren) im Vergleich mit Verfahren, deren Zeitaufwand proportional zu N^2 steigt, erst für etwa $N > 100$ günstiger. Die im folgenden mit Hilfe der Abb. 3.18b erläuterte Histogramm-Methode mit Rechenzeitaufwand proportional zu $2N + G$ (G = Anzahl der Grauwerte) ist daher im Hinblick auf die Realisierung von Rangordnungsoperatoren den üblichen quadratischen Verfahren überlegen.
Der Sortieralgorithmus für die N Bildpunkte eines Operatorfensters braucht zwei

Speicherfelder, $Q_{(0)} \ldots Q_{(G-1)}$ und $X_{(1)} \ldots X_{(N)}$, und besteht aus den folgenden Schritten:

1. Der Index j wird auf 1 gesetzt.

2. Das Operatorfenster wird abgetastet und die Grauwerte x werden als Adressen verwendet, um den Inhalt der Speicherplätze $Q(x)$ jeweils zu inkrementieren.

3. Im Speicherfeld Q werden von $Q_{(0)}$ bis $Q_{(G-1)}$ Speicherplätze mit Inhalt $\neq 0$ gesucht. Für jeden dieser Speicherplätze $Q(x)$ wird die Adresse x in $X(j)$ geschrieben. Dann wird $Q(x)$ dekrementiert, j um 1 erhöht, und der Vorgang wird wiederholt, bis $Q(x) = 0$ wird.

4. Die geordneten Grauwerte $x_{(1)} \ldots x_{(N)}$ können dann aus dem Speicherfeld $X(1) \ldots X(N)$ entnommen werden. Das Speicherfeld $Q(x)$ ist außerdem auf 0 rückgestellt und ist damit für den nächsten Ordnungsvorgang vorbereitet.

Nach der Notation von Abb. 3.1 ist das Ergebnis eines Rangordnungsoperators in der allgemeinsten Form:

$$Q_0 = A \cdot \sum_{i=0}^{N} a_i \, P_{(i)} \tag{3.38}$$

mit $A = $ Normierungsfaktor.

In der Literatur findet man zahlreiche spezielle Rangordnungsoperatoren, besonders zur Bildverbesserung und zur Kantendetektion, die als Sonderfälle von (3.38) betrachtet werden können [66], [67], [68], [69], [70]. Einige der einfachsten Sonderfälle sind:

a) *Minimum-Operator* $(a_0 = 1$, sonst $a_i = 0)$
   Jeder Grauwert wird durch das Minimum im Operatorfenster ersetzt. Helles Detail wird getilgt, und dunkle Gebiete breiten sich auf Kosten hellerer Gebiete aus. Die Auswirkung ist in *Abb. 3.19 o.r.* im Vergleich mit dem Original von Abb. 3.19 o.l. sichtbar.

b) *Maximum-Operator* $(a_N = 1$, sonst $a_i = 0)$
   s. auch Abb. 3.19 u.l. Jeder Grauwert wird durch das Maximum im Operatorfenster ersetzt. Dunkles Detail wird getilgt, und helle Gebiete breiten sich auf Kosten dunkler Gebiete aus.

c) *Medianoperator* $(a_M = 1 \quad$ mit $\quad M = \frac{N+1}{2}$, sonst $a_i = 0)$
   bereits im Abschnitt 3.5 erläutert.

d) *k-trimmed-mean* ($a_{M-k} = \ldots = a_M = \ldots = a_{M+k} = 1$, $0 \le k \le M$, sonst $a_i = 0$)

s. auch [57], [65], [66]. Die Eigenschaften der k-trimmed-mean-Filter liegen zwischen denen des Mittelwertfilters ($k = M$), nämlich gute Unterdrückung des gaußschen Rauschens und schlechte Unterdrückung der Impulsstörungen, und denen des Medianoperators ($k = 0$), nämlich gute Unterdrückung der Impulsstörungen und schlechte Unterdrückung des gaußschen Rauschens. Der Wert von k kann dann an die spezifische Rauschzusammensetzung angepaßt werden. *Abb. 3.20* zeigt einige Beispiele eines durch Impuls- und Gauß-Rauschen verschlechterten Bildes (Abb. 3.20 o.l.) nach der Anwendung von zwei k-trimmed-mean-Filtern mit unterschiedlichen k-Werten (Abb. 3.20 o.r. und u.l.). Mit $k = 1$ erzielt man im Vergleich zu $k = 2$ eine bessere Unterdrückung der Impulsstörungen und eine bessere Erhaltung der Kantenschärfe, jedoch eine schlechtere Unterdrückung des gaußschen Rauschens.

e) *Kantenoperator* ($a_m = -1$, $a_{N-m} = 1$ $\quad 0 \le m \le M - 1$, sonst $a_i = 0$)
Mit $m = 0$ erzeugt dieser Operator die Differenz Maximum - Minimum der Grauwerte im Operatorfenster. Dieser Kantendetektor kann sehr wirksam, aber auch empfindlich für positive bzw. negative Impulsstörungen sein. Mit $m = 1$ kann man jedoch solche Extremwerte des Bildsignals unwirksam machen.

f) *Mid-Range-Operator* ($a_0 = a_N = 0,5$, sonst $a_i = 0$) Dieser Operator kann zur Glättung verwendet werden. Ein Beispiel ist in Abb. 3.20 u.r. gezeigt.

Weitere interessante Rangordnungsoperatoren, die auch nichtlineare Funktionen der geordneten Grauwerte $P_{(i)}$ beinhalten, sind in verschiedenen Veröffentlichungen ausführlich beschrieben [66], [67], [69].
In den Operatoren a) bis f) oben ist das Ergebnis nur vom lokalen Grauwerthistogramm, nicht jedoch von der räumlichen Verteilung der Grauwerte, insbesondere vom Grauwert P_0 , abhängig. In anderen nützlichen Rangordnungsoperatoren spielt der Grauwert P_0 des aktuellen Bildpunkts eine besondere Rolle. Davon werden hier zwei Beispiele gegeben.

g) *Nichtlineares "unsharp masking"*
Dieser Operator dient zum Zweck der Bildverschärfung (vgl. mit Abschnitt 3.6). Das unscharfe Bild, das vom Original subtrahiert werden soll, wird durch den Medianoperator erzeugt:

$$Q_0 = \frac{1}{1 - K}\left(P_0 - K\,P_{(M)}\right) \qquad \text{mit} \qquad 0 \le K < 1 \qquad (3.39)$$

Dabei bleibt die Grauwertdynamik des Originalbildes, unabhängig von K, im wesentlichen erhalten.

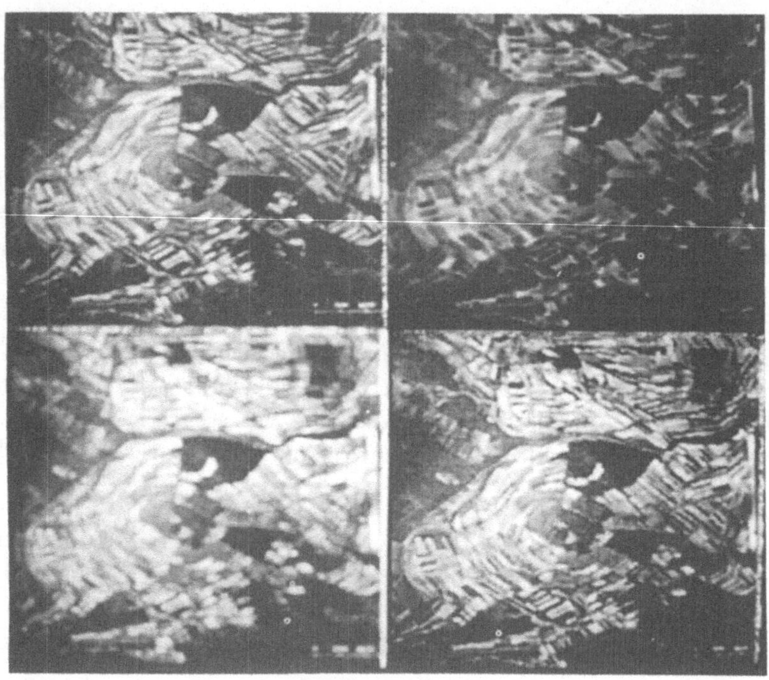

Abbildung 3.19: Beispiele spezieller Rangordnungsoperatoren in einem 3×3- Fenster. O.l.: Originalbild; o.r.: Minimum-Operator; u.l.: Maximum-Operator; u.r.: adaptiver Minimum/Maximum-Operator.

h) *Lokaladaptiver Minimum/Maximum-Operator*

$$Q_0 = \begin{cases} P_{(0)} & \text{wenn} \quad (P_0 - P_{(0)}) < (P_{(N)} - P_0) \\ P_{(N)} & \text{sonst} \end{cases} \tag{3.40}$$

Das Ergebnis Q_0 ist immer entweder das Minimum oder das Maximum im Operatorfenster, je nachdem, ob der aktuelle Grauwert P_0 näher zum Minimum oder zum Maximum liegt. Dieser Operator bewirkt eine starke Hervorhebung des Details bei hohen Ortsfrequenzen, und zwar je größer, desto kleiner das Operatorfenster ist. Aus diesem Grund ist dieser Operator in manchen Fällen zur Bildverbesserung geeignet. Abb. 3.19 u.r. zeigt ein Beispiel der Anwendung dieses Operators auf das Originalbild von Abb. 3.19 o.l.

Einige Eigenschaften der Rangordnungsoperatoren

● Festpunkte

Beim Einsatz von Rangordnungsoperatoren kann man sich die Frage stellen, welche Muster invariant sind, d.h. nach wiederholter Operatoranwendung unverändert bleiben. Solche Muster werden auch Wurzel (roots) oder Festpunkte (fixed points) genannt. Zahlreiche Untersuchungen haben sich bereits mit der Bestimmung der

Festpunkte für eindimensionale Signale, besonders in Zusammenhang mit dem
Medianoperator, befaßt [52], [54], [58], [63]. Eine wichtige Eigenschaft der monotonen Signalabschnitte als Festpunkte wurde bereits in Abschnitt 3.5, Gl. (3.31)
beschrieben. Die Erweiterung eindimensionaler Eigenschaften auf zweidimensionale Signale ist im allgemeinen problematisch [58].
In [52] wird eine hinreichende Bedingung gegeben, damit die Werte einer Grauwertfunktion $f(x, y)$ in einem symmetrischen Fenster U um P_0 einen Festpunkt des
Medianfilters mit Operatorfenster U darstellen. Diese Bedingung erfordert, daß
$f(x, y)$ lokal monoton sein muß. D.h. für jede Verschiebung von $f(x, y)$ relativ zu
U, für die $P_0 \in U$ gilt, müssen die eindimensionalen Schnitte von $f(x, y)$ durch P_0
in allen Richtungen monotone Funktionen in U sein.
Eine weitere hinreichende Bedingung zur Charakterisierung von Festpunkten in
Binärbildern bezüglich eines Medianfilters mit Operatorfenster U ist in [71] angegeben. Danach ist das Binärmuster dann ein Festpunkt, wenn die Trennlinie
zwischen Objekt und Hintergrund ein digitales gerades Segment ist (s. auch Abschnitt 1.2.), wie im unten abgebildeten Beispiel mit einem Fenster von 5×5
Bildpunkten (O = Objekt, H = Hintergrund):

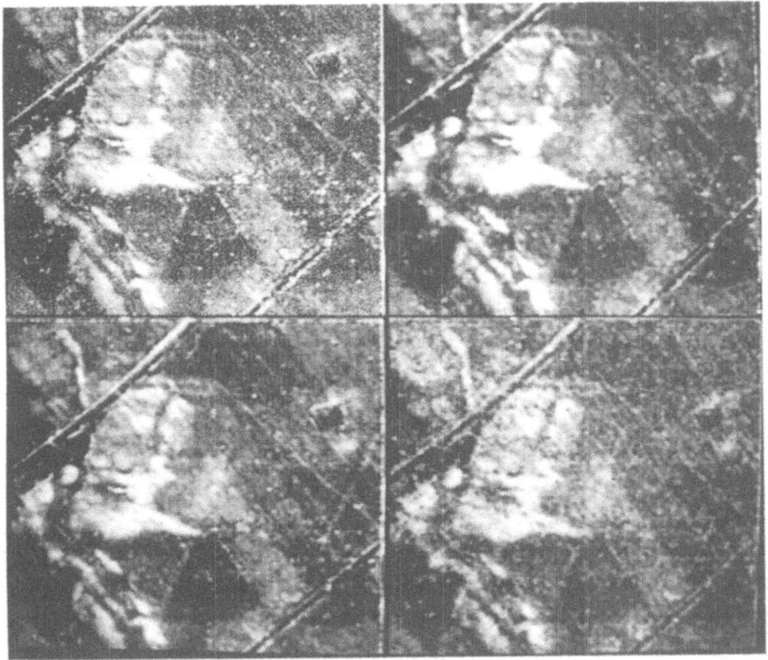

Abbildung 3.20: Beispiele spezieller Rangordnungsoperatoren in einem 3×3- Fenster. O.l.: Originalbild verrauscht; o.r.: k-trimmed-mean Filter mit $k = 1$; u.l.:
k-trimmed-mean Filter mit $k = 2$; u.r.: Mid-Range-Operator.

$$
\begin{array}{ccccc}
H & H & H & O & O \\
H & H & H & O & O \\
H & H & O & O & O \\
H & H & O & O & O \\
H & H & O & O & O
\end{array}
$$

• Kommutative Eigenschaft

Eine Grauwerttransformation $y = g(x)$, die den Grauwert x in den Grauwert y umwandelt, heißt monoton, wenn:

$$x_1 \leq x_2 \rightarrow g(x_1) \leq g(x_2) \tag{3.41}$$

In [72] wird gezeigt, daß Rangordnungsoperatoren kommutativ bezüglich monotoner Grauwerttransformationen sind. Monotone Transformationen sind z.B. einige der im Kapitel 2. vorgestellten Punktoperatoren, nämlich die Grauwertäqualisation und die Binarisierung mit Hilfe einer konstanten Schwelle. Einige Folgen sind z.B.:

$$\mathrm{Median}[g(x)] = g[\mathrm{Median}(x)] \tag{3.42}$$

$$\max[g(x)] = g[\max(x)] \tag{3.43}$$

$$\min\{\max[g(x)]\} = g[\min\{\max(x)\}] \tag{3.44}$$

Die Kommutativität gilt nämlich auch für Folgen von Rangordnungsoperatoren. Dies bedeutet z.B., daß man, um eine gegebene Aufgabe zu lösen, zuerst eine Grauwertäqualisation mit dem Ziel der Bildverbesserung durchführen kann, um dann auf dem verbesserten Bild den Einsatz geeigneter Rangordnungsoperatoren zu untersuchen. Dieser Weg kann günstiger sein, als die Auswirkung von Rangordnungsoperatoren an einem kontrastschwachen Bild zu untersuchen, um dann erst am Ende zu äqualisieren. Man kann, um ein weiteres Beispiel zu nennen, Maximum- bzw. Minimum-Operatoren zur Formanalyse direkt auf einem Grautonbild anwenden, damit die Grauwertinformation möglichst lange ausgenutzt wird, und erst dann eine Binarisierungsschwelle einsetzen, um Objekte zu isolieren.

• Separierbarkeit des Medianoperators

In der Bildverarbeitung wäre es vorteilhaft, Operatoren mit einem zweidimensionalen Fenster von $L \times L$ Bildpunkten in eine Folge von zwei eindimensionalen Operatoren, zuerst in einem horizontalen $L \times 1$- Fenster und dann in einem vertikalen $1 \times L$-Fenster, zu zerlegen. Dadurch könnte die Rechenzeit etwa um einen Faktor $\frac{L^2}{2L} = \frac{L}{2}$ herabgesetzt werden. Der separierbare Medianwert $M_s(x,y)$ ergibt sich dann aus:

$$
\begin{aligned}
m_j &= \mathrm{Median}\,[f(x-i,\,y-j)\ldots f(x+i,\,y-j)] \\
M_s(x,y) &= \mathrm{Median}\,[m_{y-z}\ldots m_{y+z}] \qquad \mathrm{mit} \quad -z \leq i,\,j \leq z = \tfrac{L-1}{2}
\end{aligned}
\tag{3.45}
$$

Die Separierung ist im allgemeinen nicht möglich, weil sie andere Ergebnisse als
das Medianfilter in einem echten zweidimensionalen Fenster ergibt. In der Praxis gibt es jedoch manche Fälle, in denen die Abweichung zwischen echtem und
separierbarem Median in Kauf genommen werden kann und die Anwendung des
separierten Medianwertes lohnenswert ist. In [73] werden die Eigenschaften des
separierbaren Medians untersucht und seine Leistungsfähigkeit als Glättungsoperator im Vergleich mit dem echten Median abgeschätzt. In [74] werden schließlich
gezielt Folgen von eindimensionalen Medianfiltern in orthogonalen Richtungen mit
dem Ziel der Bildverbesserung eingesetzt.

- **Schneller Medianalgorithmus**

Um die Durchführung des Medianoperators zu beschleunigen, wird verbreitet ein
schneller Algorithmus nach dem sogenannten Update-Prinzip verwendet. Dieses
Prinzip kann immer dann angewendet werden, wenn die $L \times L$- Operatorfenster
von zwei in der Reihenfolge der Bildabtastung benachbarten Bildpunkten sich
weitgehend überlappen, wie in *Abb. 3.21a* gezeigt [52], [55]. Das gilt nicht nur
für den Medianoperator, sondern im Prinzip auch für andere lokale Operatoren.
Beim Übergang vom alten zum neuen Bildpunkt bleibt ein Kern von $L(L-2)$
Grauwerten als Operatorargumente erhalten, so daß man nur L neue Werte zu
berücksichtigen und L alte Werte zu ignorieren braucht. Das lokale Grauwerthistogramm muß daher nur aktualisiert, aber nicht ganz neu berechnet werden
(s. Abb. 3.21b). Die Rechenzeiteinsparung durch die Aktualisierungsmethode
steigt mit zunehmender Fenstergröße. Ein Rechnerprogramm zur Realisierung des
schnellen Median-Algorithmus wird in [52] ausführlich geschildert.

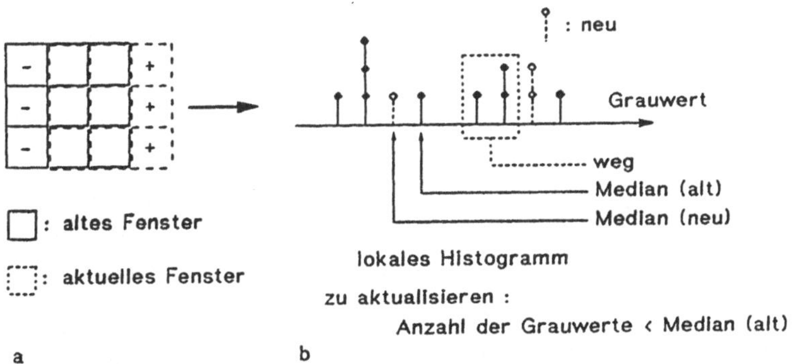

Abbildung 3.21: Erläuterung des schnellen Medianoperators nach [55]. a) überlappende Operatorfenster; b) lokales Grauwerthistogramm.

3.8 Rangordnungstransformation

Die Rangordnungstransformation ([29],[69]) ist eine Methode zur lokalen Kontrastverstärkung mit dem Ziel, das hochfrequente Bilddetail hervorzuheben. "Lokal"
und "hochfrequent" sind dabei dehnbare Begriffe: der erste bezieht sich auf die
Größe des Operatorfensters im Vergleich zum Gesamtbild ($n \times n$ Bildpunkte), der
zweite auf die Ortsfrequenz des Bildinhalts im Vergleich zu $\frac{n}{2}$, der höchstmöglichen
Ortsfrequenz.
Das Ergebnis Q_0 der Rangordnungstransformation ist proportional dem Rang r
des aktuellen Bildpunkts P_0 in der Folge der $N+1$ nach Größe geordneten Grauwerte P_0, $P_1 \ldots P_N$ des Operatorfensters (s. Abb. 3.1):

$$Q_0 = \frac{255}{N}(r-1) \qquad 1 \leq r \leq N+1 \tag{3.46}$$

Die Rangordnungstransformation kann auch als eine lokale Grauwertäqualisation
aufgefaßt werden. Betrachtet man das Operatorfenster als ein eigenständiges Bild,
so kann dieses mit Hilfe der im Abschnitt 2.2 erläuterten Grauwerttransformation
äqualisiert werden. Somit erhält man eine diskrete Gleichverteilung der Grauwerte
innerhalb des jeweils betrachteten Operatorfensters. Mit P_0 an Stelle von X besagt die Formel 2.9, daß der äqualisierte Grauwert proportional der Anzahl der
Grauwerte sein muß, die im Operatorfenster $\leq P_0$ sind.
Es ist offensichtlich, daß innerhalb jedes einzelnen Operatorfensters eine lokale
Grauwertäqualisation stattfindet, weil es in jedem Fenster von $N+1$ Bildpunkten einen größten, einen zweitgrößten usw. bis zu einem kleinsten Grauwert gibt.
Anders ausgedrückt sind in jedem Fenster nach der Anwendung dieses Operators
$N+1$ unterschiedliche und gleichmäßig verteilte Grauwerte zwischen 0 und 255 vorhanden. Die Auswirkung ist eine Kontrastverstärkung des Details, die mit kleiner
werdender Fenstergröße zunimmt. *Abb. 3.22* gibt einen Eindruck dieser Auswirkung auf ein Luftbild bei Operatorfenstern von 20^2, 60^2 und 200^2 Bildpunkten.
Im hier gezeigten Anwendungsfall stellt sich die Aufgabe, ein feingegliedertes und
schwach kontrastiertes Netz von unterirdischen eiszeitlichen Rissen (sogenanntes
"Eiskeilnetz") aus dem Hintergrund des Geländes zu extrahieren. Man kann be-
obachten, daß die Netzstruktur, die in den lokalen Grauwertmaxima und -minima
beinhaltet ist, umso stärker und feiner hervorgehoben wird, je kleiner das Operatorfenster gewählt wird. Im Extremfall eines 2×1-Operatorfensters ($N = 1$)
würde man aus der Rangordnungstransformation ein Binärbild erhalten.

Die Hervorhebung des Details infolge der Rangordungstransformation legt
nahe, für die Texturanalyse transformierte Bilder statt Originalbilder zu verwenden. In [75] wird eine Methode nach diesem Ansatz auf der Basis von Korrelati-
onsmessungen vorgeschlagen.

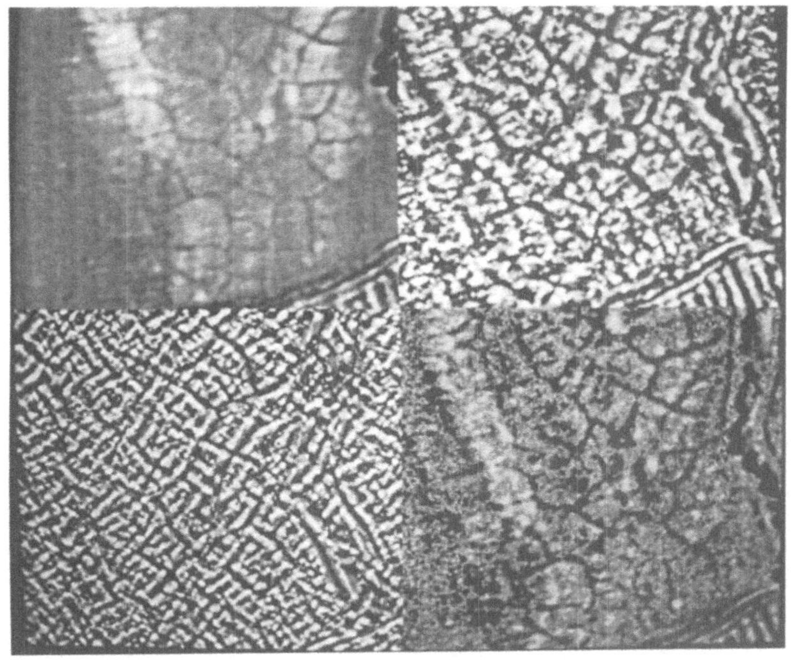

Abbildung 3.22: Anwendung der Rangordnungstransformation auf ein Luftbild (o.l.) mit verschiedenen Operatorfenstern. O.r.: 60 × 60 Bildpunkte; u.l.: 20 × 20 Bildpunkte; u.r.: 200 × 200 Bildpunkte.

Kapitel 4

Merkmalextraktion aus Bildern

4.1 Lokale Merkmale und Merkmalbilder

Wie im Abschnitt 1.1. bereits erwähnt, dient die Merkmalextraktion zur Erzeugung von Merkmalbildern. Von einem semantischen Gesichtspunkt aus hat ein Merkmalbild meistens keine direkte bildliche Bedeutung und kann eher als eine Karte der Merkmalwerte im zweidimensionalen Raum der Bildkoordinaten aufgefaßt werden. Ein Merkmalbild ist überwiegend dazu bestimmt, um von einem Fachmann, der die Merkmale nach anwendungsspezifischen Kriterien festlegt, interpretiert zu werden. Es gibt jedoch keine scharfe Trennung zwischen den im vorigen Kapitel geschilderten Operatoren und Operatoren zur Merkmalextraktion, und manchmal liegt der Unterschied nur in der Interpretation der Ergebnisse. Zu unterstreichen ist jedenfalls der mehr abstrakte Charakter der Merkmalextraktion, weil diese eher Felder von Meßwerten als Bildszenen hervorbringt.

Die Merkmale, die man aus der Grauwertfunktion extrahieren kann, können sehr unterschiedlicher Natur sein. Der berechnete Merkmalwert wird an der Stelle mit den Ortskoordinaten des verarbeiteten Bildpunkts eingetragen, wodurch ein Bildfeld in ein Feld von Meßwerten umgewandelt wird. Zur Merkmaldefinition gehört die Festlegung des Operatorfensters, das zur Merkmalextraktion verwendet werden soll, um den aktuellen Bildpunkt.

Die *Abb. 4.1* zeigt einige Beispiele von Merkmalen in Binärbildern, berechnet in einem 3 × 3-Fenster. Das Merkmal von Abb. 4.1a hat als Definitionsbereich die ganzen Zahlen von 0 bis 8. Dagegen sind die übrigen Merkmale lediglich Etiketten, die die Zugehörigkeit eines Bildpunkts zu einer bestimmten Klasse kennzeichnen

```
  x x
  x x x x
    x x x        x              2       2                0 0 0
      x x                       1       1              0 0 0 0 0
      x x x                   1       1              0 0 0 0 0 0
                            2 3 1 1 3   1 2          0 0 0 1 1
0 0 0 0 0 0 0 0 0 0           1     3 1                0 0 1
0 1 2 2 1 0 0 0 0 0           1     1                  0 0 1
0 2 4 5 4 2 1 0 0 0           2     1                0 0 0 1
0 2 5 7 7 4 3 1 1 0                 1                0 0 0 0 1
0 1 3 6 8 6 4 1 1 0                       1          0 0 0 0 0
0 0 1 4 7 7 5 2 1 0                       2            0 0 0·
0 0 0 2 4 5 3 1 0 0                                      0
0 0 0 1 2 3 2 1 0 0
0 0 0 0 0 0 0 0 0 0

    Anzahl der 8-Nachbarn      1 : Linienelement      0 : keine
                               2 : Endpunkt               Konkavität
                               3 : Knoten              1 : Konkavität

    a                   b                      c
```

Abbildung 4.1: Beispiele von Merkmalen in Binärbildern. a) Anzahl der 8-Nachbarn; b) Kennzeichnung der Objektpunkte als: "1" Linienlelemente, "2" Endpunkte, "3" Knoten; c) Kennzeichnung der Elemente einer konkaven Konturstrecke mit "1".

(Abb. 4.1b), oder Binärzahlen, die das Vorhandensein bzw. das Fehlen einer bestimmten Eigenschaft angeben (Abb. 4.1c).

4.2 Merkmalvektoren und Bildpunktklassifikation

Aus einem Bildpunkt können gleichzeitig mehrere Merkmale M_1, $M_2 \ldots M_n$ extrahiert und durch einen Merkmalvektor $\overline{M} = \{M_1, M_2 \ldots M_n\}$ dargestellt werden. Jeder Bildpunkt kann somit in einem n-dimensionalen Merkmalsraum abgebildet werden. Zwei Beispiele für $n = 2$ sind in *Abb. 4.2* gezeigt. Abb. 4.2a stammt aus einem Grautonbild mit einem hellen und unscharf abgebildeten Objekt auf einem dunklen Hintergrund, Abb. 4.2b aus einer Multispektralaufnahme mit Rot- und Blaukanal.

Merkmale und Merkmalvektoren werden in der statistischen Mustererkennung verwendet, um Objekte zu erkennen oder zu klassifizieren. In der Bildverarbeitung arbeitet man oft mit Methoden der statistischen Mustererkennung, um Bildpunkte zu klassifizieren. Einschlägige Lehrbücher auf diesem Bereich sind z.B. [76], [77] und [78]. Dabei können zwei typische Fälle auftreten:

- *Klassifikation*: die Anzahl und die Eigenschaften der Bildpunktklassen sind a-priori bekannt. Z.B. muß für jeden Bildpunkt einer Mikroskopaufnahme

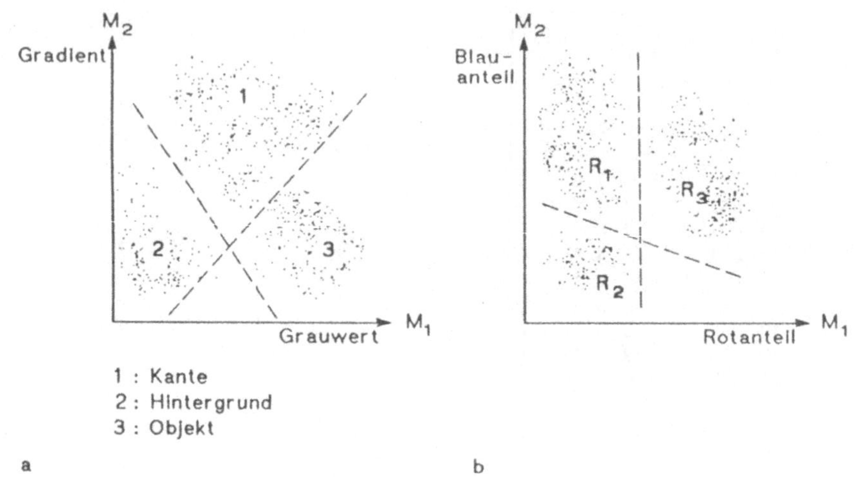

Abbildung 4.2: Beispiele zweidimensionaler Merkmalsräume.   a) Grauwert/Gradient. b) Rotanteil/Blauanteil einer Multispektralbildaufnahme.

entschieden werden, ob dieser zum Zellkern, zum Zellkörper oder zu einem Artefakt gehört. Es kann auch eine zusätzliche Rückweisungsklasse geben für die Fälle, in denen keine ausreichenden Hinweise auf eine Zugehörigkeit zu einer der vorgesehenen Klassen vorliegt.

- *Clusteranalyse*: die Anzahl und die Eigenschaften der Klassen, z.B. der subjektiv homogenen Bodenregionen in einem Luftbild, sind nicht bekannt und müssen aus den Bilddaten gewonnen werden. Auch die Clusteranalyse, die Gegenstand des Abschnitts 6.3. ist, gehört zu den klassischen Methoden der Mustererkennung [79].

Ohne auf die vielfältige Problematik der statistischen Mustererkennung näher einzugehen, soll hier nur erwähnt werden, daß es meistens keine systematische Methode gibt, Merkmale günstig zu wählen oder neu zu definieren, um eine gegebene Aufgabe zu lösen. In der Merkmaldefinition steckt immer eine gute Portion Heuristik und empirische Kenntnisse. Was die statistische Mustererkennung zur Verfügung stellen kann, sind einige Kriterien, um die Güte einer bereits erzielten Klassifikation zu beurteilen, oder um die statistische Abhängigkeit zwischen Merkmalen auf ein Minimum zu reduzieren, oder schließlich, um den Informationsgehalt eines Datensatzes zu berechnen.

4.3 Verschiedene Arten von lokalen Merkmalen

Plateau-Merkmale - Kantenmerkmale - Detailmerkmale -
Richtungsabhängige Merkmale - Merkmale in Binärbildern

Um einen Einblick in die Vielfalt der lokalen Merkmale, die in der Bildverarbeitung
verwendet werden können, zu vermitteln, wird nun ein Versuch unternommen,
diese anhand von Beispielen in Klassen einzuteilen. Die Grenzen zwischen diesen
Klassen sind ohnehin unscharf, und die hier verwendeten Bezeichnungen sind nicht
als allgemein eingeführt zu betrachten.

a) Plateau-Merkmale
Diese Merkmale gehen von einem Bildmodell der Grauwertfunktion als eine Ter-
rassenlandschaft aus, und ihr Ziel ist, die konstante Komponente der Grauwertplateaus zu erfassen. Beispiele davon sind, mit Bezug auf Abb. 3.1.:

- Mittlerer Grauwert m:

$$m = \frac{1}{N+1} \sum_{i=0}^{N} P_i \qquad (4.1)$$

- Median $P_{(M)}$ mit $M = \frac{N}{2} + 1$
  (s. auch Abschnitte 3.5. und 3.7.).

- Mehrheitsoperator: das Ergebnis ist derjenige Grauwert P_k , für den die
  Anzahl der Grauwerte des Operatorfensters, die innerhalb gegebener Grau-
  wertschranken $P_k - D$ und $P_k + D$ liegen, maximal ist.

$$P_k = P_k : N_k = \max_{j=0...N} \{N_j\}$$
$$N_j = \text{card}\,\{P_i : |P_i - P_j| < D\} \qquad (4.2)$$

D ist Parameter des Operators.

Jeder der Grauwerte m, $P_{(M)}$ und P_k kann in gewissem Sinne als repräsentativ
für den Grauwertverlauf im Fenster U betrachtet werden.

b) Kantenmerkmale
Diese Merkmale drücken den Grad der Zugehörigkeit des entsprechenden Bildpunkts zur Klasse der Kantenpunkte einer Szene aus, z.B.:

- Betrag L des diskreten Laplace-Operators, mit Bezug auf Abb. 3.2.a (Pseudo-
  Laplace-Operator):

$$L = |P_2 + P_4 + P_5 + P_7 - 4\,P_0| \qquad (4.3)$$

- Digitaler Gradient G, mit Bezug auf Abb. 3.2.a:

$$G = \sqrt{(\frac{P_5 - P_4}{2})^2 + (\frac{P_2 - P_7}{2})^2} \qquad (4.4)$$

- Lokaler Kontrast K (s. auch Rangordnungsoperatoren in Abschnitt 3.7.):

$$K = P_{(N)} - P_{(0)} \qquad (4.5)$$

c) Detailmerkmale

Die Merkmale dieser Art zielen auf eine quantitative Erfassung der lokalen Detailintensität, wie z.B.:

- Streuung s der Grauwerte:

$$s^2 = \frac{1}{N+1} \sum_{i=0}^{N} (P_i - m)^2 \qquad (4.6)$$

- "Busyness" [46], nämlich der Mittelwert B_d der Beträge der Differenzen zwischen Grauwerten von Bildpunkten des Operatorfensters mit einer 4-Entfernung gleich d. Mit Bezug auf Abb. 3.2.a für $d = 1$ ist:

$$\begin{aligned}
B_1 = \tfrac{1}{12} (&|P_1 - P_2| + |P_2 - P_3| + |P_4 - P_0| + |P_0 - P_5| + \\
&+ |P_6 - P_7| + |P_7 - P_8| + |P_1 - P_4| + |P_4 - P_6| + \\
&+ |P_2 - P_0| + |P_0 - P_7| + |P_3 - P_5| + |P_5 - P_8|)
\end{aligned} \qquad (4.7)$$

d ist Parameter des Operators.

- "Coarseness" [80] ist ein Maß C der Grobheit des lokalen Details und stellt die Abfallrate der Autokorrelationsfunktion $r(d)$ des Bildsignals als Funktion der Bildpunktentfernung d dar, ausgewertet für $d = 0$. In natürlichen Bildern ist $r(d)$ meistens monoton abfallend, mit Maximum für $d = 0$.

$$C = -[r'(d)]_{d=0} \approx r(0) - r(1) \qquad (4.8)$$

Eine äquivalente Definition von C auf der Basis des "busyness", die eine einfachere Berechnung als durch die Autokorrelationsfunktion ermöglicht, ist [82]:

$$C = B_2 - B_1 \qquad (4.9)$$

d) Richtungsabhängige Merkmale

Diese Merkmale geben ein Maß der lokalen Anisotropie der Grauwertfunktion und gegebenenfalls auch die vorherrschende Richtung des Details.

- Ein einfaches Maß der lokalen Anisotropie kann, mit Bezug auf *Abb. 4.3a*, durch die Größe

$$A = \max_i\{A_i\} - \min_i\{A_i\} \qquad i = 1 \ldots 4 \qquad (4.10)$$

definiert werden, mit A_i = mittlerer Grauwert über den gerichteten Streifen i.

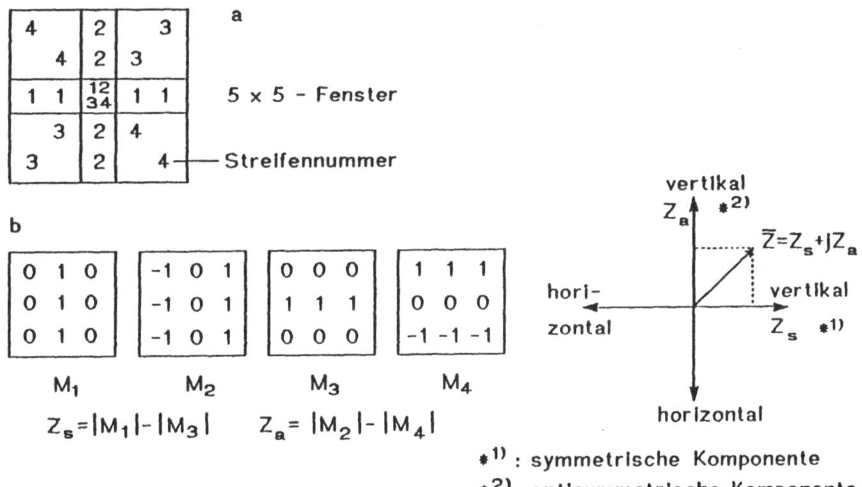

Abbildung 4.3: Lokale Merkmale. a) Maß der Anisotropie in einem 5×5- Fenster; b) richtungsabhängige Masken für den "general picture processing operator" von [83].

- "General picture processing operator" [83]. Die richtungsabhängigen Eigenschaften der Grauwertfunktion können durch Faltung mit einem Satz von richtungsabhängigen Masken der Größe $L \times L$ Bildpunkte ($L \geq 3$) genauer beschrieben werden. Die Faltungsprodukte können dann in einem zweidimensionalen Merkmalvektor $\bar{z}$ erfaßt werden. Abb. 4.3b zeigt ein Beispiel für $L = 3$. Die Masken $M_1 \ldots M_4$ sind an Linien und Kanten in horizontaler bzw. vertikaler Richtung angepaßt. Weil diese beiden Richtungen an der gleichen Stelle praktisch nicht gleichzeitig auftreten, kann man ohne wesentlichen Informationsverlust die Faltungsprodukte M_1 bis M_4 durch ihre Differenzen $z_s = |M_1| - |M_3|$ und $z_a = |M_2| - |M_4|$ darstellen und im Vektor $\bar{z} = z_s + j\,z_a$ zusammenfassen. z_s und z_a stellen die symmetrische bzw. die antisymmetrische Komponente der lokalen Grauwertfunktion dar. Somit wird diese, je nach dem Vorherrschen einer horizontalen bzw. vertikalen, symmmetrischen bzw. antisymmetrischen Struktur, an verschiedenen Orten der komplexen $\bar{z}$-Ebene abgebildet.

e) Merkmale in Binärbildern

Im folgenden wird eine kleine Auswahl nützlicher Merkmale sehr allgemeiner Art für Binärbilder vorgestellt. Objektpunkte werden durch den Grauwert 1 (weiß) und Hintergrundpunkte mit dem Grauwert 0 (schwarz) dargestellt.

- "Connectivity number" [84], definiert in einem 3×3-Fenster U mit 8-Nachbarschaft:

$$\begin{matrix} P_4 & P_3 & P_2 \\ P_5 & P_0 & P_1 \\ P_6 & P_7 & P_8 \end{matrix}$$

Die connectivity number N_8 stellt die Anzahl der zusammenhängenden Komponenten dar, in die U zerfällt, wenn man den Objektpunkt P_0 (als weiß vorausgesetzt) tilgt, oder, mit anderen Worten, die Anzahl der Objektteile, die P_0 "zusammenhält". N_8 ist wie folgt definiert:

$$N_8 = \sum_{i\ ungerade} (\overline{P_i} - \overline{P_i} \cdot \overline{P_{i+1}} \cdot \overline{P_{i+2}})$$

$$\text{mit} \quad \overline{P_i} = 1 - P_i \qquad \text{Index } i \text{ Modulo-8} \tag{4.11}$$

Zwei Beispiele werden hier gezeigt:

X $\quad$ X $\quad$ X $\quad\quad$ X $\quad\quad\quad\quad$ X		X $\quad$ X $\quad\quad$ X $\quad$ X $\quad\quad\quad\quad$ X
$N_8 = 2$		$N_8 = 1$
X = Objektpunkt		

- Der Krümmungskoeffizient [84] gibt die lokale Krümmung um einen Objektpunkt P_0 an. Auch hier wird eine 8-Nachbarschaft zugrundegelegt, und der Index i ist Modulo-8.

$$K_8 = 1 - \tfrac{1}{2} \sum_{i=1}^{8} P_i + \tfrac{3}{8} \sum_{i=1}^{8} P_i\,P_{i+1} +$$
$$+\tfrac{1}{4} \sum_{i\ ungerade} P_i\,P_{i+2} - \frac{1}{4} \sum_{i\ ungerade} P_i\,P_{i+1}\,P_{i+2} \tag{4.12}$$

Der Wertebereich von K_8 liegt zwischen 0 und 1, d.h. zwischen den hier abgebildeten Extremfällen:

X $\quad$ X $\quad$ X X $\quad$ X $\quad$ X X $\quad$ X $\quad$ X		X
$K_8 = 0$		$K_8 = 1$
X = Objektpunkt		

Für connectivity number und Krümmungskoeffizient sind in [84] auch entsprechende Formeln angegeben, die die 4-Nachbarschaft zugrundelegen.

- Die Euler-Nummer E [85] ist eine topologische Größe, die die Anzahl der Objekte minus die Anzahl der Löcher angibt. E ist eigentlich ein globales Merkmal, aber es kann mit Hilfe von lokalen Operatoren in 2×2-Fenstern berechnet werden. Dazu ermittelt man die Anzahl $n(Q_1)$, $n(Q_3)$ und $n(Q_D)$ der in *Abb. 4.4* abgebildeten 2×2-Muster Q_1, Q_3 und Q_D und ihrer um 90°, 180° und 270° gedrehten Varianten. Der Wert von E ergibt sich aus:

$$4\,E = n(Q_1) - n(Q_3) - 2\,n(Q_D) \tag{4.13}$$

In Abb. 4.4 sind auch drei Beispiele der Berechnung der Euler-Nummer gezeigt. Zu bemerken ist, daß, wie in Abschnitt 1.2. festgelegt, die 8-Nachbarschaft für das Objekt und die 4-Nachbarschaft für den Hintergrund gilt. Demzufolge hat das mittlere Objekt ein Loch und den Wert $E = 0$.

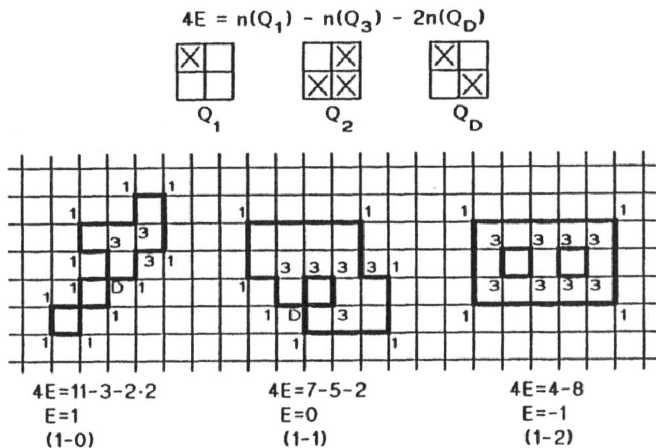

Abbildung 4.4: Berechnung der Euler-Nummer in Binärbildern.

4.4 Kantenoperatoren

Digitaler Gradient - Pseudo-Laplace-Operator - Gradient mit Glättung -
Roberts-Operator - Prewitt-Operator - Sobel-Operator - Kirsch-Operator
- "Max.-P_0"-Operator - Rauschempfindlichkeit von Kantenoperatoren -
Kantenoperator mit Grauwertgewichtung

Die Kanten zwischen homogenen Regionen sind sehr wichtig, weil die Bildwahr-
nehmung sich hauptsächlich auf sie stützt. Experimente haben gezeigt, daß bei
der Bildbetrachtung die Aufmerksamkeit sich überwiegend auf Kanten und Ecken
richtet, und daß nur in einer zweiten Phase auch das Innere von Regionen vom
Auge grob "abgetastet" wird. In manchen Fällen, wie bereits in Abschnitt 1.2.
erwähnt, beinhalten die Kanten die gesamte relevante Forminformation, und der
Verlauf des Grauwerts zwischen den Kanten kann als ein unerwünschter Daten-
ballast betrachtet werden. Dies gilt für zahlreiche Anwendungen auf dem Gebiet
der Werkstückerkennung, Positionierung und Qualitätsprüfung. Hier hat die Bildverarbeitung als Idealziel die Extraktion einer Art Hochqualitätslinienzeichnung,
d.h. eines Binärbildes, das alle Kanten der realen Szene, und nur sie, wiedergibt.
Dieses bleibt jedoch meistens nur ein fernes Ziel. Die Anzahl der immer wieder
erscheinenden Arbeiten zum Thema der Kantenextraktion zeigt andererseits, daß
schon kleine Fortschritte in Richtung dieses Zieles für wichtig gehalten werden.
Auch die durch die Erzeugung eines skizzenhaften Linienbildes erreichbare Datenreduktion ist eine weitere Motivation, leistungsfähige Kantenoperatoren zu
entwickeln. Neben einer umfangreichen Literatur gibt es zu diesem Thema aufschlußreiche Übersichtsarbeiten mit vergleichender Auswertung der bekanntesten
Verfahren [46] Band 2, [87], [88], [89], [90].

• Digitaler Gradient
Im Abschnitt 3.3. wurden bereits zwei lineare Kantenoperatoren, nämlich der
Gradient (Abb. 3.8.) und das Laplace-of-Gaussian-Filter (Abb. 3.9.), vorgestellt.
Neben der in Gl. (3.16) und (3.17) gegebenen Gradientdefinition gibt es andere
Möglichkeiten, die diskreten Inkremente einer Grauwertfunktion zu kombinieren,
um daraus verschiedene diskrete Gradienten zu bilden. Einige dieser Möglichkeiten
aus [46] Band 2 sind hier mit Hilfe von *Abb. 4.5* erläutert:

$$G_1 = \sqrt{D_x^2 + D_y^2} \tag{4.14}$$

$$G_2 = \sqrt{D_p^2 + D_n^2} \tag{4.15}$$

$$G_M = \max(D_x, D_y) \tag{4.16}$$

$$G_M' = \max(D_p, D_n) \tag{4.17}$$

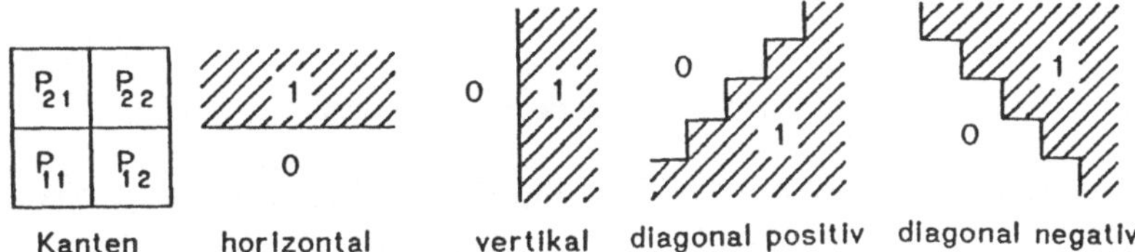

Abbildung 4.5: Digitaler Gradient bei Kanten verschiedener Richtungen.

mit:

$$D_x = P_{12} - P_{11} \qquad D_y = P_{21} - P_{11} \qquad D_p = P_{21} - P_{12} \qquad D_n = P_{22} - P_{11} \quad (4.18)$$

Diese Gradienten reagieren auf die unterschiedlich orientierten Kanten einheitlicher Sprunghöhe von Abb. 4.5 mit unterschiedlichen Signalen, deren Beträge in der Tabelle 3 unten (aus [46] Band 2) angegeben sind:

Tabelle 3				
Kanten	Horizontal	Vertikal	Diagonal positiv	Diagonal negativ
G_1	1	1	$\sqrt{2}$	$\sqrt{2}$
G_2	$\sqrt{2}$	$\sqrt{2}$	1	1
G_M	1	1	1	1
G'_M	1	1	1	1

Im Gegensatz zu G_1 und G_2, hängt der Betrag der Operatoren G_M und G'_M nicht von der Kantenrichtung ab. Außerdem erzeugen diese Operatoren Kanten mit einer Breite von zwei Bildpunkten. Ihr Nachteil ist, daß sie mit unsymmetrischen Fenstern bezüglich des aktuellen Bildpunkts P_{11} arbeiten.

Der Operator G_2 ist auch als "Roberts-Operator" bekannt. In [91] wurde gezeigt, daß G_2 identisch mit der Steilheit einer Raumebene $z(x,y)$ ist, die eine lineare Näherung der Abtastwerte P_{11} , P_{12}, P_{21} und P_{22} der Grauwertfunktion $g(x,y)$ darstellt (s. Abb. 4.5). Daraus ist auch die physikalische Bedeutung von G_2 als Kantenmaß ersichtlich. Andererseits ist dieser Operator aufgrund der geringen Anzahl von Grauwerten, die der linearen Näherung zugrundeliegen, rauschempfindlich.

• Pseudo-Laplace-Operator

An Stelle des Laplace-Operators (s. Abschnitt 3.6.) wird zur Kantendetektion oft eine nichtlineare Variante, nämlich der Pseudo-Laplace-Operator, verwendet. Dieser hat den Vorteil, daß die Operatorergebnisse immer positiv sind und somit als Grauwerte eines Kantenbildes dargestellt werden können. Mit Bezug auf Abb.

3.2.a hat dieser Operator die Form:

$$Q_0 = |P_2 + P_4 + P_5 + P_7 - 4\,P_0| \qquad (4.19)$$

Einige Eigenschaften des Pseudo-Laplace-Operators sind aus *Abb. 4.6* ersichtlich.

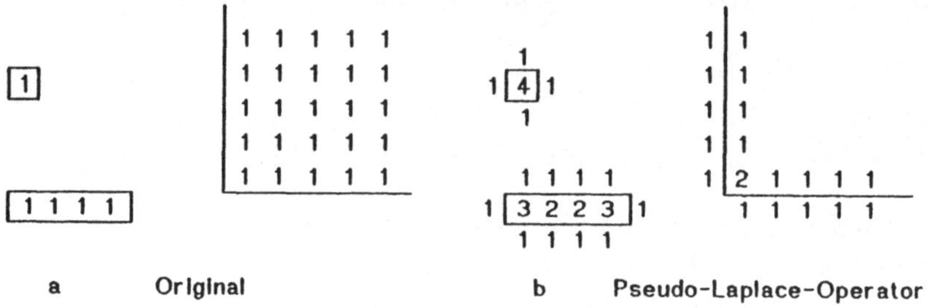

Abbildung 4.6: Pseudo-Laplace-Operator und seine Auswirkung auf Binärbilder.
a) Originalbild; b) Operatorwerte bei Einzelpunkten, Kanten und Ecken.

Der Operator reagiert mit unterschiedlicher Intensität, in steigender Reihenfolge,
auf Kanten, Linien oder Ecken, Linienenden und Einzelpunkte. Außerdem führt
er ein gewisses Maß Unschärfe ein und erzeugt Kanten mit der Breite von 2 Bildpunkten.

- Kantenoperatoren mit Mittelwertbildung

Die Rauschempfindlichkeit von Kantendetektoren wie der Gradient oder der Pseudo-
Laplace-Operator legt nahe, die Operation der Gradientbildung, wie es bereits
beim Laplace-of-Gaussian Filter der Fall war (Abschnitt 3.3.), mit einer Glättung
zu verkoppeln ([46] Band 2). Dies erfordert auch die Anwendung von größeren
Operatorfenstern als 2×2. Nach diesem Prinzip verwendet man Paare von orientierten ortogonalen Kantenmasken Dx_n und Dy_n in einem Fenster von $n \times 3$
Bildpunkten mit der folgenden Struktur:

$-\frac{1}{n}$	0	$\frac{1}{n}$
$-\frac{1}{n}$	0	$\frac{1}{n}$
$\cdots$	$\cdots$	$\cdots$
$-\frac{1}{n}$	0	$\frac{1}{n}$

Dann werden die Faltungsergebnisse mit Hilfe einer der folgenden Operationen
verknüpft:

$$G_n = |Dx_n| + |Dy_n| \qquad (4.20)$$

oder:

$$G_{Mn} = \max(|Dx_n|, |Dy_n|) \tag{4.21}$$

Der Operator G_{M3} ist als Prewitt-Operator bekannt. In der Praxis versucht man, mit quadratischen Masken zu arbeiten und eine Gewichtung der Glättungskoeffizienten auch in Kantenrichtung einzuführen, um in diese Richtung keine spaltförmige Blendenfunktion zu haben. Aus diesen Überlegungen sind z.B. die folgenden weitverbreiteten Operatoren entstanden.

Sobel-Operator:

$$G_{sob} = \max(|Dx|, |Dy|) \qquad \text{mit:} \tag{4.22}$$

$$D_x = \begin{vmatrix} -\frac{1}{4} & 0 & \frac{1}{4} \\ -\frac{1}{2} & 0 & \frac{1}{2} \\ -\frac{1}{4} & 0 & \frac{1}{4} \end{vmatrix} \qquad D_y = \begin{vmatrix} \frac{1}{4} & \frac{1}{2} & \frac{1}{4} \\ 0 & 0 & 0 \\ -\frac{1}{4} & -\frac{1}{2} & -\frac{1}{4} \end{vmatrix}$$

Kirsch-Operator:

$$G_{kir} = \max(|D_1|, |D_2| \ldots |D_8|) \qquad \text{mit:} \tag{4.23}$$

$$D_1 = \begin{vmatrix} \frac{1}{3} & \frac{1}{3} & \frac{1}{3} \\ -\frac{1}{5} & 0 & -\frac{1}{5} \\ -\frac{1}{5} & -\frac{1}{5} & -\frac{1}{5} \end{vmatrix} \quad D_2 = \begin{vmatrix} \frac{1}{3} & \frac{1}{3} & -\frac{1}{5} \\ \frac{1}{3} & 0 & -\frac{1}{5} \\ -\frac{1}{5} & -\frac{1}{5} & -\frac{1}{5} \end{vmatrix} \ldots D_8 = \begin{vmatrix} -\frac{1}{5} & \frac{1}{3} & \frac{1}{3} \\ -\frac{1}{5} & 0 & \frac{1}{3} \\ -\frac{1}{5} & -\frac{1}{5} & -\frac{1}{5} \end{vmatrix}$$

Die Masken D_2 bis D_8 erhält man aus D_1 durch Drehung um jeweils 45°. Es ist zu bemerken, daß bei allen Masken die Summe der Koeffizienten gleich 0 ist, d.h. der Wert des Kantenoperators ist 0 in einem Bildbereich mit konstantem Grauwert. Jede Maske stellt ein ideales Kantenmodell in einer bestimmten Richtung dar; durch die Maximumbildung wird dann nur die Richtung ausgewertet, die die höchste Übereinstimmung mit den lokalen Bilddaten aufweist.

Alle beschriebenen Kantenoperatoren ergeben Kantenbilder mit einer Kantenbreite von 2 Bildpunkten, weil Grauwertsprünge in negative und in positive Richtung, d.h. von beiden Seiten einer Kante betrachtet, das gleiche Kantensignal hervorrufen.
Um eine Kantenbreite von 1 Bildpunkt zu erhalten, kann man den folgenden einfachen Operator (nach Abb. 3.2.a), hier "Max.-P_0"-Kantenoperator genannt, verwenden:

$$Q_0 = \max(P_0, P_1 \ldots P_8) - P_0 \tag{4.24}$$

Die *Abb. 4.7, 4.8 und 4.9* sollen einen Eindruck der Wirkungsweise verschiedener Kantenoperatoren vermitteln. Abb. 4.7 o.l. und o.r. zeigen ein Originalbild bzw.

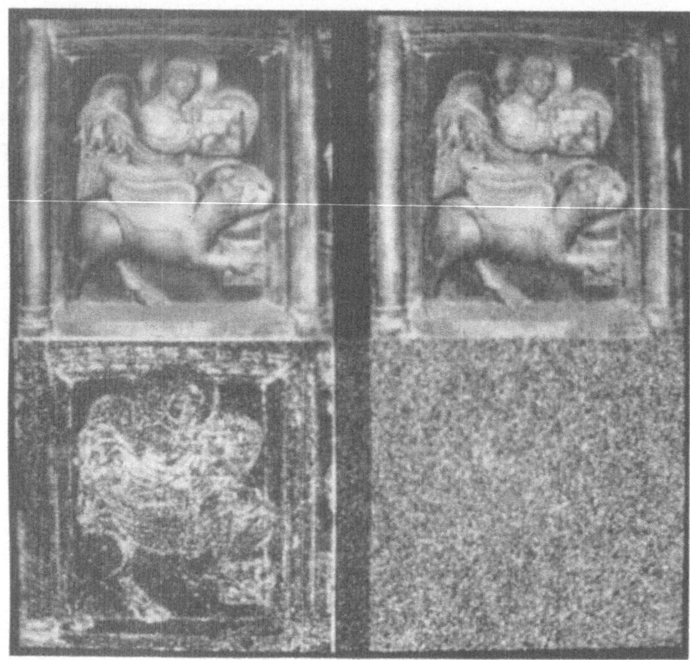

Abbildung 4.7: Rauschempfindlichkeit des Pseudo-Laplace-Operators. O.l.: Originalbild; o.r.: verrauschtes Originalbild; Kanten des rauschfreien (u.l.) und des verrauschten Originalbildes (u.r.).

seine verrauschte Version; das Rauschen hat einen mittleren quadratischen Wert von 20 Graustufen. Abb. 4.7 u.l. und u.r. sollen die Rauschempfindlichkeit des Pseudo-Laplace-Operators (von Abb. 4.7 o.l. bzw. o.r.) dokumentieren.
Abb. 4.8 o.r. und unten zeigen die Ergebnisse des "Max.-P_0"-Kantenoperators von Gl. 4.24, des Sobel- und des Kirsch-Operators, angewendet auf dem Originalbild von Abb. 4.8 o.l. Man merkt die glättende Wirkung des Sobel- und des Kirsch-Operators und die kleinere Konturlinienstärke des "Max.-P_0"-Konturoperators.
Abb. 4.9 zeigt die Konturbilder aus dem verrauschten Original von Abb. 4.7 o.r., erhalten mit dem Sobel-, Kirsch- und "Max.-P_0"-Konturoperator. Der Kirsch-Operator weist hier die höchste Rauschfestigkeit auf, wogegen der "Max.-P_0"-Kantenoperator, der keine Glättung bewirkt, in dieser Beziehung am schlechtesten abschneidet.

Bei einfachen Szenen, wie z.B. bei hellen Objekten auf dunklem Hintergrund, besteht die Möglichkeit der Rauschunterdrückung durch eine Auswertung der Grauwertinformation, um das Ergebnis eines Kantenoperators zu gewichten [95]. Ausgangspunkt dieser Methode ist ein einfaches Modell des ungestörten Bildes im Merkmalsraum: Grauwert/Kantenoperator, das in *Abb. 4.10* abgebildet ist. Danach kommen hohe Werte des Kantenoperators nur im mittleren Grauwertbereich

(Dunkel/Hell-Übergänge) infolge von echten Kanten vor, wogegen andere hohe Werte, die in hellen oder in dunklen Bildpunkten auftreten, dem Rauschen zuzuschreiben sind. Diesem Modell zufolge können Kantenoperatoren mit der in Abb. 4.10 unten abgebildeten Gewichtungsfunktion bewertet werden, um rauschbedingte Anteile zu unterdrücken.

4.5 Problematik der Kantenextraktion - Konturverfolgung

Binarisierung von Kantenbildern - Konturverfolgung

Alle im vorigen Abschnitt vorgestellten Kantenoperatoren erzeugen ein analoges Kantenbild, in dem die Kanten durch unterschiedlich helle und breite Linien dargestellt sind, aber auch Lücken der echten Konturen und rauschbedingte kantenähnliche Artefakte auftreten. Das Idealergebnis einer Kantenextraktion sollte jedoch in den meisten Anwendungsfällen die folgenden Eigenschaften besitzen:

- Binärbild, z.B. weiße Linien und schwarzer Hintergrund

Abbildung 4.8: Konturbilder mit verschiedenen Kantenoperatoren. O.l.: Originalbild; o.r.: "Max.-P_0"-Kantenoperator; u.l.: Sobel-Operator; u.r.: Kirsch-Operator.

Abbildung 4.9: Konturbilder des verrauschten Originalbildes von Abb. 4.7 o.r.
mit verschiedenen Kantenoperatoren. O.l.: Sobel-Operator; o.r.: Kirsch-Operator;
unten: "Max.-P_0"-Kantenoperator.

- Linien mit konstanter Breite von 1 oder 2 Bildpunkten

- Lückenlose, möglichst geschlossene Konturlinien

- Keine Störungen, wie kurze Linienäste, Punkte oder Flecken

In der Praxis ist das Erreichen dieses Zieles über den Weg der Extraktion eines
analogen Kantenbildes oft sehr problematisch und erst durch einen heuristischen
Einsatz verschiedener Bildverbesserungsoperatoren, jedoch nicht ohne qualitative
Kompromisse möglich. Eine entscheidende Rolle spielt hierbei der Vorgang der
Binarisierung mit Hilfe einer konstanten oder einer lokaladaptiven Schwelle (s.
Abschnitt 2.3.).
Abb. 4.11 vermittelt einen Einblick in diese Problematik. Das obere rechte Bild
dieser Abbildung zeigt das analoge Kantenbild des oberen linken Bildes nach der
Anwendung des Kirsch-Operators. Abb. 4.11 u.l. und u.r. sind mit einer konstan-
ten Schwelle erzeugte binäre Kantenbilder, wobei in Abb. 4.11 u.r. ein Hysteresebereich von 40 Graustufen verwendet wurde (s. Abschnitt 2.3.). Im Vergleich mit
dem Bild ohne Hysterese (Abb. 4.11 u.l.) führt die Hysterese zu einem rauschärme-
ren, dagegen aber mehr lückenhaften Bild.

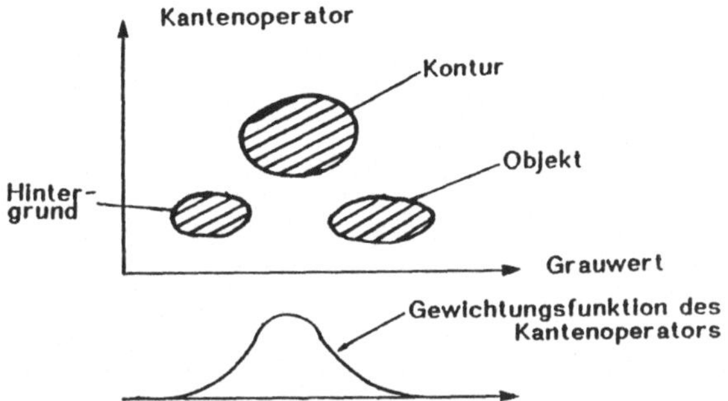

Abbildung 4.10: Kantenoperator mit grauwertabhängiger Gewichtungsfunktion

Wie oft in der Bildverarbeitung, gibt es keine systematische Methode, um "gute" binäre Kantenbilder zu extrahieren. Im Rahmen dieser Arbeit kann man lediglich auf die Auswirkung einiger Grundoperatoren hinweisen. In der Praxis muß dann für jeden Anwendungsfall speziell eine günstige Kette von Kantenextraktions-, Glättungs-, Binarisierungs- und Bildverbesserungsoperatoren in erster Linie nach empirischen Kriterien zusammengestellt werden.

In Anbetracht der Schwierigkeiten mit dem Einsatz von Kantenoperatoren kann man sich fragen, ob es auch ganz andere Ansätze zur Konturfindung gibt, die alle diese Schwierigkeiten umgehen. Dies führt zur Technik der Konturverfolgung. Ihr Prinzip ist mit Hilfe der *Abb. 4.12a* erläutert, die die Grauwertfunktion $f(x, y)$ eines hellen Objektes auf einem dunklen, rauschfreien Hintergrund darstellt.
Zuerst wird ein Startpunkt S bestimmt, der als sicherer Konturpunkt gilt. Dann sucht man am Hang des Grauwertgebirges in senkrechter Richtung zum Gradienten, d.h. zur maximalen Flankensteilheit, einen Bildpunkt, der einen zuverlässigen Nachfolger von S in der Konturlinie darstellt. Von dort aus wiederholt man diese Nachfolgersuche von Konturpunkt zu Konturpunkt, bis der Startpunkt wieder erreicht wird. Dieser Ansatz hat die folgenden Vorteile gegenüber Kantenextraktionsverfahren:

- Nur wenige Bildpunkte (etwa ein kleines Vielfaches der Anzahl der Konturpunkte), und nicht das gesamte Bild, müssen verarbeitet werden.

- Das Ergebnis ist eine 1-Bildpunkt-dicke, lückenlose Konturlinie ohne Verzweigungen.

- Es können keine rauschbedingten Striche und Störstellen abseits von der Konturlinie erzeugt werden.

- Während der Konturverfolgung entsteht, Schritt für Schritt, der Konturcode des Objektes, der am Ende als Datei verfügbar ist.

Abbildung 4.11: Problematik der Extraktion von binären Kantenbildern. O.l.: originales Grautonbild; o.r.: Ergebnis des Kantenoperators nach Kirsch; binarisiertes Kantenbild mit fester Grauwertschwelle ohne Hysterese (u.l.) und mit einem Hysteresebereich von 40 Graustufen (u.r.).

Der Nachteil dieses Ansatzes ist, daß er auf einem sequentiellen Entscheidungsprozeß aufbaut. Wird einmal ein Nachfolgerbildpunkt falsch gewählt, so kann danach der gesamte Vorgang der Konturverfolgung in die Irre gehen und der Startpunkt nie wieder erreicht werden. Aus diesem Grund bietet dieser Ansatz gute Erfolgsaussichten erst dann, wenn die Bestimmung des Nachfolgerbildpunktes mit ausreichender Zuverlässigkeit stattfinden kann, d.h. bei niedrigem Rauschen und guter Trennung zwischen Objekt und Hintergrund.

In einer praktischen Realisierung dieses Ansatzes [92] wird der Nachfolger des aktuellen Bildpunktes A im 8-Konturpfad (s. Abb. 4.12b) unter den Kandidaten N_1 bis N_5 bzw. N_1 bis N_3, je nach der Richtung des letzten Konturschrittes (schräg bzw. nicht schräg), gesucht. Zu diesem Zweck wird für jeden Kandidaten der Wert einer Gütefunktion F berechnet und derjenige Kandidat, der F maximiert, gewählt. Eine mögliche Form der Gütefunktion ist:

$$F = a\,k - |g - \frac{H_1 + H_2}{2}| \qquad (4.25)$$

mit $a =$ Konstante, bei der g der Grauwert des Kandidats N_i und k der Wert eines in N_i berechneten 3×3-Kantenoperators ist. H_1 und H_2 sind die abgeschätzten

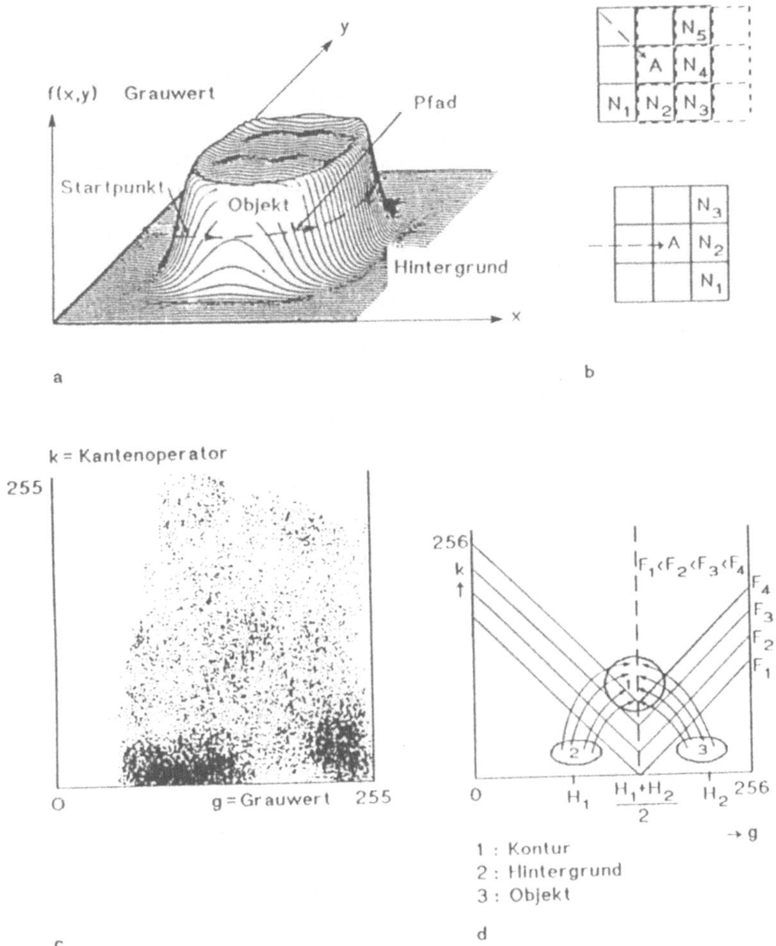

Abbildung 4.12: Konturverfolgung in Grautonbildern. a) Prinzip; b) mögliche Nachfolger des Bildpunkts A im Konturpfad; c) zweidimensionales Histogramm der Abb. 4.13 im Merkmalsraum: Grauwert × Kantenoperator; d) Höhenlinien der Gütefunktion F in Gl. (4.25) im Merkmalsraum von c).

mittleren Grauwerte des Hintergrunds bzw. des Objektes. In der Praxis wird H_1 nicht abgeschätzt, sondern etwas genauer gemessen. Bei der anfänglichen Suche eines zuverlässigen Startpunktes wird nämlich das Bild zeilenweise abgetastet, wobei zur Erkennung des ersten Objektpunktes eine Schwelle mit hohem Sicherheitsabstand verwendet wird. Im Laufe dieses Vorgangs werden nur Hintergrundbildpunkte abgetastet, deren laufender Mittelwert den Wert von H_1 ergibt.
Die Bedeutung der Gütefunktion (4.25) wird mit Hilfe der Abb. 4.12c und d ersichtlich. Abb. 4.12c zeigt das zweidimensionale Histogramm der Szene von *Abb. 4.13* im Merkmalsraum: Grauwert × Kantenoperator. Die zwei Anhäufungen bei nied-

rigen Werten des Kantenoperators entsprechen dem Hintergrund und dem Objekt. Auch Abb. 4.12d stellt diesen Merkmalsraum dar. Die v-förmigen Linien F_1 bis F_4 sind die Ortskurven im (g, k)-Raum für steigende Werte des Parameters F. Die Maximierung von F bedeutet die Suche des Nachfolgers mit möglichst großem Abstand zur Hintergrund- und zur Objektregion und daher möglichst nahe zum Gebiet des Merkmalsraums, in dem die Konturen angesiedelt sind. *Abb. 4.13*

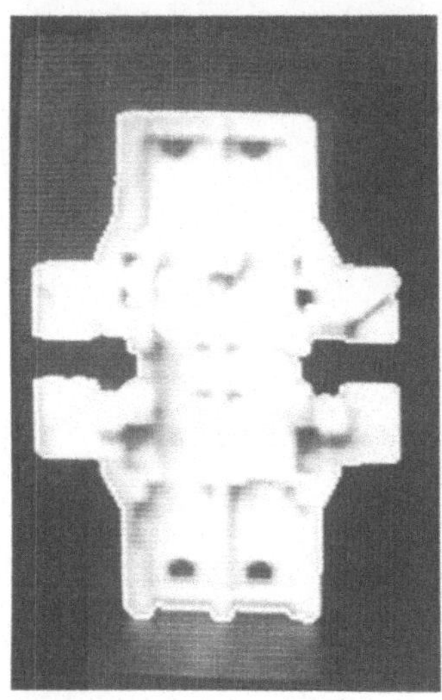

Abbildung 4.13: Experimentalergebnis der Konturverfolgung in Grautonbildern. Die gefundene Konturlinie ist hell markiert.

zeigt die nach diesem Verfahren ermittelte Kontur als weiße Linie, überlagert zum Originalbild. Hier konnte die Konturlinie gefunden werden, obwohl das entsprechende (g, k)-Histogramm von Abb. 4.12c keine deutliche Trennung zwischen den drei Bereichen aufweist.

Andere Konturverfolgungsverfahren [93], [94] gehen nicht vom Originalbild, sondern von einem verbesserten analogen Kantenbild aus. Diese Algorithmen suchen unter mehreren Kandidaten die Konturfortsetzung des jeweiligen Konturpunktes als ein Segment mit der Länge von einigen Konturschritten. Als Fortsetzung wird das Segment gewählt, das eine gegebene Gütefunktion maximiert. In [94] dient als Gütekriterium die Maximierung der Summe der Gradientenwerte entlang der Konturfortsetzung. Weitere Arbeiten verwenden ähnliche Suchverfahren, um linienhafte Muster in Grautonbildern, wie z.B. Straßen in Luftbildern, durch eine Analyse des Grauwertprofils senkrecht zur Linienrichtung zu verfolgen und zu erfassen ([96]).

4.6   Linienextraktion

Angepaßte lineare Linienfilter - Glättung und Linienextraktion mit 5 × 5-Masken

Das Problem der Linienextraktion ist ein Sonderfall des Problems der Erkennung von Konfigurationen mittels angepaßter Filter, die Idealmodelle dieser Konfigurationen darstellen. In [46] Band 2 wird gezeigt, daß der Vergleich eines Musters mit einer angepaßten Musterschablone (template match) genauer wird, wenn man an Stelle der Originalmuster ihre Ableitungen (Gradient, Laplace-Operator) vergleicht. Es ist nämlich auch intuitiv einzusehen, daß der prozentuale Deckungsfehler größer und dadurch der Vergleichsvorgang empfindlicher wird, wenn man an Stelle von zwei Binärobjekten ihre Umrisse vergleicht.
Die Musterschablone einer idealen Linie ist hier zusammen mit dem Ergebnis des Laplace-Operators dargestellt:

```
...  0  0  0  0  0  ...          ...  0   0   0   0   0  ...
...  0  0  0  0  0  ...          ...  1   1   1   1   1  ...
...  1  1  1  1  1  ...          ... -2  -2  -2  -2  -2  ...
...  0  0  0  0  0  ...          ...  1   1   1   1   1  ...
...  0  0  0  0  0  ...          ...  0   0   0   0   0  ...
```

    Ideale Horizontallinie   Digitaler Laplace-Operator

Durch die Koeffizienten in der Mitte des rechten Feldes wird ein 3×3-Faltungskern L_H definiert, und die Faltung mit diesem Kern kann benutzt werden, um kurze horizontale Linienstrecken zu erkennen. Linien in beliebiger Richtung können mit Hilfe des Operators:

$$L = \max(|L_H|, |L_V|, |L_P|, |L_N|) \tag{4.26}$$

erkannt werden, wobei L_V, L_P und L_N um $90°$, $180°$ und $270°$ gedrehte Varianten des Faltungskernes L_H sind. Dieser Liniendetektor reagiert, wie erwünscht, mit $|L_H| = 0$ auf vertikale Strukturen und auf Bereiche mit konstantem Grauwert. Auf horizontale Linien, horizontale Kanten und auf Einzelpunkte reagiert er jedoch in unbefriedigender Weise, nämlich wie folgt:

```
                    ...  0  0  0  0  ...
                    ...  1  1  1  1  ...
...  1  1  1  1  ... ...  1  1  1  1  ... ...  0  1  1  1  0  ...
...  2  2  2  2  ...       oder          ...  0  2  2  2  0  ...  × 1/3
...  1  1  1  1  ... ...  1  1  1  1  ... ...  0  1  1  1  0  ...
                    ...  1  1  1  1  ...
                    ...  0  0  0  0  ...
```

Diese Nachteile der linearen Masken des Typs von L_H können nach [46] Band 2 durch Einführung einer Nichtlinearität aufgehoben werden. Danach ist L_H nur dann gleich dem Faltungsprodukt mit dem Kern des digitalen Laplace-Operators, wenn die folgende Bedingung (mit Bezug auf Abb. 3.2.a) erfüllt ist:

$$(P_4 > P_1) \wedge (P_4 > P_6) \wedge (P_0 > P_2) \wedge (P_0 > P_7) \wedge (P_5 > P_3) \wedge (P_5 > P_8) \quad (4.27)$$

Sonst ist $L_H = 0$. Unter ähnlichen Bedingungen werden auch L_V , L_P und L_N berechnet und mit L_H durch die Formel (4.26) des Operators verknüpft.

Liniendetektoren der oben beschriebenen Art erzeugen im praktischen Einsatz, trotz zahlreicher Verbesserungen, oft bruchstückartige Linienzüge, in denen ursprünglich lückenlose Linien doch mit Störstellen behaftet sind. Daher stellt sich die Aufgabe, die Lücken aufzufüllen, was z.B. mit Hilfe der morphologischen Operatoren für Grautonbilder erzielt werden kann (s. auch Abschnitt 7.2.).
Eine in [97] vorgeschlagene Alternative ist die Durchführung einer ortsadaptiven Glättung in einer ausgesuchten Nachbarschaft (s. auch Abschnitt 3.5.) vor der Faltung mit den Liniendetektionsmasken. Für die Glättung werden Masken in einem 5×5-Fenster verwendet, die aus einer grundlegenden Studie [98] entnommen wurden. Zwei Glättungsmasken, M_1 und M_2, sind in *Abb. 4.14* dargestellt; die übrigen Masken M_3 und M_4 werden aus M_1 bzw. M_2 durch 90°-Drehung abgeleitet. Mit jeder Maske M_i kann man einen gewichteten Mittelwert m_i, mit

M_1

0	0	0	0	0
0	1	1	1	0
$\frac{1}{2}$	1	1	1	$\frac{1}{2}$
0	1	1	1	0
0	0	0	0	0

M_2

0	0	0	$\frac{1}{2}$	$\frac{1}{2}$
0	0	1	1	$\frac{1}{2}$
0	1	1	1	0
$\frac{1}{2}$	1	1	0	0
$\frac{1}{2}$	$\frac{1}{2}$	0	0	0

S_1

0	0	0	0	0
0	1	1	1	0
2	2	2	2	2
0	1	1	1	0
0	0	0	0	0

S_2

0	0	0	0	$\frac{1}{2}$
0	0	1	2	2
$\frac{1}{2}$	1	2	1	$\frac{1}{2}$
2	2	1	0	0
$\frac{1}{2}$	0	0	0	0

S_3

0	0	0	$\frac{1}{2}$	2
0	0	1	2	$\frac{1}{2}$
0	1	2	1	0
$\frac{1}{2}$	2	1	0	0
2	$\frac{1}{2}$	0	0	0

S_4

0	0	$\frac{1}{2}$	2	$\frac{1}{2}$
0	0	1	2	0
0	1	2	1	0
0	2	1	0	0
$\frac{1}{2}$	2	$\frac{1}{2}$	0	0

Abbildung 4.14: Richtungsabhängige Glättungsmasken M_1 , M_2 und signalangepaßte Masken $S_1 \ldots S_4$ zur Linienextraktion nach dem Verfahren von [97].

$1 \leq i \leq 4$, berechnen:

$$m_i = [\sum_j c_{ij}]^{-1} \cdot \sum_j c_{ij} P_j \quad (4.28)$$

$j = 1 \ldots 25$ ist der Index der Grauwerte P_j im Operatorfenster, und c_{ij} sind die Maskenkoeffizienten. Man kann auch die Streuung s_i der gewichteten Grauwerte definieren:

$$s_i^2 = \sum_j (c_{ij} P_j - m_i)^2 \quad (4.29)$$

Zur Glättung wird nun der aktuelle Grauwert durch denjenigen m_i ersetzt, der einem Minimum von s_i entspricht.

Anschließend wird zur Liniendetektion der Maskensatz $S_1 \ldots S_8$ verwendet. S_1 bis S_4 sind in Abb. 4.14 dargestellt, S_5 bis S_8 können daraus durch eine Drehung um 90° abgeleitet werden. Durch die Faltung der Bilddaten mit den Masken S_i erhält man für jeden Bildpunkt die Faltungsprodukte p_i ($i = 1 \ldots 8$). Der Grauwert des Linienbildes ergibt sich dann aus der Maximumbildung:

$$P_L = \max_{i=1\ldots8}\{p_i\} \tag{4.30}$$

4.7   Texturanalyse

Allgemeines über Textur - Aufgaben der Texturanalyse - Strukturelles Texturmodell - Statistisches Texturmodell - Textursynthese - Texturmerkmale aus der Statistik erster und zweiter Ordnung - Textureigenschaften - Gemischtes strukturell-statistisches Texturmodell - Texturenergiemasken

Das Wort "Textur" bezeichnet im allgemeinen eine Grauwertfunktion, die aus einem oder aus mehreren kleinformatigen Grundmustern besteht, die räumlich nebeneinandergestellt sind und die sich ohne beträchtliche Variationen wiederholen. Diese Texturdefinition ist jedoch bestimmt nicht erschöpfend, und es ist vielleicht überhaupt nicht möglich, die Vielfältigkeit der Textur durch eine einzige Definition zu erfassen. Textur ist eher ein intuitiver Begriff und kein fachspezifischer Ausdruck der Bildverarbeitung. *Abb. 4.15* aus [99] zeigt einige Texturbeispiele, die auch qualitativ nur einen Bruchteil aller denkbaren Texturarten darstellen. Auch Tiere und sogar Insekten sind mit erstaunlichen Fähigkeiten ausgestattet, komplizierte Texturen zu erkennen.

Eine prinzipielle Schwierigkeit beim Erkenen von Textur besteht darin, daß sie von der Fenstergröße des Operators abhängt, mit dem diese Textur erkannt werden soll. Jedes Bildmuster kann, bei entsprechender Fenstergröße, entweder als Textur oder als Fläche konstanten Grauwertes aufgefaßt werden. Die oberste linke Textur in Abb. 4.15 kann z.B. bei einem kleinen Operatorfenster als eine Aneinanderreihung konstanter Grauwertflächen und gegliederter hellerer Regionen wahrgenommen werden. Um sie als Textur zu betrachten, muß das Operatorfenster so groß werden, daß es mindestens einige der dunkleren Grundmuster erfaßt. Bei weniger regelmäßigen Texturen, wie die übrigen in Abb. 4.15, ist die Unterscheidung zwischen Textur und Fläche noch problematischer. In konkreten Aufgaben der Texturerkennung und -klassifikation muß man sich daher klarmachen, daß es, besonders am Rande texturierter Regionen, immer "Grauzonen" unsicherer Texturerkennung geben kann. Eine höhere Stationarität der Textur innerhalb des Operatorfensters kann nur mit einer Erhöhung der Fenstergröße erkauft werden,

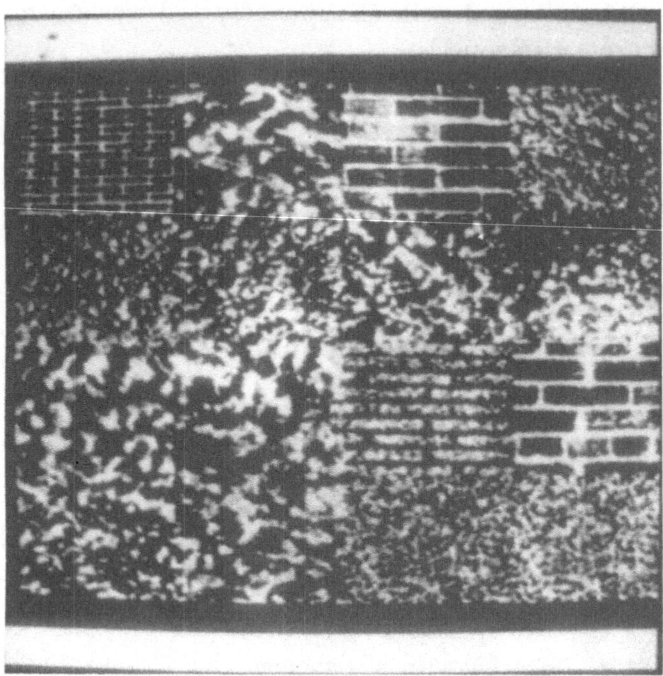

Abbildung 4.15: Verschiedene Texturen mit gleicher Statistik erster Ordnung aus [99].

was wiederum die Verarbeitungszeiten und die Unschärfe der Texturgrenzen steigert.

Um Texturanalyse durchführen zu können, entwickelt man Texturmodelle, wodurch eine systematische und mehr oder weniger stark idealisierte Texturbeschreibung angestrebt wird. In der Texturanalyse kann man verschiedenartige Aufgaben unterscheiden, wie z.B. in der Reihenfolge der steigenden Komplexität: Texturerkennung, Texturklassifikation und Textursegmentierung.

- *Texturerkennung:* Aufgabe ist, festzustellen, ob eine gegebene Textur einem Bezugsmuster entspricht.

- *Texturklassifikation:* Aufgabe ist, zu bestimmen, welcher aus N bekannten Texturklassen eine gegebene Textur zuzuordnen ist.
  Diese zwei Probleme können oft mit Standard-Klassifikationsverfahren der statistischen Mustererkennung, wie z.B. durch einen Bayes-Klassifikator [78], gelöst werden.

- *Textursegmentierung:* die Grenzen zwischen Regionen unterschiedlicher Textur sollen gefunden werden, wobei a-priori weder die Anzahl noch die Eigenschaften der Texturen bekannt sind. Hier richtet sich der Lösungsweg eher nach den Methoden der Clusteranalyse [79], auf die später im Abschnitt 6.3. näher eingegangen wird.

In allen diesen Fällen ist es zuerst notwendig, auf eine tiefere Ebene der algorithmischen Komplexität hinabzusteigen, um zuerst geeignete texturbeschreibende Merkmale zu definieren und aus der Grauwertfunktion zu extrahieren. Danach können die Methoden der statistischen Mustererkennung angewendet werden. Zu diesem Zweck werden oft Texturmodelle entwickelt, die nach [100] grundsätzlich in strukturelle, statistische und gemischte strukturell/statistische Modelle eingeteilt werden können.

- **Strukturelles Texturmodell**

Eine Textur, die einem rein strukturellen Modell entspricht, besteht aus aneinandergereihten Elementarmustern (Englisch: primitives), die die kleinste sich regelmäßig wiederholende Textureinheit darstellt. In *Abb. 4.16* sind zwei Beispiele

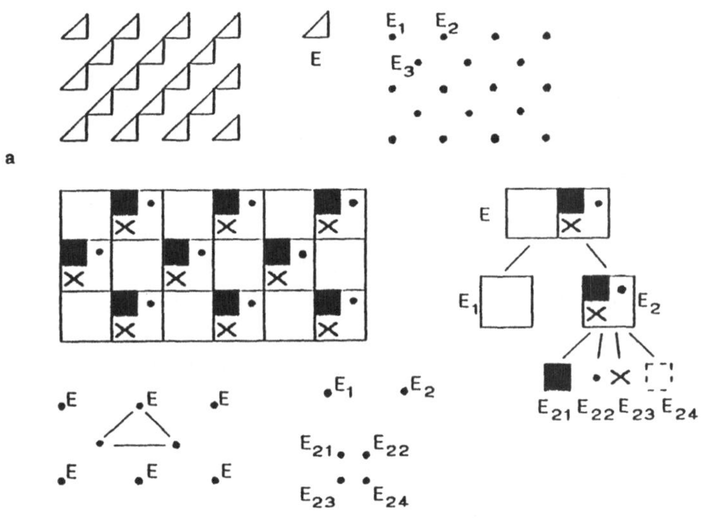

Abbildung 4.16: Texturen nach einem strukturellen Modell. a) einfaches, nicht hierarchisches Modell; b) hierarchisch strukturierte Textur.

von Texturen abgebildet, die sich für eine rein strukturelle Beschreibung eignen. Eine solche Beschreibung setzt sich aus den folgenden Bestandteilen zusammen ([100]):

◇ Beschreibung des einzelnen Elementarmusters, das eventuell hierarchisch strukturiert sein kann;

◇ Beschreibung der Anordnung der Elementarmuster.

Abb. 4.16a zeigt, neben der Textur, das nicht hierarchisch strukturierte dreieckige Elementarmuster E und das Punktraster, das die räumliche Anordnung der Elementarmuster zueinander angibt. Dieses Raster besteht aus der räumlichen Wiederholung der Struktur $E_1\,E_2\,E_3$, deren Maße die Anordnung vollständig beschreiben. In Abb. 4.16b ist eine Textur mit hierarchisch strukturiertem Elementarmuster E abgebildet. In E kann man zwei untergeordnete Ebenen unterscheiden, nämlich die Ebene $E_1 - E_2$ und die Ebene $E_{21} - E_{22} - E_{23} - E_{24}$. Zu jeder Ebene gehört dann eine relationale Beschreibung der räumlichen Anordnung der Elementarmuster dieser Ebene zueinander.

Eine strukturelle Texturbeschreibung kann gleichfalls als eine Vorschrift betrachtet werden, die erlaubt, die Textur fehlerfrei zu rekonstruieren. Somit ist eine rein strukturelle Textur das Ergebnis eines deterministischen Prozesses, der bei jeder Realisierung immer genau das gleiche Bild erzeugt. Das rein strukturelle Texturmodell ist insofern von begrenztem praktischen Interesse, weil es nur an künstlich erzeugten Artefakten, wie z.B. Industrieerzeugnissen oder synthetischen Mustern, angewendet werden kann, die einen hohen Grad an Regelmäßigkeit aufweisen. Für natürliche Bilder muß man dagegen auf statistische oder auf gemischte strukturell/statistische Modelle zurückgreifen.
Für eine vertiefte Abhandlung des strukturellen Texturmodells kann hier auf [16], Kap. 6, verwiesen werden. Weitere umfangreiche Übersichtsarbeiten über Texturmodelle, sowohl strukturell als auch statistisch, sind in [101], [102] und [110] zu finden.

- Statistisches Texturmodell

Im Gegensatz zum strukturellen Modell, leistet ein statistisches Modell nur eine statistische Texturbeschreibung. Verwendet man das Modell als Vorschrift zur Textursynthese, so erhält man im allgemeinen bei verschiedenen Realisierungen keine deckungsgleichen Texturmuster, sondern im Rahmen der Beschreibung äquivalente Muster, die nur in bezug auf die betrachteten statistischen Parameter gleich sind. In welchem Maß statistisch äquivalente Texturen auch visuell nicht unterscheidbar sind, ist eine nach der Methode der "Analyse durch Synthese" bereits seit langer Zeit untersuchte Frage. Dieses Verfahren besteht etwa aus den folgenden Schritten:

1. Analyse einer natürlichen Textur und Extraktion eines Vektors statistischer Merkmale;

2. Erzeugung einer synthetischen Textur mit den extrahierten Werten der festgelegten statistischen Merkmale;

3. Vergleich zwischen natürlicher und synthetischer Textur und Rückschluß auf die Güte und Vollständigkeit eines statistischen Modells auf der Basis des gewählten Merkmalvektors.

Nach einer Hypothese von Julesz [103], kann man Texturunterschiede wahrnehmen, wenn die entsprechenden Merkmale der Statistik erster Ordnung (Verteilung der einzelnen Grauwerte) und/oder zweiter Ordnung (Verteilung der Grauwertepaare in gegebener räumlicher Entfernung) unterschiedlich sind. Unterschiede in der Statistik höherer Ordnung werden dagegen nicht wahrgenommen. Später wurde von Julesz selbst und von anderen Autoren die obige Aussage etwas eingeschränkt.

◇ Es wurden Beispiele von Texturen mit gleicher Statistik erster, zweiter und dritter Ordnung gezeigt, die jedoch unterscheidbar sind. Es handelt sich hier um sehr regelmäßige Texturen.

◇ Auch Unterschiede in der Statistik zweiter Ordnung können dann nicht wahrgenommen werden, wenn sie Bildbereiche mit einer größeren Entfernung als 9 bis 15 Bildpunkte betreffen.

Der Gedanke der Analyse durch Synthese ist fruchtbar auch im Hinblick auf die Entwicklung von Texturmodellen. In [102] wird u.a. ein Modell beschrieben, in dem die Textur als Ergebnis eines zweidimensionalen autoregressiven Prozesses betrachtet wird, dessen Parameter die Textur charakterisieren. Weil man bei der Bildverarbeitung im allgemeinen nicht darauf angewiesen ist, nur kausale Prozesse zu betrachten, kann man, an Hand der isotropen statistischen Struktur natürlicher Szenen, das folgende, besser zutreffende Texturmodell aufstellen:

Diskrete Quelle, die unabhängige Grauwerte $f(x,y)$ erzeugt	$\Longrightarrow$	2-dimens. lineares Filter $h(i,j)$ ($L \times L$ Bildpunkte)	$\Longrightarrow$	Textur $g(x,y)$

Die Textur als Grauwertfunktion $g(x,y)$ der diskreten Bildkoordinaten x, y kann als das Faltungsprodukt einer zweidimensionalen Zufallsgröße $f(x,y)$ und eines Faltungskernes $h(i,j)$, gemäß Gl. 3.11, betrachtet werden. Das Linearfilter mit Impulsantwort $h(i,j)$ führt lineare Abhängigkeit zwischen den ursprünglich unabhängigen Grauwerten $f(x,y)$ ein. Dies kann mit Hilfe der Autokorrelationsfunktion:

$$R_f(i,j) = E\{f(x+i,\, y+j) \cdot f(x,y)\} \qquad (4.31)$$

präziser formuliert werden. Für die Quelle unabhängiger Grauwerte ist $R_f(0,0) \neq 0$ und $R_f(i,j) = 0$ für $i + j \neq 0$. Am Ausgang des linearen Filters gilt für die Texturfunktion $g(x,y)$ nach [46] Band 1:

$$R_g(i,j) = R_f(i,j) * h(i,j) * h(-i,-j) \qquad (4.32)$$

$h(i,j)$ wirkt auf $R_f(i,j)$ wie ein Tiefpaß. Die Autokorrelationsfunktion der nach diesem Modell erzeugten Textur hat also einen mehr oder weniger steil abklingenden Verlauf, je nach der Breite der Impulsantwort des korrelierenden Filters. Eine langsam abklingende $R_g(i,j)$ bedeutet, daß $g(x,y)$ Texturanteile auch mit relativ niedrigen Ortsfrequenzen beinhaltet.

Eine andere Betrachtungsweise des gleichen Sachverhalts anhand der Grauwerthistogramme ist möglich. Man kann annehmen, daß die diskrete Quelle des obigen Texturmodells unabhängige und gleichverteilte Grauwerte in einem gegebenen Grauwertbereich zwischen f_m und f_M abgibt. Die Gesamtheit der Grauwerte am Eingang des Filters stellt eine Anzahl von L^2 unabhängigen Zufallsprozessen mit gleicher Verteilung dar. Nach dem zentralen Grenzwertsatz [104] nähert sich die Grauwertverteilung des Summenprozesses, also der resultierenden Textur, einer Normalverteilung mit einer um den Faktor L größeren Streuung (die Variationsbereichsgrenzen einer Grauwertfunktion, nämlich 0 und 255, sind hier unberücksichtigt). Die Näherung ist bereits für niedrige L-Werte, also für kleine Filterfenster, sehr gut. Die gleichverteilte Grauwertfunktion $f(x, y)$ hat den für eine diskrete Quelle maximalen Informationsgehalt; die normalverteilte Texturfunktion $g(x, y)$ hat dagegen einen geringeren Informationsgehalt infolge der eingeführten linearen Abhängigkeit.

Das oben geschilderte einfache Texturmodell soll nur einen Einblick in die zahlreichen Versuche vermitteln, die in der Literatur dokumentiert sind, Textur mit Methoden der statistischen Signaltheorie zu modellieren [105], [106], [107], [108], [109]. Diese Modellierung hat nicht nur einen erkenntnistheoretischen Sinn, sondern auch das praktische Ziel, ein Gerüst zu errichten, in dem texturcharakterisierende Merkmale definiert werden können. Wirksame Merkmale zu extrahieren, stellt nämlich den ersten Schritt für die Texturerkennung, Texturklassifikation oder Textursegmentierung dar. Im folgenden wird daher ein Überblick über einige weit verbreitete Texturmerkmale auf statistischer Basis gegeben, die aus einer umfangreichen Literatur entnommen werden können ([46] Band 2, [80], [111], [112], [113], [114]).

- **Merkmale aus der Statistik erster Ordnung**

Die Statistik erster Ordnung betrachtet die einzelnen Grauwerte $i \ldots N$ (z.B. $N = 256$) und ihre Verteilung (Histogramm). Die Auftrittswahrscheinlichkeit $p(i)$ des Grauwertes i ist das Verhältnis zwischen der Anzahl der Bildpunkte mit Grauwert i und der gesamten Bildpunktzahl. Es ist:

$$0 \leq p(i) \leq 1 \; \forall i \qquad \text{und} \qquad \sum_{i=1}^{N} p(i) = 1 \tag{4.33}$$

Aus dem Grauwerthistogramm kann man einige nützliche Merkmale extrahieren, nämlich die *Momente n-ter Ordnung* (n ganze Zahl > 0):

$$m_n = \sum_{i=1}^{N} p(i) \tag{4.34}$$

und die *zentralen Momente n-ter Ordnung*:

$$s_n^2 = \sum_{i=1}^{N} (i - m_1)^n \cdot p(i) \tag{4.35}$$

Besonders wichtig sind der Mittelwert m_1 (Moment erster Ordnung) und die Varianz:

$$s_2^2 = \sum_{i=1}^{N}(i - m_1)^2 \cdot p(i) \qquad (4.36)$$

wobei s_2 als Standardabweichung bezeichnet wird. *Abb. 4.17* oben und unten links

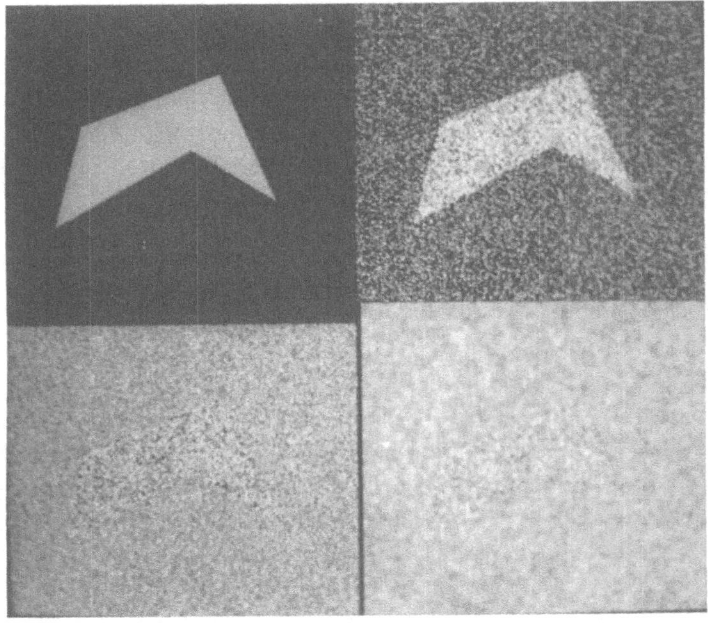

Abbildung 4.17: Beispiele von synthetischen Texturen nach einem statistischen Modell. O.l.: Szene mit zwei Regionen mit unterschiedlichen mittleren Grauwerten m_1, m_2 und Streuungen $s_1 = s_2 = 0$; o.r.: gleiche Regionen, mit $m_1 \neq m_2$ und $s_1 = s_2$; u.l.: gleiche Regionen mit $m_1 = m_2$ und und $s_1 \neq s_2$; u.r.: gleiche Regionen mit $m_1 = m_2$ und unterschiedlicher Statistik zweiter Ordnung

gibt ein Beispiel eines Texturbildes wieder, das nur anhand der Statistik erster Ordnung beschrieben werden kann. Aus der rauschfreien Abb. 4.17 oben links wurde das verrauschte Bild der Abb. 4.17 oben rechts erzeugt, in dem die zwei Regionen unterschiedliche mittlere Grauwerte m_1, m_2 und gleiche Grauwertstreuungen $s_1 = s_2$ haben. In Abb. 4.17 unten links haben dagegen die zwei Regionen den gleichen Mittelwert und unterschiedliche Streuung.

Wie aussagekräftig die Statistik erster Ordnung im Hinblick auf eine Texturcharakterisierung ist, kann nicht eindeutig beantwortet werden. Alle Texturen der Abb. 4.15 haben das gleiche Grauwerthistogramm, sehen jedoch erheblich unterschiedlich aus. Auf der anderen Seite, wenn man die Grauwertverteilung in kleinen Bildfenstern betrachtet, gibt es in der Praxis zahlreiche Fälle, besonders bei natürlichen Szenen, in denen das Histogramm oder seine Merkmale ausreichende Information zur Erkennung der lokalen Textur beinhalten. Zur Erhärtung dieser Hypothese soll an dieser Stelle auf die Experimentalergebnisse in [69] und [115] hingewiesen werden. Um Textur zu erfassen, ist es jedoch oft notwendig, auch die räumlichen Beziehungen zwischen Grauwerten zu berücksichtigen, die von der Statistik zweiter Ordnung beschrieben werden.

• Merkmale aus der Statistik zweiter Ordnung

Die Statistik zweiter Ordnung betrachtet die Wahrscheinlichkeit $p_d(i,j)$, daß zwei Bildpunkte mit Abstand d die Grauwerte i bzw. j haben, für alle Werte von i, j und d. Auch für $p_d(i,j)$ gelten die Einschränkungen (4.33). Für jeden Wert des Parameters d können diese Auftrittswahrscheinlichkeiten in eine sogenannte Cooccurrence-Matrix $M_d(i,j)$ zusammengefaßt werden:

$$M_d(i,j) = \left\| \begin{array}{l} p_d(1,1) \qquad p_d(2,1)\ldots\ldots p_d(N,1) \\ p_d(1,2) \qquad p_d(2,2)\ldots\ldots p_d(N,2) \\ \qquad\qquad \ldots\ldots \\ p_d(1,N) \qquad p_d(2,N)\ldots\ldots p_d(N,N) \end{array} \right\|$$

Eine Texturbeschreibung mit Hilfe einer Vielzahl solcher $N \times N$-Matrizen (mit $N = 256$) wäre viel zu umständlich und außerdem noch redundant. Aus diesem Grund versucht man, aus den Cooccurrence-Matrizen Merkmale zu extrahieren, um dadurch in einfacher Weise ihre Struktur zu charakterisieren ([46] Band 2, [111], [113]). Wiederholt man diese Merkmalextraktion für verschiedene Werte von d, so gelingt es in manchen Fällen, die wesentlichen Eigenschaften der Textur durch wenige Meßwerte zu erfassen. Um die Größe der Matrix zu reduzieren, kann man oft ohne wesentlichen Informationsverlust auch die N Grauwerte gröber quantisieren. Aus den zahlreichen in [111] aufgeführten Merkmalen wird hier eine kleine Auswahl vorgestellt:

a) Maß der Homogenität der Textur:

$$M_1(d) = \sum_{i=1}^{N} \sum_{j=1}^{N} [p_d(i,j)]^2 \tag{4.37}$$

In einer homogenen Textur (im Extremfall in einer rein strukturellen Textur) gibt es wenige Grauwertdifferenzen, wie z.B. für $d = 1$, die $\neq 0$ sind und die mit großer Häufigkeit auftreten. Bei geringer Homogenität sind dagegen alle Grauwertdifferenzen nahezu gleichverteilt. Weil die Bedingung (4.33) auch für die $p_d(i,j)$ gilt, ist $M_1(d)$ um so größer, desto homogener in diesem Sinne die Textur ist.

b) Kontrast:

$$M_2(d) = \sum_{i=1}^{N} \sum_{j=1}^{N} (i-j)^2 \cdot p_d(i,j) \qquad (4.38)$$

Der Kontrast ist das Trägheitsmoment der Matrix, bezogen auf ihre Hauptdiagonale. $M_2(d)$ ist ≈ 0, wenn die Textur praktisch nur aus Flächen konstanten Grauwertes besteht; er ist groß bei kontrastreichen Texturen, mit häufigen großen Grauwertsprüngen.

c) Inverses Differenzmoment:

$$M_3(d) = \sum_{i=1}^{N} \sum_{j=1}^{N} \frac{p_d(i,j)}{1+(i-j)^2} \qquad (4.39)$$

$M_3(d)$ hat einen großen Wert bei Diagonalmatrizen, d.h. bei großer Wahrscheinlichkeit von Grauwertsprüngen gleich 0. Es kann hier interessant sein, die Werte dieses Merkmals für verschiedene Abstände d zu vergleichen. Ein deutliches Maximum für $d = d_M$ deutet auf ein periodisches Texturmuster mit Periodizität d_M hin.

d) Entropie:

$$M_4(d) = -\sum_{i=1}^{N} \sum_{j=1}^{N} p_d(i,j) \, \log_2[p_d(i,j)] \qquad (4.40)$$

Der Informationsgehalt der Cooccurrence-Matrix ist maximal bei gleichverteilten $p_d(i,j)$ und ist niedrig bei einer Diagonalmatrix.

Die Auswertung der Merkmale $M_1 \dots M_4$ setzt ein Mindestmaß an Stationarität der Textur im lokalen Bereich voraus, was jedoch nur durch die Anwendung großer Operatorfenster gewährleistet werden kann. Daher ist bei der Texturdiskriminierung nur eine begrenzte räumliche Auflösung erreichbar. Darüber hinaus sind alle Merkmale M_1 bis M_4 von der absoluten Grauwertdynamik des jeweiligen Bildes abhängig, so daß vor ihrer Berechnung eine Normierung, z.B. durch Grauwertäqualisation (s. Abschnitt 2.2.) zu empfehlen ist.
Das Prinzip der Cooccurrence-Matrix kann erweitert werden [116], indem, statt der Grauwerte, komplexere lokale Merkmale, wie z.B. ein Kantenoperator, zum Aufbau der Matrix verwendet werden. Dadurch kann man eine geringere Abhängigkeit von den absoluten Grauwertpegeln erreichen.

Betrachtet man die Textur als ein zweidimensionales stochastisches Feld, so kann man nach [80] und mit Hilfe der *Abb. 4.18* weitere nützliche Texturmerkmale definieren. Die Werte der Grauwertfunktion g in den Bildpunkten A, B, usw. werden mit $g(A)$, $g(B)$ usw. bezeichnet. A und B sind auch als Vektoren $\overline{A} = \overline{OA}$ und $\overline{B} = \overline{OB}$ aufzufassen, und es ist: $\overline{d} = \overline{A} - \overline{B}$. Einige Grundbegriffe aus der

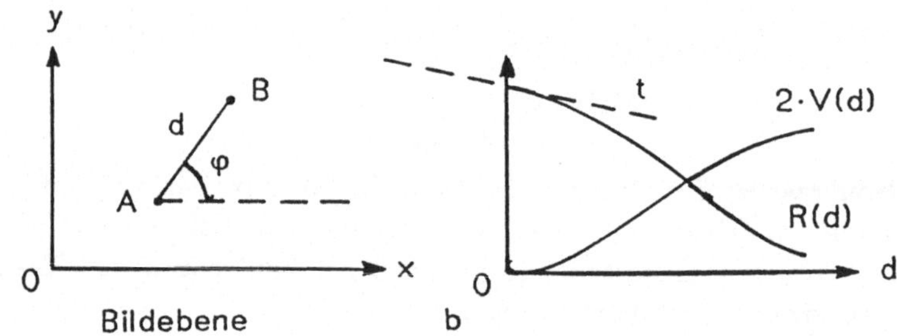

Abbildung 4.18: Statistische Texturmerkmale. a) Bildebene (x,y); b) Korrelationsfunktion $R(d)$ und Variogramm $V(d)$.

statistischen Signaltheorie nehmen dann für g die folgende Form an (s. auch [46] Band 2, [80] und [104]):

Erwartungswert (Mittelwert):

$$E\{g(A)\} = m_A \tag{4.41}$$

Kovarianz:

$$C(A,B) = E\{[g(A) - m_A][g(B) - m_B]\} = E\{g(A) \cdot g(B)\} - m_A m_B \tag{4.42}$$

Wenn $g(A)$ und $g(B)$ statistisch unabhängig sind, gilt:

$$E\{g(A) \cdot g(B)\} = E\{g(A)\} \cdot E\{g(B)\} \qquad \text{und} \qquad C(A,B) = 0$$

Korrelationsfunktion (genormte Kovarianz):

$$R(A,B) = \frac{C(A,B)}{\sqrt{C(A,A) \cdot C(B,B)}} \tag{4.43}$$

Man kann zeigen, daß das Maximum von $R(A,B)$ für $A = B$ erreicht wird (s. Abb. 4.18b).

Variogramm:

$$V(A,B) = E\{[g(A) - g(B)]^2\} \tag{4.44}$$

Das Variogramm ist mit dem "busyness" verwandt, wo an Stelle der Quadrierung die Betragsbildung auftritt (s. auch Gl. 4.7 in Abschnitt 4.3).

Anhand dieser Grundbegriffe kann man nun einige nützliche Textureigenschaften definieren:

Stationarität, wenn:

$$\left.\begin{array}{l} m_A = m_B \\ C(A, B) = C(\overline{A} - \overline{B}) = C(\overline{d}) \\ R(A, B) = R(\overline{A} - \overline{B}) = R(\overline{d}) \\ V(A, B) = V(\overline{A} - \overline{B}) = V(\overline{d}) \end{array}\right\} \qquad (4.45)$$

Das bedeutet: die Werte der Kovarianz, der Autokorrelationsfunktion und des Variogramms hängen nur von der Entfernung $\overline{d}$ und nicht von der Ortslage der Bildpunkte A und B ab. Es besteht eine Abhängigkeit vom gesamten Vektor $\overline{d}$, d.h. von seinem Betrag d und von seiner Phase φ. Wenn die Abhängigkeit von φ entfällt, besitzt die Textur die Eigenschaft der *Isotropie*. Schließlich bedeutet *Homogenität* das Vorhandensein von Stationarität und Isotropie.

Natürliche Texturen sind häufig homogen im obigen Sinne. Daher sind die folgenden Betrachtungen auf homogene Texturen beschränkt. Aus (4.43), (4.44) und aus der Homogenität folgt:

$$V(d) = 2\left[R(0) - R(d)\right] \qquad (4.46)$$

Wie in Abb. 4.18b gezeigt, ist $V(d)$ komplementär zu $R(d)$.
Durch das folgende Merkmal der "coarseness" versucht man, intuitive Eigenschaften einer Textur quantitativ zu erfassen.

Maß der Texturgrobheit (coarseness):

$$A_g = \lim_{d \to 0} \frac{R(0) - R(d)}{d} = R'(0) \qquad (4.47)$$

Die Texturgrobheit wird als die Abfallrate der Korrelationsfunktion für $d = 0$, d.h. als die Steilheit der Tangente t in Abb. 4.18b, definiert. Je langsamer der Abfall von $R(d)$ ist, desto stärker ist die Abhängigkeit zwischen Bildpunkten, die entfernt voneinander liegen, was wiederum eine gröbere Textur mit Spektralkomponenten bei den tieferen Ortsfrequenzen bedeutet.
Schließlich ist noch zu erwähnen, daß für homogene Texturen die Werte der Funktion $R(d)$ für $d = 1$ und $d = 2$ Bildpunkte lineare Kombinationen der "busyness"-Werte B_1 und B_2 sind (s. Abschnitt 4.3 und [82]).

Alle bisher vorgestellten statistischen Texturmerkmale können, Bildpunkt für Bildpunkt, über das ganze zu analysierende Bild berechnet und die Merkmalwerte als symbolische Grauwerte dargestellt werden. Die zugrundeliegende Vorstellung ist, daß in diesem Merkmalbild Regionen mit einheitlicher Textur durch einen einheitlichen symbolischen Grauwert ("region label") gekennzeichnet werden. Manchmal erhält man in dieser Weise kompakte und lückenlose Regionen erst nach einer Glättung der unmittelbar berechneten Merkmalbilder mit Hilfe der Medianfilterung oder durch die Anwendung anderer Bildverbesserungsoperatoren.

Nach diesem Prinzip können Aufgaben im Bereich der Textursegmentierung, wie z.B. in [117] und [118], gelöst werden. In [118] wird als Maß der Detailintensität das folgende Texturmerkmal H verwendet:

$$H = \sqrt{\sum_{i=1}^{N}[p(i)]^2} \qquad (4.48)$$

wo $p(i)$ die Auftrittswahrscheinlichkeit des Grauwertes i im lokalen Grauwerthistogramm und N die Anzahl der Bildpunkte des Operatorfensters ist. Dadurch konnten zahlreiche texturhaltige Satellitenbilder gut segmentiert werden.

- Gemischtes strukturell-statistisches Texturmodell

Ein beträchtlicher Teil der in der Praxis vorkommenden Texturen kann weder nach einem rein strukturellen noch nach einem rein statistischen Modell, sondern eher mit Hilfe eines gemischten Modells beschrieben werden. In einigen Übersichtsarbeiten ([100], [119]) sind Modellvorstellungen dargelegt, die im wesentlichen zum folgenden Schema zurückgeführt werden können:

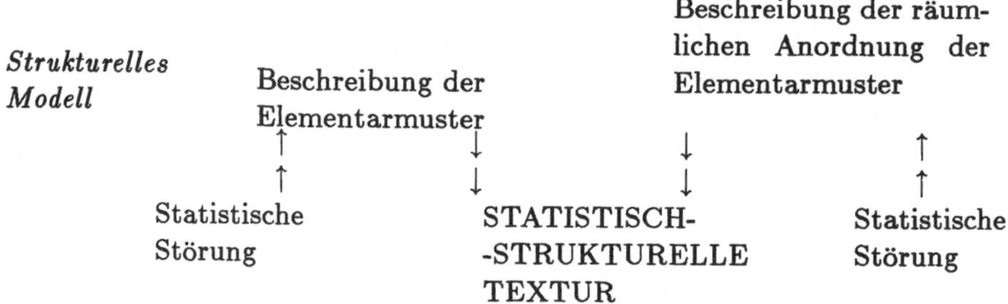

Hier findet man die Komponenten des strukturellen Modells wieder, nämlich: Elementarmuster und räumliche Anordnung der Elementarmuster. Eine oder beide Komponenten sind außerdem mit einer statistischen Störung behaftet. *Abb. 4.19* zeigt ein Beispiel einer strukturell aufgebauten Textur (a), danach eines mit gestörten Elementarmustern und ungestörter Anordnung, anschließend mit ungestörten Elementarmustern und gestörter Anordnung (c) und schließlich mit beiden Störungen (d).

Einige gemischte Texturen entsprechen dem einfacheren Modell der additiven Überlagerung einer rein strukturellen Textur und eines stochastischen Musters, wie in *Abb. 4.20* unten gezeigt. In Abb. 4.20 oben sind zwei gemischte Texturen mit unterschiedlichen Mischverhältnissen der zwei Komponenten wiedergegeben. Um die texturbeschreibenden Merkmale zu extrahieren, lassen sich Texturen dieser Art oft nach einem relativ einfachen Verfahren analysieren, das aus den folgenden Schritten besteht:

◇ Zuerst wird der strukturelle Anteil herausgefiltert. Da dieser meistens eine periodische Struktur aufweist, kann dies mit Hilfe der Fourier-Transformation und

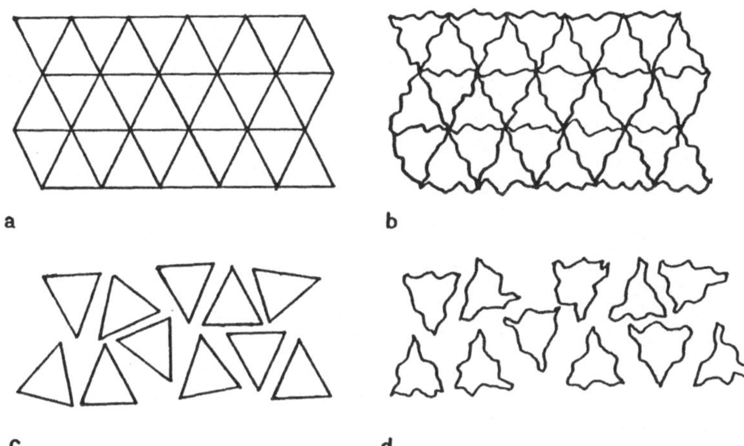

Abbildung 4.19: Statistisch-strukturelles Texturmodell. a) strukturell aufgebaute
Textur; b) ungestörte Anordnung gestörter Elementarmuster; c) gestörte Anordnung ungestörter Elementarmuster; d) gestörte Anordnung gestörter Elementarmuster.

Filterung im Ortsfrequenzbereich, oder mit entsprechenden Linearfiltern im Ortsbereich erzielt werden (s. auch Abschnitt 3.3.).
◇ Aus dem verbleibenden statistischen Texturanteil können statistische Parameter, wie Mittelwert, Varianz, Cooccurrence-Matrizen, Texturgrobheit und andere
in diesem Abschnitt beschriebene Merkmale extrahiert werden.

• <u>Texturenergiemasken</u>
Im Laufe dieses Abschnittes wurde bereits die Frage erörtet, inwieweit das lokale
Grauwerthistogramm (Statistik erster Ordnung) in einem kleinen Bildfenster die
Textur dort charakterisieren kann. Diese Frage kann nicht eindeutig beantwortet
werden; es gibt auf jeden Fall zahlreiche Beispiele von unterschiedlichen Texturen,
die jedoch auf der Basis nur der Statistik erster Ordnung nicht unterschieden wer-
den können (s. Abb. 4.15). Dies führt zur Überlegung, den $(N+1)$-dimensionalen
Vektor

$$\overline{P} = \{P_0\,,\,P_1\ldots P_N\} \tag{4.49}$$

(s. Abb. 3.1.) der lokalen Grauwerte durch eine lineare Transformation $\overline{Q} = A\,\overline{P}$
so zu transformieren, daß die Statistik erster Ordnung des Vektors

$$\overline{Q} = \{Q_0\,,\,Q_1\ldots Q_N\} \tag{4.50}$$

von Textur zu Textur deutlich unterschiedlich wird. Die Transformation

$$
\begin{aligned}
Q_0 &= a_{00}\,P_0 + \ldots + a_{0N}\,P_N \\
Q_1 &= a_{10}\,P_0 + \ldots + a_{1N}\,P_N \\
&\cdots\cdots \\
Q_N &= a_{N0}\,P_0 + \ldots + a_{NN}\,P_N
\end{aligned}
\tag{4.51}
$$

Abbildung 4.20: Beispiele synthetischer statistisch/struktureller Texturen. U.l.: strukturelle Textur (Gittermuster) mit den Grauwerten 0 und 255; u.r.: statistische Textur mit Mittelwert 128 und Rauschen; oben: additive Mischung der zwei Texturen mit Mischverhältnis 1:1 (links) und 1:5 (rechts).

mit der Koeffizientenmatrix $A = \|a_{ij}\|$ $(i, j = 0 \ldots N)$ entspricht einer Filterung mit einem Satz linearer Filter $F_0, F_1 \ldots F_N$, wie in Abb. 4.21 gezeigt. Die Koeffizienten $a_{00} \ldots a_{NN}$ werden empirisch so gewählt, daß der transformierte Vektor $\overline{Q}$, im Gegensatz zu $\overline{P}$, möglichst stark von der Texturbeschaffenheit abhängt. Trotz einer formalen Ähnlichkeit hat dieser Ansatz nichts Gemeinsames mit der Hauptachsentransformation (s. [36], [37]), einer klassischen Methode der statistischen Mustererkennung zur Dekorrelation und Datenreduktion bei Merkmalvektoren mit stark korrelierten Komponenten.

Die Anordnung von Abb. 4.21 kann auch als ein Satz angepaßter Filter $F_0, F_1 \ldots F_N$ betrachtet werden, von denen jedes auf die Detektion eines speziellen Texturmusters "spezialisiert" ist. Geeignete Filtersätze mit möglichst unkorrelierten Impulsantworten, die selektiv auf sich gegenseitig ausschließende Texturmuster reagieren, können systematisch entwickelt werden. Als bekanntes Beispiel solcher Filtersätze werden nun die sogenannten Laws-Texturenergiemasken erläutert [120]. Dieser Satz zweidimensionaler Masken ist auf einem Ursatz elementarer 3×1-eindimensionaler Kerne aufgebaut, die drei Grundmustern entsprechen, nämlich:

M_1	1	2	1	lokaler gewichteter Mittelwert
M_2	-1	0	1	Kantendetektor
M_3	-1	2	-1	Punktdetektor

Jede dieser drei Masken M_i ($i = 1\ldots3$) kann, transponiert (M_i^T), mit jeder anderen gefaltet werden, um $3 \times 3 = 9$ Kombinationen elementarer Mittelwert-, Kanten- und Punktdetektoren in horizontaler bzw. vertikaler Richtung zu ergeben, die in *Abb. 4.22a* zusammengefaßt sind. Die Maske $M_1^T * M_2$ (erste Reihe, zweite Spalte) z.B. stellt einen Kantendetektor in horizontaler Richtung in Kombination mit einem Plateau-Detektor in vertikaler Richtung dar. Die Masken $M_i^T * M_i$ auf der Hauptdiagonale sind dagegen Detektoren für punktsymmetrische Texturelementarmuster, wie z.B. der durch die Koeffizienten des Kernes $M_3^T * M_3$ modellierte Impuls.

Um gröbere Texturen zu erfassen, werden aus den 3×1-Kernen M_i durch Faltungen der Art $\pm M_i * M_j$ ($i, j = 1\ldots3$) weitere eindimensionale 5×1-Kerne N_{ij} abgeleitet. Einige, nach [120] besonders wichtige Beispiele, sind:

$N_{11} = M_1 * M_1$	1	4	6	4	1	gewichteter lokaler Mittelwert
$N_{-22} = -M_2 * M_2$	-1	0	2	0	-1	Doppelkantendetektor
$N_{33} = M_3 * M_3$	1	-4	6	-4	1	Punktdetektor
$N_{12} = M_1 * M_2$	-1	-2	0	2	1	Kantendetektor
$N_{-23} = -M_2 * M_3$	-1	2	0	-2	1	Welligkeitsdetektor

Daraus können wiederum durch Faltungsoperationen des Typs $N_{ij}^T * N_{kl}$ ($k, l = 1\ldots3$) zweidimensionale 5×5-Masken für komplexere Texturmuster abgeleitet werden. Davon sind in Abb. 4.22b einige besonders relevante Beispiele wiedergegeben, nämlich:

	Horizontal	Vertikal
$N_{11}^T * N_{12}$	Kantendetektor	Mittelwertdetektor
$N_{11}^T * N_{-22}$	Doppelkantendetektor	Mittelwertdetektor
$N_{12}^T * N_{-22}$	Doppelkantendetektor	Kantendetektor
$N_{33}^T * N_{33}$	Punktdetektor	Punktdetektor

Bis auf $M_1^T * M_1$ ist in jeder Maske der Abb. 4.22 die Summe der Koeffizienten gleich 0. Alle diese Masken stellen nämlich angepaßte Filter für Texturmuster mit Spektralinhalt bei hohen Ortsfrequenzen dar.

Vom Gesichtspunkt der in Abb. 4.21 geschilderten linearen Transformation aus, kann man sich beispielsweise vorstellen, daß die Filter $F_0 \ldots F_N$ die 9 Masken der Abb. 4.22 sind. Ist $\overline{P}$ ein im Hinblick auf die Texturcharakterisierung atypischer Vektor (z.B. gleich- oder bimodalverteilt), so kann nach der Transformation

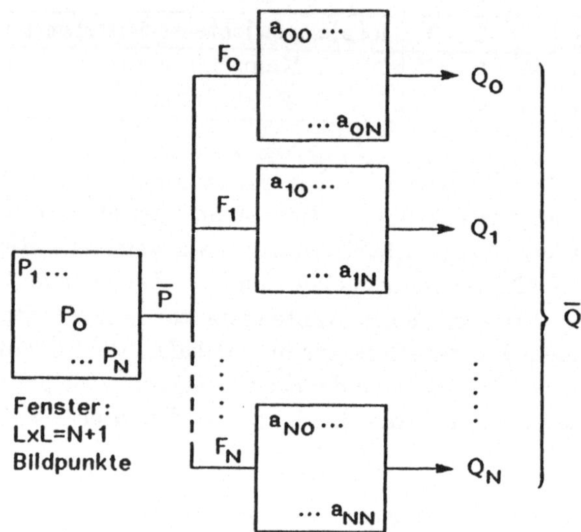

Abbildung 4.21: Schematische Darstellung der Transformation eines Grauwertvektors $\overline{P}$ durch einen Satz linearer Filter $F_0 \ldots F_N$ für die Texturerkenung.

Abbildung 4.22: Laws-Texturenergiemasken aus [120]. a) Vollständiger Satz der 3×3-Masken; b) Beispiele von 5×5-Masken.

(4.51) der günstige Fall auftreten, daß nur eine Komponente Q_k des Vektors $\overline{Q}$ einen hohen Wert hat und alle anderen ≈ 0 sind. Die Verteilung des transformierten Vektors $\overline{Q}$ erlaubt, die einzelnen Texturen eines Satzes t_0, $t_1 \ldots t_N$ zu erkennen. Jeder Bildpunkt kann dann mit einer regionenkennzeichnenden Etikette e_k $(0 \leq k \leq N)$, der maximalen Komponente Q_k entsprechend, versehen werden, um Bildregionen einheitlicher Textur in einheitlich gekennzeichnete Gebiete umzuwandeln.

Praktische Erfahrungen mit Verfahren nach diesem Ansatz haben gezeigt, daß befriedigende Ergebnisse nur mit ausgesprochen regelmäßigen Texturen erzielt werden können.

Kapitel 5

Globale Bildoperationen

5.1 Operatoren mit Abhängigkeit von entfernten Bildpunkten

Definition - Beispiele

Gegenstand der Kapitel 3 und 4 waren, bis auf unten näher erläuterte Ausnahmen, Operatoren, die (mit Bezug auf Abb. 3.1) auch wie folgt charakterisiert werden können: der Ergebnisgrauwert Q_0 bzw. der Wert eines Merkmals, einer Eigenschaft oder eines Prädikats, die im Operatorfenster U gerechnet und dem aktuellen Bildpunkt P_0 zugewiesen werden, sind in jedem Fall, d.h. für jedes beliebige Originalbild, ausschließlich von Grauwerten aus dem räumlich begrenzten Gebiet U abhängig. In diesem Kapitel sollen dagegen komplexere Operatoren in Betracht gezogen werden, für die die obige Charakterisierung nicht mehr zutrifft. Um nicht mit einer solchen umständlichen "negativen" Definition umgehen zu müssen, wird hier, auch um den Gegensatz zu den lokalen Operatoren zu unterstreichen, die Bezeichnung "globale Bildoperation" eingeführt, die allerdings nicht als allgemein etablierter Ausdruck betrachtet werden kann.
Wie oben erwähnt, gehören einige der aus Übersichtlichkeitsgründen in den Kapiteln 3 und 4 geschilderten Operatoren konzeptuell bereits zu diesem neuen Operatortyp, nämlich:

- Alle sequentiellen Operatoren (s. Abschnitt 3.2.), weil jedes Ergebnis als Argument nachfolgender Operationen auftritt und somit indirekt alle nachfolgenden Ergebnisse beeinflußt.

- Die Konturverfolgung (s. Abschnitt 4.5.). Die Frage, ob A, ein beliebiger

Bildpunkt in Abb. 4.12.b, Element der Konturlinie ist, kann im allgemeinen nicht lediglich auf der Basis seiner 3×3-Umgebung und der Umgebungen der Nachbarn $N_1 \ldots N_5$ bzw. $N_1 \ldots N_3$ beantwortet werden, weil der Verlauf des gesamten Konturverfolgungsprozesses entscheidend ist.

- Die Fourier-Transformation und die verwandten Verfahren (s. Abschnitt 3.3. und Abb. 3.7.). Alle Bildpunkte des Definitionsbereiches der diskreten Fourier-Transformation (z.B. 64×64-Felder) bestimmen das Ortsfrequenzspektrum und werden, nach Filterung und Rücktransformation, von allen anderen Bildpunkten beeinflußt.

Um die typischen Aspekte der globalen Bildoperatoren deutlich zu machen, werden nun, dem Inhalt dieses Kapitels zum Teil vorgreifend, einige konkrete Beispiele gegeben und mit Hilfe der *Abb. 5.1* geschildert.

- Bei der Distanztransformation wird jeder Bildpunkt eines Binärobjektes S (s. Abb. 5.1a) durch seine minimale Entfernung zum Hintergrund $\overline{S}$ gekennzeichnet. Im gezeigten Beispiel hat P_1 den Distanzwert 4. Dieser Wert kann im allgemeinen, d.h. für ein beliebiges Originalbild, nicht mit einem Operatorfenster U_1 vorgegebener Größe gemessen werden, weil im Grenzfall ein so großes Fenster wie das ganze Bildfeld erforderlich ist. In der Praxis führt man die Distanztransformation, wie später näher erläutert, doch mit Operatoren mit 3×3- Operatorfenstern durch, die allerdings mehrmals über das ganze Bild iteriert werden müssen.

- Betrachtet man den Konturpfad eines Binärobjektes (s. Abb. 5.1a), so kann jeder Konturpunkt danach klassifiziert werden, ob er Element einer konvexen Konturstrecke ist oder nicht. Im Abschnitt 1.3. wurde gezeigt, wie diese Eigenschaft aus dem Konturcode abgeleitet werden kann (monoton fallende Ziffernfolge). Für den Bildpunkt P_2 kann eine Klassifikation auf der Basis des Konturpfadabschnitts U_2 nicht stattfinden. Dafür ist es erforderlich, die Fenstergröße um ein Maß zu erhöhen, das von der spezifischen Objektform abhängt und das a-priori nicht abgeschätzt werden kann.

- Man kann die Frage stellen, ob die Objektkomponenten in der Nachbarschaft U_3 des Bildpunktes P_3 in Abb. 5.1a zusammenhängend sind oder nicht, d.h. ob es einen 8-Pfad zwischen ihnen gibt, der völlig im Objekt enthalten ist. Diese Frage kann im allgemeinen mit Hilfe von Operationen in einem Fenster mit a-priori festgelegter Größe nicht beantwortet werden, weil das Zusammenhängen keine lokal überprüfbare Eigenschaft ist.

- In manchen Anwendungsfällen will man aus einer linienhaften Vorlage das sogenannte "Skelett" extrahieren, d.h. eine dünne Linie (etwa 1 Bildpunkt breit), die den wesentlichen Verlauf der Linienmitte darstellt (s. Abschnitt 5.3). Auch wenn der verwendete Skelettierungsalgorithmus bekannt ist, ist es im allgemeinen

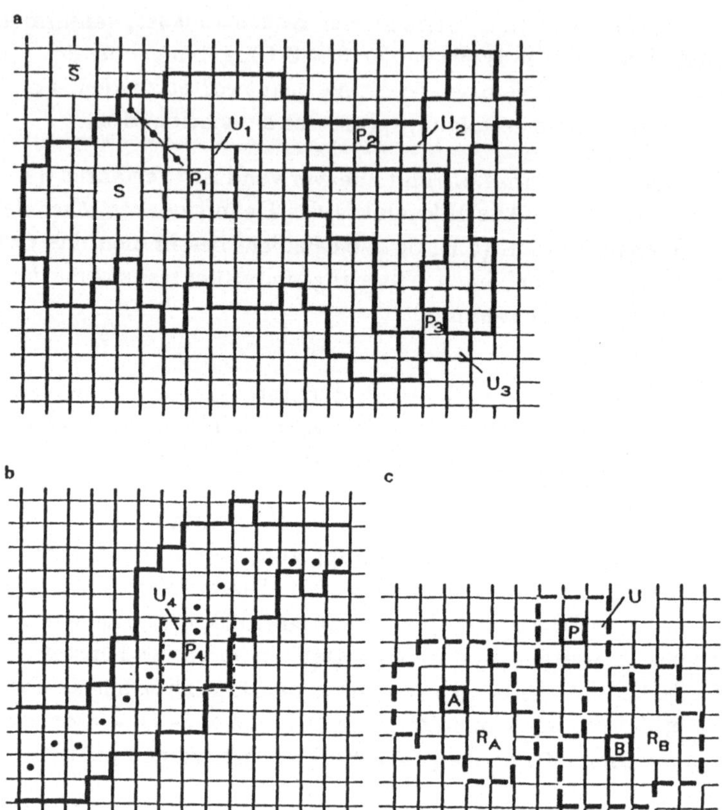

Abbildung 5.1: Beispiele globaler Operatoren in Binärbildern. a) Distanztransformation, Konvexität von Konturstrecken und Komponentenzählung; b) Skelettierung; c) Regionenwachstum.

nicht möglich, mit lokalen Operatoren in einem Fenster U_4 vorgegebener Größe (s. Abb. 5.1b) zu bestimmen, ob ein Bildpunkt P_4 Element der Skelettlinie ist.

- Regionenwachstumsverfahren (s. Abschnitt 6.6.) gehören zu den zahlreichen Methoden zur Einteilung eines Grautonbildes in disjunkte homogene Regionen (Bildsegmentierung). Dabei werden Regionenkeimpunkte, wie A und B in Abb. 5.1c, ermittelt, mit denen dann in einem sequentiellen Prozeß die übrigen Bildpunkte verschmolzen werden, je nachdem, ob ein gegebenes Einheitlichkeitskriterium besser von der wachsenden Region R_A oder von R_B erfüllt ist. Bevor ein beliebiger Bildpunkt P in den Wachstumsprozeß miteinbezogen wird, ist es im allgemeinen nur mit Hilfe lokaler Operatoren im Fenster U nicht möglich zu bestimmen, ob P Element von R_A oder von R_B wird.

Diese Beispiele sollen lediglich die nichtlokale Natur der erörterten Bildoperationen verdeutlichen, die als stellvertretende für zahlreiche ähnliche Operationen oben geschildert wurden. In der Praxis wäre es jedoch sehr rechenaufwendig, mit Operatoren in Fenstern der Größenordnung des gesamten Bildes zu arbeiten. Zur Durchführung von globalen Bildoperationen stehen meistens Algorithmen zur Verfügung, die aus mehreren Iterationen eines lokalen Operators über das gesamte Bildfeld bestehen. Die Anzahl der erforderlichen Iterationen kann meistens nicht a-priori bestimmt werden, da sie vom Bildinhalt abhängt. Auch globale Merkmale des gesamten Bildes, wie z.B. die Euler-Nummer (s. Abschnitt 4.3. und Abb. 4.4.), können oft durch Integration der Ergebnisse eines lokalen Operators über das gesamte Bild errechnet werden.

5.2 Distanztransformation und Mittelachsentransformation

Distanztransformation mit 8- und 4-Metrik - Euklidische Entfernung - Mittelachsentransformation (MAT) - Datenreduktion mit Hilfe der MAT - Erweiterung der MAT auf Grautonbilder: GRAYMAT, MMMAT

Der Begriff der Entfernung auf einer diskreten Ebene mit quadratischem Raster wurde bereits im Abschnitt 1.2. eingeführt. Dort wurden die 4- und die 8-Entfernung, sowie die Oktagon-Distanz durch Gl. (1) und (3) definiert und die Problematik der Abweichung solcher Distanzfunktionen von der euklidischen Entfernung erörtert (s. auch Abb. 1.8.). In zahlreichen Aufgaben der Bildverarbeitung, wie z.B. bei der Mittelachsentransformation, Skelettierung und beim Formvergleich zwischen Binärobjekten ([125]), ist es zuerst notwendig, jeden Bildpunkt eines Binärobjektes durch seine minimale Entfernung zum Hintergrund zu kennzeichnen. Die Distanztransformation ist die Operation, die ein Binärbild in ein Abbild der Distanzwerte überführt.
Algorithmen zur Berechnung der Distanztransformation sind aus zahlreichen Veröffentlichungen bekannt [7], [8], [46], [121], [122], [123], [124], [125] und können in parallele und sequentielle Verfahren eingeteilt werden. Parallele Verfahren arbeiten mit sukzessiven Iterationen eines lokalen Operators. Die Anzahl der erforderlichen Iterationen hängt vom Bildinhalt ab, und zwar in erster Linie von der maximalen Objektdicke. Der Prozeß der Distanztransformation ist dann abgeschlossen, wenn bei weiteren Iterationen keine Bildveränderung mehr stattfindet. Der hier wiedergegebene parallele Algorithmus aus [46] Band 2 berechnet die 8- bzw. 4-Entfernung und kann als Sonderfall eines allgemeinen Algorithmus aus [8] aufgefaßt werden, auf den später näher eingegangen wird. Es wird angenommen, daß im Originalbild, wie in *Abb. 5.2a* für $k = 0$ gezeigt, die Objektpunkte den

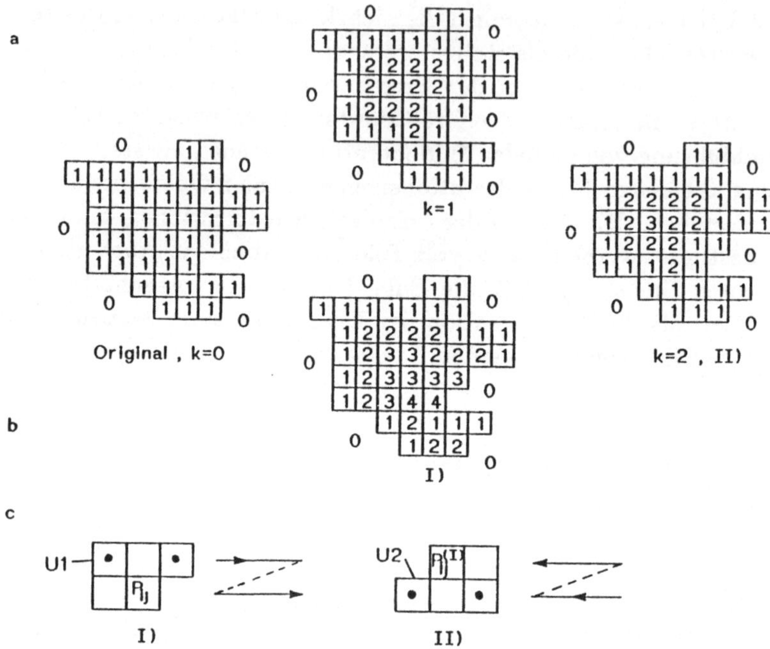

Abbildung 5.2: Berechnung der Distanztransformation. Ergebnis der sukzessiven Iterationen im Parallelverfahren (a) und im sequentiellen Verfahren (b). c) Operatorfenster und Verarbeitungsreihenfolge in den zwei Iterationen des sequentiellen Verfahrens.

Wert 1, die Hintergrundpunkte den Wert 0 haben.

Der Distanzwert $P_{ij}^{(k)}$ des Bildpunktes mit Koordinaten (i, j) in der k-ten Iteration $(k = 0, 1\,2\ldots)$ ergibt sich aus:

$$P_{ij}^{(k)} = P_{ij}^{(0)} + \min\{P_{uv}^{(k-1)}\} \tag{5.1}$$

mit

$$D_8[(i,j)\,,(u,v)] \le 1 \qquad \text{für die 8-Entfernung} \tag{5.2}$$

und

$$D_4[(i,j)\,,(u,v)] \le 1 \qquad \text{für die 4-Entfernung} \tag{5.3}$$

Das bedeutet, daß in (5.1) das Minimum der 8- bzw. 4-Nachbarn von P_{ij} ausgewertet wird. Abb. 5.2a zeigt die Entwicklung der Distanzwerte D_8 in zwei Iterationen, wobei das Endergebnis bereits nach der zweiten Iteration erreicht wird. Dieser parallele Algorithmus eignet sich für parallel arbeitende Feldrechner, weil dann jede Iteration nur einen Rechnerarbeitszyklus dauert.

Bei den herkömmlichen, sequentiell arbeitenden Rechnern bieten dagegen sequentielle Algorithmen den Vorteil, daß sie, unabhängig vom Bildinhalt, zur Durchführung der Distanztransformation nur zwei Iterationen brauchen. Der folgende sequentielle Algorithmus aus [46] Band 2, [121] und [124] hat sich im praktischen Einsatz bewährt und ist weit verbreitet. Im Beispiel von Abb. 5.2b sind neben dem Anfangszustand des Bildfeldes die Zustände I) nach der ersten und II) nach der zweiten Iteration, d.h. das Ergebnis der 8-Distanztransformation, gezeigt. In der ersten Iteration wird das Bild von oben links nach unten rechts, wie in Abb. 5.2c gezeigt, mit dem Operator:

$$P_{ij}^{(I)} = \begin{cases} 1 + \min\{P_{ij}^{(0)}, \min_{U1}[P_{uv}^{(I)}]\} & \text{wenn } P_{ij}^{(0)} = 1 \\ 0 & \text{sonst} \end{cases} \qquad (5.4)$$

abgearbeitet, wobei $P_{uv}^{(I)}$ die bereits verarbeiteten Distanzwerte im Fenster $U1$ (s. Abb. 5.2c) sind. In der zweiten Iteration wird das Bild von unten rechts nach oben links verarbeitet und der folgende Operator im Fenster $U2$ verwendet:

$$P_{ij}^{(II)} = \min\{P_{ij}^{(I)}, (1 + \min_{U2}[P_{uv}^{(II)}])\} \qquad (5.5)$$

wobei $P_{uv}^{(II)}$ die in der zweiten Iteration bereits verarbeiteten Distanzwerte im Fenster $U2$ sind. Dieser Algorithmus gilt für die 8-Distanztransformation. Für die 4-Distanztransformation müssen die in Abb. 5.2c mit $\bullet$ gekennzeichneten 8-Nachbarn in $U1$ und $U2$ unberücksichtigt bleiben.

In manchen Anwendungen, besonders im industriellen Bereich der Werkstückerkennung und der Qualitätskontrolle, möchte man mit Hilfe der Bildverarbeitung Vermessungen an Objekten durchführen. Für diesen Zweck ist die 8- und die 4-Distanztransformation ungeeignet, weil die Abweichungen E_8 und E_4 von der euklidischen Entfernung beträchtlich werden können [123]. Angenommen, die Koordinatendifferenz zwischen zwei Bildpunkten A und B (s. Abb. 1.7.) sind DX in horizontaler Richtung und DY in vertikaler Richtung, mit $DX \geq DY$ (im Falle $DX < DY$ gelten ähnliche Betrachtungen), dann sind die relativen Abweichungen:

$$e_8 = \frac{E_8}{DX} = \sqrt{1 + t^2} - 1 \geq 0 \qquad (5.6)$$

und

$$e_4 = \frac{E_4}{DX} = \sqrt{1 + t^2} - 1 - t \leq 0 \qquad (5.7)$$

mit $t = \frac{DY}{DX}$, $0 \leq t \leq 1$. Schließt man den trivialen Fall $t = 0$ aus, so sind die Ableitungen von Gl. (5.6) und (5.7) nach t:

$$\frac{de_8}{dt} = \frac{t}{\sqrt{1 + t^2}} > 0 \qquad \text{für} \quad 0 < t \leq 1 \qquad (5.8)$$

$$\frac{de_4}{dt} = \frac{t}{\sqrt{1 + t^2}} - 1 < 0 \qquad \text{für} \quad 0 < t \leq 1 \qquad (5.9)$$

monoton im Intervall $0 < t \leq 1$. Daher erreichen e_8 und e_4 ihr Maximum an einem Extremwert des Intervalls, nämlich für $t = 1$, d.h. für eine diagonale Entfernung mit $DX = DY$. In diesem Fall ist $e_{8max} = \sqrt{2} - 1 = 41\%$ (negative Abweichung der 8-Entfernung von der euklidischen Entfernung) und $e_{4max} = \sqrt{2} - 2 = -59\%$ (positive Abweichung der 4-Entfernung).

Von diesem Ausgangspunkt aus wurden zahlreiche Versuche unternommen, um eine euklidische Entfernung und die entsprechende Distanztransformation zu definieren [7], [8], [122], [123], [126]. In [122] wird ein Distanzalgorithmus vorgeschlagen, der große Genauigkeit erreicht, jedoch die Abspeicherung von zwei Integer-Zahlen pro Bildpunkt und Real-Rechenoperationen erfordert. Der in [123] und [126] vorgeschlagene Ansatz zu einer euklidischen Entfernung hat sich dagegen aufgrund seiner Einfachheit und hinreichender Genauigkeit in manchen praktischen Anwendungsfällen weit verbreitet und wird daher hier näher erläutert.
Der Grundgedanke ist, die Entfernung der diagonal benachbarten Bildpunkte im 3×3-Fenster des parallelen Algorithmus und in den Teilfenstern $U1$ und $U2$ des sequentiellen Algorithmus (Abb. 5.2c) nicht mit dem Faktor $d = 1$ für die 8-Entfernung (für die 4-Entfernung gilt $d = \infty$), sondern mit $d_2 = \sqrt{2}$ zu bewerten. Die Abstände der waagerechten und der senkrechten Nachbarn werden dagegen mit dem Faktor $d_1 = 1$ bewertet. In den ursprünglichen Operatorgleichungen (5.1), (5.4) und (5.5) gilt dagegen implizit $d_1 = d_2 = 1$, weil bei der Minimumsuche die Lage der Nachbarn keine Rolle spielt. Durch die Gewichtung mit d_1 und d_2 wird nun die Distanzfunktion gleich der euklidischen Länge eines minimalen 8-Pfades zwischen den Bildpunkten A und B (s. Abb. 1.7.b). Die relative Abweichung $e = \frac{D_c}{DX}$ zwischen dieser sogenannten "Chamfer-Distanzfunktion" D_c und der echten euklidischen Entfernung zwischen A und B ist:

$$e = \sqrt{1 + t^2} - t\,(d_2 - 1) - 1 \qquad (5.10)$$

e ist $= 0$ für $t = 0$ und für $t = 1$, und erreicht sein Maximum für

$$t_M = \frac{d_2 - 1}{\sqrt{2d_2 - d_2^2}} \qquad (5.11)$$

Für $d_2 = \sqrt{2}$ ist $t_M = 0,455$, d.h. die maximale Abweichung tritt in Richtungen auf, die einen Winkel $\alpha = \arctan 0,455 \simeq 24,5^\circ$ zur horizontalen oder zur vertikalen Achse bilden. Ihr Wert ist dann $e(t_M) = -0,09 \simeq -9\%$.
Die Algorithmen zur Berechnung der Distanzfunktion D_c können als Erweiterungen der oben geschilderten Algorithmen für D_8 und D_4 betrachtet werden. Mit den gleichen Symbolen wie in Gl. (5.1) bis (5.5) erhält man beim parallelen Algorithmus den Distanzwert $P_{ij}^{(k)}$ des Bildpunktes (i, j) in der k-ten Iteration $(k = 0, 1, 2 \ldots)$ aus:

$$P_{ij}^{(k)} = \min\{P_{uv}^{(k-1)} + c(u, v)\} \qquad (5.12)$$

mit $D_8[(i,j),(u,v)] \leq 1$, wobei $c(u,v)$ die den Bildpunkten P_{uv} des 3×3-Fensters zugeordneten Distanzbewertungsfaktoren d_1 und d_2 in der Anordnung von *Abb. 5.3a* sind.

Der sequentielle Algorithmus arbeitet in zwei Iterationen in entgegengesetzter

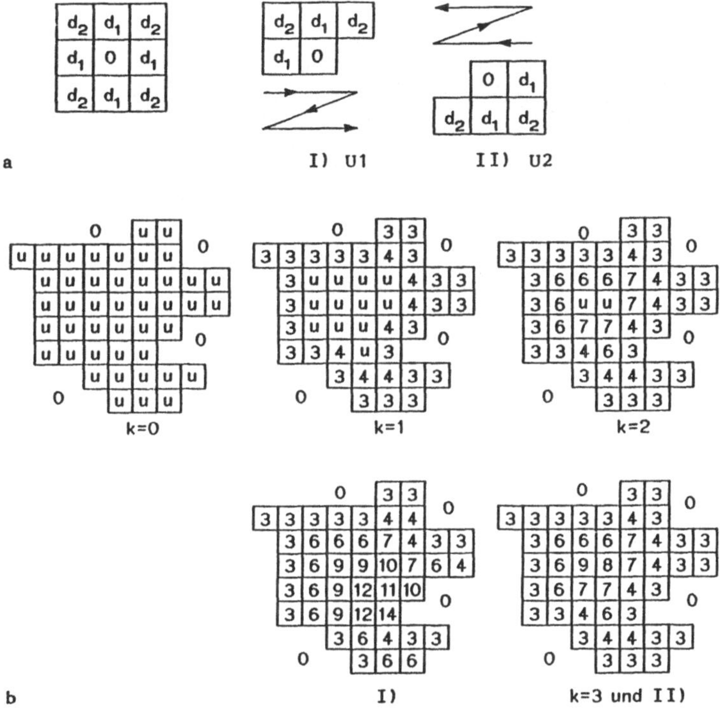

Abbildung 5.3: Euklidische Distanztransformation. a) Gewichtungsfaktoren der Nachbarn beim parallelen und beim sequentiellen Verfahren in 2 Iterationen I, II; b) Ergebnis der sukzessiven Iterationen beim Parallelverfahren ($k = 0\ldots 3$) und bei den Iterationen I und II des sequentiellen Verfahrens.

Abtastreihenfolge, I und II, aus denen die Distanzwerte $P_{ij}^{(I)}$ bzw. $P_{ij}^{(II)}$ hervorgehen:

$$P_{ij}^{(I)} = \min\{P_{ij}^{(0)}, \min[P_{uv}^{(I)} + c(u,v)]\} \tag{5.13}$$

$$P_{ij}^{(II)} = \min\{P_{ij}^{(I)}, \min[P_{uv}^{(II)} + c(u,v)]\} \tag{5.14}$$

wobei die Koeffizienten $c(u,v)$ den entsprechenden 8-Nachbarn der Teilfenster $U1$ und $U2$ wie in Abb. 5.3a zugeordnet sind. Nach [123] ist e nicht mit $d_1 = 1$ und $d_2 = \sqrt{2}$, sondern mit $d_1 = 1$ und $d_2 = 1,351$ minimal. Um Operationen mit Real-Zahlen zu vermeiden, kann man die Ganzzahl-Näherungswerte $d_1 = 3$ und $d_2 = 4$ verwenden, wodurch alle Distanzwerte um den Faktor 3 größer werden. Dieser Faktor kann dann in den weiteren Verarbeitungsvorgängen berücksichtigt werden, indem man die Endergebnisse durch 3 dividiert.

In Abb. 5.3b sind die aufeinanderfolgenden Iterationen ($k = 0, 1, 2$ und 3) des parallelen bzw. des sequentiellen Algorithmus ($k = 0$, I und II) am gleichen Binärobjekt wie in Abb. 5.2 gezeigt. Am Anfang ($k = 0$) sind die Hintergrundpunkte mit 0, die Objektpunkte mit dem Distanzwert U initialisiert. Der Wert von U muß den höchsten Distanzwert, der im Bilde auftreten kann, übersteigen.

Die Mittelachsentransformation (MAT) kann als eine sehr nützliche Methode der Formanalyse binärer Objekte betrachtet werden, die auf der Distanztransformation aufbaut. Um die physikalische Bedeutung der MAT zu begreifen, ist es zweckmäßig, sie zuerst auf der kontinuierlichen euklidischen Ebene der *Abb. 5.4* zu betrachten. Man kann sich nach [127] vorstellen, daß das Objekt in Abb. 5.4a aus

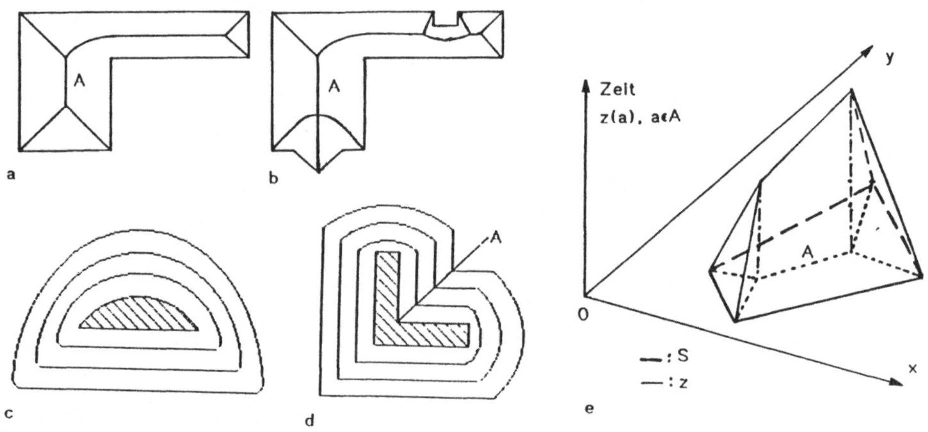

Abbildung 5.4: Mittelachsentransformation (MAT) auf der kontinuierlichen Ebene. a) und b): ähnliche Objekte mit stark unterschiedlichen MAT; c) konvexes Objekt ohne äußere Mittelachse; d) konkaves Objekt mit äußerer Mittelachse; e) Mittelachsenlinie A und Werte der Funktion $Z(a)$, die die Ausbreitungszeit angibt.

Gras besteht, und daß an allen Punkten seines Randes gleichzeitig Feuer angelegt wird. Das Feuer breitet sich gleichmäßig und homogen aus, und die Flammenfronten schnüren sich an denjenigen Stellen gegenseitig ab, die die gleiche minimale Entfernung zu mindestens zwei Randpunkten haben. Die Menge A dieser Abschnürstellen bildet die Mittelachse, d.h. eine Art Geripppe, das sich gut eignet, um die Objektform zu beschreiben. Jedes Objekt hat seine typische Mittelachse. Wie die Abb. 5.4a und 5.4b zeigen, können geringfügige Änderungen der Objektform spürbare Veränderungen der Mittelachse bewirken. Daher kann die MAT in der Qualitätskontrolle von Werkstücken zur Erkennung von Formdefekten eingesetzt werden.

In ähnlicher Weise kann die Feuerausbreitung vom Objektrand nach außen in den Hintergrund hinein stattfinden [128]. Bei konvexen Objekten (Abb. 5.4c) können sich die Flammenfronten unbehindert ausbreiten, ohne sich gegenseitig abzuschnüren; es entsteht also, im Gegensatz zu konkaven Objekten (Abb. 5.4d), keine Mittelachse.

Wenn man jedem Punkt a der Mittelachse A den Wert $Z(a)$ der Zeit zuordnet, die die Flammenfront braucht, um a zu erreichen, ist es möglich, aus der Punktmenge A und aus den Werten der Funktion $Z(a)$ das Binärobjekt S zu rekonstruieren (s. Abb. 5.4e). Dafür ist es nur notwendig, daß sich aus jedem Punkt $a \in A$ ein "negatives Feuer" mit der gleichen Geschwindigkeit wie bei der Mittelachsenerzeugung ausbreitet, das das Gras wieder wachsen läßt. Das aus jedem Punkt a stammende Feuer soll sich für die Zeitdauer $Z(a)$ ausbreiten.

Für die praktischen Zwecke der Bildverarbeitung muß, in Anlehnung an den kontinuierlichen Fall, eine MAT auf der diskreten Ebene mit quadratischem Raster definiert werden. Dies erfolgt mit Hilfe der Distanztransformation [46], [129]. Im folgenden wird die 8-Metrik zugrundegelegt. Die aus dem Rande der Objekte stammenden Wellenfronten breiten sich nicht kontinuierlich, sondern in diskreten Zeitschritten aus. In jedem Zeitschritt erhöht sich die Entfernung der Wellenfront um eine Einheit in der zugrundegelegten Metrik. *Abb. 5.5a* zeigt das Ergebnis der Distanztransformation an einem Objekt (der Buchstabe "r"). Hier konnten sich 4 sukzessive Wellenfronten ausbreiten, bis jeder Bildpunkt des Objektinneren erreicht wurde. Die Mittelachse besteht nun aus der Menge der relativen Maxima

Abbildung 5.5: Mittelachsentransformation für diskrete Bilder. a) 8-Distanztransformation; b) Mittelachse.

der Distanztransformation, d.h. derjenigen Bildpunkte, die keinen 8-Nachbarn mit einem höheren Distanzwert haben (Abb. 5.5b). Die Mittelachse setzt sich aus zusammenhängenden Bildpunktmengen mit gleichem Distanzwert zusammen. Bezeichnet man mit A eine dieser Komponenten der Mittelachse, mit S das Originalobjekt und $\overline{S} = T$ den Hintergrund, außerdem mit a, t_1, t_2 Bildpunkte mit

$$a \in A \qquad t_1 \in T \qquad t_2 \in T \qquad t_1 \neq t_2 \qquad A \subseteq S \tag{5.15}$$

so ist die Distanz $d(A, t)$ von A zu einem Bildpunkt $t \in T$ wie folgt definiert:

$$d(A, t) = \min_{a \in A} d(a, t) \tag{5.16}$$

wobei $d(a, t)$ im betrachteten Beispiel die 8-Entfernung zwischen den Bildpunkten a und t darstellt.

Man kann an Abb. 5.5 leicht überprüfen, daß, ähnlich wie auf der kontinuierlichen Ebene, für jede Komponente A gilt:

$$\exists\, t_1\,,\, t_2 : d(A, t_1) = d(A, t_2) \tag{5.17}$$

Die Mittelachse (Abb. 5.5b) erlaubt eine fehlerfreie Rekonstruktion des Originalbildes [129]. Man erhält das Originalobjekt als Vereinigungsmenge aller digitalen "Kreise" (= Vierecke in der 8-Metrik) mit Mittelpunkt auf der Mittelachse und Durchmesser $D = 2p - 1$, wobei p der Distanzwert des entsprechenden Mittelachsenbildpunktes ist.

Rekonstruiert man in dieser Weise das Originalbild, so kann man feststellen, daß diese Objektdarstellung, besonders für kompakte Objekte, stark redundant sein kann, weil viele Kreise sich gegenseitig ganz oder teilweise überlappen. Diese Redundanz kann ausgenutzt werden, um eine datenreduzierte Objektdarstellung auf der Basis der MAT zu erzielen [130]. Ohne Redundanzreduktion kann man ein Objekt durch Angabe der Lage und der Distanzwerte der Mittelachsenbildpunkte fehlerfrei darstellen. Aufgrund der Redundanz können alle Kreise, die von den Nachbarkreisen ganz überdeckt sind, eliminiert werden; dadurch braucht man auch die entsprechenden Mittelachsenbildpunkte nicht mehr darzustellen. Diese Punkte sind, mit Ausnahme der Endpunkte, alle die Elemente einer senkrechten oder einer waagerechten Folge von höchstens $2n$ Mittelachsenbildpunkten mit gleichem Distanzwert $n > 1$. In *Abb. 5.6* sind die Distanztransformation (a), die MAT mit eingekreisten eliminierbaren Bildpunkten (b) und die Zusammensetzung des Originalobjektes aus den nicht redundanten Kreisen (c) gezeigt.

Eine Erweiterung der MAT auf Grautonbilder wurde von manchen Autoren vorgeschlagen [131], [132], [133], [134], wobei die meisten Vorschläge auf die Arbeit in [131] aufbauen. Hier wird der Begriff der Distanz d_{ab} zwischen zwei Bildpunkten a und b eines Grauwertbildes mit Grauwertfunktion $f(p)$ im Bildpunkt p wie folgt definiert:

$$d_{ab} = \min_{S_{ab}} \left[\sum_i f(p_i)\right] \qquad \text{mit } p_i \in S_{ab} \tag{5.18}$$

wobei p_i die Bildpunkte eines möglichen Pfades S_{ab} zwischen a und b in der gegebenen Metrik sind. Man erkennt, daß die Distanz für Binärbilder ein Sonderfall

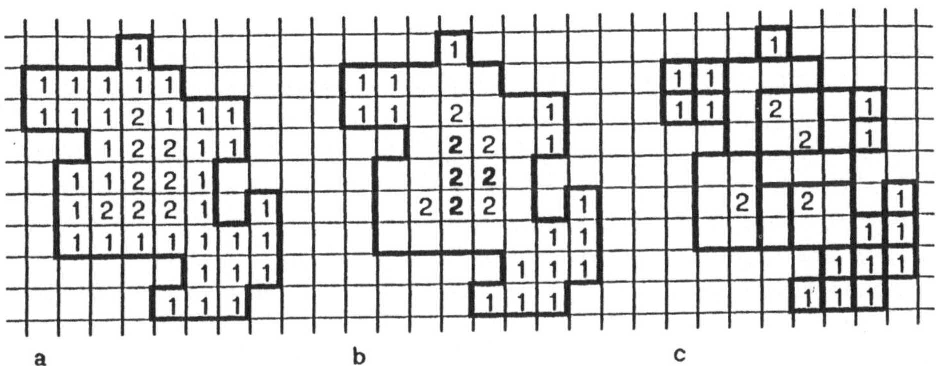

Abbildung 5.6: Datenreduktion mit Hilfe der Mittelachsentransformation (MAT). a) Distanztransformation eines Objektes; b) MAT mit eingekreisten redundanten MAT-Punkten; c) MAT nach der Eliminierung der redundanten MAT-Punkte und fehlerfreie Objektrekonstruktion.

der allgemeinen Definition von Gl. (5.18) ist.
Die aus der Literatur bekannten Ansätze können nur mit Einschränkungen als Erweiterungen der MAT auf Grautonbilder betrachtet werden. Meistens geht man nämlich von einem Grautonobjekt aus, das auf einem Hintergrund mit Grauwert gleich 0 eingebettet ist, von einem Bild also, in dem eine erste Segmentierung bereits stattgefunden hat. Nach [131] kann man eine sogenannte MAT mit Grauwertgewichtung (GRAYMAT, [133]) als Ergebnis eines sequentiellen Algorithmus definieren, der wesentliche Ähnlichkeiten mit dem in diesem Abschnitt bereits geschilderten sequentiellen Algorithmus für die euklidische Distanztransformation aufweist (Abb. 5.3 und Gl. (5.13), (5.14)). Der Unterschied ist jedoch, daß dieser Algorithmus prinzipiell nicht in zwei Iterationen mit entgegengesetzter Abtastreihenfolge arbeitet, sondern einer mehrfachen Wiederholung solcher alternierenden Iterationen bedarf, bis er zu einem stabilen Ergebnisbild konvergiert. Der neue Distanzwert $P_p^{(k)}$ des Bildpunktes p in der k-ten Iteration ergibt sich aus dem alten Distanzwert $P_p^{(k-1)}$ für $k = 0, 1, 2 \ldots K$ (gerade) durch:

$$P_p^{(k)} = \min_{a \in U}\{P_p^{(k-1)}, P_a^{(k)} + d_{ap}\} \tag{5.19}$$

wobei U das Operatorfenster $U1$ der Abb. 5.2c für gerade k bzw. $U2$ für ungeraden k ist. Auch hier, wie in Abb. 5.3b, ist das GRAYMAT-Distanzbild mit dem Wert 0 in den Hintergrundbildpunkten und mit einem sehr hohen Wert U in den Objektpunkten initialisiert. Die praktische Bedeutung der GRAYMAT ist, im Vergleich mit der MAT für Binärbilder, deshalb begrenzt, weil aus der GRAYMAT allein keine Rekonstruktion des Originalobjektes möglich ist. Die GRAYMAT und verwandte Methoden finden deshalb ihre Anwendung überwiegend in der Formanalyse und bei der Erkennung von Formmerkmalen.
Von diesem Gesichtspunkt aus ist unter den Methoden zur Erzeugung einer Grau-

wert-MAT die Min-Max-Mittelachsentransformation (MMMAT) besonders hervorzuheben, weil sie ähnliche Eigenschaften wie die GRAYMAT aufweist und einfacher zu berechnen ist [133], [134]. Minimum- und Maximum-Operatoren (s. Abschnitt 3.7.) sind mit dem Prozeß der MAT-Erzeugung konzeptuell verwandt. Durch wiederholte Anwendung eines Minimum-Operators breitet sich der Hintergrund wellenartig in das Innere eines Grauwertobjektes aus; bei einem Maximum-Operator ist es umgekehrt. Bezeichnet man mit A ein Grauwertobjekt, mit A^n bzw. A^{-n} das Ergebnis einer n-maligen Anwendung des Maximum- bzw. des Minimum-Operators in einem 3×3-Fenster und mit $A - Z$ die punktweise Subtraktion der Grauwerte des Bildes Z von den Grauwerten des Bildes A, so ist:

$$A^n \geq A \geq A^{-m} \qquad \forall \, m, n$$

Dabei sind m und n positive ganze Zahlen. Jeder Bildpunkt von A^n hat einen höheren Grauwert als der entsprechende Bildpunkt von A, usw. Daher sind $A^n - A \geq 0$ und $A - A^{-n} \geq 0$ Bilder mit nichtnegativen Grauwerten (es darf keine negativen Grauwerte geben). Auch die Bild-zu-Bild Differenz:

$$B_n = A^{-n+1} - (A^{-n})^1 \geq 0 \tag{5.20}$$

ist immer nichtnegativ. Nach Abzug von $(A^{-n})^1$ bleiben in B_n nur Bildpunkte übrig, die einen Distanzwert von $n - 1$ zum Hintergrund haben und für die dieser Wert ein lokales Maximum darstellt, d.h. Bildpunkte, die die Anforderungen der MAT erfüllen.

Man erhält die MMMAT als Verknüpfung der Bilder $B_1, B_2 \ldots B_n \ldots B_N$:

$$\text{MMMAT} = \max_{\text{Bild-zu-Bild}} \{B_1, B_2 \ldots B_N\} \tag{5.21}$$

Der Index N wird dann erreicht, wenn durch sukzessive Anwendung von Minimum-Operatoren der Hintergrund ins Objekt ganz eingedrungen ist, d.h. wenn $(A^{-n})^1 = 0$ ist. Die *Abb. 5.7* zeigt ein Beispiel der MMMAT eines Grautonobjektes mit $N = 21$ und verdeutlicht die Möglichkeiten, mit Hilfe dieser Technik sowohl die Form als auch den inneren Grauwertverlauf eines Objektes qualitativ zu beschreiben. Die MMMAT allein erlaubt jedoch keine Objektrekonstruktion. Eine Rekonstruktion ist nur durch die Auswertung sämtlicher Zwischenergebnisse $B_1 \ldots B_N$ möglich, wofür eine sehr umfangreiche Datenmenge verarbeitet werden muß. Die Umkehrung von (5.20) ergibt:

$$\begin{aligned}
A^{-N+1} &= B_N \\
A^{-N+2} &= (A^{-N+1})^1 + B_{N-1} \\
\text{usw. bis} \quad A^{-N+N} &= A
\end{aligned} \tag{5.22}$$

In [133] sind Methoden zur näherungsweisen Objektrekonstruktion mit Hilfe von datenreduzierten Bilddifferenzsätzen $B_1 \ldots B_N$ vorgeschlagen.

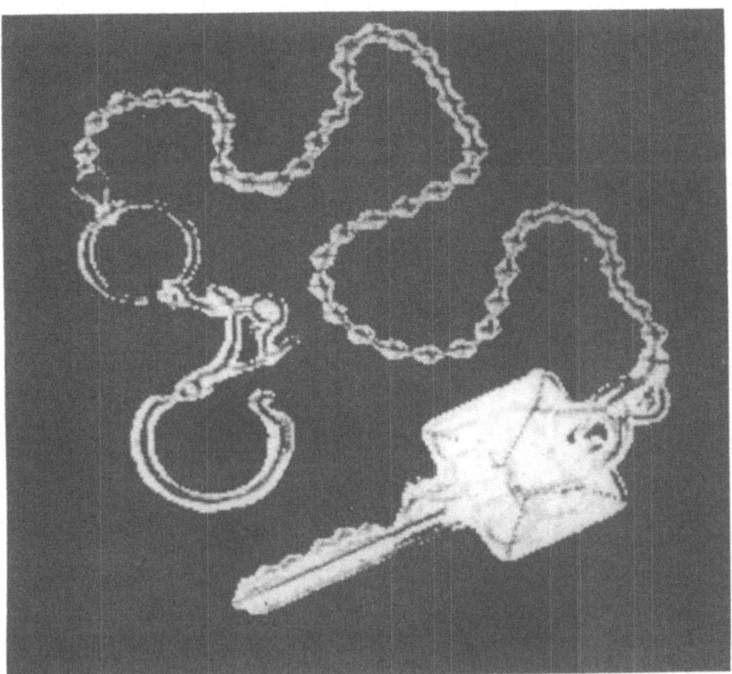

Abbildung 5.7: Experimentalbeispiel der Mittelachsentransformation für ein Grauwertobjekt auf dunklem Hintergrund mit dem Verfahren der MMMAT. Die Grau-
wert-Mittelachse ist dem Originalobjekt überlagert.

5.3 Skelettierung

**Anforderungen an einen Skelettierungsalgorithmus - Skelettierung in se-
quentiellen Subzyklen mit parallelen Operatoren - Kriterien für die Tilgung von Bildpunkten - Skelettierungsverfahren in 4 Subzyklen - Skelettierungsverfahren mit einheitlichen Iterationen - Skelettierungsverfahren
durch Schälen von Schichten**

In manchen Anwendungsfällen hat man mit ausgesprochen linienhaften Bildern zu
tun, in denen linienförmige, schmale und lange Objekte auftreten. Hier ist man
oft daran interessiert, die Form solcher Objekte durch das sogenannte Skelett zu
beschreiben. Der Ausdruck "Skelett" erklärt sich von selbst, und *Abb. 5.8* gibt ein
typisches Beispiel der Auswirkung eines Skelettierungsoperators.

An ein Skelett werden im allgemeinen die folgenden Anforderungen gestellt:

a) Das Skelett muß aus Linien der Breite eines Bildpunktes bestehen.

b) Die topologischen Zusammenhänge des Skeletts müssen denjenigen des Ori-

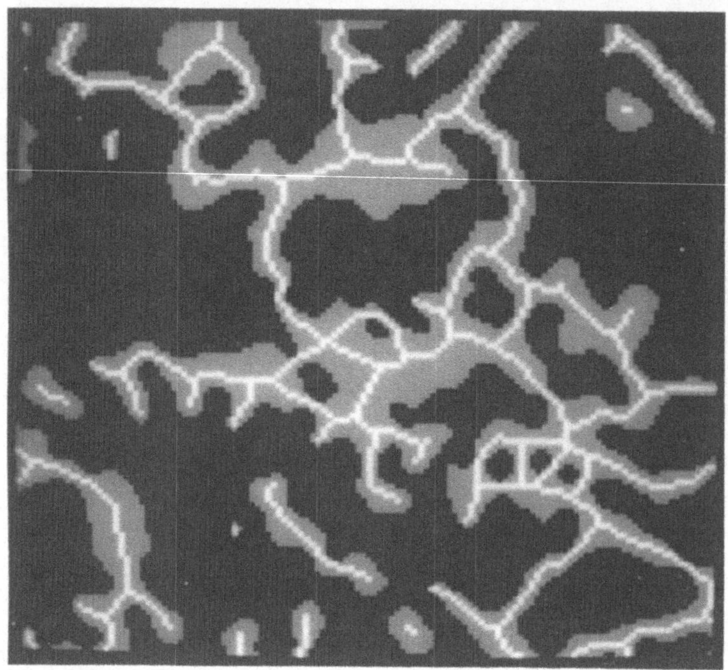

Abbildung 5.8: Linienförmiges Objekt und sein mit dem Verfahren von [137] extrahiertes Skelett.

ginalbildes wiederspiegeln, d.h. die Anzahl der nach der festgelegten Metrik zusammenhängenden Komponenten und die Euler-Nummer müssen übereinstimmen.

c) Die Skelettlinien müssen etwa in der Mitte der Objekte verlaufen.

d) Bei dicken oder zerklüfteten Linien dürfen möglichst wenige kurze Verästelungen des Skeletts entstehen, die meistens irrelevant sind (Rauschunempfindlichkeit).

e) Das Ergebnis der Skelettierung darf sich nach einer bestimmten Anzahl Iterationen des Skelettierungsalgorithmus nicht mehr ändern (Stabilität).

Die Mittelachsentransformation (s. Abschnitt 5.2) ist nicht geeignet, um diesen Anforderungen nachzukommen, weil sie im allgemeinen a) und b) nicht erfüllt. Auf der anderen Seite wird an die Skelettierung, im Gegensatz zur MAT, die Anforderung der Rekonstruierbarkeit des Objektes aus dem Skelett nicht gestellt. Insgesamt sind die Gütekriterien zur Beurteilung eines Skelettierungsalgorithmus, wie z.B. die obigen Anforderungen c) und d), meistens nicht streng objektiver Natur, sondern sie hängen zum Teil von der spezifischen Anwendung ab. Demzufolge

findet man in der einschlägigen Literatur eine Fülle von Skelettierungsalgorith-
men, von denen jeder irgendeinen wesentlichen Vorteil allen anderen Verfahren
gegenüber beansprucht. Eine vergleichende Auswertung einiger bekannter Skelettierungsverfahren wird in [135] unternommen.

Die Aufgabe eines Skelettierungsalgorithmus ist, diejenigen Objektpunkte zu
tilgen, die getilgt werden können, ohne daß das Objekt in mehrere nicht zusammenhängende Teile zerfällt (die sogenannten "einfachen" Bildpunkte), mit Ausnahme der Linienendpunkte. Die Realisierung dieser Vorschrift ist jedoch mit
einigen Schwierigkeiten verbunden ([46] Band 2).
Wie bereits im Abschnitt 3.2. im Zusammenhang mit der Erläuterung der parallelen und der sequentiellen Verarbeitungsweise geschildert, erfüllen alle Bildpunkte
eines waagerechten Segmentes mit Breite gleich 2 die Bedingungen für die Tilgung, wodurch das Segment ganz verschwindet. In sequentieller Verarbeitung
würde dieses Segment korrekterweise auf die Breite eines Bildpunktes reduziert
werden. Allerdings wird sequentiell (mit Abtastreihenfolge von oben nach unten)
jedes Objekt auf seinen unteren Rand reduziert.
Der am meisten verbreitete Lösungsweg aus diesen Schwierigkeiten stellt einen
Kompromiß zwischen paralleler und sequentieller Verarbeitung dar. Um die Bedingung c) zu erfüllen, werden 4 parallele Durchläufe durchgeführt, in denen der
Reihe nach nur tilgbare Bildpunkte aus dem Nord-, Süd-, West- und Ostrand
der Objekte getilgt werden. Diese Folge von 4 Durchläufen wird so lange wiederholt, bis keine tilgbaren Bildpunkte mehr vorhanden sind und das skelettierte
Bild sich nicht mehr ändert. *Abb. 5.9* zeigt die nach dieser Regel in den sukzessiven Durchläufen und in den verschiedenen Richtungen getilgten Bildpunkte, die
durch entsprechende Ziffern gekennzeichnet sind. Die übriggebliebenen Skelettpunkte sind mit "X" markiert. Das nach der 8-Metrik zusammenhängende Skelett
ist "minimal", d.h. kein weiterer Bildpunkt (bis auf die Linienendpunkte) könnte
getilgt werden, ohne den Zusammenhang zu zerstören. Zur Skelettierung sind insgesamt 12 Durchläufe erforderlich, wobei im neunten und im zehnten Durchlauf
kein Bildpunkt getilgt wird.
Man merkt, daß selbst bei einer relativ geringen Strichbreite wie in Abb. 5.9 die
Anzahl der erforderlichen Durchläufe, und daher auch die Rechenzeit, verhält-
nismäßig hoch liegt. Daher wurden Skelettierungsverfahren entwickelt, die mit
Zyklen von 2 statt 4 Durchläufen arbeiten, nämlich je einer zur Tilgung von Bildpunkten des nördlichen und des westlichen bzw. des südlichen und des östlichen
Objektrandes. In [144] wird eine Methode vorgestellt, in der die 4 Subzyklen in
einem einzigen Durchlauf zusammengefaßt sind.
Alle diese Verfahren erfüllen jedoch die Bedingungen a) bis e) im allgemeinen
schlechter als die aus 4 Subzyklen bestehende und langsamere Grundmethode, die
wegen ihrer Zuverlässigkeit hier näher erläutert werden soll. Zuerst ist es aber
zweckmäßig, das oben nur qualitativ dargelegte Kriterium der Tilgbarkeit von
Bildpunkten genauer zu präzisieren.

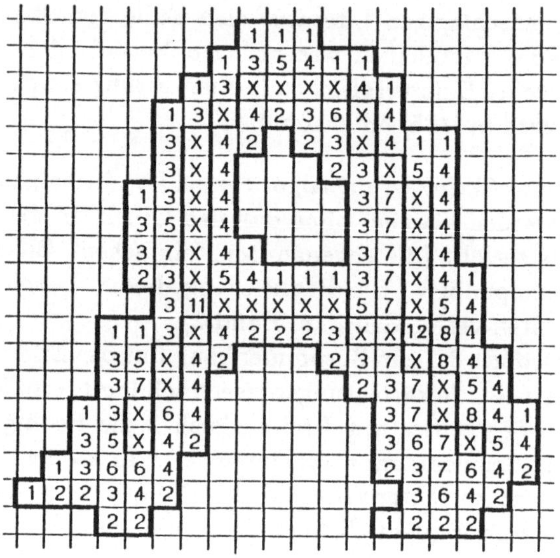

Abbildung 5.9: Skelettierung eines Objektes in sukzessiven Durchläufen. X =
Skelettpunkte; die Zahlen geben an, in welchem Durchlauf der Bildpunkt getilgt
wird, nämlich:

Nordpunkte: Durchlauf Nr. 1 - 5 - 9   Südpunkte: Durchlauf Nr. 2 - 6 - 10
Westpunkte: Durchlauf Nr. 3 - 7 - 11   Ostpunkte: Durchlauf Nr. 4 - 8 - 12

Notwendige und hinreichende Bedingungen für die Tilgung eines Bildpunktes
wurden in [138] untersucht. In [135] sind diese Bedingungen in mehr kompakter
Form auf der Basis des in [84] eingeführten Merkmals der "connectivity number"
N_8 für Binärbilder (s. Gl. (4.11) im Abschnitt 4.3.) und des sogenannten "crossing
number" C_4 ausgedrückt (die Indices 8 und 4 bedeuten 8- bzw. 4-Metrik). Zwei
alternative Kriterien $Kr1$ und $Kr2$ für die Tilgung eines Objektpunktes P_0 können
verwendet werden:

$Kr1$) $N_8(P_0) = 1 \longrightarrow P_0$ tilgen

$Kr2$) $C_4(P_0) = 1 \longrightarrow P_0$ tilgen, wobei

$$C_4 = \frac{1}{2} \sum_{i=1}^{8} |P_i - P_{i+1}| \qquad (5.23)$$

(Bildpunktbezeichnung gemäß Gl. (4.11) und Indices Modulo-8).
$Kr1$ gilt ausnahmslos, wogegen $Kr2$ gilt mit Ausnahme der Fälle:

$$
\begin{array}{ccc}
1\ \ 1\ \ 1 & 0\ \ 1\ \ 1 & 1\ \ 1\ \ 0 & 1\ \ 1\ \ 1 \\
1\ \ 1\ \ 1 & 1\ \ 1\ \ 1 & 1\ \ 1\ \ 1 & 1\ \ 1\ \ 1 \\
0\ \ 1\ \ 1 & 1\ \ 1\ \ 1 & 1\ \ 1\ \ 1 & 1\ \ 1\ \ 0
\end{array}
$$

für die $C_4 = 1$, aber der Bildpunkt P_0 nicht getilgt werden darf.

Zusätzlich zu $Kr1$ oder $Kr2$ muß die Bedingung eingeführt werden, daß Linienend-punkte in einer der folgenden Konfigurationen nicht getilgt werden dürfen, obwohl $N_8 = C_4 = 1$:

$$
\begin{array}{cccccccc}
0\ 0\ 0 & 0\ 0\ 0 & 0\ 0\ 0 & 0\ 0\ 0 & 0\ 0\ 0 & 0\ 0\ 1 & 0\ 1\ 0 & 1\ 0\ 0 \\
1\ 1\ 0 & 0\ 1\ 0 & 0\ 1\ 0 & 0\ 1\ 0 & 0\ 1\ 1 & 0\ 1\ 0 & 0\ 1\ 0 & 0\ 1\ 0 \\
0\ 0\ 0 & 1\ 0\ 0 & 0\ 1\ 0 & 0\ 0\ 1 & 0\ 0\ 0 & 0\ 0\ 0 & 0\ 0\ 0 & 0\ 0\ 0
\end{array}
$$

Die folgenden Beispiele sollen den Einsatz des Tilgungskriteriums erläutern $(P = 1)$.

$$
\begin{array}{ccc}
0\ \ 1\ \ 0 & 0\ \ 1\ \ 0 & 1\ \ 1\ \ 1 \\
1\ \ P\ \ 0 & 1\ \ P\ \ 1 & 0\ \ P\ \ 1 \\
1\ \ 0\ \ 1 & 0\ \ 0\ \ 1 & 0\ \ 0\ \ 1 \\
\text{a)} & \text{b} & \text{c)}
\end{array}
$$

a) $N_8 = (1 - 0) + (0 - 0) + (0 - 0) + (1 - 0) = 2 \rightarrow P$ nicht tilgen.

$C_4 = \frac{1}{2} 6 = 3 \rightarrow P$ nicht tilgen.

Die Tilgung von P würde die Anzahl der Objekte sowohl nach der 8-Metrik als auch nach der 4-Metrik erhöhen.

b) $N_8 = (0 - 0) + (0 - 0) + (1 - 0) + (0 - 0) = 1 \rightarrow P$ tilgen.

$C_4 = \frac{1}{2} 6 = 3 \rightarrow P$ nicht tilgen.

Die Tilgung von P ändert die Anzahl der Objekte nach der 4-Metrik, nicht jedoch nach der 8-Metrik.

c) $N_8 = (0 - 0) + (0 - 0) + (1 - 1) + (1 - 0) = 1 \rightarrow P$ tilgen.

$C_4 = \frac{1}{2} 2 = 1 \rightarrow P$ tilgen.

Die Anzahl der Objekte ändert sich weder nach der 8-Metrik noch nach der 4-Metrik.

Die Qualität des Skelettbildes an Verzweigungen kann verbessert werden, wenn man betrachtet, daß in der unten abgebildeten Konfiguration der Bildpunkt P nach der 8-Metrik zwar getilgt werden könnte, jedoch dadurch die Linienkreuzung einen unnatürlichen Verlauf hätte.

```
              S
          S
       S              X   A   X          S = Skelettpunkte
S  S  S  P            1   P   B               P = 1
       S              0   1   X            X = 0 oder 1
       S                                   A oder B = 1
       S
```

Um diese Situation zu verhindern, kann man eine sogenannte "final point condition" ([135]) einführen. Beim Auftreten der oben abgebildeten Konfiguration, oder in einer der um ein Vielfaches von 90° gedrehten Lagen, wird P als nicht tilgbar gekennzeichnet.

Für die praktische Realisierung eines Skelettierungsalgorithmus kann man, anstelle der oben geschilderten Tilgungskriterien, explizite Muster lokaler 3×3-Konfigurationen verwenden. Wenn eines dieser Muster im entsprechenden Nord-, Süd-, West- oder Ost-Durchlauf auftritt, dann ist der aktuelle Bildpunkt $P = 1$ zu tilgen. Hier wird ein Mustersatz aus [137] wiedergegeben, der sich gut bewährt hat:

Nord				Süd				West				Ost		
0	0	0		1	1	X		0	X	1		X	X	0
X	P	X		X	P	X		0	P	1		1	P	0
X	1	1		0	0	0		0	X	X		1	X	0
X	0	0		X	1	X		0	0	X		X	1	X
1	P	0		0	P	1		0	P	1		1	P	0
X	1	X		0	0	X		X	1	X		X	0	0
X = 0 oder 1														

Mit diesem Verfahren wurde die Skelettierung durchgeführt, deren Ergebnisse in Abb. 5.8 wiedergegeben sind.

Zum Vergleich mag es von Interesse sein, die Leistungsfähigkeit des Verfahrens mit 4 Subzyklen von [137] und der in [144] vorgeschlagenen Methode mit einheitlichen Durchläufen (d.h. ohne Subzyklen) zu vergleichen. Im letzteren werden in jedem Durchlauf Bildpunkte $P = 1$ getilgt, die in einer der unten abgebildeten Konfigurationen a) bis h) auftreten, mit Ausnahme der Bildpunkte, die in einer der erweiterten 4×3- bzw. 3×4- Konfigurationen i) und j) eingebettet sind:

0 0 0	0 1 X	X 1 X	X 1 0	X 0 0	0 0 X
1 P 1	0 P 1	1 P 1	1 P 0	1 P 0	0 P 1
X 1 X	0 1 X	0 0 0	X 1 0	X 1 X	X 1 X
a	b	c	d	e	f

X 1 X	X 1 X	X X X X	X 1 X		
0 P 1	1 P 0	0 P 1 0	X P X		
0 0 X	X 0 0	X X X X	X 1 X		
			X 0 X		
g	h	i	j		

$$X = 0 \text{ oder } 1$$

Dieses Verfahren ist zwar schneller, die Skelettierungsergebnisse sind jedoch nicht immer einwandfrei, wie aus *Abb. 5.10* ersichtlich, wo einige Skelettlinien unterbrochen sind. In [144] werden auch Verbesserungsmöglichkeiten durch Nachverarbeitung erörtert.

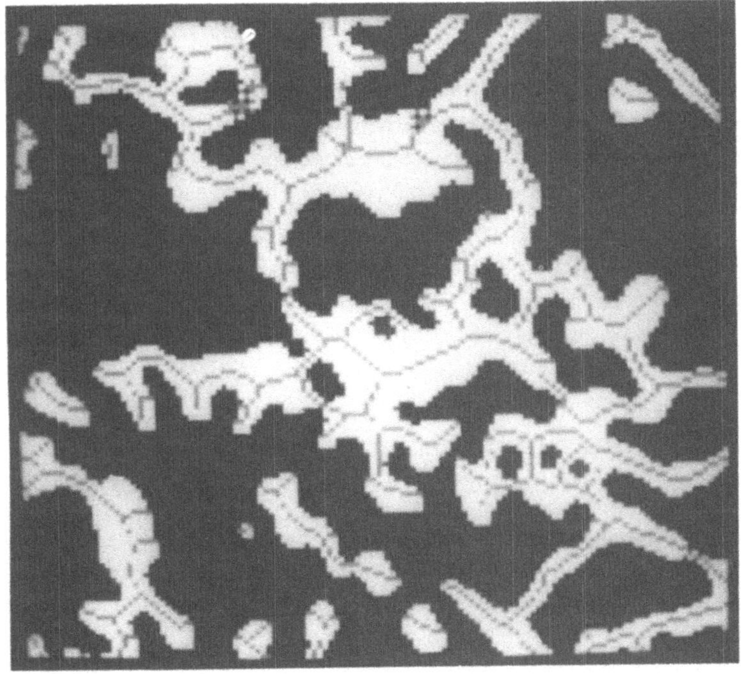

Abbildung 5.10: Linienförmiges Objekt und sein mit dem Verfahren nach [144] extrahiertes Skelett.

Um den Skelettierungsvorgang zu beschleunigen, wurden an mehreren Stellen sequentielle Ansätze entwickelt, in denen die Objekte schichtweise "geschält" werden, bis Skelettpunkte erreicht und als nicht tilgbar gekennzeichnet werden [139], [140], [141], [142], [143]. Einige dieser Methoden verwenden als ersten Schritt die

Distanztransformation. Stellvertretend für alle, wird hier das in [142] vorgeschlagene Verfahren summarisch erläutert, das aus den folgenden Schritten besteht:

I) Die Distanztransformation nach der 4-Metrik (s. Abschnitt 5.2) wird durchgeführt, und man erhält dadurch ein Distanzbild.

II) Für jede geschlossene Konturlinie wird ein geeigneter Startpunkt für den Schälvorgang des Objektes festgelegt.

III) Angefangen vom Startpunkt, wird die dazugehörige Konturlinie verfolgt und alle Bildpunkte getilgt, die die folgenden Bedingungen erfüllen:

- die "connectivity number" hat den Wert $N_8 = 1$.
- Die Anzahl der 8-Nachbarn ist > 1 (kein Linienendpunkt).
- Es gibt keinen 4-Nachbarn mit kleinerem Distanzwert D_4.
- Die "final point condition" (s. oben) ist nicht erfüllt.

Das Schälen geht so lange weiter, Schicht nach Schicht, bis es nichts mehr zu schälen gibt, und alle Startpunkte abgearbeitet worden sind.

IV) Bildpunkte, die die "final point condition" erfüllen, werden nicht mehr gelöscht. Die Distanzwerte der übriggebliebenen Bildpunkte werden alle auf 1 gesetzt, um ein binäres Skelett zu erhalten.

Formmerkmale, subjektive Qualität und Verarbeitungszeit der nach diesen sequentiellen Ansätzen erhältlichen Skelettbilder sind sehr unterschiedlich und die Algorithmen zum Teil sehr komplex. Aus diesen Gründen muß hier für nähere Einzelheiten auf die bereits oben zitierten Literaturstellen verwiesen werden.

5.4 Komponentenmarkierung

Objektzählung mit der Euler-Nummer - Sequentielle Objektmarkierung - Parallele Schrumpfungsverfahren: unsymmetrische Schrumpfung und Schrumpfung zur Objektmitte

In einigen Anwendungsfällen stellt sich die Aufgabe, jede Komponente eines Binärbildes, d.h. jedes einzelne Objekt, mit einer unterschiedlichen Etikette zu kennzeichnen und die Anzahl der Objekte zu bestimmen. Drei Methoden zur Komponentenmarkierung werden hier erläutert.

- Berechnung der Euler-Nummer

Die Euler-Nummer E (s. Abschnitt 4.3., Gl. (4.13) und Abb. 4.4) ist die Anzahl der Objekte minus die Anzahl der Löcher. Wenn im Bild nur Objekte ohne Löcher auftreten, kann ihre Anzahl mit Hilfe der Euler-Nummer ermittelt werden. Wie in Abschnitt 4.3. dargelegt, kann E durch lokale Operatoren in 2×2-Fenstern berechnet werden.

• Sequentielle Objektmarkierung ([46] Band 2)

Das Bild wird zeilenweise von oben nach unten sequentiell abgetastet, und es wird für jeden Objektpunkt P (s. *Abb. 5.11a*) geprüft, ob mindestens einer seiner bereits verarbeiteten Nachbarn A, B, C und D durch eine Etikette R_i ($R_i = 1, 2 \ldots$ usw.) gekennzeichnet ist. Ist das nicht der Fall, so erhält P die niedrigste noch nicht vergebene Etikette. Wenn dagegen ein oder mehrere Bildpunkte A bis D mit Etiketten R_1, $R_2 \ldots R_k$ bereits gekennzeichnet worden sind, dann erhält P die Etikette:

$$R_p = \min_{i=1\ldots k} \{R_i\} \tag{5.24}$$

Gleichzeitig wird in einer Äquivalenztabelle vermerkt, daß R_1, $R_2 \ldots R_k$ äquiva-

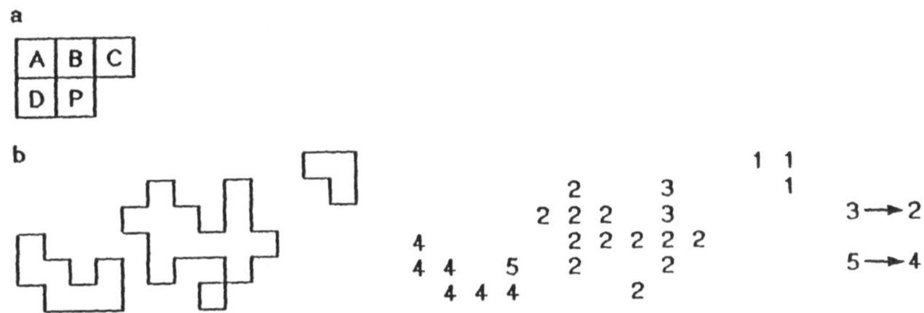

Abbildung 5.11: Komponentenmarkierung. a) Operatorfenster für die sequentielle Verarbeitung; b) Beispiel eines einfachen Binärbildes mit Objektetiketten und Äquivalenztabelle.

lent sind, insofern sie das gleiche Objekt kennzeichnen. Abb. 5.11b zeigt neben einem Binärbild das Ergebnis der Bildpunktmarkierung nach diesem ersten Durchlauf. Danach kann anhand der Äquivalenztabelle die Anzahl der unterschiedlichen Objektetiketten auf das Minimum reduziert werden, damit alle Bildpunkte jedes 8-zusammenhängenden Objektes die gleiche Etikette tragen.

• Objektschrumpfung (shrinking)

Die Aufgabe eines Schrumpfungalgorithmus besteht darin, jedes Objekt auf einen Einzelpunkt zu reduzieren. Die Anzahl der Objekte ergibt sich aus der Anzahl der Einzelpunkte. Diese können dann mit einem 3×3-Fenster erkannt werden.

Ein Schrumpfungsalgorithmus aus [145] ist einfach, aber er hat zwei Nachteile: i) Objekte werden zu ihrem obersten rechten (oder zum untersten linken usw.) Bildpunkt geschrumpft; ii) Einzelpunkte werden gelöscht und müssen daher gesondert erkannt und gerettet werden. Dieser Algorithmus arbeitet in einem 2×2-Operatorfenster $\begin{smallmatrix} A & B \\ P & C \end{smallmatrix}$ wobei A, B, C, $P = 1$ für Objektpunkte und 0 für Hintergrundpunkte ist. Der neue Wert Q des Bildpunktes P ergibt sich aus:

$$Q = f[f(A + P + C - 1) + f(P + B - 1)] \quad \text{mit } f(x) = \begin{cases} 0 & \text{für} \quad x \leq 0 \\ 1 & \text{für} \quad x > 0 \end{cases} \quad (5.25)$$

Nach wiederholter Anwendung dieser Regel in sukzessiven Durchläufen schrumpft das Objekt zu seinem untersten linken Bildpunkt. Ähnliche Regeln bewirken eine Schrumpfung nach oben rechts, usw.

Ein verbesserter Schrumpfungsalgorithmus, der Objekte mit oder ohne Löcher etwa zu ihrem Schwerpunkt schrumpft (auch wenn dieser sich in einem objektinneren Loch befindet) wurde in [146] vorgeschlagen. Er besteht aus 4 parallelen Subzyklen, 1a, 1b, 2a und 2b, die in dieser Reihenfolge durchgeführt und so lange wiederholt werden, bis alle Objekte zu Einzelpunkten geschrumpft sind. In den Subzyklen 1a und 2a werden Hintergrundpunkte (0), deren 3×3-Umgebung einem der in *Abb. 5.12* abgebildeten Muster entspricht, in Objektpunkte (1) verwandelt. In den Subzyklen 1b und 2b werden dagegen Objektpunkte in Hintergrundpunkte verwandelt, d.h. getilgt.

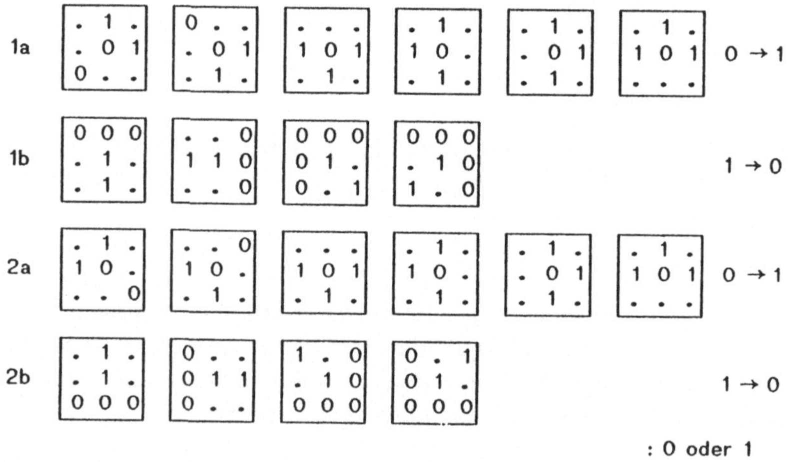

```
        ┌─────┐ ┌─────┐ ┌─────┐ ┌─────┐ ┌─────┐ ┌─────┐
        │ . 1 .│ │0 . .│ │. . .│ │. 1 .│ │. 1 .│ │. 1 .│
   1a   │ . 0 1│ │. 0 1│ │1 0 1│ │1 0 .│ │. 0 1│ │1 0 1│   0 → 1
        │ 0 . .│ │. 1 .│ │. 1 .│ │. 1 .│ │. 1 .│ │. . .│
        └─────┘ └─────┘ └─────┘ └─────┘ └─────┘ └─────┘

        ┌─────┐ ┌─────┐ ┌─────┐ ┌─────┐
        │0 0 0│ │. . 0│ │0 0 0│ │0 0 0│
   1b   │. 1 .│ │1 1 0│ │0 1 .│ │. 1 0│                     1 → 0
        │. 1 .│ │. . 0│ │0 . 1│ │1 . 0│
        └─────┘ └─────┘ └─────┘ └─────┘

        ┌─────┐ ┌─────┐ ┌─────┐ ┌─────┐ ┌─────┐ ┌─────┐
        │. 1 .│ │. . 0│ │. . .│ │. 1 .│ │. 1 .│ │. 1 .│
   2a   │1 0 .│ │1 0 .│ │1 0 1│ │1 0 .│ │. 0 1│ │1 0 1│   0 → 1
        │. . 0│ │. 1 .│ │. 1 .│ │. 1 .│ │. 1 .│ │. . .│
        └─────┘ └─────┘ └─────┘ └─────┘ └─────┘ └─────┘

        ┌─────┐ ┌─────┐ ┌─────┐ ┌─────┐
        │. 1 .│ │0 . .│ │1 . 0│ │0 . 1│
   2b   │. 1 .│ │0 1 1│ │. 1 0│ │0 1 .│                     1 → 0
        │0 0 0│ │0 . .│ │0 0 0│ │0 0 0│
        └─────┘ └─────┘ └─────┘ └─────┘

                                              : 0 oder 1
```

Abbildung 5.12: 3×3-Masken für die Umwandlung von Objektpunkten (1) in Hintergrundpunkte (0), und umgekehrt, in den 4 Subzyklen 1a, 1b, 2a und 2b des Schrumpfungsalgorithmus nach [146].

Das Ergebnis dieser Prozedur ist am Beispiel der *Abb. 5.13* ersichtlich. In Abb. 5.13 links ist der Schrumpfungsprozeß nach 55 Durchläufen noch nicht abgeschlossen: kleinere Objekte sind bereits zu Einzelpunkten geschrumpft, größere

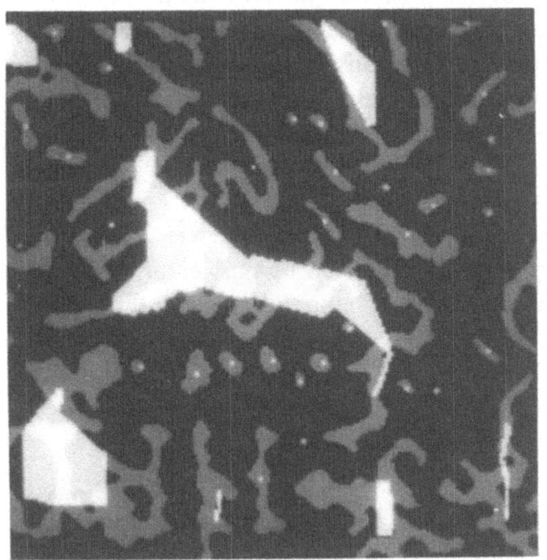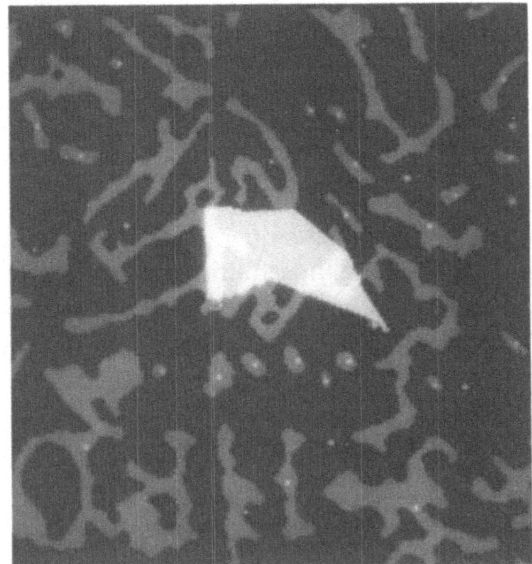

Abbildung 5.13: Experimentalergebnisse zum Schrumpfungsalgorithmus nach [146]. Helle Punkte stellen das Ergebnis der Schrumpfung eines Objektes, helle Flächen Zwischenstufen des Prozesses dar. Links: nach 55 Durchläufen; rechts: nach 107 Durchläufen.

Objekte sind auf kompakte und eventuell verkleinerte Regionen um den Schwerpunkt reduziert. In Abb. 5.13 rechts, nach 107 Durchläufen, ist nur das größte, stark verzweigte Objekt in Bildmitte noch nicht zu einem Punkt geschrumpft.

5.5 Hough-Transformation

Prinzip der Hough-Transformation (HT) - HT für Geraden - HT für Kreise - Verallgemeinerte HT

Die Hough-Transformation (HT) ist eine Technik, um globale Muster des Bildraums, wie Segmente, Kurven oder geschlossene Formen aus ihrem im Idealfall punktförmigen Abbild in einem geeigneten Parameterraum zu erkennen. In dieser Weise wird das Problem der Erkennung eines räumlich ausgedehnten Musters auf die Erkennung eines lokalen Musters in einem anderen Raum zurückgeführt. Über die HT findet man in der Literatur verschiedene grundlegende Arbeiten ([16], [77],

[147], [148]), die auf die ursprünglichen Arbeiten von Hough aufbauen. Die HT
bietet den Vorteil, daß Kurven, Segmente und geschlossene Konturen auch dann
erkannt werden können, wenn sie lückenhaft und verrauscht sind. In der Praxis
sind diese Umstände kaum zu vermeiden, wenn man mit Hilfe von Kantendetektoren Linien und Konturen aus realen Grautonbildern extrahieren muß (s. auch
Abschnitt 4.4. und Abb.4.11).

Grundgedanke der HT ist, parametrisch beschreibbare Kurven, wie Geraden,
Kreise oder Ellipsen, im Parameterraum zu erkennen. Jeder Punkt P einer solchen
Kurve hat als Abbild im Parameterraum $(a, b, c\ldots)$ eine Kurve, nämlich die
Ortskurve aller Parameterkombinationen, die im Bildraum Kurven der gesuchten
Art beschreiben, welche P beinhalten.

Wie in *Abb. 5.14a* gezeigt, bezeichnet

$$y = f(x, a, b, c\ldots) \tag{5.26}$$

die Gleichung der gesuchten Kurve im Bildraum, mit den Parametern $a, b, c\ldots$,
z.B.:

$$y = a\,x + b \tag{5.27}$$

für eine Gerade t, oder:

$$y = a\,x^2 + b\,x + c \tag{5.28}$$

für eine Parabel p. Die Kurve kann auch durch den Vektor (x, y, y') der Punktko-
ordinaten x, y und der Steigung y' der Tangente beschrieben werden ([147]). Aus
(5.27) folgt für die Gerade:

$$b = y - y'\,x \qquad a = y' \qquad \text{(Gerade } t) \tag{5.29}$$

Für ein festgelegtes Koordinatenpaar (X, Y) im Bildraum kann (5.29) als die parametrische Gleichung der Gerade $b = Y - a\,X$ im Parameterraum (A, B) (s.
Abb. 5.14b und c) aufgefaßt werden. Diese Gerade ist die Ortskurve aller Para-
metervektoren (a, b) des Geradenbündels durch (X, Y). Für jedes andere Koordinatenpaar $(X_1, Y_1) \in t$ ergibt sich im Parameterraum eine Gerade durch (a, b).
Insgesamt wird die Gerade t in das Geradenbündel durch (a, b) abgebildet, d.h.
in den Punkt (a, b).

Betrachtet man nun den Raum (A, B) als eine aus diskreten Elementen bestehende Akkumulationsmatrix, so kann man für jeden Objektpunkt aus dem
Bildraum (x, y) alle Matrixelemente der entsprechenden Gerade $B = Y - A\,X$
im Parameterraum (A, B) um 1 inkrementieren. Alle Bildpunkte von t leisten
einen Beitrag zur Inkrementierung des Matrixelementes (a, b), während alle übrigen Matrixelemente nur einmal inkrementiert werden. Die Akkumulationsmatrix
weist dadurch ein deutliches Maximum in ihrem Element (a, b) auf. Die Höhe
dieses Maximum hängt nur geringfügig davon ab, ob t lückenhaft ist, oder ob

im Bildraum auch Objektpunkte ohne Zusammenhang mit t auftreten, die durch Störungen verursacht sind. Die Lage der Maxima (a_1, b_1), $(a_2, b_2) \ldots (a_n, b_n)$ im diskretisierten Parameterraum besagt, daß konsistente Geradensegmente mit den Parametern (a_i, b_i) $i = 1 \ldots n$ erkannt worden sind.

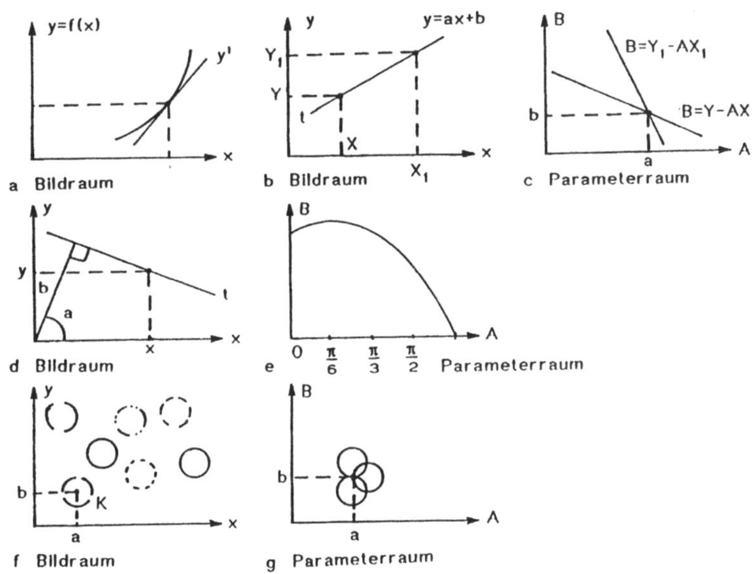

Abbildung 5.14: Erläuterung der Hough-Transformation.

Obwohl in einem Rechenspeicher drei- und mehrdimensionale Parameterräume abgebildet werden können, ist die HT in zweidimensionalen Parameterräumen, die auf einer Ebene dargestellt werden können, besonders anschaulich. Für die durch Gl. (5.28) dargestellte Parabel, die von 3 Parametern abhängt, kann die HT auf den zweidimensionalen Fall zurückgeführt werden, wenn man z.B. $c = C = $ *konstant* als bekannt betrachtet. Es gilt dann:

$$y' = 2\,a\,x + b \tag{5.30}$$

und

$$a = \frac{1}{x}\,y' - \frac{1}{x^2}\,y + \frac{1}{x^2}\,C \qquad \text{und} \qquad b = \frac{2}{x}\,y - y' - \frac{2}{x}\,C \tag{5.31}$$

Für festgelegte Werte von x und y, also für einen Punkt der Parabel, gibt (5.31) die parametrische Darstellung (mit y' als Parameter) einer Gerade im Parameterraum (A, B) an; diese ist die Ortskurve der (A, B)-Paare, wenn y' variiert wird, d.h. wenn Parabeln mit unterschiedlichen Tangenten im Punkt (x, y) betrachtet werden. Wiederholt man diesen Vorgang für alle Punkte der Parabel, so erhält man ein Geradenbündel, dessen Elemente sich im Punkt (a, b) treffen.

Die Darstellung einer Gerade durch Gl. (5.27) ist in der Praxis ungünstig, weil für nahezu senkrechte Geraden t in Abb. 5.14a der Wert von a sehr groß wird, und erfordert deshalb eine entsprechend große Akkumulationsmatrix. In dieser Hinsicht ist eine Geradendarstellung durch die sogenannte Hessesche Normalform:

$$b = X \cos a + Y \sin a \qquad (5.32)$$

wie in Abb. 5.14d gezeigt, günstiger, weil der Definitionsbereich der Parameter a und b endlich bleibt ([148]). Abb. 5.14e zeigt den Verlauf der dem Punkt (X, Y) entsprechenden Ortskurve im Parameterraum (a, b), wenn in Gl. (5.32) X und Y konstant bleiben. In *Abb. 5.15* ist das Ergebnis einer praktischen Anwendung der HT auf das Bild in Abb. 5.15 oben zur Erkennung von geraden Fasern in einem Fasergemisch wiedergegeben ([151]). Der Parameterraum in Abb. 5.15 unten zeigt die Überlagerung zahlreicher Sinuskurven der Art wie in Abb. 5.14e mit einigen deutlichen Anhäufungspunkten, die den erkannten geraden Fasern entsprechen.

Im allgemeinen erfordert die praktische Realisierung der HT in einem zweidimensionalen Parameterraum die Durchführung der folgenden Schritte:

1. Der Parameterraum (a, b) soll geeignet quantisiert und in ein Speicherfeld $S(a, b)$ abgebildet werden. Der Inhalt des Speicherfeldes soll auf 0 rückgestellt werden.

2. Für jeden Bildpunkt (X, Y) im diskreten Bildraum (x, y) soll jeder Speicherplatz (a, b) von S, für welchen die Gleichung $Y = f(X, a, b)$ (z.B. (5.32)) erfüllt ist, inkrementiert werden.

3. Die Maxima des Speicherfeldes S sollen dann ausgewertet werden. Jedes relevante Maximum entspricht einer erkannten Kurve mit den dazugehörigen Parametern a und b.

Auf ähnliche Weise kann die HT verwendet werden, um Kreise zu erkennen. Um das Problem auf den Fall eines zweidimensionalen Parameterraums zurückführen zu können, wird in der Gleichung eines Kreises K mit Zentrum in (a, b) und Radius c:

$$K: \qquad (x - a)^2 + (y - b)^2 = c^2 \qquad (5.33)$$

der Radius als bekannt vorausgesetzt, d.h. man will nur Kreise mit festgelegtem Radius c erkennen. Für einen gegebenen Punkt (X, Y) kann die Gl. (5.33) wie folgt umgeschrieben werden (s. Abb. 5.14f und g):

$$(X - A)^2 + (Y - B)^2 = c^2 \qquad (5.34)$$

Im Parameterraum (A, B) ist diese Kurve die Ortskurve der Zentren von Kreisen mit Radius c, die durch (X, Y) gehen. Wiederholt man den Vorgang für alle

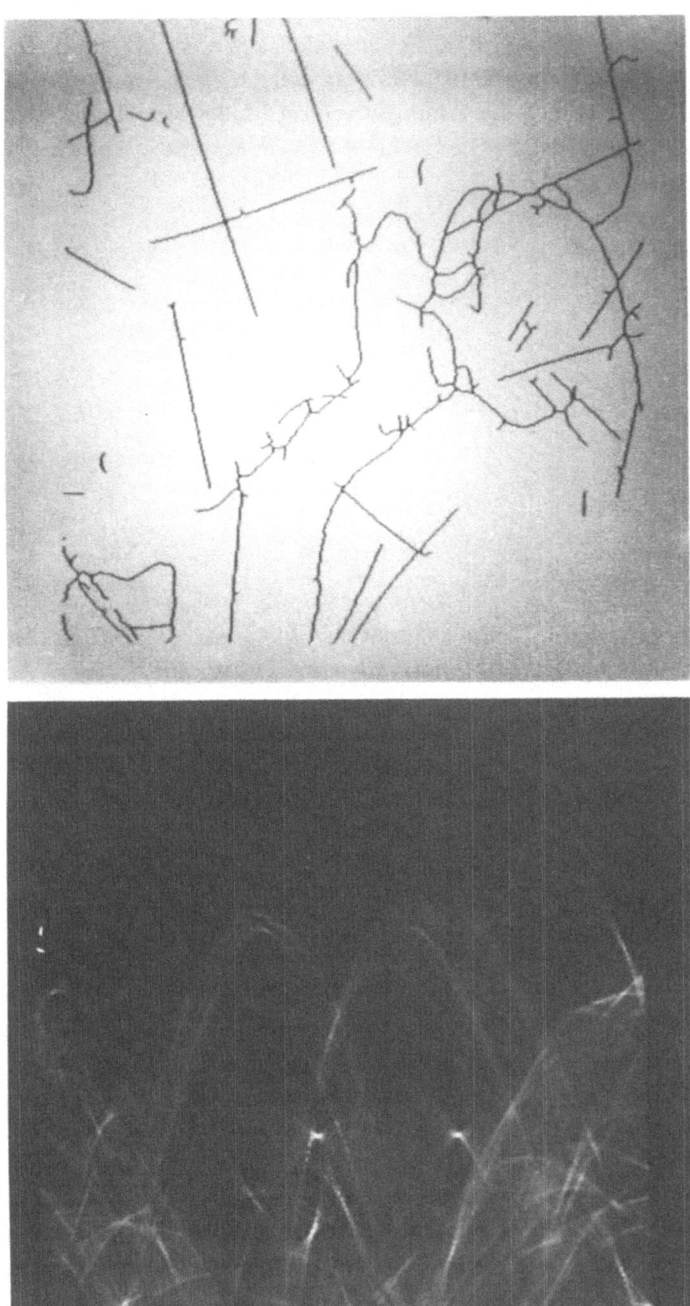

Abbildung 5.15: Erkennung von geraden Fasern in einem Fasergemisch mit Hilfe der Hough-Transformation, aus [151]. Oben: Faserbild im Bildraum; unten: Akkumulation im Parameterraum bei einer Geradendarstellung durch die Hessesche Normalform.

Punkte von K, so erhält man Kreise, die sich alle im Punkt (a, b) schneiden, nämlich im Zentrum desjenigen Kreises, auf dem alle Punkte von K liegen. Somit erhält man wieder eine Anhäufung von Meßwerten im Element (a, b) einer Akkumulationsmatrix, die den Parameterraum abbildet. *Abb. 5.16* zeigt diese Ak-

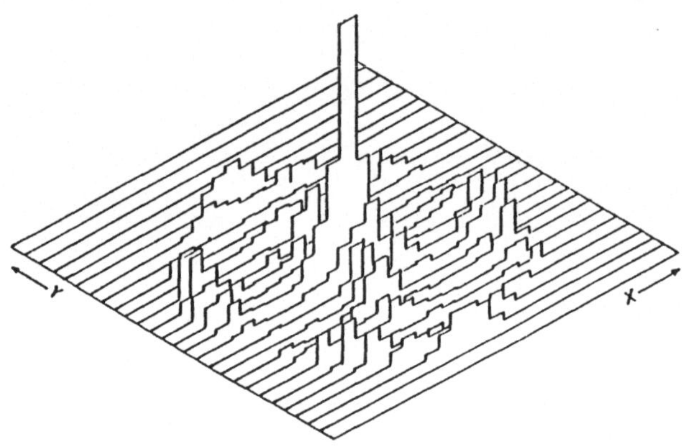

Abbildung 5.16: Akkumulationsmatrix in einer praktischen Anwendung der Hough-Transformation zur Erkennung von Kreisen mit konstantem Radius, aus [152].

kumulationsmatrix in einer praktischen Anwendung der HT zur Erkennung von Kreisen mit festgelegtem Radius aus [152]. Dabei wurde ein in [153] vorgeschlagener Algorithmus mit reduziertem Rechenaufwand verwendet. Für eine vertiefte Analyse der Leistungsfähigkeit der HT bezüglich der Schärfe der Maxima im Parameterraum und der Rauschempfindlichkeit kann hier auf die Arbeit in [147] verwiesen werden.

Die Methode der HT wurde auch auf die Erkennung beliebiger Objekte mit Hilfe einer geeigneten Beschreibung der jeweiligen Objektform erweitert [16], [148], [149], [155]. Hier wird der Fall betrachtet, daß eine kompliziertere Form nicht durch parametrische Kurven angegeben werden kann und daher explizit beschrieben werden muß.

Das Prinzip der verallgemeinerten HT ist in *Abb. 5.17* erläutert. Zuerst wird im zu erkennenden Objekt S ein Bezugspunkt $P_0\,(X_0, Y_0)$, der nicht notwendigerweise der Schwerpunkt sein muß, festgelegt. Verbindet man P_0 mit einem beliebigen Konturpunkt $P(X, Y)$ durch ein Segment der Länge R und Richtung α, so gilt:

$$X_0 = X + R\cos\alpha \quad , \qquad Y_0 = Y + R\sin\alpha \qquad (5.35)$$

Die Beschreibung des Musterobjektes nimmt die Form einer sogenannten R-Tabelle ([155]) an: man betrachtet eine ausreichende Anzahl N von Konturpunkten $P_1\,,\,P_2\ldots P_i\ldots P_N$, um die Objektform mit der erwünschten Genauigkeit zu beschreiben. Für jeden P_i notiert man die Richtung β_i der Tangente t_i zur Objektkontur durch P_i. Die R-Tabelle ist dann eine Liste der Werte R_i und α_i, die man für jeden $P_i\,(X_i,\,Y_i)$ braucht, um die Lage des Bezugspunktes anhand der Formel (5.35) auszudrücken.

R-Tabelle		
Konturrichtung	Lage des Bezugspunktes	
β_1	R_1	α_1
β_2	R_2	α_2
...	...	...
β_i	R_i	α_i
...	...	...
β_N	R_N	α_N

Nach der Aufstellung der R-Tabelle für das Musterobjekt sind zur Durchführung der verallgemeinerten HT die folgenden Schritte erforderlich:

1. Der Parameterraum, hier identisch mit dem Bildraum $(x,\,y)$, d.h. mit dem Bereich der möglichen Lagen des Bezugspunktes P_0 eines gesuchten Objektes, muß geeignet quantisiert und in eine Akkumulationsmatrix $(x,\,y)$ abgebildet werden. Die Elemente der Speichermatrix werden auf 0 rückgesetzt.

2. Für jeden Objektpunkt $Z_i(X,\,y)$ des untersuchten Kantenbildes muß die Tangentenrichtung β_i bestimmt werden. Mit den, entsprechend β_i aus der R-Tabelle abgelesenen Werten von R_i und α_i werden mit Hilfe der Gl. (5.35) die Koordinaten X_{0i}, Y_{0i} des Bezugspunktes des gesuchten Objektes berechnet. Wenn die vorliegende Kontur mit der Musterkontur übereinstimmt, ergibt diese Berechnung immer das gleiche Wertepaar, nämlich die Koordinaten des echten Bezugspunktes. Sonst weisen die berechneten Werte eine starke Streuung auf.

3. Die signifikanten Anhäufungen $(X_M,\,Y_M)$ von Meßwerten in der Akkumulationsmatrix deuten auf das Auftreten des gesuchten Objektes hin, dessen Lage sich aus den Koordinaten X_M, Y_M seines Bezugspunktes ergibt.

In *Abb. 5.18* sind einige Ergebnisse aus einer praktischen Anwendung der verallgemeinerten HT auf medizinische Bilder gezeigt ([154]). Abb. 5.18 oben stellt die Akkumulationsmatrix für das in Abb. 5.18 unten hell markierte Musterobjekt mit Bezugspunkt in C dar. Das Maximum C' der Akkumulationsmatrix entspricht dem gefundenen Objekt mit Bezugspunkt in C' im Bildraum (Abb. 5.18 unten), das sich links unterhalb des Musterobjektes befindet.

Die oben geschilderte Methode gilt für die Erkennung von Musterobjekten mit festgelegter Größe und Drehlage. In [155] wird jedoch auch gezeigt, daß die HT auf die Erkennung einer beliebigen Form, unabhängig vom Maßstab G und von der Drehlage φ erweitert werden kann. Zu diesem Zweck wird der Parameterraum (X_0, Y_0) um zwei Dimensionen auf den Raum (X_0, Y_0, G, φ) erweitert, und bei der Durchführung der HT werden die entsprechenden Elemente dieses vierdimensionalen Raumes jeweils inkrementiert. Außerdem geht aus [155] hervor, daß die R-Tabellen für skalierte und für gedrehte Varianten eines Objektes durch einfache Transformationen aus der ursprünglichen R-Tabelle ermittelt werden können.

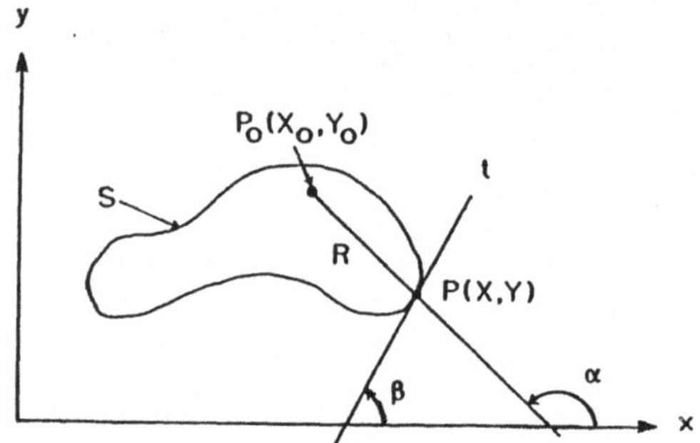

Abbildung 5.17: Prinzip der verallgemeinerten Hough-Transformation.

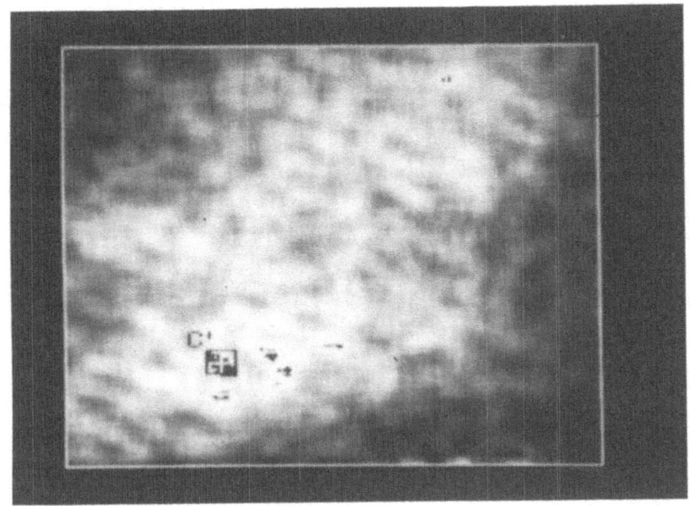

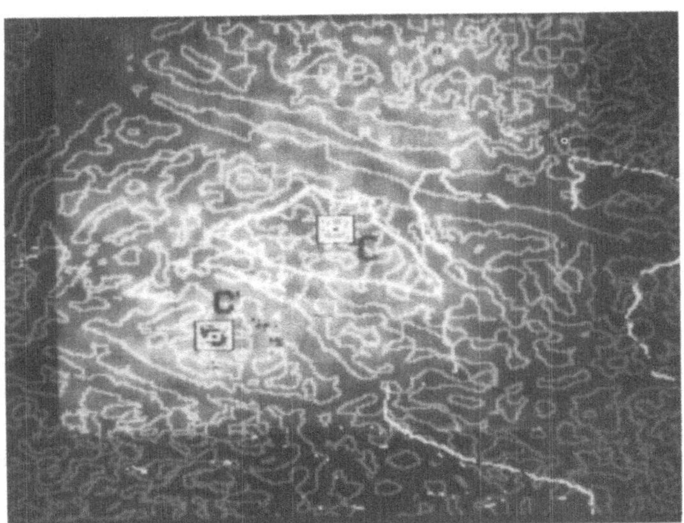

Abbildung 5.18: Experimentalergebnisse der Anwendung der verallgemeinerten Hough-Transformation auf die Erkennung von Konfigurationen in medizinischen Bildern (Kolposkopie) aus [154]. Oben: Akkumulationsmatrix mit Maximum in C'; unten: Musterobjekt im Bildraum, mit heller Kontur und Bezugspunkt C. Mit Hilfe der HT wird das gleiche und versetzte Objekt mit Bezugspunkt in C' erkannt.

Kapitel 6

Bildmodelle, Bildnäherung und Bildsegmentierung

6.1 Die Problematik der Bildanalyse unter drei Aspekten

Wechselseitige Beziehungen zwischen Bildmodellierung, Bildnäherung und Bildsegmentierung

In der Überschrift dieses Kapitels sind drei zentrale Probleme der Bildverarbeitung, nämlich die Bildmodellierung, die Bildnäherung und die Bildsegmentierung zusammengefaßt, die in der Fachliteratur oft als getrennte Aufgabenstellungen auftreten. Es ist jedoch nicht abwegig, sie als unterschiedliche und doch komplementäre Aspekte der Bildanalyse zu betrachten. Diese hat nämlich die Aufgabe, ein komplexes Bild, wie z.B. eine natürliche Szene, vereinfachend und nach subjektiven Kriterien so zu erfassen, daß nur die wesentliche Information erhalten bleibt. Oft besteht diese "wesentliche Information" aus den Regionengrenzen, d.h. aus den Grenzen zwischen Bildregionen, die nach der visuellen Wahrnehmung des Betrachters als homogen empfunden werden. Manchmal, wenn Bilder mit anwendungsspezifischem Inhalt von Fachleuten ausgewertet werden, ist das Homogenitätskriterium komplexer Natur und kann vom obengenannten Kriterium der visuellen Wahrnehmung abweichen. Bevor die Gemeinsamkeiten zwischen Bildmodellierung, Bildnäherung und Bildsegmentierung hervorgehoben werden, wird nun der Versuch unternommen, jede einzelne dieser Aufgaben kurz zu charakterisieren.

- Bildmodellierung

Ein Bildmodell hat das Ziel, ein Homogenitätskriterium für Bildregionen so zu definieren, daß dieses eine möglichst zutreffende Regionencharakterisierung nach dem Bildinhalt ermöglicht. Der Grundgedanke der Bildmodellierung ist, daß ideale Bilder aus vollkommen homogenen Regionen im Sinne des zugrundegelegten Homogenitätskriteriums bestehen, und daß reale Bilder nur fehlerhafte Kopien des Modells sind, wobei jedoch die Abweichungen vom Modell im Hinblick auf die Bildauswertung nicht relevant sind.

Das Homogenitätskriterium kann statistisch oder strukturell formuliert sein. Im ersten Fall ist eine Region des Modellbildes durch konstante statistische Parameter gekennzeichnet; die einzelnen Grauwerte werden dagegen vom Modell nicht explizit berücksichtigt. Im zweiten Fall betrifft das Homogenitätskriterium die Form einer Region, einer Konturlinie oder der Teile, in die Regionen und Konturen zerlegt werden können. Bei Grautonbildern versucht man oft, die Grauwertfunktion $G(x, y)$, als Grauwertgebirge aufgefaßt, in parametrisch beschreibbare Abschnitte zu zerlegen, wie beispielsweise Raumebenen oder Raumflächen höherer Ordnung. Das Homogenitätskriterium ist dann implizit durch die Parameter der jeweiligen Raumfläche dargestellt.

- Bildnäherung

Das Ziel von Bildnäherungsverfahren ist meistens die Erzeugung eines vereinfachten Bildes, wodurch das gegebene Originalbild dem zugrundegelegten bzw. vermuteten Modell ähnlicher gemacht wird. Bildnäherungsoperatoren, wie z. B. Glättungsoperatoren, Rangordnungsoperatoren und andere noch zu beschreibende Operatoren, haben nur eine lokale Auswirkung. Sie gehen aber implizit von einem globalen Bildmodell aus und beruhen auf der Annahme, daß die Abweichungen zwischen dem Modell und dem realen Bild im Hinblick auf die Bildauswertung nicht relevant sind.

In *Abb. 6.1* sind diese Zusammenhänge schematisch dargestellt. Links von der Strichlinie ist eine Art Ersatzquelle für ein reales Bild abgebildet. Ein wirksames Bildmodell soll die folgenden Anforderungen erfüllen: a) es soll analytisch einfach sein; b) die Abweichungen zwischen ihm und den realen Bildern sollen für den betrachteten Anwendungsfall irrelevant sein. Durch eine geeignete Bildnäherungsmethode versucht man dann, das reale Bild seinem Modell anzugleichen.

- Bildsegmentierung

Bildsegmentierung ([168]) ist die Einteilung des Definitionsbereiches $R : \{x, y\}$ einer diskreten Grauwertfunktion $G(x, y)$ der Ortskoordinaten x, y in n disjunkte Regionen R_i $(i = 1 \ldots n)$ nach einem festgelegten Einheitlichkeitskriterium E, so daß das folgende gilt:

$$\text{a)} \quad \bigcup_{i=1}^{n} R_i = R$$

b) jede R_i ist räumlich zusammmnhängend

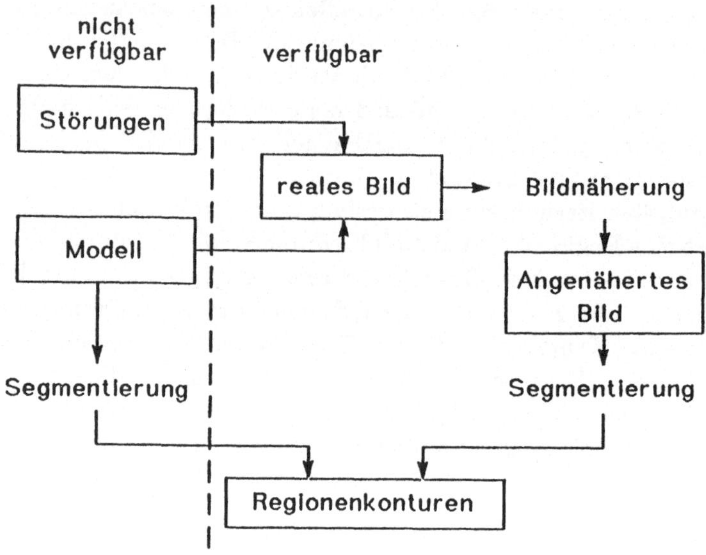

Abbildung 6.1: Zusammenhänge zwischen Bildmodellierung, Bildnäherung und Bildsegmentierung.

c) $E(R_i)$ ist erfüllt in jeder R_i

d) $E(R_i \cup R_j)$ ist für kein Paar benachbarter R_i und R_j erfüllt

Das Einheitlichkeitskriterium kann zunächst intuitiver, subjektiver und vom Anwendungsfall abhängiger Natur sein, wie es z.B. der Fall ist, wenn man ein Luftbild (s. *Abb. 6.2* aus [169]) in verschiedene Anbaugebiete, Zonen mit Bodenschäden, Waldflächen u.ä. einteilen will. Die Aufgabe der Bildsegmentierung ist dann, E auf der Basis der Bildanalyse objektiv zu formulieren. Das ideale Ergebnis einer Bildsegmentierung ist ein Konturnetz, das die Regionengrenzen darstellt und das aus lückenlosen, geschlossenen Linien einheitlicher Breite besteht.
Gegenstand der Segmentierung ist zunächst nur die Erkennung der Regionengrenzen; die Klassifikation der Regionen nach ihrem Inhalt stellt eine zusätzliche Aufgabe dar. Eine weitere Darstellungsform der Segmentierungsergebnisse ist die Kennzeichnung jedes Bildpunktes einer Region durch die gleiche Etikette; eine Etikette kann z.B. ein symbolischer Grauwert, eine Falschfarbe oder ein alphanumerisches Zeichen sein.

Einige Zusammenhänge zwischen der Bildsegmentierung einerseits und Bildmodellierung/Bildnäherung andererseits sind in Abb. 6.1 skizziert. Wie bereits

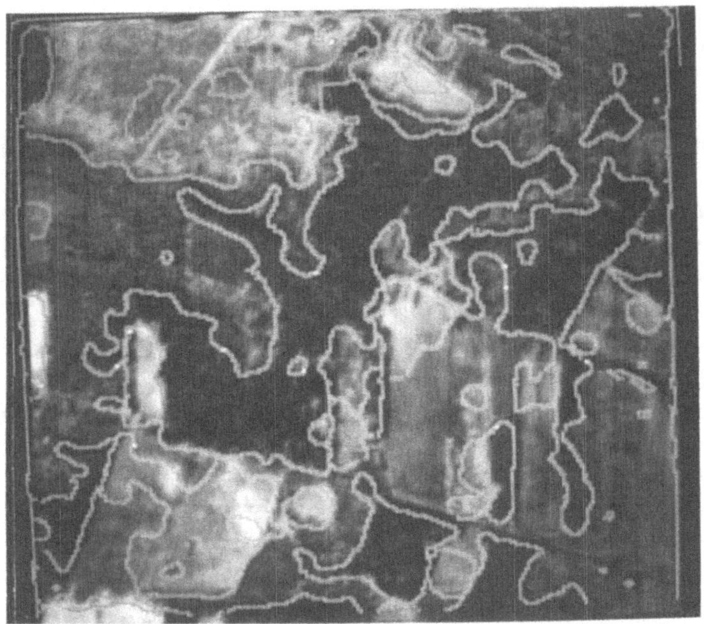

Abbildung 6.2: Segmentiertes Luftbild. Die ermittelten Regionenkonturen sind als helle Linien dem Originalbild überlagert.

erwähnt, kann die Bildnäherung als ein Vorgang zur Angleichung des realen Bildes an sein Modell betrachtet werden, ein Vorgang, der meistens auch eine Vereinfachung der Bildstruktur durch Irrelevanzreduktion bedeutet. Diese Vereinfachung betrifft die Struktur sowohl der Grauwertfunktion, als auch der Datei, die das codierte Bild darstellt. Im Hinblick auf die Bildsegmentierung liegt diesem Vorgang der folgende Gedanke zugrunde: anstelle des viel zu komplexen realen Bildes wird das einfachere angenäherte Bild segmentiert, um dadurch im wesentlichen die gleichen Segmentierungsergebnisse (d.h. Regionenkonturen) zu erhalten, als ob das nicht verfügbare, störungs- und irrelevanzfreie Bildmodell segmentiert worden wäre.

In den nächsten Abschnitten dieses Kapitels werden einige der bekanntesten Bildmodelle statistischer und struktureller Art vorgestellt und in erster Linie als Ausgangspunkt für die Lösung anwendungsbezogener Segmentierungsaufgaben betrachtet. Die Unterscheidung zwischen statistischen und strukturellen Bildmodellen in bezug auf das verwendete Homogenitätskriterium der Regionen wurde bereits am Anfang dieses Abschnitts erörtert. Außerdem kann alles, was im Abschnitt 4.7. bezüglich statistischer und struktureller Texturmodelle dargelegt wurde, in diesem breiteren Zusammenhang als Sonderfall betrachtet werden. Insbesondere kann das Konstantbleiben der dort vorgestellten statistischen Texturmerkmale auch als mögliches Homogenitätskriterium zur Definition von statistischen Bildmodellen im weitesten Sinne gelten.

Bei der Segmentierung nach statistischen Bildmodellen kann man grob zwischen den folgenden Fällen I und II unterscheiden:

I) Die Anzahl der Regionen, d.h. der Klassen, in welche die Bildpunkte einzuteilen sind, und ihre Lage in einem geeignet gewählten Merkmalsraum sind mit Hilfe von Lernstichproben von vornherein bekannt. In diesem Fall liegt ein *Klassifikationsproblem* in einem mehrdimensionalen Merkmalsraum vor. Für seine Lösung stehen klassische Methoden der statistischen Mustererkennung zur Verfügung. Die einschlägige Methodik ist Gegenstand zahlreicher Lehrbücher, wie z.B. [76], [77], [78], [170] und [171]. Auch Werke über die Grundlagen der digitalen Bildsignalverarbeitung behandeln einige Aspekte der statistischen Mustererkennung von diesem speziellen Gesichtspunkt aus [37], [46]. Aus diesem Grunde wird im Abschnitt 6.2 auf die Problematik der Klassifikation nur kurz eingegangen und sonst auf die oben erwähnten Lehrbücher verwiesen.

II) Der häufiger auftretende Fall in der Bildverarbeitungspraxis ist jedoch derjenige, daß weder die Anzahl noch die Lage der Klassen im Merkmalsraum von vornherein bekannt ist, weil keine zuverlässige und repräsentative Lernstichprobe zur Verfügung steht. Anders ausgedrückt, können die in Abb. 4.2. gestrichelt gezeichneten Klassengrenzen im Merkmalsraum vor dem Klassifikationsprozeß nicht bestimmt werden. Dies ist ein typischer Anwendungsfall für die *Clusteranalyse*, ein anderes klassisches Gebiet der statistischen Mustererkennung, dessen Methodik in weiteren Lehrbüchern dargelegt ist [77], [79], [171]. Auf einige spezielle Anwendungen der Clusteranalyse in der Bildverarbeitung wird im Abschnitt 6.3 näher eingegangen.

Es ist schließlich zu bemerken, daß nicht für jedes beliebige vorgegebene Bild ein geeignetes Homogenitätskriterium bestimmt werden kann, das die oben gestellten Anforderungen an eine Segmentierung erfüllt. Das bedeutet, daß streng genommen das Segmentierungsproblem nicht immer lösbar ist ([166]). Neben den systematischen Ansätzen spielt daher bei der Bildsegmentierung auch die Heuristik eine große Rolle.

6.2   Statistische Bildmodelle und Klassifikation

Autoregressives Modell und Anwendungen - Zweidimensionales stochastisches Feld - Markov-Modell - Klassifikation von Bildpunkten in Regionen

In diesem Abschnitt wird ein Überblick über einige der bekanntesten statistischen

Bildmodelle im Hinblick auf ihren Einsatz für die Bildsegmentierung gegeben. Bereits im Abschnitt 4.7. wurden statistische Modelle vorgestellt, die speziell für die Texturbeschreibung entwickelt wurden. Hauptaspekt jener Modelle sind jedoch die texturbeschreibenden Merkmale, die auf statistischer Basis definiert werden können, und nicht die einzelnen Bildpunkte als Elemente eines zweidimensionalen statistischen Prozesses.

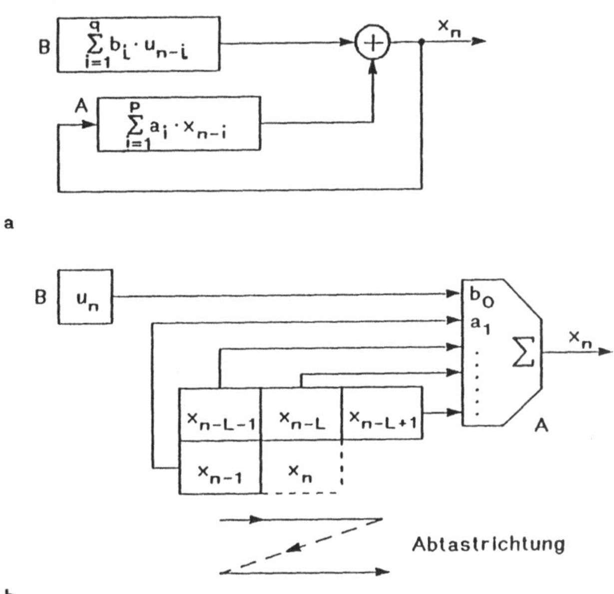

Abbildung 6.3: Autoregressives Modell mit gleitendem Mittelwert. a) schematische Darstellung der allgemeinen Form; b) reines autoregressives Modell.

- **Autoregressives Modell mit gleitendem Mittelwert**
(englisch: autoregressive moving average = ARMA) [156], [160], [161], [163], [175]. In seiner allgemeinen Form besteht dieses Modell (s. *Abb. 6.3a*) aus einer Signalquelle B und aus einem linearen Netzwerk A. Die Signalquelle B gibt in zeitlicher Reihenfolge, wie z.B. durch eine zeilenweise Bildabtastung, diskrete Signale u oder deren lineare Kombinationen ab. Bezeichnet man das aktuelle Quellensignal und den aktuellen Grauwert mit u_n bzw. x_n, so sind u_{n-i} und x_{n-i} die entsprechenden, um i Takte zurückliegenden Signale. x_n ist durch den folgenden Ausdruck gegeben:

$$x_n = a_1\, x_{n-1} + \ldots + a_p\, x_{n-p} + b_0\, u_n + b_1\, u_{n-1} + \ldots + b_q\, u_{n-q} \qquad (6.1)$$

Das Signal u ist nicht direkt meßbar, und seine Werte u_n sind nicht bekannt, weil die einzige greifbare Größe das Grauwertsignal x ist. Aus diesem Grunde wird in der Bildverarbeitung häufig dem ARMA-Modell das reine autoregressive (AR) Modell bevorzugt, das man aus (6.1) erhält, wenn $b_i = 0$ für $i > 0$ ist:

$$x_n = b_0\,u_n + \sum_{i=1}^{p} a_i\,x_{n-i} \tag{6.2}$$

Abb. 6.3b vermittelt eine skizzenhafte Interpretation der Struktur eines AR-Modelles. Hier wurden neben x_{n-1} die um L und $L\pm1$ Takte zurückliegenden Signalwerte x_{n-L-1}, x_{n-L} und x_{n-L+1} betrachtet, von denen x_n abhängt. L ist dabei die Anzahl der Bildpunkte einer Bildzeile.

Man bemerkt, daß diese Struktur kausal ist, d.h. x_n hängt nur von vergangenen Signalwerten ab. Auch nichtkausale AR-Modelle, die jedoch komplizierter sind, wurden vorgeschlagen [156], [160]. Die Kausalität stellt nämlich einen Schwachpunkt des AR-Modells als Bildmodell dar, weil eine punktsymmetrische nichtkausale Struktur den Eigenschaften der natürlichen Bilder und der Bildsensoren besser Rechnung trägt.

Die Gl. (6.2) kann unterschiedlich interpretiert werden. B kann als eine Rauschquelle aufgefaßt werden, die unabhängige Grauwerte erzeugt (white noise driven representation = WNDR [160], [161]). Dieses Modell wurde bereits im Abschnitt 4.7. zur statistischen Texturbeschreibung verwendet. In Gl. (6.2) kann man $b_0\,u_n$ als Differenz zwischen x_n und einer gewichteten Summe von Signalwerten x_{n-i} in Evidenz stellen. Sind die Koeffizienten a_i des Modells bekannt, so stellt $b_0\,u_n$ den Prädiktionsfehler dar, der auftritt, wenn man die lineare Kombination $\sum_i a_i\,x_{n-i}$ zur Prädiktion von x_n verwendet. Wenn die a_i dagegen unbekannt sind, dann können sie anhand der Bilddaten mit Hilfe der Matrix der Kovarianzkoeffizienten abgeschätzt werden [176]. Man kann zeigen, daß dieser Prädiktor optimal im Sinne des minimalen quadratischen Fehlers ist.

AR-Modelle finden ihre Anwendung in einer Reihe praktischer Bildverarbeitungsaufgaben, wie z.B. bei der Texturanalyse, Textursegmentierung, Glättung und Klassifikation [160], [161], [163], [175]. Im folgenden wird nur auf zwei Beispiele kurz eingegangen.

Segmentierung durch Klassifikation
Hierbei wird angenommen, daß in einem Bild nur zwei Regionen, R_1 und R_2 (z.B. Objekt und Hintergrund), auftreten, die zwei unterschiedlichen, durch die Koeffizientensätze $A_1 : \{a_{11}\ldots a_{1i}\ldots a_{1p}\}$ und $A_2 : \{a_{21}\ldots a_{2i}\ldots a_{2p}\}$ gekennzeichneten Modellen entsprechen. A_1 und A_2 können a-priori bekannt sein oder durch Abschätzung ermittelt werden. Dann kann jeder Bildpunkt P_n mit Grauwert x_n derjenigen Region zugeschrieben werden, für die der Prädiktionsfehler:

$$b_0\,u_{kn} = x_n - \sum_{i=1}^{p} a_{ki}\,x_{n-i} \qquad k = 1,\,2 \tag{6.3}$$

minimal ist.

Kantenextraktion

Gegeben ist ein Bild, das aus mehreren Regionen besteht und in dem jede Region in ihrem Inneren dem gleichen AR-Modell entspricht. Nur an den Grenzen zwischen Regionen gilt das Modell nicht. Der Prädiktionsfehler $b_0\,u_n$ besteht dann aus zwei Komponenten:

$$b_0\,u_n = b_0\,(u_n' + u_n'')$$

u_n' ist der modellbedingte Fehler, der den Charakter eines unkorrelierten Rauschens hat; u_n'' tritt dagegen nur bei Kanten auf und ist impulsartig. Zur Kantenextraktion müssen dann, z.B. durch die Anwendung angepaßter Filter, impulsartige Signale aus einem stationären Rauschen extrahiert werden.

- **Zweidimensionales stochastisches Feld**

Bereits im Abschnitt 4.7. wurde die Möglichkeit erörtert, Texturen als zweidimensionale stochastische Felder zu betrachten, die durch die Verteilungsdichtefunktion $p(i)$ der Grauwerte i (Statistik erster Ordnung) und durch die Auftrittswahrscheinlichkeit $p_d(i,j)$ eines Grauwertepaares i, j im Abstand von d Bildpunkten beschrieben werden. Dort wurde auch auf die Komplexität und Redundanz der Cooccurrence-Matrix hingewiesen und die Bildstatistik in erster Linie zum Zweck der Merkmalextraktion verwendet. Im Rahmen dieses Kapitels sollen dagegen die Grauwerte als einzelne Meßwerte eines zweidimensionalen stochastischen Feldes aufgefaßt werden.

Ein in der Literatur häufig verwendetes Modell ist das Markov-Modell (Markov random field = MRF) [159], [162], [172], [173], [177]. Ein MRF ist ein Satz bedingter Wahrscheinlichkeiten $p(x/U)$, daß ein Bildpunkt P_0 den Grauwert x bei einem gegebenen Grauwertvektor $U : \{x_1, x_2 \ldots x_N\}$ der geordneten Nachbarn aufweist. *Abb. 6.4* zeigt zwei mögliche Anordnungen der Nachbarn mit Grauwerten $x_1 \ldots x_N$ bzw. $x_1' \ldots x_N'$, mit $N = 6$. In der Bildverarbeitung verwendet man meistens nichtkausale Sätze von Nachbarpunkten (in Abb. 6.4 z.B. die Vereinigung der x_i und der x_i'), weil es keine natürliche signalbedingte Reihenfolge der Bildpunkte gibt, sondern nur willkürlich durch die Abtastung bedingte Folgen von Signalwerten. Ein MRF muß die folgenden Bedingungen erfüllen ([173]):

a) $p(x/U) > 0 \qquad \forall\,(x/U)$

b) $p(x/\text{Rest des Bildes}) = p(x/U)$ mit passendem U

c) $p(x/U)$ ist verschiebungsinvariant

Die Ordnung des MRF hängt vom Umfang der Umgebung U ab, die, nach b), allein die Auftrittswahrscheinlichkeit von x bestimmt. In der Literatur sind für

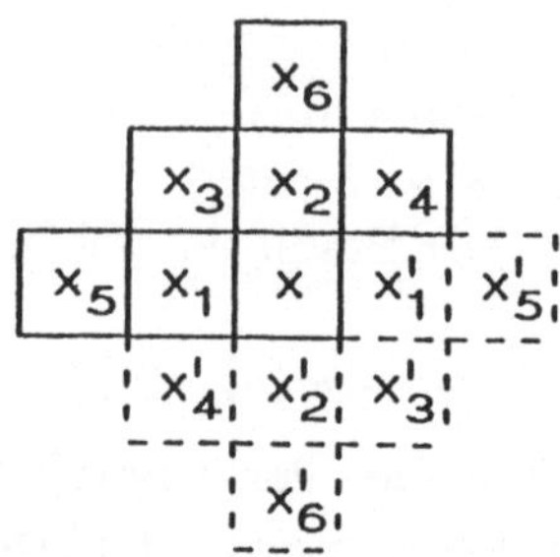

Abbildung 6.4: Beispiele von Anordnungen x_i und x_i' ($i = 1 \ldots 6$) der Nachbarn eines Bildpunktes x. Ein Markov-Modell ist definiert durch den Satz bedingter Wahrscheinlichkeiten $p(x/x_1 \ldots x_N)$.

$p(x/U)$ Ansätze mit Exponentialverlauf bekannt, die hinreichende Bedingungen für die Erfüllung der Anforderungen a), b) und c) bieten [159], [172], [173]. Für Binärbilder ($x = \{0\,,\,1\}$) wird die folgende Form vorgeschlagen:

$$p(x/U) = C\ \exp[a + b_1(x_1 + x_1') + b_2(x_2 + x_2') + c_1(x_3 + x_3') + c_2(x_4 + x_4')] \quad (6.4)$$

wobei C, a, b_1, b_2, c_1 und c_2 Konstanten sind.

Gl. (6.4) stellt ein MRF-Modell zweiter Ordnung dar. In einem Modell erster Ordnung ist $c_1 = c_2 = 0$, und in einem Modell dritter Ordnung werden auch die Grauwerte x_5, x_5', x_6 und x_6' in die Gl. (6.4) miteinbezogen. Nach [159] können zahlreiche Bilder mit den Parameterwerten $a = -4$ und $b_1 = b_2 = c_1 = c_2 = 1$ in (6.4) modelliert werden. Die Gl. (6.4) kann dann in die zwei folgenden Übergangswahrscheinlichkeiten zerlegt werden:

$$P(1/U) = C\ \exp[\sum_i (x_i + x_i') - 4] \qquad P(0/U) = C \quad (6.5)$$

Auch das MRF-Modell kann zur Bildsegmentierung eingesetzt werden. Jede der im Bild auftretenden Regionen R_k ($k = 1 \ldots K$) entspricht einem getrennten MRF-Modell, das durch die bedingten Wahrscheinlichkeiten $p(x_k/U)$ für alle k, x und U beschrieben ist. Die p_k können in einer geschlossenen analytischen Form wie (6.4), (6.5) angegeben werden oder explizit aus einer vorher durchgeführten Bildstatistik bekannt sein. Jeder Bildpunkt P mit Grauwert x und Umgebung U wird dann als Element derjenigen Region R_j klassifiziert, für die das folgende gilt:

$$p_j(x/U) = \max_k p_k(x/U) \quad (6.6)$$

Wie eine Bildsegmentierung auf der Basis einer a-priori-Kenntnis der Bildstatistik erfolgen kann, wird nun anhand eines einfachen, auf die Statistik erster Ordnung beschänkten Beispiels erläutert ([46] Band 2). In diesem Beispiel ist der Grauwert x eines Bildpunktes P das einzige ausgewertete Merkmal, und A, B sind die zwei Klassen, in die die Bildpunkte entsprechend ihrer Zugehörigkeit zur Region

R_A oder zum Hintergrund R_B einzuteilen sind. Dieser Fall entspricht etwa der Abb. 4.17. oben rechts als Ausgangspunkt. Die a-priori bekannte Bildstatistik besteht aus den Dichteverteilungen der bedingten Wahrscheinlichkeiten $p(x/A)$ und $p(x/B)$, daß ein Objekt- bzw. Hintergrundpunkt den Grauwert x hat. Diese

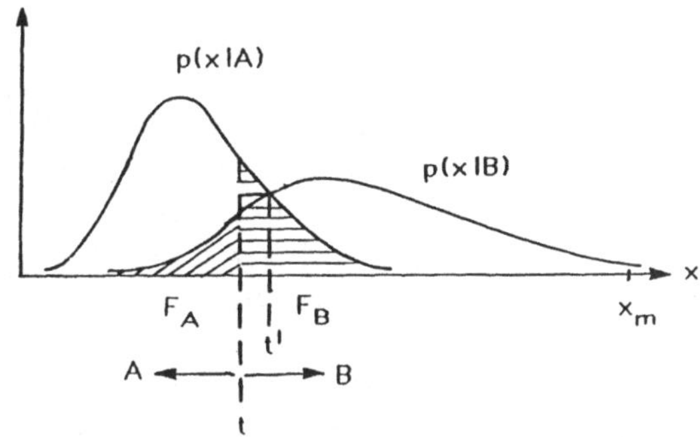

Abbildung 6.5: Auftrittswahrscheinlichkeiten der Grauwerte x, mit $0 \leq x \leq x_m$, für Objektpunkte (B) und Hintergrundpunkte (A), auf deren Basis eine statistische Klassifikation in zwei Klassen erfolgen kann.

sind in *Abb. 6.5* dargestellt. Die Verbundwahrscheinlichkeiten $p(x, A)$ und $p(x, B)$, daß ein Grauwert x auftritt und daß der entsprechende Bildpunkt Element von R_A bzw. R_B ist, sind:

$$\left. \begin{array}{l} p(x, A) = p(A) \cdot p(x/A) \\ p(x, B) = p(B) \cdot p(x/B) \end{array} \right\} \tag{6.7}$$

wobei

$$p(A) = \int_0^{x_m} p(x/A)\,dx \quad \text{und} \quad p(B) = \int_0^{x_m} p(x/B)\,dx \tag{6.8}$$

die Auftrittswahrscheinlichkeiten von R_A bzw. R_B und x_m der Weißwert sind. Weil x das einzige betrachtete Merkmal ist, muß über die Regionenzugehörigkeit anhand einer Grauwertschwelle t entschieden werden, nämlich: $P \in R_A$, wenn $x < t$; sonst ist $P \in R_B$. Der dabei auftretende Klassifikationsfehler e hat zwei Komponenten, d.h. $P \in R_A$ als $\in B$ klassifiziert (Fläche F_B in Abb. 6.5) und $P \in R_B$ als $\in A$ klassifiziert (Fläche F_A):

$$e = p(A)\,[1 - P(t/A)] + p(B)\,P(t/B) \tag{6.9}$$

$$\text{mit} \quad P(t/A) = \int_0^t p(x/A)\,dx \quad \text{usw.} \tag{6.10}$$

Es ist zweckmäßig, den Schwellenwert t so festzulegen, daß e minimal wird, d.h. so daß:

$$\frac{de}{dt} = -p(A) \cdot p(t/A) + p(B) \cdot p(t/B) = 0 \tag{6.11}$$

Daraus ergibt sich die Bedingung für t:

$$\frac{p(t/A)}{p(t/B)} = \frac{p(B)}{p(A)} \tag{6.12}$$

Im Sonderfall $p(A) = p(B)$ (gleichwahrscheinliche Regionen) muß der Schwellenwert am Schnittpunkt der Kurven $p(x/A)$ und $p(x/B)$ gelegt werden (t' in Abb. 6.5).

Der obige Fall ist ein Beispiel eines sogenannten Bayes-Klassifikators mit symmetrischer Gewichtung der Klassifikationsfehler und ohne Rückweisung ([76], [77]); ein solcher Klassifikator geht von a-priori bekannten Wahrscheinlichkeitsverteilungen aus und arbeitet mit minimaler Fehlerwahrscheinlichkeit. Die Methode kann auf den allgemeinen Fall von n Regionen $R_1 \ldots R_n$ und mehreren Merkmalen $x_1 \ldots x_r$, dargestellt durch den r-dimensionalen Merkmalvektor $\overline{x} : \{x_1, x_2 \ldots x_r\}$, erweitert werden. In diesem Fall müssen die Verteilungen $p(A_i)$ und $p(\overline{x}, A_i)$ für $i = 1 \ldots n$ a-priori bekannt sein. Für einen beobachteten Merkmalvektor $\overline{x}$ ist dann der entsprechende Bildpunkt zur Region R_j zuzuschreiben, für die nach der Bayeschen Regel der folgende Ausdruck maximal ist ([77]):

$$p(A_i/\overline{x}) = \frac{p(\overline{x}/A_i)\, p(A_i)}{\sum_{i=1}^{n} p(\overline{x}/A_i)\, p(A_i)} \tag{6.13}$$

• <u>Parameterabschätzung</u>

In einigen Fällen kann man Bildregionen mit Hilfe eines geeigneten Merkmalvektors $\overline{x} : \{x_1, x_2 \ldots x_r\}$ (z.B. für $r = 2$, $x_1 = $ Grauwert und $x_2 = $ Kantenintensität) modellieren, dessen Verteilungsdichtefunktion $p(\overline{x})$ innerhalb jeder Region eine geschlossene und parameterabhängige Form annimmt ([77], [158], [161]). Meistens handelt es sich dabei um eine multivariate Normalverteilung. Mittelwert, Höhe und Streuung einer Normalverteilung charakterisieren dann jede einzelne Region. Oft sind diese Parameter von vornherein unbekannt und müssen zuerst aus den Bilddaten abgeschätzt werden. Zur näheren Erläuterung dieser Methode wird nun ein Verfahren aus [158] kurz umrissen, das als typisch betrachtet werden kann.

Es wird angenommen, daß es nur zwei Regionentypen, R_1 und R_2, gibt, und es wird mit R_0 ein aus R_1 und R_2 gemischtes Gebiet bezeichnet. Weil die Regionenparameter m_k (Mittelwert) und s_k (Streuung), mit $k = 0, 1, 2$ nicht bekannt sind, müssen sie zuerst abgeschätzt werden. Die folgenden Schritte werden durchgeführt:

1. Das Bild wird zuerst in gleiche quadratische Elementargebiete eingeteilt. Mit Hilfe eines ersten Tests werden homogene Gebiete (R_1 oder R_2) und R_0-Gebiete erkannt. Ein Gebiet ist homogen, wenn es die gleichen Werte von m_k und s_k wie seine Teilgebiete aufweist. Homogene Gebiete werden so lange verschmolzen und unhomogene Gebiete so lange unterteilt, bis

die Homogenitätsbedingungen überall erfüllt sind. Dieses Vorgehen ist mit dem später im Abschnitt 6.7.1. vorgestellten Split-and-Merge-Verfahren verwandt. Durch diesen ersten Schritt wird eine vorläufige Bildsegmentierung erzeugt.

2. Aus großen homogenen Gebieten werden die Parameter m_1, s_1, m_2 und s_2 abgeschätzt:

$$m_k = \frac{1}{n} \sum_{i=1}^{n} x_i \qquad s_k = \frac{1}{n} \sum_{i=1}^{n} (x_i - m_k)^2 \qquad k = 1, 2 \qquad (6.14)$$

wobei x_i ($i = 1 \ldots n$) die Grauwerte des Gebietes sind. Diese Parameter werden dann dazu verwendet, um die kleineren Gebiete zu testen und als Teile von R_1 oder von R_2 zu klassifizieren. Entsprechend dem Ergebnis dieses Tests werden die kleinen Gebiete mit den großen verschmolzen. In dieser Weise wird es möglich, auch Texturbilder der Art der Abb. 4.17. mit visuell schwer unterscheidbaren Regionen zuverlässig zu segmentieren.

6.3 Clusteranalyse

Problematik der Clusteranalyse für die Bildsegmentierung - Iteratives Verfahren mit fester Regionenzahl - Verbessertes Verfahren mit Hilfe des Histogramms - Sequentielles Verfahren mit variabler Regionenzahl - Kombinierte Clusteranalyse im Bild- und Merkmalsraum

Die Clusteranalyse ist ein klassisches Gebiet der statistischen Mustererkennung, und ihre vielfältigen Methoden finden Anwendung in einem viel breiteren Aufgabenbereich als in der Bildverarbeitung [76], [77], [78], [79], [171]. Deshalb können hier nur einige Aspekte der Clusteranalyse geschildert werden, die in unmittelbarem Zusammenhang mit der Bildsegmentierung stehen.
Das Ziel der Clusteranalyse ist, Bildpunkte, die im Merkmalsraum durch Merkmalvektoren dargestellt werden, in "natürliche" Ballungen so einzuteilen, daß jede Ballung (Cluster) einer homogenen Bildregion entspricht. Vorkenntnisse über die Anzahl und die Lage der Cluster im Merkmalsraum sind dabei nicht verfügbar. In *Abb. 6.6a* wird diese Situation anhand eines zweidimensionalen Merkmalsraums (M_1, M_2) schematisch dargestellt.

Grundlagen der verschiedenen Clusterverfahren und der Struktur von Merkmalsräumen sind in [79], [178] und [179] systematisch dargelegt. Clusterverfahren haben sich zur Lösung von Klassifikationsaufgaben von Bildpunkten, z.B. als Konturpunkt bzw. Nicht-Konturpunkt oder als eine von verschiedenen Bodenarten

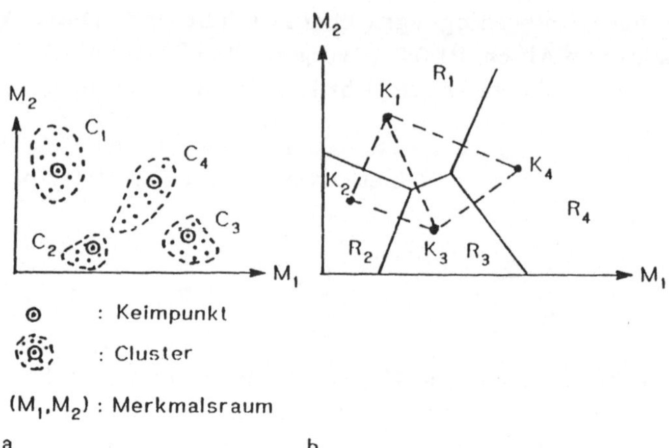

Abbildung 6.6: Clusteranalyse. a) Ballungen (Cluster) $C_1 \ldots C_4$ im Merkmalsraum, die homogenen Bildregionen entsprechen; b) Keimpunkte $K_1 \ldots K_4$ für
die Clusteranalyse und lineare Grenzen im Merkmalsraum zwischen den Clustern
$R_1 \ldots R_4$ als Ergebnis der Clusteranalyse.

bei multispektralen Luftbildern, bewährt (s. [37], [102] und Abb. 4.2.). Kriti-
scher wird ihre Anwendung auf die Bildsegmentierung, weil sich dort die Probleme
der Festlegung geeigneter lokaler Bildmerkmale (s. Kapitel 4) und der korrekten
Anzahl der auftretenden Regionen stellen. Umfassende Übersichtsarbeiten dieser
Problematik sind z.B. [81] und [180], wo die Texturmerkmale aus [111] verwendet
werden.

Beim Einsatz von nichthierarchischen Standard-Clusterverfahren für die Bildsegmentierung stellen sich im allgemeinen, wie in [79], Kap. 7 ausführlich beschrieben, die folgenden Hauptprobleme:

a) Wahl der Merkmale;

b) Festlegung der Keimpunkte im Merkmalsraum für die Clusteranalyse (s.
   Abb. 6.6). Die Keimpunkte können als die anfänglichen Konzentrations-
   punkte der Cluster betrachtet werden, und ihre Rolle wird unten näher
   erläutert.

Zu a): es gibt kein systematisches Verfahren, um "gute" Merkmale zu wählen;
die Festlegung der Merkmale bleibt im Grunde ein heuristischer Vorgang, in dem
die Erfahrung und die Kenntnis der spezifischen Bildstruktur die wichtigste Rolle
spielen. Zur Beurteilung der Güte von Merkmalen nach erfolgter Clusteranalyse können verschiedene Maße der Clusterschärfe herangezogen werden, die aus

der Streumatrix der Meßwerte im Raum (M_1, M_2), im Beispiel von Abb. 6.6b, innerhalb jedes Clusters C_i, und aus der Streumatrix der Clusterschwerpunkte Q_i abgeleitet werden können ([77], [78], [180]). Eine aufschlußreiche Größe ist die mittlere Streuung der Meßwerte $x = (x_1, x_2)$ innerhalb jedes der N Cluster C_i $(i = 1 \ldots N)$, mit Schwerpunkt $Q_i = (q_{i1}, q_{i2})$:

$$S_I = \sum_{i=1}^{N} \sum_{x \in C_i} [(x_1 - q_{i1})^2 + (x_2 - q_{i2})^2] \tag{6.15}$$

Man kann zeigen, daß die Minimierung von S_I das Gleiche wie die Maximierung der Streuung zwischen Clustern S_Z bedeutet, mit:

$$S_Z = \sum_{i=1}^{N} [(q_{i1} - q_1)^2 + (q_{i2} - q_2)^2] \tag{6.16}$$

wobei $Q = (q_1, q_2)$ der Schwerpunkt sämtlicher M Meßwerte des Merkmalsraums darstellt. Für $N = 1$ ist $S_Z = 0$, und für $N = M$ ist $S_I = 0$, so daß das Produkt $S = S_I \cdot S_Z$ gleich 0 ist sowohl im Fall eines einzigen Clusters als auch dann, wenn jeder Bildpunkt einen getrennten Cluster bildet. Neben der Minimierung von S_I, wird als Gütekriterium auch die Maximierung von S verwendet, in der Erwartung, daß dieses Maximum für eine dem Bildinhalt angemessene Anzahl N von Clusters, d.h. von Regionen, zwischen 0 und M, erreicht wird [180].

Zu b): es gibt verschiedene, in [79] ausführlich erläuterte Möglichkeiten, die Keimpunkte K_i $(i = 1 \ldots N)$ festzulegen. Die Keimpunkte können im Raum (M_1, M_2) regelmäßig, in zufälliger Weise oder anhand von a-priori-Kenntnissen der zu erwartenden Regionen verteilt werden. Die Abweichung der Anfangslage der K_i von ihrer endgültigen Lage am Ende des Clusterprozesses beeinflußt nur die Geschwindigkeit, mit der der im folgenden beschriebene Clusterprozeß konvergiert, jedoch nicht sein Endergebnis.
Das einfachste Clusterverfahren gliedert sich in die folgenden Schritte (s. Abb. 6.6b mit $N = 4$):

1. Die Anfangskeimpunkte $K_1 \ldots K_N$ werden festgelegt (s. oben). Dazu ist zu bemerken, daß eine Festlegung der Regionenanzahl N bereits einen Widerspruch zum Ausgangspunkt für die Clusteranalyse, nämlich daß N unbekannt ist, darstellt. N kann daher nur als Schätzwert aufgefaßt werden, und eine falsche Abschätzung von N beeinflußt tatsächlich in spürbarer Weise die Segmentierungsqualität. Wie diese Abschätzung verbessert werden kann, wird weiter unten dargelegt.

2. Jeder Bildpunkt x wird als Element desjenigen Clusters C_j klassifiziert, für den die Distanz d (nach gegebener Metrik) minimal ist:

$$d_j = \min_{i=1 \ldots N} d_i(x, K_i) \tag{6.17}$$

3. Nachdem alle Bildpunkte klassifiziert worden sind, werden auf der Basis ihrer Clusterzugehörigkeit die Lagen der neuen Keimpunkte K_i' berechnet. Wenn $K_i' = K_i \; \forall \; i$ ist, ist der Clusterprozeß beendet. Sonst wird $K_i = K_i'$ gesetzt und ab Schritt 2. eine neue Iteration gestartet.

Die oben geschilderte Prozedur stellt den Kern der meisten Clusterverfahren dar; in der Praxis werden jedoch oft komplexere Verfahren, die mit variabler Anzahl von Clusters arbeiten, an die spezielle Struktur der zu analysierenden Bilddaten angepaßt, wie z.B. der Isodata-Algorithmus ([79], [181]).

Die Grundprozedur läßt sich auch mit Hilfe von Informationen verbessern, die aus einem Histogramm des analysierten Bildes (oder eines typischen Bildes) im mehrdimensionalen Merkmalsraum gewonnen werden können [182], [183], [184].

In *Abb. 6.7* ist ein Beispiel eines solchen Histogramms des zweidimensionalen

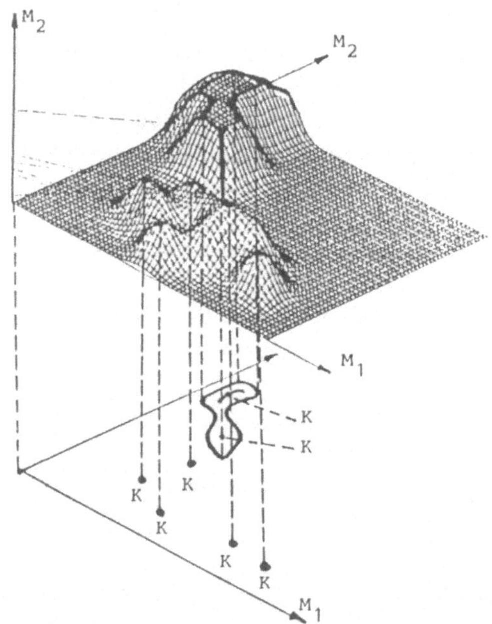

Abbildung 6.7: Histogramm eines zu segmentierenden Bildes in einem zweidimensionalen Merkmalsraum (M_1, M_2). Die relevanten Spitzen geben die Anzahl und die Lage der Regionenkeimpunkte für die nachfolgende Clusteranalyse an.

Merkmalvektors $\{M_1, M_2\}$ gezeigt. Daraus werden nach verschiedenen Kriterien die besonders signifikanten Maxima K extrahiert; diese können in lokalen absoluten Maxima des Histogramms, aber auch in Skelettpunkten von Plateaus liegen. Die Lage und die Anzahl dieser Maxima bestimmen Lage und Anzahl der Keimpunkte für den Clusterprozeß (Schritt 1.). Die Schritte 1. bis 3. der oben umrissenen Prozedur werden dann nur einmal durchgeführt, weil man davon ausgeht, daß die so festgelegten Keimpunkte dem Bildinhalt bereits sehr gut angepaßt sind. Dem Mehraufwand der bei dieser Variante erforderlichen Histogrammberechnung stehen die geringere Anzahl von Iterationen (d.h. nur eine Iteration) und die besseren Segmentierungsergebnisse gegenüber. *Abb. 6.8* zeigt ein nach

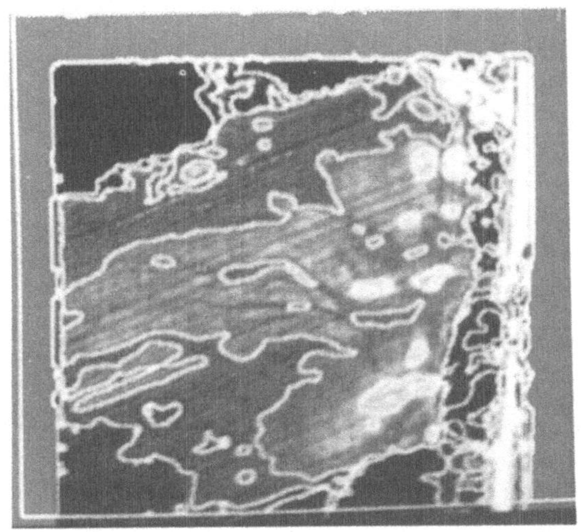

Abbildung 6.8: Experimentalergebnis der Anwendung der Clusteranalyse auf die Segmentierung eines Luftbildes. Die ermittelten Konturen sind als helle Linien dem Originalbild überlagert. Die Methode mit fester Clusteranzahl wurde hier durch die Histogrammanalyse zur Festlegung der Keimpunkte verbessert.

diesem verbesserten Verfahren segmentiertes Luftbild mit 9 Clustern, d.h. mit 9 Regionenarten.

Ein alternativer Ansatz zur Verbesserung der Ergbnisse der Clusteranalyse ist die Anwendung von Methoden, in denen die Anzahl der Cluster sich im Laufe des Prozesses den anfallenden Bilddaten anpaßt. Dies erscheint gerade deswegen sinnvoll, weil die Festlegung einer falsch abgeschätzten Regionenanzahl die Qualität der Ergebnisse empfindlich beeinflussen kann. Diese Prozedur (k-means-Verfahren, s. [79]) hat einen ähnlichen Verlauf wie im Fall der festen Regionenanzahl und gliedert sich in die folgenden Schritte:

1. Die Anfangskeimpunkte $K_1 \ldots K_n$ der Regionen $R_1 \ldots R_n$ im Merkmalsraum (M_1, M_2) werden festgelegt.

2. Jeder Bildpunkt P wird durch den Vektor $x : \{x_1, x_2\}$ in den Merkmalsraum abgebildet und seine minimale Entfernung d_j nach Gl. (6.17) zu den Keimpunkten K_i berechnet.

3. (a) Wenn $d_j > T_1 =$ vorgegebener Schwellenwert ist, dann muß x als Keimpunkt eines neuen Clusters betrachtet werden, wodurch die Anzahl der Regionen sich um 1 erhöht.

   (b) Sonst wird P der Region R_j zugewiesen, und die durch die Hinzufügung von x veränderte Lage K_j' des Keimpunkts K_j muß berechnet werden.

      i. Wenn die minimale Entfernung d_k zwischen K_j' und den übrigen Keimpunkten K_i $(i \neq j)$:

$$d_k = \min_i d(K_j', K_i) < T_2 \qquad (6.18)$$

unter einem vorgegebenen Schwellenwert T_2 liegt, sind die Regionen R_k und R_j zu verschmelzen, und der Keimpunkt des neu entstandenen Clusters $C_k \cup C_j$ ist zu bestimmen. Dadurch sinkt die Anzahl der Regionen um 1.

      ii. Sonst bleibt die Anzahl der Cluster unverändert.

Nach diesem Verfahren, das nur eine Iteration braucht, ändert sich im allgemeinen die Anzahl der Regionen im Laufe des Clusterprozesses, und man weiß am Anfang nicht, wieviele Regionen sich am Ende ergeben werden.Die anfängliche Festlegung der Regionenanzahl ist nicht mehr kritisch, aber die Problematik wird auf die Festlegung der Parameter T_1 und T_2 verschoben, die den Verlauf des Clusterprozesses wesentlich bestimmen. Außerdem ist diese Prozedur, im Gegensatz zum ersten Verfahren, sequentieller Natur, wodurch die Segmentierungsergebnisse im Prinzip von der Verarbeitungsreihenfolge der Bilddaten abhängen. Trotz dieser Nachteile können, nach empirischer Festlegung der Schwellenwerte T_1 und T_2, auch mit diesem Verfahren gute Segmentierungsergebnisse erzielt werden, z.B. für Luftbilder, mit geringfügigen Abweichungen von denjenigen der Abb. 6.8.

Alle bisher geschilderten Clusterverfahren arbeiten ausschließlich im Merkmalsraum. Daher kann man erwarten, daß die resultierenden Regionen in ihrer Beschaffenheit homogen sind; man kann jedoch nicht mit Sicherheit erwarten, daß sie, wie erwünscht, auch räumlich kompakt sind, weil die räumliche Lage der Bildpunkte im Clusterprozeß nicht berücksichtigt wird. Auf der anderen Seite erhält man, wenn man Bildpunktballungen in erster Linie nach ihrer räumlichen Lage bildet (Regionenwachstum, s. Abschnitt 6.6.), zwar kompakte Regionen, aber es gibt keine Sicherheit, daß sie auch im Hinblick auf ihre Merkmale homogen sind. Aus diesem Grund wird manchmal eine Kombination zwischen Clusteranalyse im Merkmalsraum und im Bildraum angestrebt ([165], [181], [185], [186]). Dieses Ziel kann über verschiedene Wege erreicht werden. Zwei Ansätze sollen hier als Beispiel erörtert werden.

In [181] werden zuerst räumlich homogene Regionen unterschiedlicher Größe gebildet, die bestimmte Homogenitätsbedingungen erfüllen. Dann werden diese Regionen einem Clusterprozeß nach dem oben geschilderten k-means-Verfahren mit variabler Clusteranzahl unterzogen.
In [188] wird ein sequentieller Clusterprozeß geschildert, der jeweils auf eine begrenzte Umgebung im Bildbereich beschränkt bleibt. In der Annahme, daß die Bildregionen eher kompakt als zerklüftet sind, wird die räumliche Entfernung zwischen Bildpunkten als zusätzliche Komponente des Merkmalvektors verwendet.

6.4 Formanalyse von Binärbildern durch Zerlegung in Elementarmuster

6.4.1 Überblick

Formanalyse, Formcodierung und selektive Objektrekonstruktion - Elementarmuster - Allgemeine Zerlegungsmethode - Objektzerlegung in disjunkte Teile

Die gesamte Information eines Binärbildes liegt in der Form der darin enthaltenen Objekte. Diese Form kann auch mit konturbeschreibenden Methoden erfaßt werden (s. Abschnitt 1.3.). Eine andere Beschreibungsmöglichkeit, mit der dieser Abschnitt sich befaßt, ist die Zerlegung komplexer Objekte in Elementarmuster einfacher Form, die dann durch einen Code mit gleichbleibender Struktur einzeln dargestellt werden. Die Einfachheit der Elementarmuster (englisch: "primitives") soll sowohl im visuell-geometrischen Sinne, als auch in bezug auf die Datenstruktur ihres Codes verstanden werden.
Die Ziele der Objektzerlegung sind vielfältiger Natur:

- Die Analyse komplexer Formen und die Untersuchung von Bildsyntheseverfahren;

- Die Datenreduktion durch Codierung der Elementarmuster anstelle einer punktweisen Bildbeschreibung;

- Die Möglichkeit einer selektiven Bildwiedergabe aus der codierten Datei, z.B. durch Wiedergabe nur der größten, der am meisten relevanten Elementarmuster, oder von Elementarmustern, die nach Merkmalen ausgesucht werden. Dadurch kann man nach Ermessen des Benutzers Rekonstruktionsgenauigkeit gegen Rekonstruktionsdauer austauschen.

In den nächsten Unterabschnitten werden als Elementarmuster Dreiecke, Rechtecke und konvexe Objekte verwendet. Bei den letzteren werden Methoden zur Zerlegung sowohl in disjunkte, als auch in überlappende Teile beschrieben. Schließlich wird auf die minimale konvexe Hülle als Mittel zur Formanalyse eingegangen. In allen drei Fällen werden die Elementarmuster mit Hilfe von Wachstumsoperatoren bestimmt (s. auch Abschnitt 6.6.). Diese sind lokale Operatoren, die Bildpunkte zu Regionen zusammenfügen, welche gegebene globale Bedingungen erfüllen müssen. Der allgemeine Verlauf eines Prozesses zur Objektzerlegung in disjunkte Teile kann wie folgt umrissen werden:

1. Ausgehend von einem geeigneten Keimpunkt im Objektinneren, wird das Wachstum eines Elementarmusters gestartet und so lange fortgeführt, wie das Elementarmuster, ohne seine vorgeschriebene Formeigenschaften zu verlieren, im Objekt enthalten bleibt.

2. Das am Ende des Wachstumsprozesses erhaltene Elementarmuster wird in kompakter Weise codiert, und die codierten Daten werden abgespeichert.

3. Der dem codierten Elementarmuster entsprechende Objektteil wird aus dem Bild gelöscht.

4. Ist das Bild leer, so ist die Analyse beendet. Sonst wird der gesamte Vorgang am Schritt 1. mit dem restlichen Bild wieder gestartet.

Dieser Vorgang ist typisch sequentiell. Die Form der entstehenden Elementarmuster hängt von der Wahl des Keimpunktes und von den jeweils übrigbleibenden Objektteilen ab, d.h. vom gesamten Prozeßverlauf seit seinem Anfang. Der Wirkungsgrad der Zerlegung (möglichst gute Objektdarstellung mit möglichst wenigen Elementarmustern) und der Codierung (Datenreduktionsfaktor) werden von einer günstigen Festlegung der Keimpunkte wesentlich beeinflußt.

6.4.2 Objektzerlegung in Dreiecke

Als einfachstes Elementarmuster bietet sich das Dreieck an, das durch 6 Parameter, nämlich durch die Koordinaten seiner Endpunkte, bestimmt ist. Eine einfache Zerlegung in nichtüberlappende Dreiecke ist über die Bildung einer sogenannten Voronoi-Parkettierung möglich ([189]). Zu diesem Zweck wird für jeden Punkt des gegebenen polygonalen Objektes, z.B. *ABCDEF* in *Abb. 6.9* links, die euklidische Entfernung zum nächsten Eckpunkt berechnet. Bildpunkte, die die gleiche minimale Entfernung zu mindestens zwei Eckpunkten haben, bilden zusammen mit den Polygonseiten die Grenzen der Voronoi-Zellen *a* bis *f*. In Abb. 6.9 rechts sind die minimalen Entfernungen als Grauwerte und die Grenzen der Voronoi-Zellen

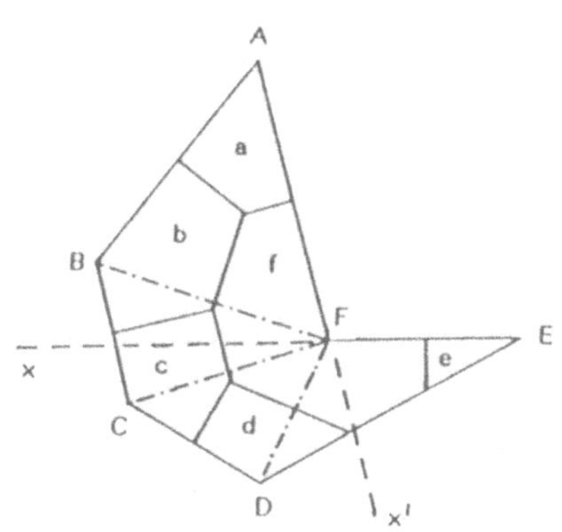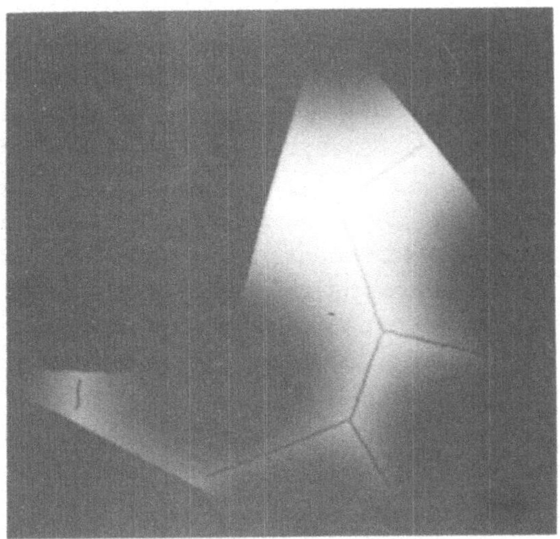

Abbildung 6.9: Objektzerlegung in Dreiecke mit Hilfe der Voronoi-Zellen und der Delaunay-Parkettierung. Links: zeichnerische Darstellung; rechts: Experimentalergebnis zur Bestimmung der Grenzen der Voronoi-Zellen (schwarze Linien). Die Grauwerte stellen die minimale Entfernung der Bildpunkte zu den Eckpunkten dar.

als schwarze Linien dargestellt. Verbindet man die Eckpunkte der benachbarten Voronoi-Zellen $b - f$, $c - f$ und $d - f$, so erhält man eine Triangulation des gesamten Objektes (Delaunay-Parkettierung). Die Segmente BF, CF und DF werden Delaunay-Seiten genannt. Delaunay-Seiten, die keine Polygonseiten sind, können nur aus konkaven Eckpunkten wie F stammen. In [189] sind Kriterien angegeben, um eine Delaunay-Parkettierung durchzuführen, ohne zuerst die Voronoi-Zellen bestimmen zu müssen.

Ein anderes wichtiges Ergebnis von [189] ist die Bestimmung von Delaunay-Seiten, die ein nichtkonvexes Polygon in eine minimale Anzahl konvexer Teile zerlegen. Zu diesem Zweck ist jeder konkave Eckpunkt wie F durch eine Delaunay-Seite mit einem der "sichtbaren" Eckpunkte (C oder D in Abb. 6.9a) zu verbinden, die im "inneren Kegel" (xFx' in Abb. 6.9a) enthalten sind, der dem Winkel AFE gegenüberliegt. Falls im inneren Kegel kein sichtbarer Eckpunkt enthalten ist, muß ein solcher konkaver Eckpunkt mit den beiden nächsten, nicht im inneren Kegel liegenden Eckpunkten verbunden werden.

6.4.3   Objektzerlegung in Rechtecke

Ein Rechteck kann durch 4 geordnete Zahlen, z.B. die Koordinaten des unteren linken Eckpunktes und die zwei Seitenlängen, vollkommen dargestellt werden. In

[190] und [194] werden verschiedene Methoden zur Objektzerlegung in Rechtecke
vorgeschlagen. In beiden Ansätzen ist es wichtig, möglichst große im Objekt enthaltene Rechtecke so früh wie möglich im Laufe der Objektanalyse zu bestimmen.
In [190] werden sowohl die Objekte, als auch der Hintergrund in Rechtecke, die sich
überlappen können, zerlegt. Die Suche nach möglichst großen enthaltenen Rechtecken wird mit Hilfe einer pyramidalen Bilddatenstruktur (s. auch Abschnitt 6.7.)
verbessert. Aus den oberen Ebenen der Pyramide kann man nämlich die Objektteile erkennen, in denen große Rechtecke enthalten werden können. Dieses
Verfahren erreicht in seiner aufwendigsten Variante gute Datenreduktionsfaktoren; andererseits hat es den Nachteil mancher pyramidaler Bildbeschreibungen,
nämlich die starke Abhängigkeit von der Lage des Bildeinteilungsrasters bezogen
auf den Bildinhalt.

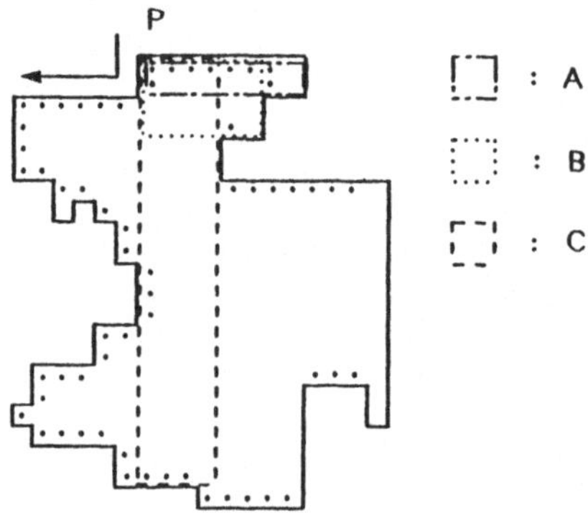

Abbildung 6.10: Objektzerlegung in Rechtecke.

Das in *Abb. 6.10* geschilderte Verfahren von [194] verläuft dagegen genau nach
dem am Ende des Abschnittes 6.4.1 erläuterten allgemeinen Schema. Die Suche
nach dem größten im Objekt enthaltenen Rechteck fängt am obersten linken Objektpunkt P an. Von den möglichen Rechtecken mit P an der oberen linken Ecke
A, B und C wird derjenige mit der größten Fläche (C) gewählt, seine codierten Daten (Koordinaten von P und Seitenlängen) werden abgespeichert, und die
Fläche von C wird aus dem Bilde gelöscht. Dieser Vorgang setzt sich dann mit
dem Rest des Objektes fort, bis das Objekt völlig gelöscht ist.
Der oben geschilderte Suchvorgang kann verbessert werden, wenn man als möglichen Anfangspunkt neben P auch alle in Abb. 6.10 mit • gekennzeichente Bildpunkte auswertet. Einige Experimentalergebnisse mit diesem Verfahren sind in
Abb. 6.11 zusammengefaßt. Abb. 6.11a zeigt das Originalbild, identisch mit dem
rekonstruierten Bild, das man erhält, wenn man $N = 100\%$ der erfaßten Rechtecke wiedergibt. Die übrigen Bilder zeigen angenäherte Bilder, bei denen nur
Rechtecke mit gegebener minimaler Fläche rekonstruiert wurden, mit Angabe der
entsprechenden Anteile N der wiedergegebenen Rechtecke. Wie angestrebt, kann
man dadurch Wiedergabezeit (von N abhängig) gegen Wiedergabequalität austau-

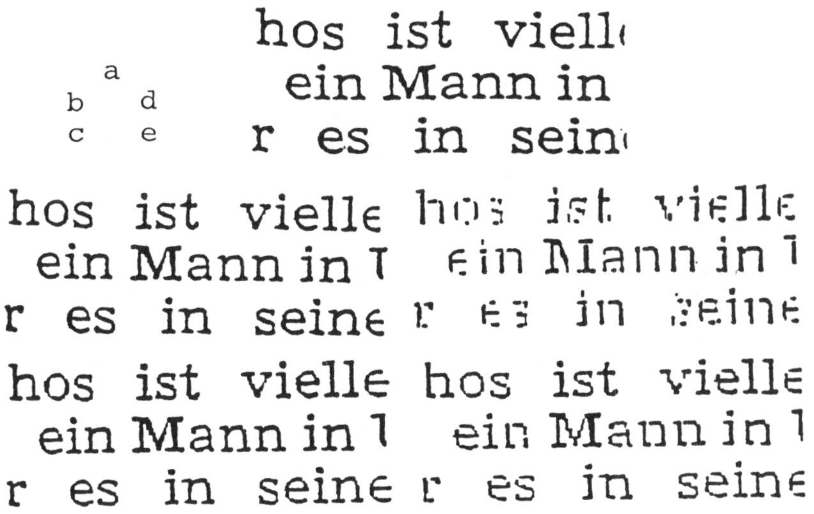

Abbildung 6.11: Experimentalergebnisse der Bildzerlegung in Rechtecke. a) Originalbild und exakte Rekonstruktion mit $N = 100\%$ der Elementarmuster; b) und d) Bildzerlegung mit einfachem Suchvorgang des größten im Objekt enthaltenen Rechtecks und Rekonstruktion der Rechtecke mit Fläche $\geq A$ Bildpunkte: b) $A = 5$, $N = 69\%$ und d) $A = 15$, $N = 26\%$; c) und e) Bildzerlegung mit verbessertem Suchvorgang: c) $A = 5$, $N = 36\%$ und e) $A = 15$, $N = 20\%$.

schen. Die Anwendung einer verbesserten Suchstrategie (Bilder 6.11c und 6.11e) erfordert zwar einen höheren Rechenaufwand, jedoch nur beim Analysevorgang, der nur einmal stattfindet. Bei der häufig wiederholten Bildwiedergabe führt sie dagegen entweder zu einer besseren Qualität bei einem etwa gleichen N-Wert (Vergleich Abb. 6.11d und 6.11e), oder zu einem niedrigeren N-Wert bei etwa gleicher Wiedergabequalität (Vergleich Abb. 6.11b und 6.11c).

6.4.4 Objektzerlegung in konvexe Elementarmuster

Wie bereits in Abschnitt 1.3. erläutert, ist die Konvexität in der Digitalgeometrie unterschiedlich definierbar. Geht man von der dritten der dort vorgestellten Definitionen aus, so hat dies den Vorteil, daß jedes konvexe Binärobjekt durch eine geordnete Folge von 10 Zahlen fehlerfrei dargestellt werden kann. In *Abb. 6.12* ist das Prinzip der Kompaktcodierung auf ein konvexes Objekt angewendet. Im Vergleich mit dem Rechteck (4-Zahlen-Code) ist der Code für Konvexmuster aufwendiger, aber die Vielfalt der dadurch darstellbaren Formen, und damit auch die Anpassungsfähigkeit an den Bildinhalt, viel größer. Der Datenreduktionsgewinn

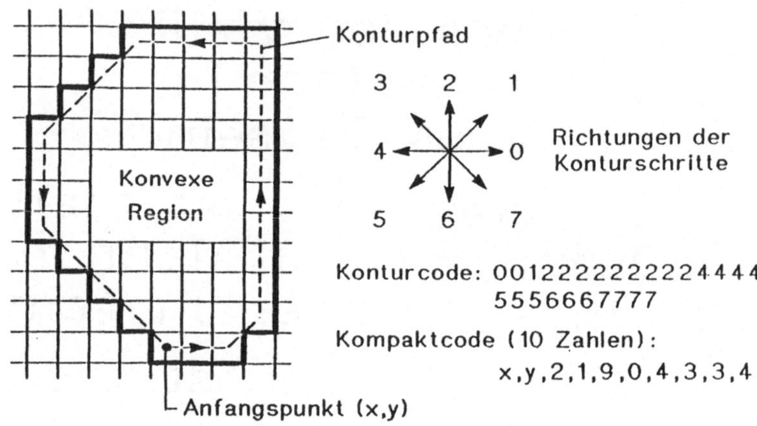

Abbildung 6.12: Kompaktcodierung konvexer Objekte durch eine geordnete Folge von 10 Zahlen mit Hilfe des Konturcodes.

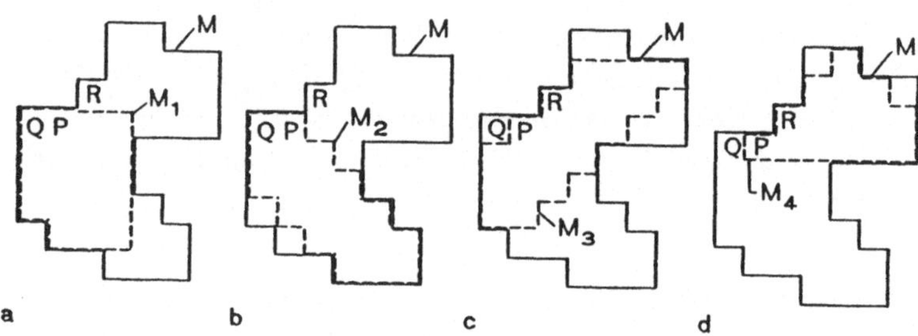

Abbildung 6.13: Objektzerlegung in konvexe Elementarmuster durch Wachstum maximaler konvexer Teilobjekte(MKT) von einem Keim P. Für alle möglichen MKT M_i ($i = 1 \ldots 4$) ist $(Q \in M_i) \cup (R \in M_i)$ nicht kompatibel mit der Konvexitätsbedingung.

steigt mit der Konturlänge der Elementarmuster an, weil die Länge des Codes von der Objektform unabhängig ist.

Auch die im folgenden vorgestellten Zerlegungsverfahren lassen sich durch den im Abschnitt 6.4.1 erläuterten allgemeinen Prozeßverlauf darstellen. Ihr sequentieller Charakter ist in *Abb. 6.13* verdeutlicht. Auch hier ist es wünschenswert, möglichst große, konvexe und im zu analysierenden Objekt enthaltene Elementarmuster zu bilden. Größe und Form des maximalen konvexen Teilobjekts (MKT) M_1, M_2, M_3 und M_4 sind aber vom Startpunkt des Wachstumsprozesses, mit dem das MKT erzeugt wird, und von der Wachstumsstrategie abhängig. Ist P der Startpunkt (Abb. 6.13a und 6.13b) und Q der zweite Bildpunkt des wachsenden MKT, so kann man, je nach der Wachstumsstrategie, als MKT M_1 oder M_2 erhalten. Der Bildpunkt R kann dann nie zusammen mit Q Element eines gleichen

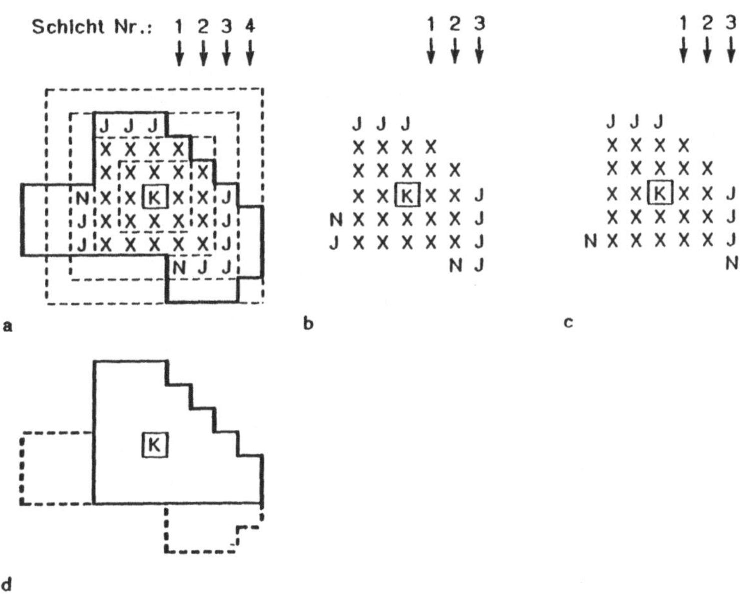

Abbildung 6.14: Schichtweises Wachstum eines maximalen konvexen Teilobjektes (MKT) von einem Keim K. a) Originalobjekt; b) und c) Wachstumsstufen der dritten Schicht; d) resultierendes MKT.

MKT sein. Ist dagegen R der zweite Bildpunkt, so ist Q ausgeschlossen, und man erhält als MKT z.B. M_3 oder M_4.

Bei der praktischen Realisierung des Zerlegungsverfahrens ist es vorteilhaft, den Wachstumskern K eines MKT, wie in *Abb. 6.14* gezeigt, mit Hilfe der Distanztransformation (s. Abschnitt 5.2.) in ein Maximum der Distanzfunktion zu legen, um möglichst große MKT zu erzeugen. Der Wachstumsprozeß erfolgt dann schichtweise um K ([194]). Abb. 6.14a zeigt den Zustand des Wachstumsprozesses nach der Bildung der zweiten Schicht. Bildpunkte, die die Konvexitätsbedingung des wachsenden MKT nicht verletzen, werden mit J gekennzeichnet und vorläufig als Elemente des MKT betrachtet. Weil jedoch die Konvexitätsbedingung nur in paralleler Verarbeitungsweise, Bildpunkt für Bildpunkt, geprüft werden kann, muß diese Kennzeichnung revidierbar sein. Beim Auftreten eines Bildpunktes wie Q in Abb. 6.13a, der die Konvexitätsbedingung verletzt, wird dieser mit N gekennzeichnet, und seine 8-Nachbarn, die in der gleichen Wachstumsschicht liegen, erneut geprüft. Abb. 6.14b und 6.14c zeigen die sukzessiven Phasen dieses Vorgangs, und Abb. 6.14d das resultierende MKT als stabiles Endergebnis. In dieser Weise kann in den meisten Fällen eine objektangepaßte Zerlegung in MKT erzielt werden.

Einige Experimentalergebnisse, allerdings mit einem ungünstigen Testbild (weil

aus nichtkompakten Objekten bestehend), sind in *Abb. 6.15* gezeigt. Auch hier
kann man bei der Bildwiedergabe nur Elementarmuster mit gegebener Mindestfläche rekonstruieren und dadurch Wiedergabequalität gegen Rekonstruktionszeit
austauschen. Entsprechende Beispiele sind in den Abb. 6.15b und 6.15c aufgeführt.

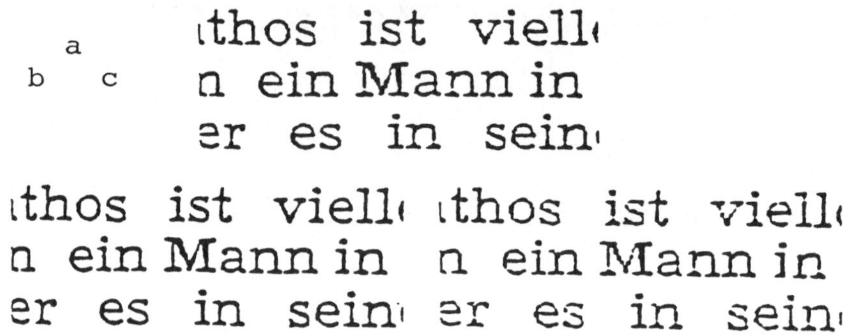

Abbildung 6.15: Experimentalergebnisse der Bildzerlegung in konvexe Objekte
durch schichtweises Wachstum. a) Originalbild, mit allen Elementarmustern
rekonstruiert; b) und c) Objektrekonstruktion nur mit Elementarmustern mit
einer Mindestfläche von A Bildpunkten und Datenreduktionsfaktor C. b)
$A = 4$, $C = 2, 4$; c) $A = 8$, $C = 3, 6$.

6.4.5   Objektzerlegung mit Hilfe von minimalen konvexen Hüllen

**Zerlegung in überlappende konvexe Elementarmuster - Minimale konvexe
Hülle (MKH) - Hierarchische Objektanalyse mit MKH - Formbeschreibung
durch MKH - Konkavitätsbaum**

In diesem Abschnitt wird auf Methoden zur Objektzerlegung in konvexe Elementarmuster eingegangen, die nicht notwendigerweise disjunkt sind. Durch die Zulas-
sung von Überlappungen kann man in manchen Fällen eine Zerlegung in konvexe
Elementarmuster erzielen, die weniger zahlreich und einfacher zu bestimmen sind.
Besondere Aufmerksamkeit wird der Anwendung von minimalen konvexen Hüllen
(MKH) für die Formanalyse gewidmet, unabhängig von der speziellen Aufgabe
der Objektzerlegung. Aufgrund der Wichtigkeit der MKH werden einige Algorithmen für ihre Bestimmung vorgestellt. Zuerst sollen aber einige aus der Literatur
bekannte Ansätze zur Objektzerlegung in ihren wesentlichen Zügen kurz erörtert
werden.

In [193] wird ein Verfahren zur Bestimmung des kleinsten Satzes konvexer Muster vorgestellt, in welche ein gegebenes Objekt zerlegt werden kann. Dieses Verfahren bestimmt mit Hilfe der dynamischen Programmierung, welche konkaven Eckpunkte des Objektes verbunden werden sollen, um das Objekt einzuteilen. Hier werden Objekte der kontinuierlichen Ebene betrachtet, aber eine Umsetzung dieser recht komplizierten Methode auf diskretisierte Objekte ist nicht bekannt.

In [168], [191] und [192] wird gezeigt, daß eine Objektzerlegung in sogenannte "primary convex subsets" (PCS) immer möglich ist, und daß ein Objekt, F in *Abb. 6.16*, immer als Vereinigungsmenge seiner PCS darstellbar ist. Zur Definition eines PCS müssen die Seiten $S_1 \dots S_i \dots S_n$ (mit $n = 6$ in Abb. 6.16) des Objektes einheitlich orientiert werden. Jede orientierte Seite S_i bestimmt eine linke Halbebene e_i. Ausgangspunkt für die Zerlegung ist A, die Schnittmenge aller e_i:

$$A = \bigwedge_{i=1}^{n} e_i \qquad\qquad (6.19)$$

Wenn man nun aus der Menge $\{e_1 \dots e_n\}$ zuerst das Element e_j und darüber hinaus auch das Element e_k $(1 \leq k \leq n)$ ausschließt, erhält man die konvexen Teile:

$$A_j = \bigwedge_{i=1}^{n} e_i \; (i \neq j) \qquad , \qquad A_{jk} = \bigwedge_{i=1}^{n} e_i \; \overset{(i \neq j)}{(i \neq k)} \qquad \text{usw.} \qquad (6.20)$$

In Abb. 6.16 ist $A_2 = A + B$ und $A_{26} = A + B + C$. Im gewählten Beispiel könnte

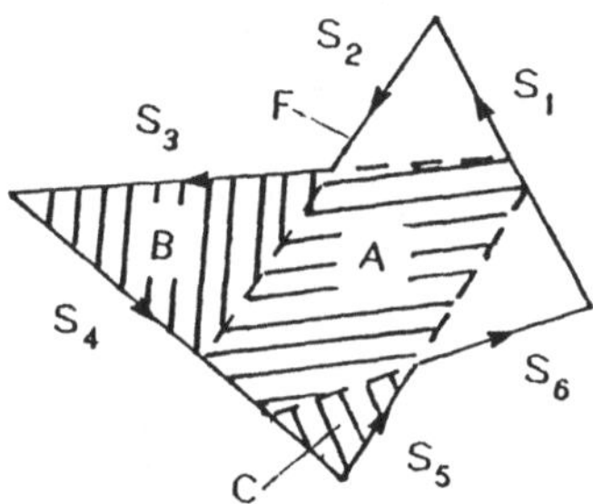

Abbildung 6.16: Prinzip der Objektzerlegung in "primary convex subsets" nach [168].

man durch den Ausschluß einer weiteren Halbebene e_m kein weiteres konvexes Polygon A_{26m} mit $F \supset A_{26m} \supset A_{26}$ erhalten. Ein so konstruiertes Polygon A_{26} ist ein PCS. Wie in [192] gezeigt, führt diese Prozedur zu eindeutigen Ergebnissen, weil der Satz der PCS $A_{M1}, A_{M2} \dots A_{Mz}$ eines Objektes F, wo $Mr(r = 1 \dots z)$ Mengen mit Indices i, j, k usw. $(1 \leq i, j, k \leq n)$ sind, einzig ist.

Auch dieses Verfahren ist mehr von theoretischer als von praktischer Bedeutung, weil die Vorstellung eines Objektes als Polygon den Gegebenheiten der digitalen Geometrie (s. Abschnitt 1.2.) nicht entspricht. Zur praktischen Bestimmung der

PCS muß man nämlich von einer genauen Definition eines digitalen geraden Segmentes ausgehen, wie z.B. in Abschnitt 1.2. dargelegt. Die Digitalisierung eines polygonalen Objektes der kontinuierlichen Ebene ergibt in den meisten Fällen ein diskretes Objekt, in dem die ursprünglichen Seiten in eine Vielfalt von digitalen geraden Segmenten zerfallen, was die praktische Anwendung dieser Zerlegungsmethode erheblich erschwert.

Anders als die konvexen Elementarmuster der oben geschilderten Ansätze, wird die minimale konvexe Hülle (MKH) in der Bildverarbeitung in erster Linie als eine erste grobe Objektnäherung betrachtet, die zur genaueren Objektdarstellung durch weitere MKH ergänzt werden soll. Die MKH eines Objektes S ist das kleinste konvexe Objekt (nach der Definition 3 von Abschnitt 1.3.), das S beinhaltet. Das Problem der Berechnung der MKH einer Menge $P : \{P_1 \ldots P_i \ldots P_n\}$ von Bildpunkten der Ebene wurde bereits von zahlreichen Autoren aufgegriffen ([198], [199], [200]). In diesen Arbeiten wird diejenige geordnete Untermenge P_k von P ermittelt, die aus den Eckpunkten der MKH besteht. Die praktische Anwendung dieser Verfahren auf digitale Binärbilder stößt auf einige Schwierigkeiten. Nimmt man als Anfangsmenge P sämtliche Bildpunkte eines Objektes, so wird n, und damit auch die linear ansteigende Rechenzeit zu groß. Als P kann man andererseits auch die Menge der Eckpunkte des als Polygon betrachteten Binärobjektes nehmen. Auch in diesem Fall, wie bereits bei der Objektanalyse mit "primary convex subsets", ist oft eine Zerlegung der Objektkontur in digitale gerade Segmente, um die Eckpunkte zu bestimmen, sehr problematisch. Die Anzahl der Seiten hängt nämlich stark vom Digitisierungsrauschen ab und wird meistens recht hoch.
Aus diesen Gründen werden im folgenden einige Methoden zur Bestimmung der MKH angegeben, die sich eher an die Vorgehensweise der digitalen Bildverarbeitung als an die euklidische Geometrie anlehnen.

• a) Konkavitätsauffüllung mit einem parallelen lokalen Operator ([195])
Wie in *Abb. 6.17a* gezeigt, sollen nach diesem Ansatz alle lokalen Konkavitäten, die mit Hilfe eines 3 × 3-Operatorfensters erkannt werden können, aufgefüllt werden. Dieser Vorgang soll so lange iteriert werden, bis es nichts mehr aufzufüllen gibt. Zur Konkavitätserkennung wird, wie in Abb. 6.17b, c und d gezeigt, für jeden Konturpunkt des Objektes die Anzahl seiner 8-Nachbarn im Hintergrund festgestellt. Jeder Konturpunkt des Hintergrunds, der einen mit 1 oder 2 gekennzeichneten Objektpunkt als 4-Nachbar hat, wird dann aufgefüllt. Nach diesem Verfahren kann die Auffüllung tiefer Einbuchtungen viele Iterationen erfordern.

• b) Bestimmung der minimalen konvexen Hülle mit dem Konturcode
Eine Anwendung des Konturcodes (s. Abschnitt 1.3.) ermöglicht eine im Vergleich mit a) viel schnellere Bestimmung der MKH durch numerische Manipulationen der Konturkette. Dabei ist die Konturkette als geschlossene Zahlenfolge zu betrachten, d.h. das erste Kettenelement ist der Nachfolger des letzten. Alle Paare aufeinanderfolgender Kettenelemente A, B sind zu prüfen und gegebenenfalls gemäß der

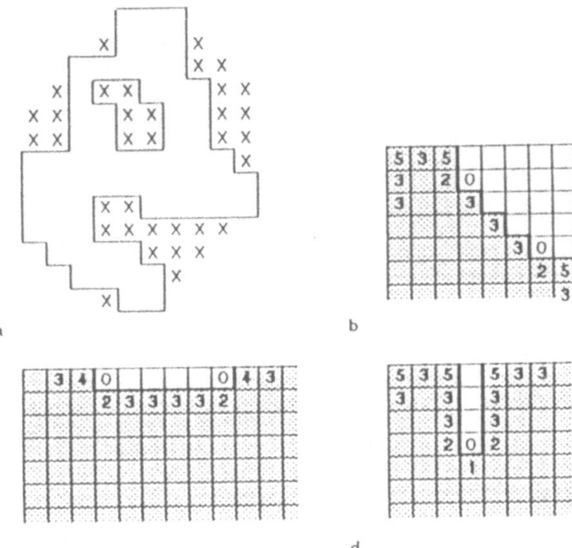

Abbildung 6.17: Bestimmung der minimalen konvexen Hülle durch Konkavitätsauffüllung. a) aufzufüllende Bildpunkte X; b), c) und d) Konturpunkte, die durch
die Anzahl der 8-Nachbarn im Hintergrund gekennzeichnet sind. Die Hintergrundpunkte mit 0 sollen aufgefüllt werden.

unten wiedergegebenen Tabelle durch andere Elemente zu ersetzen. In dieser Tabelle sind die Fälle aufgeführt, in denen eine lokale Konvexität in der Konturstrecke
auftritt, wenn nämlich $(A - B)_{mod8} > 0$ (s. Abschnitt 1.3.). Die Konturkette muß
so lange modifiziert werden, bis keine der in der Tabelle aufgelisteten Zahlenfolgen
A, B mehr auftritt.

Zahlenfolge $...A$, $B...$ in der Zahlenkette des Konturcodes		
$(A - B)_{mod8}$	A	modifizierte Folge
1	gerade	B, A
1	ungerade	B, A
2	gerade	$A - 1$
2	ungerade	$A - 1$, $A - 1$
3	gerade	$A - 2$
3	ungerade	$A - 1$
4	gerade	A und B tilgen
4	ungerade	A und B tilgen

Abb. 6.18a zeigt ein Beispiel eines nichtkonvexen Objektes und seiner in dieser

Weise ermittelten MKH. Dieses Verfahren hat jedoch den Nachteil, bei zu tiefen Konkavitäten möglicherweise zu versagen. In Abb. 6.18b ist ein solches Beispiel gezeigt, in dem der nach der Tabelle berechnete Konturcode der MKH formell korrekt ist, weil er aus einer monoton (modulo-8) steigenden Zahlenfolge besteht. Das Ergebnis stellt jedoch ein geometrisch nicht konsistentes Objekt, mit einer Schleife in der Kontur, dar. Derartige Fälle müssen dann gesondert erkannt und ausgeklammert werden.

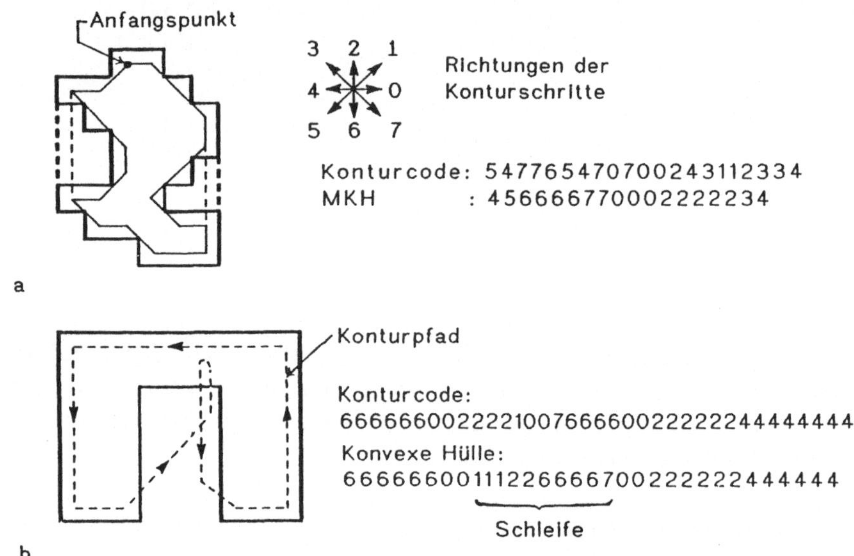

Abbildung 6.18: Bestimmung der minimalen konvexen Hülle mit Hilfe des Konturcodes. a) einfaches Objekt mit dem originalen und dem transformierten Konturcode; b) kritisches Objekt, dessen minimale konvexe Hülle geometrisch nicht konsistent ist.

Eine Erweiterung des Algorithmus a) zur Konkavitätsauffüllung auf Grautonbilder hat sich in manchen Bildanalyseaufgaben als nützlich erwiesen. Geht man von hellen Objekten auf dunklem Hintergrund aus, so kann man einen Bildpunkt p_0 als lokale Konkavität definieren, wenn sein Grauwert P_0 und die Grauwerte $P_1 \ldots P_8$ seiner 8-Nachbarn p_i (s. Abb. 3.2.) die folgende Bedingung erfüllen:

$$\exists i : (P_i > P_0) \wedge (P_{i+1} > P_0) \wedge (P_{i+2} > P_0) \wedge (P_{i+3} > P_0)$$
$$\text{mit} \quad 1 \le i \le 8 , \ 0 \le j \le 3 , \ i+j = (i+j)_{mod8} \tag{6.21}$$

Bei dunklen Objekten auf hellem Hintergrund muß in (6.21) das Zeichen $>$ durch $<$ ersetzt werden; für diesen Fall gelten im folgenden die Zeichen in eckigen Klammern. Die Auffüllung der Konkavität in p_0 bedeutet hier, daß P_0 durch einen neuen Grauwert Q_0 ersetzt wird:

$$Q_0 = \min \, [\max]\{P_i , \, P_{i+1} , \, P_{i+2} , \, P_{i+3}\} \tag{6.22}$$

Der Grauwert von p_0 wird dadurch so wenig wie möglich und so viel wie nötig
verändert, um P_0 auf den Pegel der konkaven Region $p_i \ldots p_{i+3}$ hin zu heben [her-
abzusetzen], damit auch p_0 zum Element des Objektes wird.

Einen Einblick in die Auswirkung dieses Operators auf ein natürliches Grautonbild
(Luftaufnahme eines Geländes) vermittelt *Abb. 6.19.* Mit steigender Anzahl der
Iterationen (Abb. 6.19 oben rechts und unten links) werden die Bildregionen immer
gröber durch konvexe Flächen konstanten Grauwerts angenähert. Solche konvexen
Flächen können als Elementarmuster zur angenäherten Darstellung des Grautonbildes nach einem sogenannten Terrassenmodell verwendet werden. Neben dem
kompakten Konturcode für konvexe Objekte ist dann für jedes Elementarmuster
die Angabe des konstanten Grauwertes erforderlich. In Abb. 6.19 unten rechts ist
das Ergebnis des gleichen Operators in sequentieller Verarbeitungsweise wiedergegeben. Der Vergleich mit Abb. 6.19 unten links zeigt die größere Wirksamkeit des
sequentiellen Operators bei gleicher Anzahl von Iterationen, aber auch das Auftreten einer bevorzugten Wachstumsrichtung in Abhängigkeit von der Reihenfolge
der Verarbeitung (hier von unten links nach oben rechts).

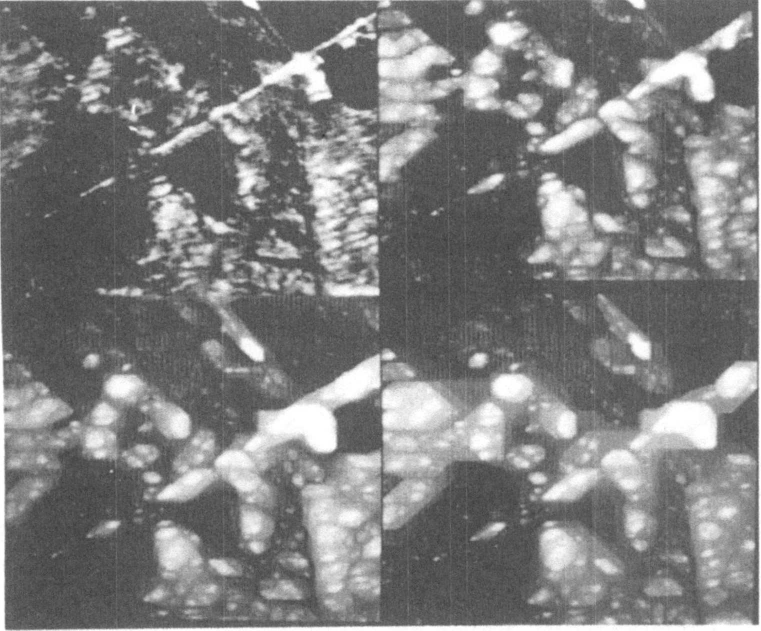

Abbildung 6.19: Anwendung des Algorithmus zur Konkavitätsauffüllung auf ein
Grautonbild (Luftbild). O.l.: Originalbild; o.r.: nach 10 parallelen Iterationen;
u.l.: nach 20 parallelen Iterationen; u.r.: nach 20 sequentiellen Iterationen.

Die minimale konvexe Hülle erweist sich als ein sehr vorteilhaftes und kom-

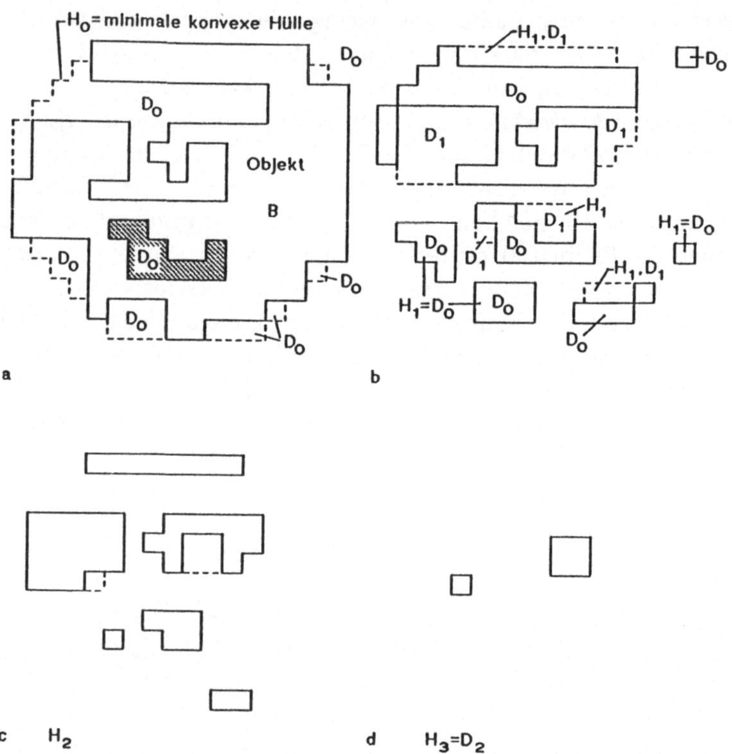

Abbildung 6.20: Sukzessive Analyseschritte der hierarchischen Objektzerlegung in überlappende konvexe Elementarmuster mit Hilfe der minimalen konvexen Hülle.

paktes Elementarmuster (10-Zahlen-Code) für eine hierarchische Objektzerlegung in überlappende konvexe Teile, deren Prinzip in *Abb. 6.20* dargestellt ist. Die aus der Analyse resultierende hierarchische Datei ermöglicht eine stufenweise Objektrekonstruktion mit steigender Genauigkeit und Wiedergabezeit [194].

Die MKH H_0 des gegebenen Objektes B, $H_0 = MKH(B)$, ist die gröbste Objektnäherung, die in diesem Verfahren betrachtet wird. Die Flächen $D_0 = H_0 - B$ stellen den dabei auftretenden positiven Rekonstruktionsfehler dar. H_0 kann, als konvexes Objekt, mit dem 10-Zahlen-Code dargestellt und in die Datei abgespeichert werden. Die Flächen D_0 sind dagegen im allgemeinen nicht konvex und können durch ihre konvexen Hüllen $H_1 = MKH(D_0)$ nur näherungsweise beschrieben werden. Die konvexen Muster H_1 werden also codiert und der Datei hinzugefügt. Bei der Objektrekonstruktion können sie herangezogen werden, um die nächstbessere Objektnäherung $H_0 - H_1$ zu erzeugen. Diesmal ist jedoch der restliche Rekonstruktionsfehler $D_1 = H_1 - D_0$ negativ, weil $MKH(D_0) \supseteq D_0$ ist. So wird die Bestimmung von Fehlerflächen und von ihren MKH so lange fortgesetzt, bis alle Restfehlerflächen konvex sind, wie z.B. in Abb. 6.20 $H_3 = MKH(D_2) = D_2$, $D_3 = 0$.

Die sukzessiven Rekonstruktionsstufen sind in *Abb. 6.21* gezeigt. Dabei werden, ausgehend von der MKH H_0, die MKH der Fehlerflächen von Stufe zu Stufe dem Objekt alternierend hinzugefügt und abgezogen, bis zur Ausschöpfung der gesamten Datei. Die *Abb. 6.22* zeigt, als Experimentalergebnis dieses Verfahrens, die Rekonstruktion eines Textstückes nach 3 und nach 8 Näherungsstufen.

Die Technik der Objektzerlegung durch Bildung der minimalen konvexen Hüllen seiner Konkavitäten wird nicht nur zur Objektcodierung, sondern auch zur Formanalyse und zur Objekterkennung mit Hilfe des sogenannten Konkavitätsbaums verwendet [196]. In *Abb. 6.23* ist das Prinzip des Konkavitätsbaums erläutert. Mit Hilfe eines Auffüllungsoperators können die Konkavitäten B_1, B_2 und B_3 des Objektes B extrahiert und ihrerseits als getrennte Objekte betrachtet werden. In gleicher Weise können die Konkavitäten höherer Ordnung, die alternierend Einbuchtungen und "Halbinseln" sind, extrahiert und als Baumstruktur (s. Abb. 6.23b) dargestellt werden.

Die Bestimmung des Konkavitätsbaums kann in der Werkstückerkennung von Vorteil sein, weil kleine Formunterschiede zwischen einem fehlerfreien und einem fehlerhaften Objekt auffällige Unterschiede des Konkavitätsbaums hervorrufen können, wie aus dem Beispiel der *Abb. 6.24* ersichtlich. Die Erkennung fehlerhafter Werkstücke kann daher in manchen Fällen mit Hilfe des Konkavitätsbaums leichter als am Originalobjekt durchgeführt werden. In [197] ist ein Verfahren zur Extraktion des Konkavitätsbaums eines Objektes vorgestellt, das aus dem Algorithmus zur Konkavitätsauffüllung von [195] abgeleitet ist. Dabei wird der Konkavitätsbaum wie eine Art externes Skelett direkt im Bild konstruiert.

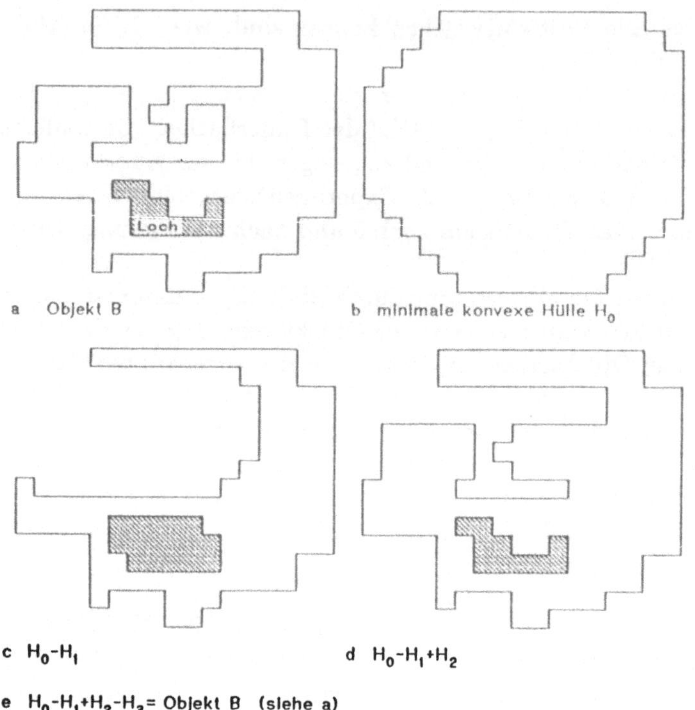

Abbildung 6.21: Sukzessive Rekonstruktionsschritte des Objektes von Abb. 6.20 nach dem Analyseprozess durch minimale konvexe Hüllen.

Abbildung 6.22: Experimentalergebnisse der sukzessiven Analyse und Rekonstruktion eines Binärbildes mit Hilfe von minimalen konvexen Hüllen. a) Originalbild; b) und c) rekonstruiertes Bild nach 8 bzw. 3 Näherungsstufen.

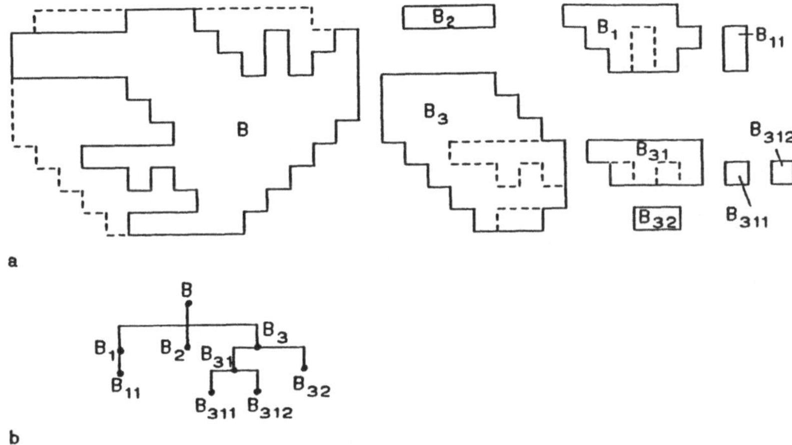

Abbildung 6.23: Formanalyse mit Hilfe des Konkavitätsbaums. a) Objekt B mit seinen Konkavitäten erster Ordnung B_1, B_2, B_3, zweiter Ordnung B_{31}, B_{32} und dritter Ordnung B_{311}, B_{312}; b) Konkavitätsbaum.

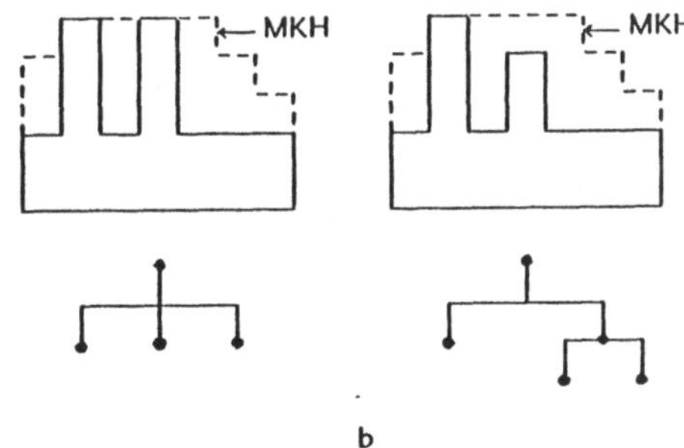

Abbildung 6.24: Leicht unterschiedliche Objekte a) und b) mit stark unterschiedlichen Konkavitätsbäumen.

6.5　Stückweise Bildnäherung nach strukturellen Modellen

Bildnäherung und Datenreduktion - Bildzerlegung in quadratische Regionen - Bildzerlegung in Regionen mit Anpassung an den Bildinhalt - Bildnäherung durch Regressionsebenen - Facettenmodell - Stückweise Näherung durch Raumflächen erster und zweiter Ordnung mit Anpassung an den Bildinhalt

Der Grundgedanke zahlreicher Bildsegmentierungsmethoden ist die Einteilung des Definitionsbereiches (x, y) der Grauwertfunktion $g(x, y)$ eines Grautonbildes, mit $0 \leq x, y \leq N$, in disjunkte Regionen, um dann $g(x, y)$ innerhalb jeder Region durch eine geeignete, von Parametern abhängige Raumfläche $S(x, y)$ zu nähern. Als Kriterium zur Bestimmung der Flächenparameter gilt meistens der minimale quadratische Fehler. In diesem Ansatz erkennt man einen besonders engen Zusammenhang zwischen den Problemen der Bildnäherung und der Bildsegmentierung. In *Abb. 6.25* ist das Prinzip der stückweisen Bildnäherung nach einem strukturellen Modell anhand eines eindimensionalen Beispiels verdeutlicht. Die Grauwertfunktion $g(x)$ wird dort durch Funktionen nullter Ordnung (Konstanten), erster Ordnung (gerade Segmente) und zweiter Ordnung (Parabeln) angenähert. Für eine

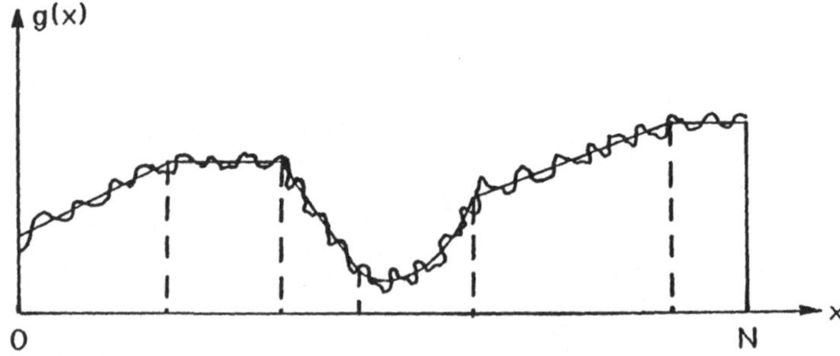

Abbildung 6.25: Eindimensionales Beispiel der stückweisen Bildnäherung nach einem strukturellen Modell.

zweidimensionale Grauwertfunktion $G(x, y)$ kann man die folgenden Näherungsfunktionen verwenden:

$$\left.\begin{array}{ll} S_0(x, y) = K & \text{Plateau mit konstantem Grauwert} \\ S_1(x, y) = a\,x + b\,y + c & \text{Raumebene} \\ S_2(x, y) = A\,x^2 + B\,y^2 + C\,xy + D\,x + E\,y + F \\ \text{Raumfläche 2. Grades} \end{array}\right\} \quad (6.23)$$

Ein angenähertes Grautonbild ist damit durch die Angabe der Regionengrenzen und der für die jeweilige Region gültigen Parameter K, a, b, c, $A \ldots F$ vollständig beschrieben. Der Analyseprozeß kann außerdem durch die Festlegung der Regionengröße flexibel gemacht werden, um die Eigenschaften der resultierenden Bilddatei im Rahmen des unten skizzierten Variationsbereiches nach Belieben zu gestalten.

Einteilung in Regionen	fein		grob
Bildnäherung	gut	$\Longleftrightarrow$	schlecht
Datenreduktion	klein		groß
Bildrekonstruktion	langsam		schnell

Bei der Realisierung einer stückweisen linearen Bildnäherung muß man zwischen zwei grundsätzlich verschiedenen Ansätzen, I und II unterscheiden, die nun mit Hilfe der *Abb. 6.26* erläutert werden.

I) (s. Abb. 6.26a): ein $N \times N$-Bild wird durch ein regelmäßiges Raster von $n \times n$ Bildpunkten eingeteilt, und $g(x,y)$ wird in jedem Quadrat Q_{ij} z.B. durch die Regressionsebene e_{ij} (lineare Näherung mit kleinstem mittlerem quadratischem Fehler) angenähert:

$$e_{ij}(x,y) = a_{ij}x + b_{ij}y + c_{ij} \tag{6.24}$$

mit $1 \leq i,j \leq M = \frac{N}{n}$. Dieser Ansatz hat die folgenden Vor- und Nachteile.
Vorteil:
Zur Bilddarstellung ist keine Information über die Regionengrenzen erforderlich, weil ihre Lage und Größe direkt aus n folgen. Daher ist eine Codierung mit hoher Datenreduktion möglich. Bei einer Näherung durch Regressionsebenen ist z.B. die gesamte Datenmenge von $3 \cdot M^2$ Zahlen ausreichend.
Nachteil:
Das Bildeinteilungsraster steht in keinem Zusammenhang mit dem Bildinhalt, und daher kann es vorkommen, daß Gebiete mit stark unterschiedlichem Verlauf der Grauwertfunktion dem gleichen Quadrat zugeordnet werden. Der Näherungsfehler kann deshalb groß werden.

II) (s. Abb. 6.26b): es wird eine obere Grenze E des maximalen oder des mittleren quadratischen Fehlers festgelegt. Durch Wachstumsprozesse mit Anfang in geeigneten Keimpunkten K_i ($i = 1 \ldots L$) werden dann Regionen R_i gebildet. Das Wachstum einer Region wird abgebrochen, wenn z.B.:

$$\frac{1}{r_i} \sum_{P \in R_i} |g(P) - e_i(P)| = E \qquad \text{mit} \quad P : P(x,y) \tag{6.25}$$

ist, wobei r_i die Anzahl der Bildpunkte und e_i die Regressionsebene der Grauwerte $g(P)$ in R_i darstellen. Die Kontur c_i von R_i ergibt sich dann aus der Bedingung (6.25). Diese Kontur hat im allgemeinen keine einfache Form und muß daher explizit, Punkt für Punkt, angegeben werden. Dies hat die folgenden Vor- und

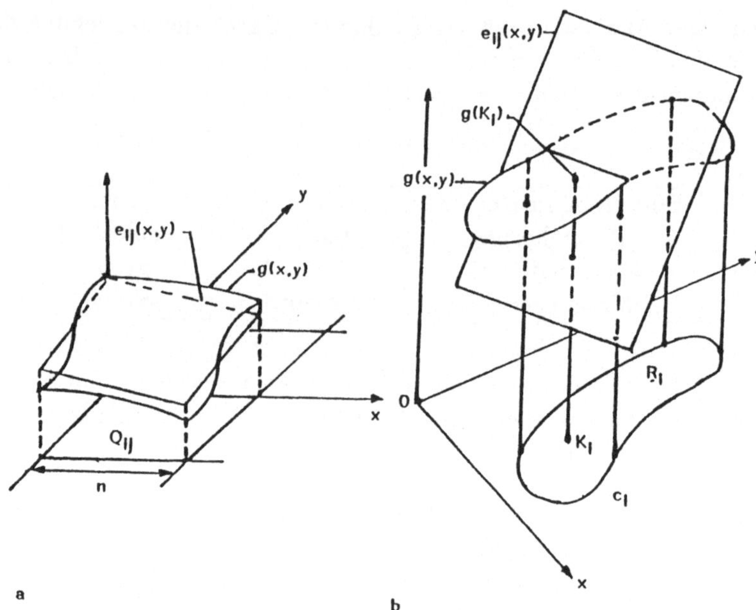

Abbildung 6.26: Stückweise lineare Bildnäherung. a) Bildeinteilung in ein regelmäßiges quadratisches Raster; b) Wachstum von Regionen mit linearem Grauwertverlauf und vorgegebener mittlerer quadratischer Abweichung vom Original.

Nachteile.

Vorteile:

Der Näherungsfehler, und somit die Qualität der Bildrekonstruktion, können vor dem Analyseprozeß direkt festgelegt werden.

Durch den Wachstumsprozeß paßt sich die Form der Regionen an den Bildinhalt an, der dadurch mit wenigen Regionen erfaßt werden kann.

Nachteile:

Die erforderliche Datenmenge ist von vornherein nicht bekannt, weil sie von den sich ergebenden Konturen c_i abhängt. Eine optimale Festlegung der Keime K_i und der Anzahl L der Regionen, um L möglichst klein und die c_i möglichst einfach zu halten, würde einen zu hohen Rechenaufwand erfordern. In der Praxis werden dagegen Kompromißlösungen angestrebt.

Zusammenfassend: beim Ansatz I ist die Datenmenge vorgegeben und der sich ergebende Näherungsfehler unbekannt; beim Ansatz II ist dagegen der Näherungsfehler vorgegeben und die erforderliche Datenmenge von vornherein unbekannt.

In der Literatur findet man eine Fülle von Arbeiten zur Bildsegmentierung nach beiden oben geschilderten Ansätzen. Zum Ansatz I zählen auch alle diejenigen Methoden, die aus einer hierarchischen Anordnung der Bildfelder eines regelmäßig

eingeteilten Bildes ausgehen, wie z.B. [212], [213], [214] und [215]. Diese Methoden sind auch unter dem Stichwort "Pyramiden" oder "Quadtrees" bekannt und in Abschnitt 6.7 ausführlich behandelt. In diesem Abschnitt sollen dagegen regelmäßige Bildeinteilungen ohne hierarchische Anordnung der Bildfelder betrachtet werden, wie z.B. in [205].
Besonders zahlreich sind die Arbeiten nach dem Ansatz II mit dem Ziel, den Regionenbildungsprozeß und die Näherung der Grauwertfunktion zu optimieren [202], [203], [204], [206], [207]. Auf das sogenannte Facettenmodell ([207], [209], [210]) wird in diesem Abschnitt näher eingegangen. Ein isotroper Regionenwachstumsprozeß und regelmäßige Regionen in Form von digitalen "Kreisen" werden für eine Bildzerlegung in konstante Grauwertplateaus in [208] verwendet.
Andere Verfahren gehen von einem Modell der Grauwertfunktion $g(x, y)$ als Komplex von Gebirgen, Tälern, Satteln und ähnlichen "topographischen" Begriffen aus, und finden die Regionengrenzen durch eine Analyse der ersten und der weiteren Ableitungen g'_x, g'_y, g''_{xy}, g''_{xx}, usw. [164], [216], [217] und [218]. Nachteilig ist dabei die hohe Rauschempfindlichkeit der Ableitungen höherer Ordnung.

- **I) Bildzerlegung in Regionen konstanter Größe**

Um die Regressionsebene e_{ij} für Q_{ij}, das i-te Quadrat der j-ten Bildreihe (s. Abb. 6.26a) mit $n \times n$ Bildpunkten –hier einfach mit e bzw. Q bezeichnet– zu berechnen, müssen die Werte der Koeffizienten a_{ij}, b_{ij} und c_{ij} von Gl. (6.24) –hier einfach mit a, b und c bezeichnet– bestimmt werden, die den mittleren quadratischen Fehler E minimieren:

$$E = \sum_Q [ax + by + c - g(x, y)]^2 \qquad (6.26)$$

Setzt man die partiellen Ableitungen von E nach a, b und c gleich 0, so erhält man:

$$\left. \begin{array}{l} 2 \sum_Q \{x[ax + by + c - g(x, y)]\} = 0 \\[2ex] 2 \sum_Q \{y[ax + by + c - g(x, y)]\} = 0 \\[2ex] 2 \sum_Q [ax + by + c - g(x, y)] = 0 \end{array} \right\} \qquad (6.27)$$

oder, in kompakter Schreibweise:

$$\left. \begin{array}{l} U\,a + W\,b + V\,c = \sum_Q x \cdot g(x, y) \\[2ex] W\,a + U\,b + V\,c = \sum_Q y \cdot g(x, y) \\[2ex] V\,a + V\,b + n^2\,c = \sum_Q g(x, y) \end{array} \right\} \qquad (6.28)$$

mit:

$$U = \sum_Q x^2 = \sum_Q y^2 \left.\vphantom{\begin{array}{c}a\\b\\c\end{array}}\right\}$$
$$V = \sum_Q x = \sum_Q y$$
$$W = \sum_Q x\,y$$
$$\text{(6.29)}$$

Es ist vorteilhaft, den Ursprung des Koordinatensystems (x, y) in die Mitte des jeweiligen Quadrats Q_{ij} zu legen, damit $V = W = 0$ wird. Dann erhält man:

$$a = \tfrac{1}{U} \sum_Q x \cdot g(x, y) \quad , \quad b = \frac{1}{U} \sum_Q y \cdot g(x, y)$$
$$c = \tfrac{1}{n^2} \sum_Q g(x, y)$$
$$\text{(6.30)}$$

In (6.30) ist c der mittlere Grauwert in Q_{ij}, während a und b gewichtete Grauwerte

Abbildung 6.27: Faltungskoeffizienten der Masken zur Bestimmung der Parameter a, b und c der Regressionsebene für eine Grauwertfunktion in Fenstern unterschiedlicher Größe, nach [207].

darstellen; jeder Grauwert wird mit der entsprechenden x- bzw. y-Koordinate, relativ zur Quadratmitte, gewichtet. In [207] sind die Faltungskoeffizienten zur Bestimmung der Regressionsebene für symmetrische quadratische Regionen verschiedener Größe angegeben, die in *Abb. 6.27* wiedergegeben sind.
Abb. 6.28 unten zeigt das Ergebnis der linearen Näherung des Originalbildes von Abb. 6.28 oben durch Einteilung in Quadrate zu 4×4 (unten links) und 8×8 (unten rechts) Bildpunkten. Besonders im letzten Beispiel kommen die Näherungsfehler

zum Vorschein (helle oder dunkle Ränder der Quadrate), die auf die Fehlanpassung zwischen Bildinhalt und Bildeinteilungsraster zurückzuführen sind.

Hinsichtlich des letztgenannten Schwachpunktes kann jedoch die Bildzerlegung nach dem Ansatz I etwas verfeinert werden, wenn man benachbarte Quadrate, wie Q_1 und Q_2 in *Abb. 6.29a*, deren Regressionsebenen e_1 und e_2 geringfügig voneinander abweichen, durch eine einzige Regressionsebene $e = ax + by + c$ nähert. Faßt man in dieser Weise alle benachbarten Quadrate zusammen, bei denen der durch diesen Vorgang verursachte Näherungsfehler E eine vorgegebene Schwelle E_M nicht überschreitet, so kann man auch auf Regionenformen zurückgreifen, die sich, wie die in Abb. 6.29b gezeigten, besser an den Bildinhalt anpassen können. Eine solche Regionenverschmelzung ist deshalb besonders leicht, weil die Parameter der Regressionsebene e direkt aus denjenigen der Regressionsebenen e_1 und e_2 berechnet werden können, ohne auf die Bilddaten zurückzugreifen [206]. Als Beispiele dieser Technik werden hier zwei einfache Fälle betrachtet:

Q_1 und Q_2 sind Rechtecke zu $N \times K$ bzw. $M \times K$ Bildpunkten, wie in Abb. 6.29a. Die Parameter und die mittleren quadratischen Fehler der Regressionsebenen für die Flächen Q_1, Q_2 und $Q_1 + Q_2$ stehen miteinander im folgenden Zusammenhang ([206], [223]):

$$\left.\begin{aligned}
a &= \tfrac{a_1+a_2}{4} - \tfrac{3(c_1-c_2)}{4(M+N)} \\
b &= \tfrac{1}{2}\,(b_1 + b_2) \\
c &= \tfrac{1}{2}\,(c_1 + c_2) - \tfrac{1}{4}\,(a_1\,M - a_2\,N) \\
E &= \tfrac{1}{2}\,[E_1 + E_2 + \tfrac{1}{12}\,(a_1^2\,M^2 + a_2^2\,N^2) + \\
&\quad + \tfrac{K^2}{48}\,(b_1^2 + b_2^2) + c_1^2 + c_2^2] - \tfrac{a^2}{3}\,(M + N)^2 - \tfrac{b^2}{12}\,K^2 - c^2
\end{aligned}\right\} \qquad (6.31)$$

Q_1, Q_2, Q_3 und Q_4 sind wie in Abb. 6.29b angeordnet und bilden zusammen ein Quadrat von $L \times L$ Bildpunkten. Die Koeffizienten a, b, c, a_i, b_i und c_i der entsprechenden Regressionsebenen und die mittleren quadratischen Fehler E und E_i ($i = 1 \ldots 4$) stehen in den folgenden Beziehungen:

$$\left.\begin{aligned}
a &= \tfrac{1}{16}\textstyle\sum_{i=1}^{4} a_i - \tfrac{3}{4L}\,(c_1 - c_2 - c_3 + c_4) \\
b &= \tfrac{1}{16}\textstyle\sum_{i=1}^{4} b_i - \tfrac{3}{4L}\,(c_1 + c_2 - c_3 - c_4) \\
c &= \tfrac{1}{4}\textstyle\sum_{i=1}^{4} c_i \\
E &= \tfrac{1}{4}\textstyle\sum_{i=1}^{4}[E_i + \tfrac{L^2}{48}\,(a_i^2 + b_i^2) + c_i^2] - \tfrac{L^2}{12}\,(a^2 + b^2) - c^2
\end{aligned}\right\} \qquad (6.32)$$

In beiden Fällen wird für benachbarte Felder der Näherungsfehler E bei der Verschmelzung berechnet. Die Verschmelzung wird dann vollzogen, wenn $E \leq E_M$ ist; die Parameter a, b und c der übergreifenden Regressionsebene e werden in die Bildbeschreibung übernommen.

In *Abb. 6.30* rechts ist ein Experimentalergebnis aus der Verschmelzung von 6×6-Quadraten zur Näherung des Bildes in Abb. 6.30 links gezeigt. Nach dem zugrun-

Abbildung 6.28: Stückweise lineare Bildnäherung durch Einteilung in Quadrate konstanter Größe $n \times n$. Oben: Originalbild; unten links: angenähertes Bild mit $n = 4$, 1920 Quadrate; unten rechts: angenähertes Bild mit $n = 8$, 480 Quadrate.

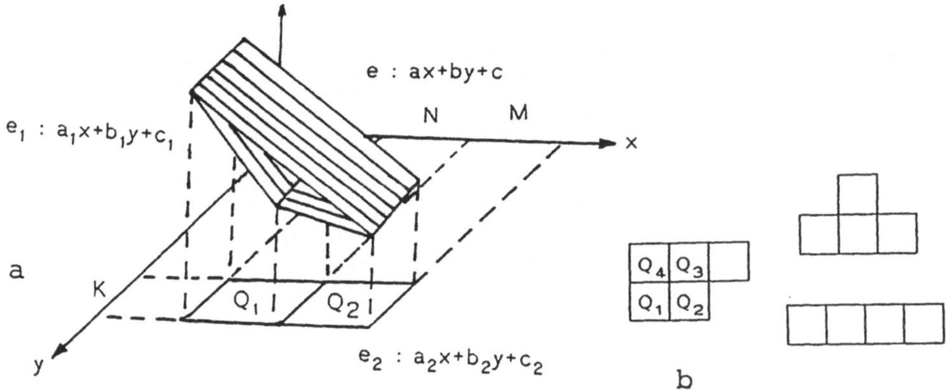

Abbildung 6.29: Zusammenfassung der Regressionsebenen e_1, e_2 benachbarter Quadrate durch eine übergeordnete Regressionsebene e nach [206]. a) räumliche Darstellung des Falles von zwei benachbarten Quadraten Q_1, Q_2; b) benachbarte Quadrate in verschiedenen Lagen.

degelegten E_M-Wert wurden 182 Verschmelzungen zwischen benachbarten Quadraten vollzogen. Die 30720 Bildpunkte des Originalbildes wurden dadurch auf 658 lineare Grauwertgebiete reduziert.

- **II) Zerlegung in Regionen variabler Größe mit Anpassung an den Bildinhalt**

Bei der Gegenüberstellung der Ansätze I und II am Anfang des Abschnittes 6.5 wurde als wesentlicher Nachteil von II die Schwierigkeit dargestellt, die Definitionsbereiche der Näherungsfunktionen (6.23) auf der Bildebene zu optimieren. Da die Form dieser Bereiche das Endergebnis eines Wachstumsprozesses darstellt, hängt die Güte der Bildnäherung von der Festlegung der Keimpunkte des Wachstumsprozesses ab. Verwendet man zur Bildnäherung nur lineare Funktionen S_0 und S_1 aus (6.23), so kann man sich die Grauwertfunktion als ein Grauwertgebirge vorstellen, das, bei vorgegebenem Näherungsfehler, durch einen Polyeder mit möglichst wenigen Facetten angenähert werden soll.

Das sogenannte "Facettenmodell" (englisch: facet model) ist ein Versuch, die Bestimmung der Anfangspunkte des Wachstumsprozesses an den Bildinhalt optimal anzupassen [207], [209], [210]. Die praktische Bedeutung des Facettenmodells ist aufgrund seines hohen Rechenaufwands nicht groß [224]. Eine summarische Erläuterung dieser Methode ist jedoch von Interesse, weil sie einen seltenen Versuch darstellt, den Regionenbildungsprozeß auf systematischer und nicht nur auf empirischer Basis zu gestalten.

Durch jeden Bildpunkt p_0 kann man $N = n^2$ Regressionsebenen $e_i = a_i x + b_i y + c_i$ ($i = 1 \dots N$) zur Näherung der Grauwertfunktion konstruieren, nämlich eine für jedes der N $n \times n$-Fenster, die p_0 beinhalten. In *Abb. 6.31a* sind, für $n = 3$, drei der 9 möglichen Fenster um p_0, U_1, U_2 und U_3, abgebildet. Für jede e_i ist der

Abbildung 6.30: Stückweise lineare Bildnäherung mit Verschmelzung benachbarter Quadrate nach der Methode von [206]. Links: Originalbild; rechts: Bildnäherung durch Einteilung in 6 × 6-Quadrate und Verschmelzung von 182 Quadraten nach einer gegebenen Grenze des mittleren quadratischen Fehlers.

mittlere quadratische Näherungsfehler E_i im entsprechenden U_i minimal, aber für eine bestimmte Ebene e_m ergibt sich der absolut kleinste Näherungsfehler:

$$e_m : E_m = \min_{i=1\ldots N}\{E_i\} \tag{6.33}$$

Um die Facetten-Transformation durchzuführen, ersetzt man nun den Grauwert P_0 von p_0 durch den Grauwert P_m der Ebene e_m im Bildpunkt p_0. Dieser Prozeß wird bis zur Konvergenz der Facetten-Transformation, die in [209] bewiesen wird, iteriert, d.h. bis keine Grauwertänderung mehr auftritt.
Die Berechnug von P_m wird durch den Einsatz der in Abb. 6.31b wiedergegebenen Faltungsmasken für den Fall $n = 3$ (aus [209]) erleichtert. Je nach den relativen Koordinaten (X, Y) von p, relativ zum Zentralpunkt p_m des Fensters U_m, die jede der 9 Masken kennzeichnen, ist die 3 × 3-Umgebung von p_0 mit der entsprechenden Maske zu falten, und das Ergebnis ist durch 18 zu dividieren. Praktische Erfahrungen mit diesem Verfahren ([224]), die zum Teil in *Abb. 6.32* dokumentiert sind, zeigen eine bessere Anpassung der stückweisen linearen Näherung an den Bildinhalt im Vergleich mit dem Ansatz I (s. auch Abb. 6.28 und 6.30). Andererseits erreicht man eine brauchbare Facettengröße erst mit höheren Werten von n als 3 oder 5, wobei der Rechenaufwand mit n^4 steigt. Auch die Konvergenz

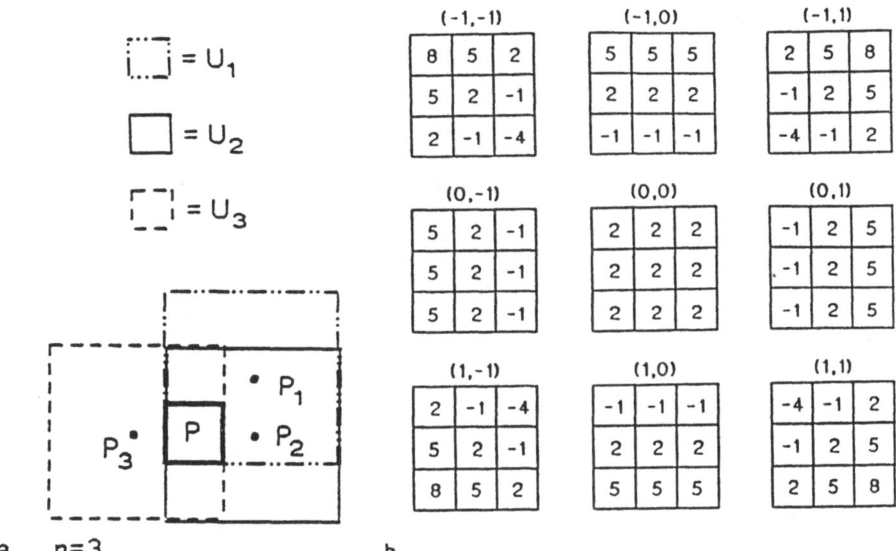

Abbildung 6.31: Bildnäherung mit Hilfe des Facettenmodells aus [209]. a) Beispiele von 3 × 3-Fenstern, die einen Bildpunkt P beinhalten; b) Faltungsmasken zur Berechnung des Näherungswertes für P, je nach der Lage von P im Fenster mit kleinstem Näherungsfehler.

der Facetten-Transformation kann, je nach dem Bildinhalt, eine große Zahl von Iterationen erfordern.

Im Vergleich zum Facettenmodell verfährt der im folgenden vorgestellte Ansatz zur stückweisen Bildnäherung mit Raumflächen bis zur zweiten Ordnung aus [201] und [202] mehr empirisch und weniger systematisch. Aufgrund der erzielten Ergebnisse bezüglich Näherungsgüte und Datenreduktion und der vielfältigen Variationsmöglichkeiten kann jedoch dieses Verfahren als ein interessantes Gerüst zur Lösung mancher Bildsegmentierungsaufgaben betrachtet werden. Es ist das Ziel des Verfahrens, ein Bild durch Regionenwachstum (s. auch Abschnitt 6.6.) in Gebiete einzuteilen, die durch Raumflächen nullter Ordnung (Grauwertterrassen), erster Ordnung (Raumebenen) und zweiter Ordnung (Paraboloiden und ähnliches) angenähert werden können.
Abb. 6.33b, c und d zeigen mögliche Näherungsflächen steigender Ordnung des in Abb. 6.33a dargestellten Grauwertverlaufs in einer Region R. Nach Gl. (6.23) sind zur parametrischen Darstellung dieser Flächen 1, 3 bzw. 6 Parameter erforderlich. Daher soll, um die Datenmenge möglichst klein zu halten, eine Näherungsfläche möglichst niedriger Ordnung gewählt werden, bei der ein vorgegebener mittlerer quadratischer Fehler E nicht überschritten wird. Der Bildnäherungsprozeß besteht aus den folgenden Schritten:

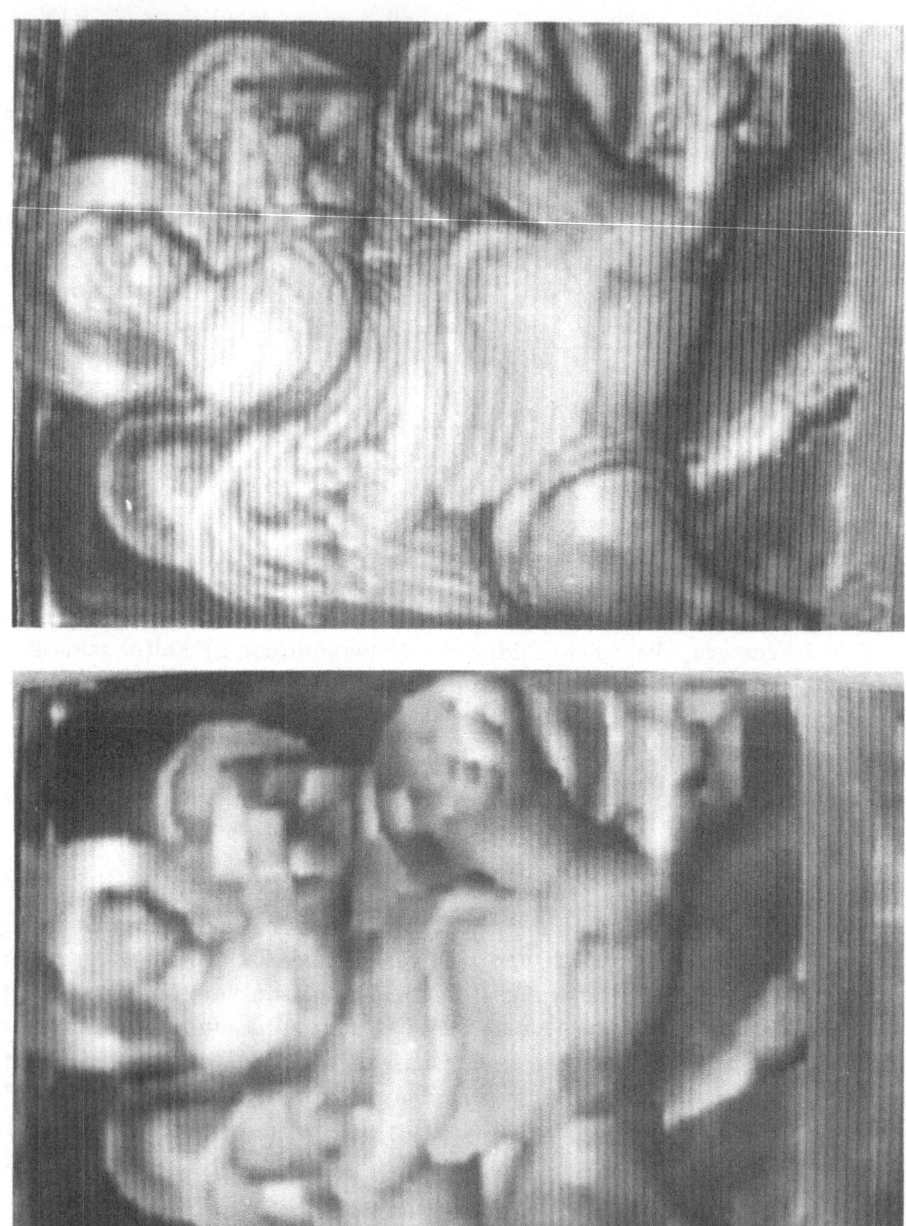

Abbildung 6.32: Experimentalergebnisse zur Bildnäherung nach dem Facettten-modell von [209]. Oben: Originalbild; unten: Näherung mit 5×5-Fenstern nach der Konvergenz des Prozesses.

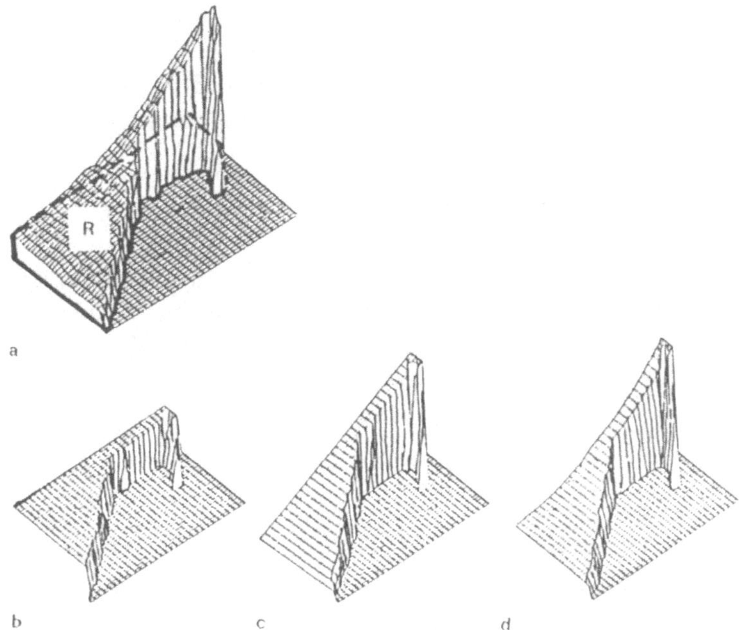

Abbildung 6.33: Näherung eines Grauwertverlaufs (a) durch eine Raumfläche nullter Ordnung (b), erster Ordnung (c) und zweiter Ordnung (d), aus [201].

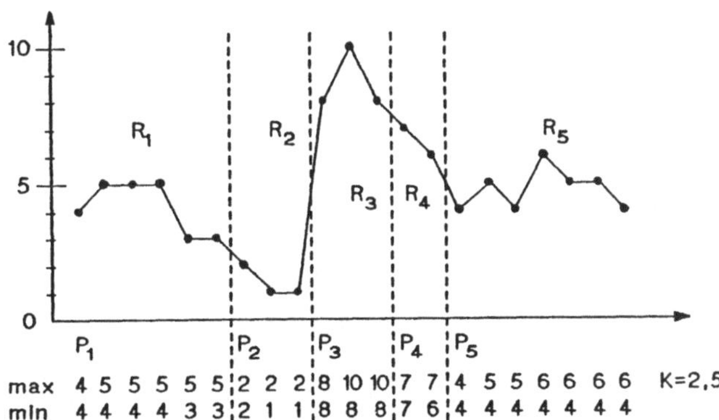

Abbildung 6.34: Erläuterung der anfänglichen Segmentierung in stückweise kon-
stante Abschnitte $R_1 \ldots R_5$ im Verfahren von [201] anhand einer eindimensionalen
Grauwertfunktion $g(x)$. "max" und "min" bezeichnen das laufende Maximum bzw.
Minimum im jeweiligen Abschnitt R_i mit Keimpunkt in p_i.

1. Es wird eine anfängliche Segmentierung durch Regionenwachstum durchgeführt, wobei als Einheitlichkeitskriterium das Terrassen-Modell (nullter Ordnung) verwendet wird. Dieser Vorgang wird von einem Kontrastparameter K gesteuert, wodurch der Näherungsgrad eingestellt werden kann:

1 a) Das Bild wird sequentiell analysiert, und der erste, noch keiner Region angehörende Bildpunkt k_i wird als Keim einer neuen Region R_i genommen.

1 b) Diejenigen Nachbarn p von k_i, die noch keiner Region angehören, werden in festgelegter Reihenfolge geprüft, ob ihr Grauwert P eines der drei folgenden Einheitlichkeitskriterien erfüllt (M_i bzw. m_i bezeichnen das laufende Maximum bzw. Minimum in R_i):

$$\left. \begin{array}{l} \bullet \quad m_i \leq P \leq M_i \\ \bullet \quad P > M_i \quad \text{und} \quad P - m_i < K \\ \bullet \quad P < m_i \quad \text{und} \quad M_i - P < K \end{array} \right\} \qquad (6.34)$$

Im positiven Fall wird P als Element von R_i gekennzeichnet.

1 c) Nachdem alle Nachbarn von k_i und die Nachbarn aller als Elemente von R_i klassifizierten Bildpunkte überprüft worden sind, startet der Prozeß wieder ab 1a mit dem Wachstum einer neuen Region.

Abb. 6.34 schildert anhand einer eindimensionalen Grauwertfunktion $g(x)$ den Verlauf eines solchen Wachstumsprozesses, mit $K = 2, 5$.

2. Kleine Regionen, die visuell irrelevant sind, werden zusammen mit größeren benachbarten Regionen nach dem Kriterium des minimalen quadratischen Fehlers verschmolzen.

3. Der Grauwertverlauf jeder der sich daraus ergebenden Regionen wird durch ein Polynom geeigneten Grades (s. oben) angenähert. Die Bestimmung der Parameter $K, a, b, c, A \ldots F$ von (6.23) erfordert für Flächen des ersten und des zweiten Grades die Lösung eines Systems von 3 bzw. 6 linearen Gleichungen nach bekannten Methoden [201], [226]. Die Bestimmung der Koeffizienten des Gleichungssystems ist allerdings wesentlich rechenintensiver als am Anfang dieses Abschnittes für eine lineare Bildnäherung in Quadraten konstanter Größe geschildert. Dort brauchen Summen, wie z.B. $\sum_Q x^2$ in (6.29), nur einmal für alle Regionen berechnet zu werden; hier müssen dagegen die Summen $\sum_{R_i} x^2$ und ähnliche für jede Region neu berechnet werden, da jede Region eine unterschiedliche Form hat.

Aus dem gleichen Grund muß die Kontur jeder Region in expliziter Form beschrieben werden. In [201] und [204] wird durch stückweise Näherung mit geraden Segmenten und Kreisbögen die dafür erforderliche Datenmenge in Grenzen gehalten.

Die mit diesem Verfahren erzielten Ergebnisse zeigen, daß Näherungsgüte und Datenmenge des codierten Bildes durch die Festlegung der Fehlergrenze E innerhalb eines breiten Bereiches variiert werden können. Hohe Datenreduktionsfaktoren sind dabei auch bei einer akzeptablen Bildqualität oft erreichbar. In *Abb. 6.35* aus [201] ist ein Beispiel solcher Ergebnisse aufgeführt. Die Segmentierung des Originalbildes von Abb. 6.35 oben links (256×256 Bildpunkte, 256 Graustufen) ergibt, nach Verschmelzung der kleinen Regionen, insgesamt 164 Regionen, deren Konturen in Abb. 6.35 unten wiedergegeben sind. Bei der relativ groben Näherung, die Abb. 6.35 oben rechts darstellt, wurde ein mittlerer quadratischer Fehler von 23 Graustufen zugrundegelegt. Die angenäherte Grauwertfunktion setzt sich aus 111 Flächen nullter Ordnung, 27 Flächen erster Ordnung und 26 Flächen zweiter Ordnung zusammen. Diese Verteilung ist für viele natürliche Bilder typisch und zeigt, daß Flächen zweiter Ordnung relativ selten erforderlich sind. Es wurde außerdem festgestellt, daß auf Flächen höherer Ordnung praktisch verzichtet werden kann.

Das Gerüst dieses Segmentierungsverfahrens läßt viel Freiraum für Erweiterungen und Verbesserungen. In [204] wird die Frage der Näherung bzw. der genauen Darstellung von Grauwertverläufen durch Polynomialfunktionen geeigneten Grades vertieft. In [203] und [225] wird die Technik der Näherung durch Polynomialfunktionen an Stelle der Terrassennäherung auf die Erzeugung einer anfänglichen Bildeinteilung im Schritt 1. des Segmentierungsprozesses angewendet.

6.6 Regionenwachstum

Allgemeiner Verlauf eines Regionenwachstumsprozesses - Einheitlichkeitskriterien - Reihenfolge der Wachstumsvorgänge - Sequentielles Wachstum - Quasi-paralleles Wachstum

Um eine homogene Bildregion R_i zu erfassen, kann man sie um einen Keimpunkt k_i durch sequentielle Angliederung benachbarter Bildpunkte regelmäßig wachsen lassen. Dabei wird ständig geprüft, ob ein gegebenes Einheitlichkeitskriterium E_i erfüllt ist. Regionenwachstumsverfahren zielen in erster Linie auf die Erfassung einzelner Regionen. Wenn jedoch durch eine Kombination von Wachstumsprozessen alle Bildpunkte eines Bildes in Regionen einbezogen werden, erhält man automatisch eine Bildsegmentierung. Das Regionenwachstum ist grundsätzlich ein sequentieller Prozeß; trotzdem können, wie weiter unten erläutert, einige Maßnahmen getroffen werden, um die Abhängigkeit der Ergebnisse des Wachstumsprozesses von der Reihenfolge der Bildpunktverarbeitung in Grenzen zu halten. Der Vorteil der Regionenwachstumstechnik liegt darin, daß die sich bildenden Regionen räumlich zusammenhängend und meistens kompakt sind. Ähnlich wie im Fall der Clusteranalyse (s. Abschnitt 6.3.), wo sich allerdings diese Problematik im Merkmalsraum stellt, müssen beim Regionenwachstum günstige Keimpunkte und ein geeignetes Einheitlichkeitskriterium festgelegt werden.

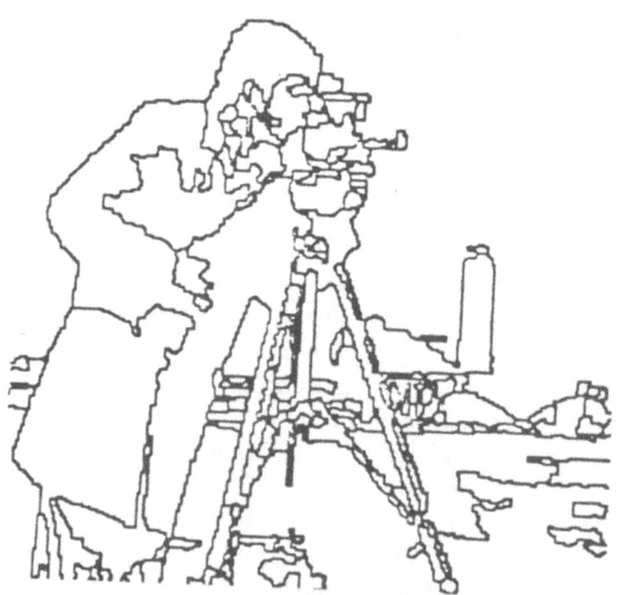

Abbildung 6.35: Experimentalergebnisse des Segmentierungsverfahrens aus [201]. O.l.: Originalbild; o.r.: angenähertes Grauwertbild; unten: Regionengrenzen der Segmentierung.

Zahlreiche Beispiele von Regionenwachstumsalgorithmen sind aus der Literatur bekannt; auch die entsprechenden Segmentierungsergebnisse weisen starke Unterschiede auf, weil sie sowohl von den Bilddaten, als auch (auf Grund ihres sequentiellen Verlaufs) von den Methoden abhängen. Umfassende Übersichten sind in [165] und [228] zu finden.

Trotz ihrer Unterschiede kann man in den meisten Verfahren ein gemeinsames Gerüst erkennen, das in *Abb. 6.36* umrissen ist. Die Schritte A) bis E) in Abb. 6.36

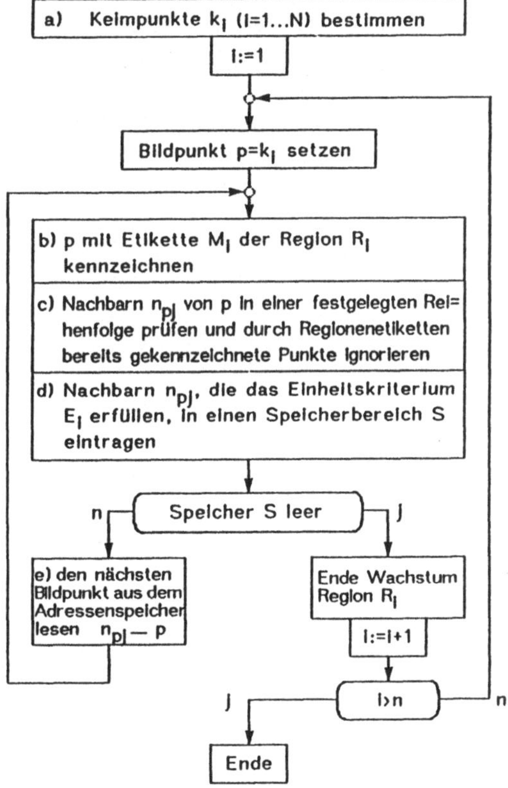

Abbildung 6.36: Flußdiagramm eines Regionenwachstumsprozesses.

werden nun einzeln erläutert und die damit verbundenen Probleme kurz erörtert:

A) Bestimmung der Keimpunkte k_i ($i = 1 \ldots N$).
Es ist besonders wichtig, daß die Anzahl der Keimpunkte der Regionenanzahl entspricht; ihre Lage innerhalb der Region ist dagegen weniger kritisch. Zur Bestimmung der Keimpunkte gibt es verschiedene heuristische Ansätze:

- Es werden kleine Gebiete gesucht, in denen statistische Merkmale, wie Mittelwert und Streuung, möglichst konstant bleiben. Zu diesem Zweck wird die Projektion der Merkmalvektoren der Bildpunkte auf einen eindimensionalen Raum betrachtet, der als Definitionsbereich eines symbolischen Grauwertes aufgefaßt werden kann. Mit Hilfe von Agglomerationsoperatoren (s. z.B. [229]) kann man dann die gesuchten kleinen Gebiete bilden und in ihre Schwerpunkte die k_i legen. Eine einfachere Variante ist die folgende: Alle Bildpunkte mit einem Gradientenwert (s. Abschnitt 4.4.) unterhalb einer gegebenen Schwelle werden gekennzeichnet und durch Agglomeration zu kompakten kleinen Gebieten verschmolzen.

- Durch Näherung nullter Ordnung (s. Abschnitt 6.5.) werden Terrassen mit konstantem Grauwert gebildet, die als binäre Objekte betrachtet werden können. Für jedes Objekt wird die Distanztransformation (s. Abschnitt 5.2.) durchgeführt, und die Maxima der Distanzfunktion werden als Keimpunkte verwendet. Alternativ dazu können die Objektgrenzen durch einen Kantenoperator (s. Abschnitt 4.4.) bestimmt werden [227].

- Die Keimpunkte werden, wie in *Abb. 6.37* schematisch dargestellt, nach einem regelmäßigen Raster in das Bild eingestreut. In diesem Fall weicht der Verlauf des Wachstumsprozesses von Abb. 6.36 ab, da im allgemeinen nachträgliche Regionenverschmelzungen erforderlich sind.

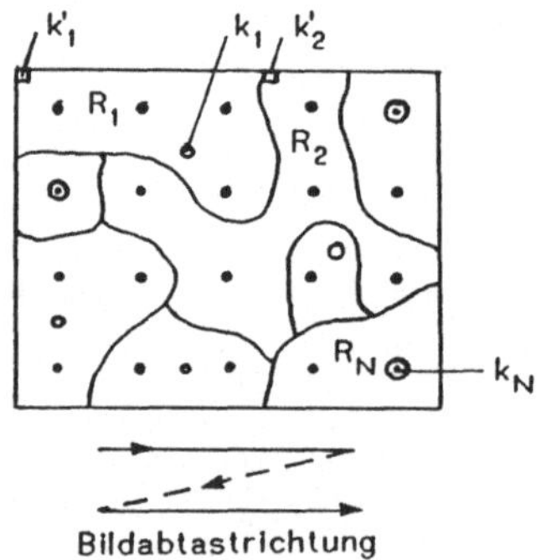

Abbildung 6.37: Bestimmung der Keimpunkte für einen Regionenwachstumsprozeß. •: regelmäßig eingestreute Keimpunkte; o: durch Bildanalyse bestimmte Keimpunkte; ⊙: • und o.

- Ein weiteres Verfahren zur Bestimmung der Keimpunkte ist in [100] vorgeschlagen.

B) Die Prüfung des Einheitlichkeitskriteriums E_i erfolgt meistens durch die Anwendung eines lokalen Operators in einem Operatorfenster U_p um den Bildpunkt p. Dafür benötigt man die Information über die Originalgrauwerte in U_p, wobei einige Bildpunkte von U_p möglicherweise bereits verarbeitet und mit einer Regionenetikette M_j versehen worden sind. Es muß daher dafür gesorgt werden, daß im digitalen Bildspeicher für jeden Bildpunkt sowohl der Grauwert, als auch der Wert von M_j untergebracht werden können.

C) Die Reihenfolge, in der die Nachbarn von p geprüft werden sollen, kann z.B. wie in *Abb. 6.38a* festgelegt werden. Bildpunkte, die bereits mit einer Regionenetikette versehen sind, sollen dabei unüberprüft bleiben.

D) Zum Einheitlichkeitskriterium E_i: im einfachsten Fall kann als E_i die absolute Abweichung des Grauwertes N_{pj} $(1 \leq j \leq 8)$ des Nachbarn n_{pj} vom Grauwert K_i des Keimpunktes k_i genommen werden:

$$E_i : \quad |K_i - N_{pj}| < K \quad \rightarrow \quad n_{pj} \in R_i \tag{6.35}$$

wobei K eine vorgegebene Kontrastschwelle darstellt.
Oft muß aber E_i nicht nur den Grundgrauwert, sondern auch Texturmerkmale berücksichtigen, die für eine angemessene Bildbeschreibung erforderlich sind. In diesem Fall kann die Prüfung, ob n_{pj} E_i erfüllt, als eine klassische Aufgabe der Clusteranalyse betrachtet werden. Dabei soll festgestellt werden, ob ein zweckmäßig definierter r-dimensionaler Merkmalvektor:

$$\overline{N_{pj}} = \{n_{pj}^{(1)} \ldots n_{pj}^{(r)}\} \tag{6.36}$$

als Element desjenigen Clusters zu betrachten ist, der aus den Merkmalvektoren $\overline{K_i}$, $\overline{Q_{i1}}$, $\overline{Q_{i2}} \ldots \overline{Q_{is}} \ldots$ der bereits zu R_i gehörenden Bildpunkte k_i, q_{i1}, $q_{i2} \ldots$ $q_{is} \ldots$ besteht. Diese Entscheidung kann mit Hilfe verschiedener, in der Cluster-

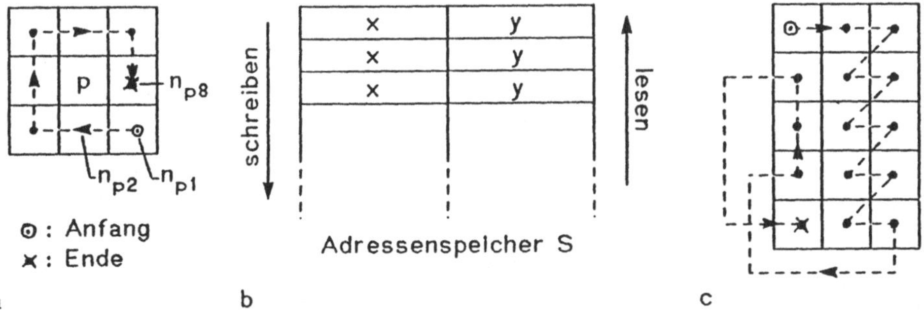

Abbildung 6.38: Einzelheiten eines Regionenwachstumsprozesses. a) Reihenfolge der Überprüfung der Nachbarn eines Bildpunktes p in Hinsicht auf die Erfüllung eines Einheitlichkeitskriteriums; b) Adressenspeicher für die noch zu bearbeitenden Bildpunkte; c) Reihenfolge des Wachstums (Strichlinie) eines Binärobjektes vom Anfang (Keimpunkt) bis zum Ende.

analyse verwendeter Kriterien getroffen werden ([79], [165]):

$$E_i \;:\; \text{single linkage:} \quad \min_{q_{is} \in R_i} \{d(\overline{Q_{is}}, \overline{N_{pj}})\} < K_s \;\rightarrow\; n_{pj} \in R_i \qquad (6.37)$$

$$E_i \;:\; \text{complete linkage:} \quad \max_{q_{is} \in R_i} \{d(\overline{Q_{is}}, \overline{N_{pj}})\} < K_c \;\rightarrow\; n_{pj} \in R_i \qquad (6.38)$$

$$E_i \;:\; \text{centroid linkage:} \quad \underset{q_{is} \in R_i}{\text{Mittelwert}} \{d(\overline{Q_{is}}, \overline{N_{pj}})\} < K_m \;\rightarrow\; n_{pj} \in R_i \qquad (6.39)$$

Hierbei ist d eine im Merkmalsraum $(n^{(1)} \ldots n^{(r)})$ definierte Metrik, und K_s, K_c, K_m stellen vorgegebene Schwellenwerte dar. In manchen Fällen ist es ausreichend, $r = 1$ zu nehmen und nach dem Kriterium (6.39) zu verfahren. Als einziges Merkmal kann man z.B. den Grauwert Q_{is} der Bildpunkte $q_{is} \in R_i$ auswerten. Grundlegendes über Vor- und Nachteile der Kriterien (6.37), (6.38) und (6.39) kann in [79] nachgeschlagen werden.

E) Die Reihenfolge der Schreib- und Lesevorgänge des Adressenspeichers S bestimmt die Reihenfolge des Regionenwachstums. Ein Beispiel für ein rechteckiges Binärobjekt auf der Basis der Nachbarnreihenfolge von Abb. 6.38a und einer last-in-first-out Adressenspeicherverwaltung ist in Abb. 6.38c gezeigt.

Je nach Regionenform, Nachbarnreihenfolge und Strategie der Adressenspeicherverwaltung, kann der Wachstumsprozeß zwar unterschiedlich gleichmäßig und symmetrisch zum Keimpunkt verlaufen, das Ergebnis ist jedoch immer die gleiche Region, wenn für alle i das folgende gilt:

$$p \in R_i \text{ nach } E_i \quad \rightarrow \quad p \notin R_j \text{ nach } E_j \quad \forall j \neq i \qquad (6.40)$$

wie es z.B. bei Binärbildern der Fall ist ($E_i \;:\; P = K_i$, mit P, $K_i = 0$ oder 1). Diese ideale Bedingung ist jedoch in Grautonbildern selten erfüllt, und beim Entwurf von Regionenwachstumsalgorithmen muß man mit dem Fall rechnen, daß Bildpunkte existieren, die gleichzeitig E_i und E_j erfüllen, wenn R_i und R_j benachbarte Regionen sind:

$$\exists p : (p \in R_i \text{ nach } E_i) \wedge (p \in R_j \text{ nach } E_j) \qquad (6.41)$$

Wenn die Bedingung (6.40) erfüllt ist, kann der Wachstumsprozeß auch bei Grautonbildern streng nach dem Schema von Abb. 6.36 verlaufen. In Abb. 6.37 kann der oberste linke Bildpunkt k_1' als Keimpunkt der ersten Region R_1 verwendet werden. Nach der Bildung von R_1, deren Form unabhängig von der Wachstumsreihenfolge ist, kann der Wachstumsprozeß am nächsten Bildpunkt k_2' fortgesetzt werden, der in Abtastrichtung noch nicht erfaßt worden ist. Dieser gilt dann als Keimpunkt für die zweite Region R_2.

Wenn dagegen (6.41) gilt, kann diese rein sequentielle Vorgehensweise zu einem unausgewogenen Wachstum und daher zu einer schlechten Segmentierung führen. Von zwei benachbarten Regionen, R_i und R_j, wächst dann diejenige (R_i) übermäßig auf Kosten der anderen (R_j), die als erste abgearbeitet wird. Um dies zu verhindern, kann ein quasi-simultanes Wachstum sämtlicher Regionen angenähert werden, indem die Schritte B) bis E) des Wachstumsprozesses für eine aktive (d.h. noch nicht vollkommen ausgewachsene) Region nach der anderen wiederholt werden. In dieser Weise wächst jede Region, wenn sie an der Reihe ist, auf einmal um höchstens 8 Bildpunkte. Das quasi-simultane Wachstum erfordert einen Adressenspeicher pro aktive Region.

6.7 Split-and-Merge-Verfahren, Pyramiden und Quadtrees

Die drei in der Überschrift dieses Abschnittes genannten Verfahren können als verschiedene Ansätze einer gleichen Methode betrachtet werden, und aus diesem Grund werden sie hier gemeinsam behandelt. Die gemeinsame Methode geht von einer anfänglichen regelmäßigen Bildeinteilung in gleiche Quadrate aus. Diese werden dann solange verschmolzen und/oder weiter geteilt, bis jeder Teil ein gegebenes Einheitlichkeitskriterium erfüllt. Ein ähnlicher Ansatz wurde bereits im Abschnitt 6.5 zur stückweisen Bildnäherung mit Regressionsebenenen vorgestellt. Dort beschränkten sich allerdings die Betrachtungen auf die Regionenverschmelzung und auf den Algorithmus zur Berechnung übergeordneter Regressionsebenen.
Die Split-and-Merge-Technik erweitert diesen Ansatz und verallgemeinert das Einheitlichkeitskriterium, das die Bildsegmentierung steuert. Pyramiden und Quadtrees sind dagegen Begriffe, die eine besondere Datenstruktur für eine codierte Bilddarstellung kennzeichnen.

6.7.1 Split-and-Merge

Split-and-Merge ([168], [230], [231]) ist eine Bildsegmentierungstechnik, die die beiden Vorgänge der Regionenteilung (split) und der Regionenverschmelzung (merge) verwendet, um den Segmentierungsprozeß schneller und effektiver als nur mit Teilung oder nur mit Verschmelzung durchzuführen. Das Ziel ist dabei, ein in Regionen R_i eingeteiltes Bild zu erzeugen, das die allgemeinen Bedingungen a) bis d) erfüllt, die im Abschnitt 6.1. an die Bildsegmentierung gestellt wurden. Neben der mittleren quadratischen Abweichung von der Regressionsebene, können andere Einheitlichkeitskriterien zugrundegelegt werden, wie z.B. die folgenden Kriterien V_1, V_2 und V_3 (P ist der Grauwert eines Billdpunktes p):

$$V_1(R_i) : \max_{p \in R_i}\{P\} - \min_{p \in R_i}\{P\} \begin{array}{l} \leq K_1 \rightarrow V_1(R_i) = \text{ wahr} \\ > K_1 \rightarrow V_1(R_i) = \text{ falsch} \end{array} \tag{6.42}$$

$$V_2(R_i) : E\{(P - m)^2\} \begin{array}{l} \leq K_2 \;\rightarrow\; V_2(R_i) = \text{wahr} \qquad m = E\{P\} \\ > K_2 \;\rightarrow\; V_2(r_i) = \text{falsch} \qquad p \in R_i \end{array} \qquad (6.43)$$

mit den konstanten Schwellen K_1 und K_2, oder:

$$V_3(R_i) : \text{, das Histogramm der Grauwerte } P \; (p \in R_i) \text{ ist:}$$
$$\text{unimodal} \;\rightarrow\; V_3(R_i) = \text{wahr}$$
$$\text{nicht unimodal} \;\rightarrow\; V_3(R_i) = \text{falsch}$$

Das Split-and-Merge-Verfahren geht aus von einer anfänglichen Einteilung eines Bildes von $L \times L$ Bildpunkten in N^2 gleiche $n \times n$-Quadrate der Fläche $a = n^2$, mit $N = \frac{L}{n}$. Danach werden die zwei folgenden Operationen durchgeführt:
Split:
$\forall i,\ 1 \leq i \leq N^2$ $V(R_i)$ prüfen;
wenn $V(R_i) = $ falsch, soll R_i in 4 gleiche Quadrate $R_{i1} \dots R_{i4}$ geteilt werden.
$V(R_{ij})$ $(j = 1 \dots 4)$ prüfen und gegebenenfalls die Teilung solange fortsetzen, bis in allen Teilen R_{ijk}, $R_{ijkl} \dots (1 \leq j, k, l \dots \leq 4)$ V erfüllt ist.
Merge:
$\forall i, j, k, l$ mit $1 \leq i, j, k, l \leq N^2$ und R_i, R_j, R_k, R_l benachbarte Felder, wie in Abb. 6.39 gezeigt, ist das Einheitlichkeitskriterium $V(R_i, R_j, R_k, R_l)$ für die Verschmelzung der 4 Quadrate zu prüfen.
Dieses Kriterium läßt sich ähnlich wie $V(R_i)$ formulieren, wenn man $p \in R_i$ durch $p \in (R_i \cup R_j \cup R_k \cup R_l)$ ersetzt. Wenn $V(R_i, R_j, R_k, R_l)$ wahr ist, sollen die 4 Quadrate zu einer Region $R^{(1)}$ verschmolzen werden.
An den Ergebnissen der Verschmelzung wird wieder das Merge-Kriterium geprüft. Weitere übergreifende Verschmelzungen zu Quadraten $R_i^{(r+1)}$, mit $r = 1, 2 \dots$ werden immer dann durchgeführt, wenn das folgende gilt:

$$V(R_i^{(r)}, R_j^{(r)}, R_k^{(r)}, R_l^{(r)}) = \text{ wahr} \qquad (6.44)$$

mit $1 \leq i, j, k, l \leq (\frac{N}{2r})^2$. Dabei besteht ein Quadrat wie $R_i^{(r)}$ aus $4\, r^2$ Quadraten des Anfangsrasters.

Abb. 6.39 zeigt ein einfaches Beispiel mit $L = 16$, $n = 2$, $N = 8$ und mit einem Binärbild, für welches das Kriterium V_1 von (6.42) mit $K_1 = 0$ gilt. Abgebildet ist der Zustand nach der Vollendung des Split-and-Merge-Prozesses. Das gesamte Bild besteht aus Quadraten des Anfangsrasters mit Fläche a und aus Ergebnissen der Verschmelzung bzw. der Spaltung mit Fläche $4\,a$ bzw. $\frac{a}{4}$.

Ein wesentlicher Vorteil des Split-and-Merge-Verfahrens ist, daß bei gegebenem Einheitlichkeitskriterium meistens weniger Operationen erforderlich sind als bei einem reinen Split- oder Merge-Prozeß. Um dies zu veranschaulichen, soll nun der vereinfachte Fall betrachtet werden, daß, wie auch in Abb. 6.39, am Ende des Split-and-Merge-Prozesses nur Quadrate R_i des Anfangsrasters, mit Fläche a, und

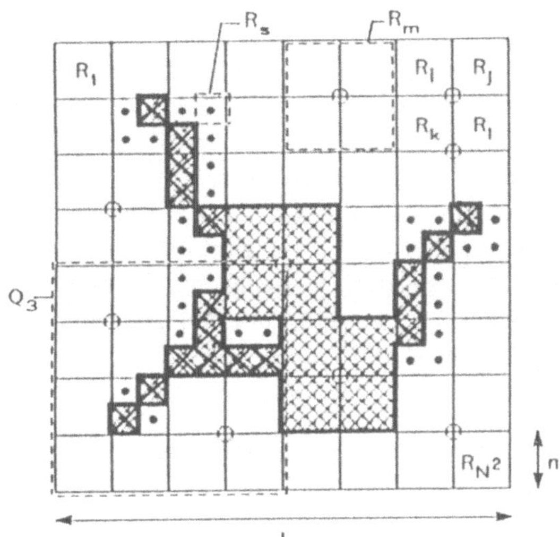

Abbildung 6.39: Erläuterung des Split-and-Merge-Verfahrens ([168]) anhand eines
$L \times L$-Binärbildes mit anfänglicher Einteilung in $n \times n$-Felder. Die Objektkontur
ist als dicke Linie dargestellt. Die Felder, die sich aus der Teilung (split) des
Anfangsrasters im Objekt bzw. im Hintergrund ergeben, sind durch $\times$ bzw. durch
$\bullet$ gekennzeichnet. $\oplus$ stellt die gemeinsame Ecke von 4 zu verschmelzenden Feldern
des Anfangsrasters dar (merge).

Verschmelzungs- bzw. Teilungsquadrate R_m und R_s mit Flächen $a_1 > a$ bzw.
$a_2 < a$ vorhanden sind. Mit:

$$m = \frac{a_1}{a} \qquad \text{und} \qquad s = \frac{a}{a_2} \tag{6.45}$$

werden außerdem die Anzahl der Merge- bzw. der Split-Vorgänge bezeichnet, die
zum Übergang von R_i auf R_m bzw. R_s erforderlich sind. Von den N^2 Quadraten
R_i sind N_m am Merge-Prozeß und N_s am Split-Prozeß beteiligt. Wichtig ist auch
der im allgemeinen unterschiedliche Rechenaufwand c_m für einen Merge-Vorgang
und c_s für einen Split-Vorgang.
Der Rechenaufwand c für den gesamten Split-and-Merge-Prozeß im ungünstigsten
Fall kann durch:

$$c = c_m \, N_m \, \frac{a_1}{a} + c_s \, N_s \, \frac{a}{a_2} + (c_m + c_s)(N^2 - N_m - N_s) \tag{6.46}$$

abgeschätzt werden. Man erhält dann den Wert a_0 der Rastergröße der anfänglichen Bildeinteilung, der den Rechenaufwand minimiert, durch:

$$\frac{dc}{da} = -c_m \, N_m \, \frac{a_1}{a^2} + c_s \, N_s \, \frac{1}{a_2} \Rightarrow 0 \tag{6.47}$$

$$a_0 = \sqrt{\frac{c_m\, N_m}{c_s\, N_s}}\, a_1\, a_2 \tag{6.48}$$

Für $c_s \approx c_m$ und $N_s \approx N_m$ folgt $a_2 \le a_0 \le a_1$. Das bedeutet, daß die anfängliche Bildeinteilung so gewählt werden soll, daß sowohl Merge- als auch Split-Vorgänge erforderlich sind. Weder ein reiner Merge-Prozeß ($a_0 = a_2$), noch ein reiner Split-Prozeß ($a_0 = a_1$) sind optimal im Hinblick auf den Rechenaufwand.

Die obige Aussage kann sich allerdings stark zugunsten des Merge-Prozesses verändern, wenn man berücksichtigt, daß, je nach dem Einheitlichkeitskriteriunm, c_s spürbar höher als c_m liegen kann. Nach dem Kriterium V_1 müssen Maxima und Minima des Grauwertes berechnet werden. Mit Bezug auf die Quadrate R_i, R_j, R_k und R_l in Abb. 6.39 gilt:

$$\max_{p \in R}\{P\} = \max[\max_{p \in R_i}\{P\},\, \max_{p \in R_j}\{P\},\, \max_{p \in R_k}\{P\},\, \max_{p \in R_l}\{P\}] \tag{6.49}$$

mit $R = R_i \cup R_j \cup R_k \cup R_l$; Ähnliches gilt für $\min_{p \in R}\{P\}$. Daher erfordert die Prüfung von $V_1(R_i, R_j, R_k, R_l)$ die Durchführung von nur zwei Operationen. Für einen reinen Split-Prozeß müssen dagegen Maximum und Minimum über jedem Teilquadrat R_i, R_j, R_k und R_l anhand der einzelnen Grauwerte neu berechnet werden.

Im Laufe eines Split-and-Merge-Prozesses wird die Information über die Nachbarschaft zwischen Quadraten in einer Nachbarschaftsmatrix A zusammengefaßt, deren Elemente 0 (keine Nachbarschaft) und 1 (Nachbarschaft) sind. Die (am Anfang) N^2 Zeilen und N^2 Spalten dieser Matrix werden mit dem Abbild der 4-Nachbarschaft zwischen den Quadraten $R_1 \dots R_i \dots R_{N^2}$ des Anfangsrasters initialisiert. A muß dann bei Verschmelzungen durch die Streichung und bei Teilungen durch die Hinzufügung entsprechender Reihen und Spalten aktualisiert werden. Neben A muß eine Liste der Regionen geführt und aktualisiert werden, deren Elemente die Werte der Koordinaten des obersten linken Bildpunktes und der Seitenlänge der Quadrate beinhalten. Nachbarschaftsmatrix und Regionenliste stellen auch das Ergebnis des Split-and-Merge-Prozesses dar. Sie besagen, welche Gebiete als einheitlich zu betrachten sind. Es bleibt dann noch offen, die Näherungsart der Grauwertfunktion innerhalb jedes Gebietes zu wählen, um eine kompakte Bilddarstellung zu erzielen.

Wenn an keiner Stelle des Bildes die Bedingung (6.41) erfüllt ist, ist, bei gegebenem $V(R_i)$, das Ergebnis des Prozesses, bis auf den Rechenaufwand, immer das gleiche, egal ob es sich um Split-and-Merge, reinen Split oder reinen Merge handelt. Weil dies meistens nicht der Fall ist, weist Split-and-Merge, als sequentieller Prozeß, eine Abhängigkeit der Ergebnisse von der Anzahl und Reihenfolge der durchzuführenden Operationen auf. Von diesem Gesichtspunkt aus ist es von Vorteil, mit Hilfe des Split-and-Merge-Ansatzes die Anzahl der Operationen möglichst klein zu halten und die Größe a entsprechend der mittleren zu erwartenden Regionengröße des Ergebnisbildes festzulegen.

Eine ausführliche Beschreibung typischer Split-and-Merge-Algorithmen kann aus [168] entnommen werden. In [231] wird ein verbessertes Split-and-Merge-Verfahren vorgestellt, in dem Verschmelzungen nach dem folgenden Kriterium unternommen werden: ein Quadrat wird mit denjenigen Nachbarquadraten verschmolzen, die danach das höchste Maß der Homogenität der resultierenden Region ergeben.

6.7.2 Pyramiden

Mit "Pyramide" bezeichnet man eine besondere Bilddatenstruktur, in der Informationen mit unterschiedlichen räumlichen Auflösungen zur gleichen Zeit verfügbar sind. Durch diese Datenstruktur ist es möglich, einerseits lokale Operatoren zu verwenden, um das Bilddetail zu erfassen, und andererseits die "Kurzsichtigkeit" der lokalen Operatoren zu überwinden. Die Parameter von lokalen Operatoren können z.B. von übergeordneten globalen Informationen gesteuert werden. Ein weiterer wichtiger Grundgedanke der pyramidalen Bilddarstellung ist die Möglichkeit einer stufenweisen Bildrekonstruktion bzw. Bildübertragung mit steigender Wiedergabegüte, nach Ermessen des Anwenders, von einer groben Näherung bis zur fehlerfreien Rekonstruktion ([44], [213], [232], [234]). Auch hier, wie bereits in Zusammenhang mit der Formanalyse durch Zerlegung in Elementarmuster (Abschnitte 6.4. und 6.5.), möchte man Rekonstruktionsaufwand gegen Wiedergabequalität tauschen können.

Über Bildpyramiden ist bereits eine umfangreiche Literatur bekannt, z.B.: [44], [213], [214], [232], [233], [234], [235], [236], [237], [238] und [243]. Die typische pyramidale Bilddatenstruktur ist am einfachen Beispiel eines 8×8-Bildes in *Abb. 6.40* dargestellt. Sie besteht, im allgemeinen Fall eines $N \times N$-Bildes mit $N = 2^n$, aus $n+1$ Ebenen L_i ($0 \leq i \leq n$) zu jeweils 2^i Bildpunkten. Ein Bildpunkt $p^{(i-1)} \in L_{i-1}$ ist mit 4 Bildpunkten $p_1^{(i)} \ldots p_4^{(i)}$ aus der tieferen Ebene L_i verbunden. In einer T-Pyramide ([232]) ist:

$$p^{(i-1)} = \frac{1}{4} \sum_{j=1}^{4} p_j^{(i)} \tag{6.50}$$

In einer M-Pyramide ([232]) erhält man dagegen $p^{(i-1)}$ durch Abtastung jedes zweiten Bildpunktes in jeder zweiten Zeile von L_i.
Der gesamte Speicherbedarf für eine pyramidale Bilddatei ist:

$$N^2 \left(1 + \frac{1}{4} + \frac{1}{16} + \ldots\right) = \frac{4}{3} N^2 \tag{6.51}$$

also nur $\frac{1}{3}$ mehr als für die Speicherung des Originalbildes.

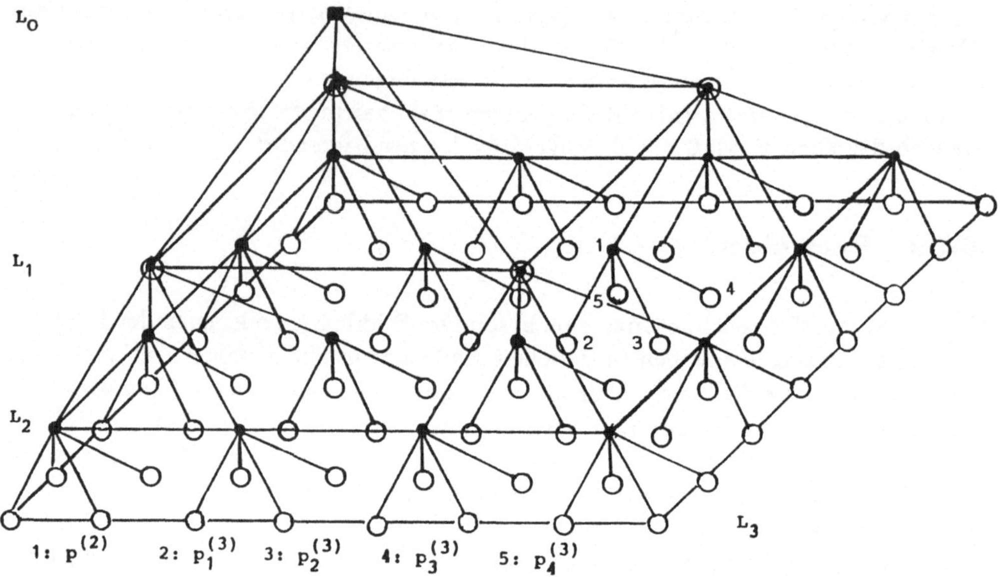

Abbildung 6.40: Pyramidale Datenstruktur eines 8×8-Bildes mit den Ebenen L_0 bis L_3.

In einer Bildpyramide sind lokale Operationen zwischen benachbarten Bildpunkten auf der gleichen Ebene, aber auch Operatoren, die Informationen aus anderen Ebenen miteinbeziehen, möglich. Das Ergebnis eines Kantendetektors (s. Abschnitt 4.4.) auf der Ebene L_n kann z.B. mit Hilfe von Information aus einer höheren Ebene L_{n-m} teilweise vom Rauschen befreit werden. Aus L_{n-m} kann man nämlich ein Binärbild erzeugen, das eine grobe Schablone des untersuchten Objektes darstellt. Multipliziert man ein Konturbild der Ebene L_n mit dieser auf die Größe $N \times N$ expandierten Schablone, so werden Rauschanteile außerhalb der Schablone, die in keinem Zusammenhang mit dem Bildinhalt stehen, gelöscht, während die Konturinformation erhalten bleibt.

Die oben erörterte Expansion eines Bildpunktes $p^{(i-1)}$ ("Vater") auf die vier ihm zugeordneten "Söhne" $p_1^{(i)}$, $p_2^{(i)}$, $p_3^{(i)}$ und $p_4^{(i)}$ bedeutet einfach, daß die letzteren den Grauwert $P^{(i-1)}$ des "Vaters" übernehmen. In dieser Weise kann aus einer beliebigen Bildebene L_i die wiederzugebende Bildebene L_n mit entsprechendem Detailverlust rekonstruiert werden.

In der Bildübertragung kann diese Expansion am Empfänger, der meistens mit einem Bildspeicher ausgestattet ist, stattfinden. Eine pyramidale Datenstruktur der Bildquelle ermöglicht eine sukzessive Bildübertragung mit steigender Auflösung, bis zu einem vom Empfänger bestimmten Qualitätsgrad, bei reduzierter Inanspruchnahme des Übertragungskanals ([213], [234]). Vorausgesetzt daß ein wahlfreier Zugriff des empfangsseitigen Bildspeichers möglich ist, kann die Bildinformation, als Folge von Bildpunkten $p^{(i)}$, durch 4-dimensionale Vektoren Q:

$$Q = (P, i, x, y) \tag{6.52}$$

übertragen werden, wobei i die Ebene, P den Grauwert und x, y die Koordinaten von $p^{(i)}$ darstellen ($1 \leq x, y \leq 2^i$). Im Bildspeicher überschreibt jeder Grauwert den bereits vorhandenen, aus einer höheren Ebene stammenden Grauwert ([234]). Die Menge der zu übertragenden Bilddaten kann dadurch reduziert werden, indem Vektoren nur dann übertragen werden, wenn für $j = 1 \ldots 4$ $|P_j^{(i)} - P_j^{(i-1)}| < K =$ vorgegebener Schwellenwert ist, was sendeseitig geprüft werden kann. Der Abbruch der Bildübertragung kann entweder interaktiv vom Benutzer oder automatisch durch Vorgabe des K-Wertes gesteuert werden. Ist eine fehlerfreie Bildwiedergabe erwünscht, so ist ein Drittel mehr Zeit als bei einer konventionellen Übertragungsart erforderlich.

Das Prinzip der schrittweisen Bildverfeinerung mit Hilfe von Pyramiden läßt sich auch in anderer und sehr allgemeiner Weise formulieren, wenn man als Elemente der Ebene L_i auch Grauwerte von Differenzbildern betrachtet ([44], [235], [243]).
Im folgenden bezeichnet $P^{(n)}$ den Grauwert des allgemeinen Bildpunktes $p^{(n)}(x, y)$ auf der Ebene n des Originalbildes, mit $1 \leq x, y \leq 2^n$ und $2^n = N$. Um Bilder punktweise verknüpfen zu können, werden Bilder aus anderen Ebenen i ($1 \leq i < n$) als auf $N \times N$ expandiert betrachtet, so daß auch für den allgemeinen Bildpunkt $p^{(i)}(x, y)$, mit $i < n$, $1 \leq x, y \leq N$ gilt. Ein Bild wird außerdem hier der Einfachheit halber durch den Grauwert $P^{(i)}$ eines allgemeinen Bildpunktes $p^{(i)}$ symbolisch dargestellt. $P^{(n-1)}$ ist eine Näherung von $P^{(n)}$, die man z.B. durch Tiefpaßfilterung erzeugen kann, die aber im Prinzip durch ein beliebiges Bildnäherungsverfahren erhältlich ist (s. Kapitel 6). Durch Bildsubtraktion Punkt-zu-Punkt erhält man das mit der Näherung verbundene Fehlerbild $D^{(n)}(x, y)$:

$$D^{(n)}(x, y) = P^{(n)}(x, y) - P^{(n-1)}(x, y) \tag{6.53}$$

In [44] wird das Näherungsbild durch einen linearen Gauß-Tiefpaß (s. Abb. 3.6. und Abschnitt 3.5.) in einem Operatorfenster von 5×5 Bildpunkten erzeugt. Zur Vereinfachung der Darstellung kann man die Bildpunktkoordinaten (x, y) weglassen und den Bildnäherungsvorgang durch $\rightsquigarrow$ symbolisch darstellen.
Die Näherungs- und Subtraktionsvorgänge können nun von Ebene zu Ebene fortgesetzt werden. Die Näherung des Bildes $P^{(n-1)}$ kann ebenfalls durch einen 5×5-Gauß-Tiefpaß auf der Ebene $n-1$ realisiert werden, oder (mit größerem Rechenaufwand) durch einen äquivalenten 11×11-Faltungskern direkt auf der Ebene n.

Die ersten zwei Schritte der Pyramidenbildung sind also:

$$
\begin{aligned}
P^{(n)} &\rightsquigarrow P^{(n-1)} & P^{(n)} - P^{(n-1)} &= D^{(n)} \\
P^{(n-1)} &\rightsquigarrow P^{(n-2)} & P^{(n-1)} - P^{(n-2)} &= D^{(n-1)} \\
&\cdots & &\cdots \\
P^{(i)} &\rightsquigarrow P^{(i-1)} & P^{(i)} - P^{(i-1)} &= D^{(i)} \\
&\cdots & &\cdots \\
P^{(1)} &\rightsquigarrow P^{(0)} & P^{(1)} - P^{(0)} &= D^{(1)}
\end{aligned}
\tag{6.54}
$$

Auch die weiteren Schritte in (6.54), die durch Gauß-Filterung auf den Ebenen
$n-2\ldots i\ldots 1$ vollzogen werden, können gedanklich auf eine äquivalente Filterung
mit entsprechenden expandierten Operatorfenstern der Größe $(5w+1)\times(5w+1)$,
mit $w = 2^{n-i}$, $n > i$, auf die Ebene n zurückgeführt werden. Die aus den so
erhaltenen Ebenen $P^{(n)}$, $P^{(n-1)}\ldots P^{(0)}$ bestehende Pyramide heißt dann Gauß-
Pyramide ([44], [235], [243]).

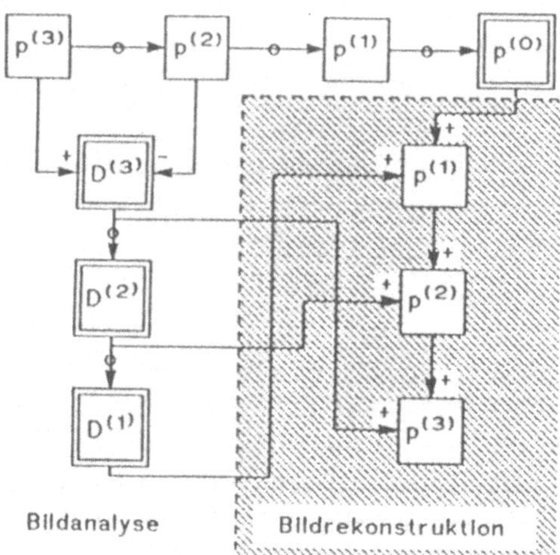

Abbildung 6.41: Aufbau einer 3-stufigen Bildpyramide durch lineare Näherung
und Differenzbildung. Die stärker umrandeten Elemente bilden zusammen eine
hierarchische Bilddatei, die eine fehlerfreie Rekonstruktion des Originalbildes $P^{(3)}$
ermöglicht.

Sowohl die Tiefpaßfilterung, als auch die Differenzbildung sind lineare Vorgänge,
für die das folgende gilt:

$$
\begin{aligned}
P^{(i+1)} - P^{(i)} &= D^{(i+1)} \\
\downarrow\rightsquigarrow \quad \downarrow\rightsquigarrow \quad &\downarrow\rightsquigarrow \\
P^{(i)} - P^{(i-1)} &= D^{(i)}
\end{aligned}
\tag{6.55}
$$

D.h. Näherung und Differenzbildung sind kommutativ. Daraus läßt sich eine andere Aufbauart der Pyramide ableiten, die in *Abb. 6.41* für $n = 3$ dargestellt ist. In der ersten Stufe der Bildanalyse wird das Differenzbild $D^{(3)}$ erzeugt und daraus die tiefpaßgefilterten Bilder der höheren Ebenen $D^{(2)}$ und $D^{(1)}$ gewonnen, die nach (6.55) den Differenzbildern $P^{(2)} - P^{(1)}$ bzw. $P^{(1)} - P^{(0)}$ gleich sind. Die in Abb. 6.41 stärker umrandeten Bilddateien $P^{(0)}$, $D^{(1)}$, $D^{(2)}$ und $D^{(3)}$ ergeben zusammen eine fehlerfreie Darstellung des Originalbildes $P^{(3)}$. Der Rekonstruktionsweg, in der rechten Hälfte der Abb. 6.41 abgebildet, führt über die Synthese der Bilder $P^{(1)}$ und $P^{(2)}$, oder direkt durch $P^{(3)} = P^{(0)} + D^{(1)} + D^{(2)} + D^{(3)}$, zum Originalbild.

Die aus den Differenzbildern $D^{(i)}$ bestehende Pyramide heißt Laplace-Pyramide, weil jedes Bild $D^{(i)}$ durch die Anwendung des Laplace-Operators auf das entsprechende Bild $P^{(i)}$ erzeugt werden kann.

Im Abschnitt 3.3. wurde bereits gezeigt, daß ein Laplace-Operator auch durch eine punktweise Differenzbildung zwischen zwei mit Gauß-Tiefpässen gefilterten Bildern, nach Gl. (3.22.), realisiert werden kann (s. auch Abb. 3.10.).

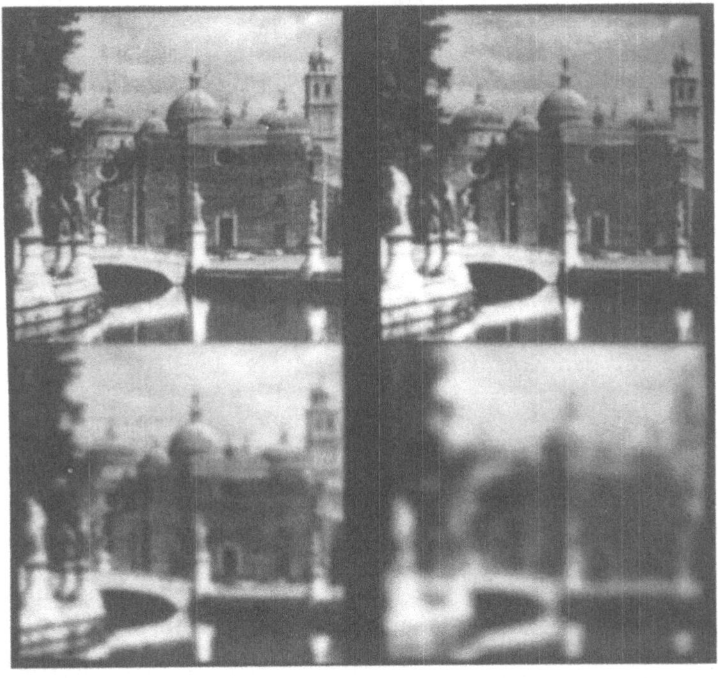

Abbildung 6.42: Verschiedene Ebenen $P^{(i)}$ der Gauß-Pyramide eines Grautonbildes, erzeugt mit einem 3×3-Gauß-Tiefpaß. O.l.: Originalbild mit $i = 8$ und 256×256 Bildpunkten; o.r.: $i = 7$; u.l.: $i = 6$; u.r.: $i = 5$.

Die *Abb. 6.42 und 6.43* sollen einen Eindruck der verschiedenen Ebenen einer Gauß- bzw. Laplace-Pyramide vermitteln. Aus dem Originalbild $P^{(8)}$ in Abb. 6.42 oben links (256×256 Bildpunkte) wurden die höheren Ebenen $P^{(7)}$, $P^{(6)}$ und

Abbildung 6.43: Laplace-Pyramide zu Abb. 6.42. Gezeigt sind die Differenzbilder $D^{(i)} = P^{(i)} - P^{(i-1)}$. O.l.: $i = 8$; o.r.: $i = 7$; u.l.: $i = 6$; u.r.: $i = 5$. Zur besseren Sichtbarkeit wurde die Grauwertdynamik gestreckt.

$P^{(5)}$ in Abb. 6.42 oben rechts, unten links und unten rechts mit Hilfe eines 3×3-Gauß-Tiefpasses mit den Koeffizienten $\begin{smallmatrix} 1 & 2 & 1 \\ 2 & 3 & 2 \\ 1 & 2 & 1 \end{smallmatrix}$ abgeleitet. Abb. 6.43 zeigt die Differenzbilder $D^{(8)} = P^{(8)} - P^{(7)}$ oben links, $D^{(7)} = P^{(7)} - P^{(6)}$ oben rechts, $D^{(6)} = P^{(6)} - P^{(5)}$ unten links und $D^{(5)} = P^{(5)} - P^{(4)}$ unten rechts. In Abb. 6.43 wurde eine Streckung der ursprünglichen schwachen Grauwertdynamik unternommen, um die Sichtbarkeit des Bildinhalts zu verbessern.

Eine auf die Teildateien $P^{(k)}$, $D^{(k+1)} \ldots D^{(k+r)}$ aufbauende Bilddarstellung, wie in Abb. 6.41, bietet gute Möglichkeiten, die Datenmenge durch redundanz- und irrelevanzreduzierende Codierungsverfahren zu verringern. Das Histogramm eines Differenzbildes weist bei natürlichen Szenen meistens einen sehr typischen Verlauf auf, der durch eine gebündelte Anhäufung um den Wert 0 und durch einen steilen, monotonen Abfall auf beiden Seiten (negative und positive Grauwertdifferenzen) charakterisiert ist. Diese Eigenschaft von Differenzbildern wird bekanntlich in der Bildcodierung zum Zweck der Datenreduktion ausgenutzt (s. auch [44], [46] Band 1 und [244]).
Eine Datenreduktion kann überwiegend über zwei Wege erzielt werden:
I) Bei der ungleichen Verteilung der Differenzwerte ist der Einsatz eines Huffman-

Codes und/oder eine Lauflängecodierung der Null-Folgen vorteilhaft.
II) Die Eigenschaft des Gesichtssinnes im Hinblick auf die Wahrnehmung von Kanten (Mach-Phänomen) erlaubt eine grobe Quantisierung der Grauwertdifferenzen (etwa 3 Bit/Grauwert) mit einer nichtlinearen Quantisierungskennlinie, ohne relevante Informationsverluste.

Auf der Basis des oben in seinen Hauptaspekten dargelegten Pyramiden-Modelles wurden von zahlreichen Autoren Weiterentwicklungen für die Merkmalextraktion untersucht. In [243] werden, anstelle eines regelmäßigen quadratischen Rasters, Anordnungen von Stützpunkten mit unterschiedlicher Dichte in Abhängigkeit vom lokalen Bildinhalt eingeführt, um die Wirksamkeit der Codierung zu steigern. Eine pyramidale Bilddarstellung wird in [237] verwendet, um die Linienextraktion mit Hilfe globaler Bildinformationen zu verbessern, und in [236], um die Schwelle für die Binarisierung kompakter Objekte in Grauwertbildern zu bestimmen. Schließlich werden in [214] Segmentierung und stückweise polynomiale Näherung der Grauwertfunktion von der Information sämtlicher Ebenen einer pyramidalen Bilddatei gesteuert.

6.7.3 Quadtrees

Die Bilddarstellung durch die sogenannten "Quadtrees" ist mit der pyramidalen Bilddarstellung eng verwandt. Während eine Pyramide aus Ebenen unterschiedlicher Auflösung besteht, sind Quadtrees baumartige Strukturen, die die Beziehungen zwischen Bildpunkten verschiedener Ebenen in den Vordergrund stellen. In den frühesten Arbeiten auf diesem Gebiet ([212], [238]) werden Pyramiden und Quadtrees als komplementäre Aspekte der Technik der Bildanalyse durch eine gleichmäßige Feldeinteilung behandelt. Danach wurden Pyramiden besonders im Zusammenhang mit Grautonbildern und Quadtrees meistens zur Erfassung, Codierung und Merkmalextraktion von Binärbildern untersucht. Eine Übersicht über das Thema Quadtrees und über die auf einer Quadtree-Darstellung aufbauenden Bildverarbeitungsalgorithmen wird in [245] gegeben.

Ein Quadtree besteht aus einer Wurzel, die der Pyramidenebene L_0 entspricht und die das Gesamtbild darstellt, aus Knoten, d.h. aus Vierergruppen von quadratischen Bildfeldern, die innerhalb der Gruppe ein gegebenes Einheitlichkeitskriterium erfüllen, und aus Blättern (Endknoten). Die Blätter bestehen aus Bildfeldern, die nach dem Einheitlichkeitskriterium homogen sind. Knoten sind auf der einen Seite mit weiteren Knoten, auf der anderen Seite mit Knoten oder Blättern verbunden; Blätter sind nur einseitig mit Knoten verbunden.

Abb. 6.44 zeigt die Quadtree-Darstellung des dritten Quadranten Q_3 (8×8 Bildpunkte) der Abb. 6.39, als Binärmuster betrachtet. Ausgehend von einer pyramidalen Darstellung, werden die Ebenen L_0, $L_1 \ldots L_n$ (hier: $n = 3$) der Reihe nach

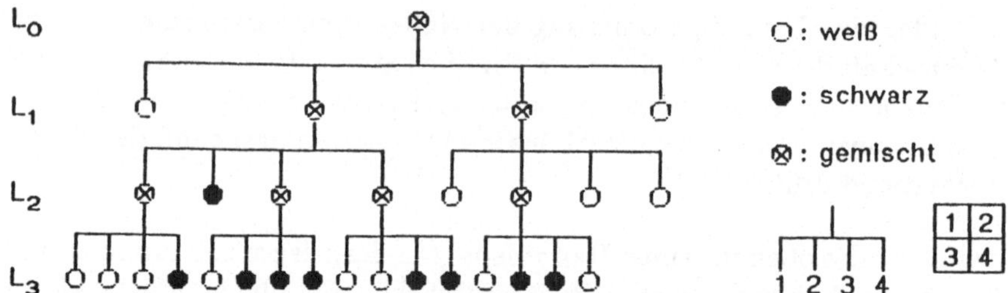

Abbildung 6.44: Quadtree-Darstellung des dritten Quadranten der Abb. 6.39

analysiert. In L_0 kann das gesamte Bild Q_3 als "gemischt" bezeichnet werden, weil es sowohl weiße, als auch schwarze Bildpunkte beinhaltet. Jedes gemischte Quadrat wird im Quadtree durch ein entsprechendes Zeichen dargestellt und muß solange unterteilt werden, bis jedes Spaltungsprodukt nach dem gegebenen Kriterium homogen ist und daher durch ein Blatt darstellbar ist.

Das oben umrissene Schema gilt im Prinzip auch für das Split-and-Merge-Verfahren (s. Abschnitt 6.7.1) in der Nur-Split-Version. In diesem Fall müßte jedes Blatt zusätzlich mit einer Beschreibung der dazugehörigen Grauwertfunktion versehen werden. Für ein Binärbild ist diese Beschreibung sehr einfach; sie besteht nämlich aus der Angabe, ob das Blatt schwarz oder weiß ist, wie in Abb. 6.44 gezeigt.

In einer digitalen Datei kann ein Quadtree durch eine Zeichenkette mit den 4 Zeichen: "1" = schwarz, "0" = weiß, "(" und ")" dargestellt werden ([46] Band 2). Jedes Klammerpaar (,) stellt einen Knoten dar, und die Ordnung i der Ebene L_i $(i = 0 \ldots n)$, auf welcher ein 0- oder ein 1-Blatt B sich befindet, ergibt sich aus:

$$i = |n_(- n_)| \tag{6.56}$$

wobei $n_($ und $n_)$ die Anzahl der (- und)-Klammern sind, die zwischen B und dem Anfang der Zeichenkette liegen. Der Quadtree von Abb. 6.44 wird durch die folgende Zeichenkette dargestellt:

$$(0((0001)1(0111)(0011))(0(0110)00)0)$$

Dieser Code kann in einfacher Weise erzeugt werden: man durchquert den Quadtree von links nach rechts und von L_0 nach L_n über die Knoten, von Blatt zu Nachbarblatt, und gegebenenfalls zurück durch übergeordnete Knoten. Jeder Abstieg von L_i nach L_{i+1} wird durch das Zeichen "(", jeder Aufstieg durch ")", jedes weiße Blatt durch "0", jedes schwarze Blatt durch "1" gekennzeichnet.

Der Quadtree kann nicht nur über den Umweg der Pyramide –die immerhin $\frac{4}{3}$ des Speicherplatzes des Originalbildes beansprucht– bestimmt werden. Es

gibt nämlich auch Algorithmen, die den Quadtree aus einer zeilenweisen Bildab-
tastung erzeugen [240], und schnellere Verfahren, die dafür andere sequentielle
Bildabtastfolgen verwenden [239]. Es gibt ebenfalls Algorithmen für die inverse
Transformation, vom Quadtree zum Binärbild [246], und für die Umwandlung des
Kondurcodes eines Objektes in die Quadtree-Darstellung und umgekehrt [247],
[248]. Quadtrees wurden außerdem verwendet, um quantitative Merkmale, wie
Fläche und Umfang von Objekten oder Regionen, zu bestimmen ([245], [249]),
und für die Komponentenmarkierung ([250], s. auch Abschnitt 5.4.).

In zahlreichen weiteren Arbeiten werden Quadtrees nicht als Datenstruktur
zum Zweck der Bilddarstellung, sondern im weitesten Sinne als Quelle räumlich
übergreifender Informationen zur Steuerung von lokalen Operatoren verwendet
([245]). Wegen der Fülle der bekannten Beiträge zu diesem Thema können hier
nur wenige Beispiele erörtert werden.

In [241] werden Quadtrees als T-Pyramiden von mittleren Grauwerten (s. Abschnitt 6.7.2) in Grautonbildern zur Schwellenwertbestimmung für die Binarisierung (s. Abschnitt 2.3.) herangezogen. Der Grundgedanke ist hier die Bestimmung der Schwelle anhand des Grauwerthistogramms höherer Pyramidenebenen,
und nicht desjenigen des Originalbildes. Auf höheren Ebenen der Pyramide ist zu
erwarten, daß Rauschen und kleine Flächen, die mit einem gleichverteilten Anteil
zum Histogramm beitragen, infolge einer selektiven Mittelwertbildung (s. auch
Abschnitt 3.5.) unwirksam werden. Daher ist aus dem Histogramm einer höheren
Pyramidenebene ein stärker ausgeprägter bimodaler Charakter zu erwarten; dies
erleichtert eine Festlegung des Schwellenwertes im Tal zwischen den zwei Moden.
Diese Schwelle wird dann für die Binarisierung des Bildes auf der untersten Ebene
verwendet.
In [251] wird die Quadtree-Struktur als Hilfe zur Glättung von Grautonbildern
benutzt. Die Größe der Blätter bestimmt die Größe des Operatorfensters, in dem
das Bild geglättet werden soll.
Nach [242] kann die Konturextraktion aus einem Grautonbild durch die Mitein-
beziehung von Quadtree-Daten aus höheren Ebenen verbessert werden. Die aus
höheren Ebenen extrahierten Kanten (auf L_n expandiert) sind breiter und stärker,
und sie beinhalten nicht alle schwächeren, kürzeren und rauschbedingten Kanten.
Deshalb können sie zur Verstärkung und Selektion der wirklich relevanten Kanten
aus dem L_n-Kantenbild benutzt werden. Dabei kann die Information über die
genaue Kantenlage aus dem L_n-Kantenbild entnommen werden, weil dieses die
höchste Auflösung aufweist.

Kapitel 7

Morphologische Operatoren

7.1 Morphologische Grundoperatoren für Binärobjekte der kontinuierlichen Ebene

Erosion und Dilatation - Einsatz und Auswirkung morphologischer Operatoren - Ouverture und Fermeture - Umkehrbarkeit und Nichtumkehrbarkeit

Die morphologischen Operatoren zählen zu den wichtigsten Werkzeugen der digitalen Bildsignalverarbeitung. Die mathematische Morphologie ist mittlerweile ein klassischer Bereich geworden, dessen Stoff in zahlreichen Übersichtsarbeiten, von den theoretischen Grundlagen bis zu den Anwendungen, dargelegt ist ([252], [253], [254], [255], [256]). Morphologische Operatoren haben jedoch vor allem deswegen eine große praktische Bedeutung für die Bildanalyse, weil sie ein methodisches Gerüst anbieten, um anwendungsspezifische Lösungswege für eine große Vielfalt von Aufgaben zu entwickeln. Daher gehören die morphologischen Operatoren zur Standardausrüstung der meisten kommerziellen Bildverarbeitungssysteme und Softwarepakete.
In diesem Abschnitt sind die morphologischen Grundoperatoren für Binärbilder auf der kontinuierlichen Ebene erläutert. In den nachfolgenden Abschnitten werden die Grundbegriffe auf die diskrete Ebene mit quadratischem Raster, die den praxisnahen Fall darstellt, und auf Grautonbilder erweitert.

Die elementaren Operationen der mathematischen Morphologie sind die Erosion und die Dilatation (auch Minkowski-Subtraktion bzw. -Addition genannt). In *Abb.* *7.1* sind (x, y) eine kontinuierliche Ebene mit Ursprung O, $\overline{u}(x, y)$, $\overline{v}(x, y)$ und $\overline{w}(x, y)$ Vektoren, welche Punkte der Ebene und zugleich Verschiebungen von O definieren. Außerdem sind A, B, $C \ldots$ Punktmengen der Ebene, die nicht nur

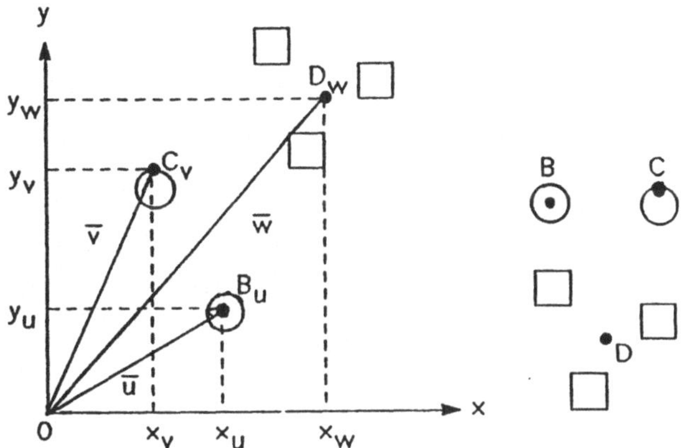

Abbildung 7.1: Erläuterung der Erosion und Dilatation auf der kontinuierlichen Ebene. B, C und D sind Strukturelemente mit den jeweiligen Bezugspunkten •.

einfach sein, wie z.B. B und C, sondern auch, wie D, aus disjunkten Teilen bestehen können. Punktmengen treten in den morphologischen Operatoren u.a. als sogenannte Strukturelemente auf. In diesem Fall ist jedem Strukturelement ein Punkt der Ebene (Bezugspunkt) zugeordnet. Der Bezugspunkt liegt nicht notwendigerweise, wie in B, im Schwerpunkt der Punktmenge, sondern er kann auch am Rande, wie in C, oder sogar außerhalb der Punktmenge, wie in D, festgelegt werden. Mit B_u, C_v und D_w bezeichnet man die Strukturelemente B, C und D, deren Bezugspunkte durch die Vektoren $\overline{u}$, $\overline{v}$ und $\overline{w}$ bestimmt werden. In der Praxis verwendet man meistens punktsymmetrische Strukturelemente mit ihrem Bezugspunkt im Symmetriezentrum, wie B.

Die Erosion eines Binärobjektes A durch das Strukturelement B wird durch $A \ominus B$ ("A erodiert durch B") bezeichnet und ist als die Menge der Punkte p definiert, die die folgende Bedingung erfüllen:

$$A \ominus B = \{p : B_p \subseteq A\} \tag{7.1}$$

D.h.: $A \ominus B$ ist die Menge aller Bezugspunkte p, für welche B_p völlig in A enthalten ist.

Abb. 7.2a zeigt das Ergebnis der Erosion eines Mehrkomponentenobjektes $A = A_1 \cup A_2 \cup A_3$ durch das kreisförmige Strukturelement B. A_1 zerfällt in zwei erodierte Teile; A_2 und A_3 werden gelöscht, weil sie B nicht enthalten können, ganz gleich, in welcher Lage sich sein Bezugspunkt befindet. Dagegen ist $A \ominus C$ identisch mit $A_2 \cup A_3$; A_1 wird gelöscht, weil A_2 und A_3 die gleiche Form haben und ihr Abstand gleich dem Abstand der zwei Punkte ist, woraus das Strukturelement C besteht.

Die Dilatation eines Binärobjektes A durch das Strukturelement B wird durch $A \oplus B$ bezeichnet ("A dilatiert durch B") und ist als die Menge der Punkte p

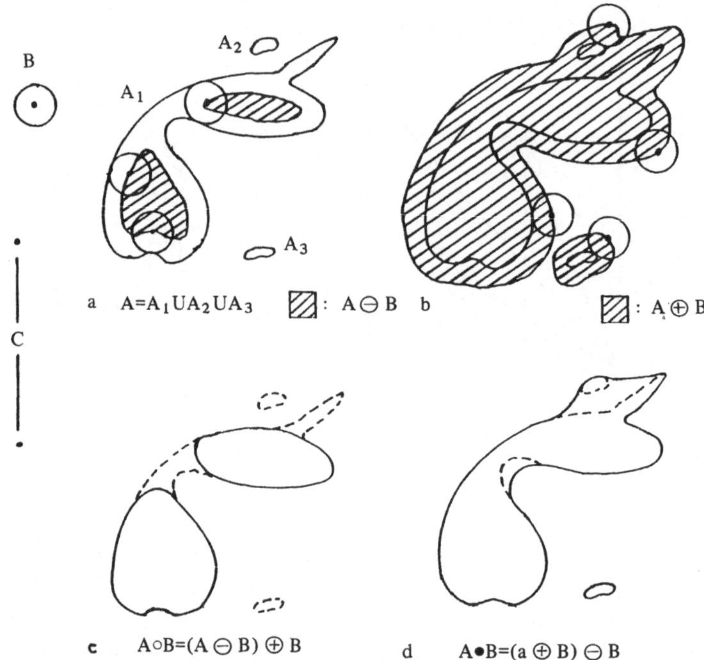

Abbildung 7.2: Beispiele der morphologischen Grundoperatoren auf der kontinuierlichen Ebene. a) Erosion des Mehrkomponentenobjektes A durch die Strukturelemente B und C; b) Dilatation von A durch B; c) Ouverture von A durch B; d) Fermeture von A durch B.

definiert, die die folgende Bedingung erfüllen:

$$A \oplus B = \{p \,:\, B_p \cap A \neq 0\} \tag{7.2}$$

D.h.: $A \oplus B$ ist die Menge aller Bezugspunkte p, für welche B_p und A mindestens einen gemeinsamen Punkt haben. Ein Beispiel der Dilatation ist in Abb. 7.2b gezeigt. Neben der Vergrößerung des Objektes und der Auffüllung von Konkavitäten, hat hier die Dilatation die Verschmelzung von A_1 mit A_2 bewirkt.

An dieser Stelle ist eine grundsätzliche Bemerkung über die Natur der morphologischen Operatoren und über die Kriterien angebracht, nach welchen ihr praktischer Einsatz in der Bildanalyse stattfindet. Die Betrachtung der Abb. 7.2 läßt erkennen, daß bei der Erosion Objektteile in unumkehrbarer Weise gelöscht werden (z.B. A_2, A_3 und der Hals zwischen den zwei Rümpfen von A_1), weil sie auch nach einer anschließenden Dilatation nicht mehr zum Vorschein treten könnten.
Ebenfalls werden bei der Dilatation Objektteile in nicht umkehrbarer Weise er-

zeugt (z.B. die "Straße" zwischen A_1 und A_2), die auch durch eine anschließende
Erosion nicht mehr gelöscht werden könnten. Es gibt aber sowohl bei der Erosion,
als auch bei der Dilatation Objektteile, die nach einer anschließenden Dilatation
bzw. Erosion wieder die ursprüngliche Form annehmen, z.B. die Rümpfe der zwei
dicken Enden von A_1.
In der Bildanalyse wird oft die Aufgabe gestellt, Objekte oder Bildteile mit beson-
deren Formeigenschaften aus dem Rest des Bildes zu extrahieren. Die Kunst des
Einsatzes morphologischer Operatoren besteht nun darin, eine geeignete Operationenfolge zu finden, die insgesamt für die Teile, die man extrahieren will, umkehrbar
ist, so daß diese am Ende wieder gleich wie im Originalbild werden. Andererseits
soll diese Operationenfolge für diejenigen Bildteile, die nicht interessieren, nicht
umkehrbar sein, damit sie am Ende gelöscht sind.

Eine Reihe wichtiger Eigenschaften der Erosion und der Dilatation werden im
nächsten Abschnitt im Zusammenhang mit der mathematischen Morphologie auf
der diskreten Ebene, die den praxisnahen Fall darstellt, genau formuliert. Die
obigen qualitativen Bemerkungen zur selektiven Umkehrbarkeit der Erosion und
der Dilatation werden deutlicher, wenn man die weiteren zwei Grundoperatoren,
nämlich die Ouverture (opening) und die Fermeture (closing) einer Punktmenge
A durch das Strukturelement B betrachtet:

$$\text{Ouverture:} \quad A \circ B = (A \ominus B) \oplus B \tag{7.3}$$

$$\text{Fermeture:} \quad A \bullet B = (A \oplus B) \ominus B \tag{7.4}$$

Hierbei wurde die Notation von [254] übernommen. Die Klammern legen die
Reihenfolge der Operatoren fest, die das Ergebnis beeinflußt, weil Erosion und
Dilatation im allgemeinen nicht umkehrbar sind. In Abb. 7.2c und 7.2d ist das
Ergebnis der Ouverture bzw. der Fermeture des Objektes von Abb. 7.2a gezeigt.
$A \circ B$ beinhaltet die groben Teile von A etwa in Originalgröße, während das fein-
strukturierte Detail und die Kleinteile A_2 und A_3 herausgesiebt worden sind. Die
Grobheit dieses Siebeffektes kann durch die Wahl der Form und in erster Linie der
Größe des Strukturelementes eingestellt werden. Dünne Verbindungen zwischen
größeren Teilen, die in einigen Fällen als Artefakte gelten, werden aufgelöst; aus
diesem Grund wird $A \circ B$ als "Ouverture von A durch B" bezeichnet. In $A \bullet B$
bleiben die groben Anteile von A am Ende unverändert erhalten. Kleinere Risse,
Lücken und feines Detail werden dagegen aufgefüllt und mit den größeren Teilen
zusammengeschlossen –daher der Name Fermeture dieser Operation.

7.2 Morphologische Operatoren für Binärobjekte der diskreten Ebene und ihre Eigenschaften

Erosion und Dilatation auf der diskreten Ebene - Erosion und Dilatation mit Hilfe des Konturcodes - Umkehrbarkeit von Erosion und Dilatation - Fermeture und Ouverture - Eigenschaften der morphologischen Operatoren - Erosion und Dilatation durch Verschiebung - Kettenregel - Folgen von morphologischen Operatoren - Konturextraktion

Auf der diskreten Ebene mit quadratischem Raster und 8-Nachbarn-Metrik ist das einfachste Strukturelement ein "Einheitskreis" mit Radius gleich 1 Bildpunkt, d.h. ein 3×3-Fenster, mit dem mittleren Bildpunkt als Bezugspunkt. Dies ist das meistverwendete Strukturelement, weil Operatoren mit größeren "Kreisen" als Strukturelemente auf Folgen von Operatoren mit dem Einheitskreis zurückgeführt werden können. Auch der kleinere Rechenaufwand spricht für eine Folge von n Operatoren mit einem 3×3-Strukturelement (Rechenaufwand: $O(9n)$) anstelle eines einzigen Operators mit einem $L \times L$-Strukturelement, mit $L = 3 + 2\,(n-1)$ (Rechenaufwand: $O(4n^2 + 4n + 1)$), der einen äquivalenten räumlichen Umfang hat.

Im folgenden wird immer, wenn nichts anderes angegeben ist, der Einheitskreis als Strukturelement vorausgesetzt. Dann können die Definitionen (7.1) und (7.2) der Erosion und Dilatation, die allgemein auch auf der diskreten Ebene gelten, in Worten wie folgt formuliert werden:

Erosion: die Menge der Objektbildpunkte, deren 8-Nachbarn alle im Objekt liegen.
Dilatation: Die Menge der Bildpunkte, die mindestens einen Objektbildpunkt als 8-Nachbarn haben, oder die selber dem Objekt angehören.

Abb. 7.3 zeigt einige Beispiele von Erosion, Dilatation, Ouverture und Fermeture für Binärobjekte. In Abb. 7.3a sind die Ergebnisse von zwei sukzessiven Erosionsvorgängen (gestrichelt) dargestellt. Der erste Erosionsvorgang ist durch Dilatation umkehrbar, der zweite dagegen nicht. Das gleiche gilt für Abb. 7.3b, wo nur die erste Erosion dargestellt ist, aber nicht für Abb. 7.3c, deren Dilatation einen Einheitskreis ergeben würde. Das Objekt von Abb. 7.3d kann einmal umkehrbar dilatiert werden (eine nachfolgende Erosion würde das Originalobjekt wiedergeben), aber weitere Dilatationsvorgänge, nach der Auffüllung der Konkavität, sind nicht mehr umkehrbar. Dagegen kann das Objekt in Abb. 7.3e beliebig oft umkehrbar dilatiert werden.

Die Information, ob ein Objekt umkehrbar dilatiert bzw. erodiert werden kann, ist in seiner Form beinhaltet, die ihrerseits durch den Konturcode (s. Abschnitt 1.3.) fehlerfrei dargestellt werden kann. Aus der Analyse des Konturcodes kann man also entnehmen, ob eine umkehrbare Erosion oder Dilatation eines Binärobjektes möglich ist [28].

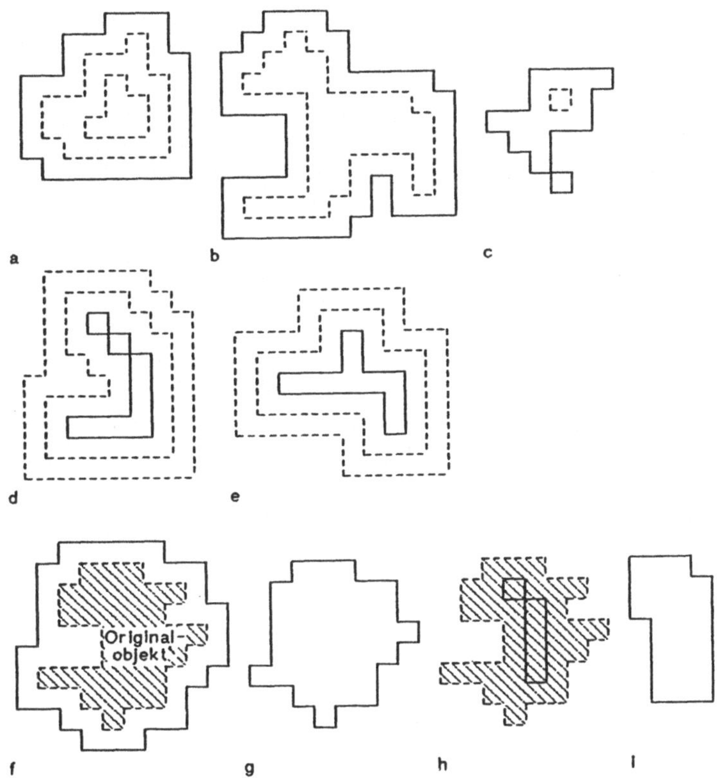

Abbildung 7.3: Morphologische Grundoperatoren auf der diskreten Ebene. a),
b), c): Erosion; d), e): Dilatation; f), g): Fermeture und ihr Ergebnis; h), i):
Ouverture und ihr Ergebnis.

Zur Umkehrbarkeit der Erosion müssen die folgenden zwei Bedingungen $e1$ und $e2$
erfüllt sein:

e 1) Die Differenz (modulo-8) $d = n_{i+1} - n_i$ zwischen zwei aufeinanderfolgenden
Konturschritten n_i und n_{i+1} ($0 \leq n_i$, $n_{i+1} \leq 7$) muß < 2 für ungeraden n_i
und ≤ 2 für geraden n_i sein.

e 2) Die Länge der kürzesten Folge von aufeinanderfolgenden geraden Zahlen n
der Konturkette, die nicht in einer monoton abnehmenden Zahlenfolge eingebettet sind, wird mit r_m bezeichnet; wenn $r_m > 1$ gilt, dann kann das
Objekt genau e-mal umkehrbar dilatiert werden, mit:

$$e = \text{Integer}\left(\frac{r_m}{2}\right) \tag{7.5}$$

Zur Umkehrbarkeit der Dilatation gilt die folgende Bedingung $d1$:

d 1) Wenn in der Konturkette eine monoton abnehmende Zahlenfolge $\ldots u$, $u - 1 \ldots u - 1$, $u - 2 \ldots$ mit u ungerade $(0 < u \leq 7)$ auftritt und diese Zahlenfolge r Glieder gleich $u - 1$ $(r \geq 0)$ beinhaltet, dann kann das Objekt höchstens d-mal umkehrbar dilatiert werden, mit:

$$d = \text{Integer}\left(\frac{r}{2}\right) \qquad (7.6)$$

Erosion und Dilatation eines beliebigen Binärobjektes können dann durch numerische Manipulationen der Konturkette durchgeführt werden, die direkt den Konturcode des erodierten bzw. des dilatierten Objektes ergeben und die in einem Rechner sehr schnell vollzogen werden. Das Gerüst dieses Verfahrens ist mit Hilfe eines Flußdiagramms in *Abb. 7.4* wiedergegeben. Zuerst wird das Objekt durch

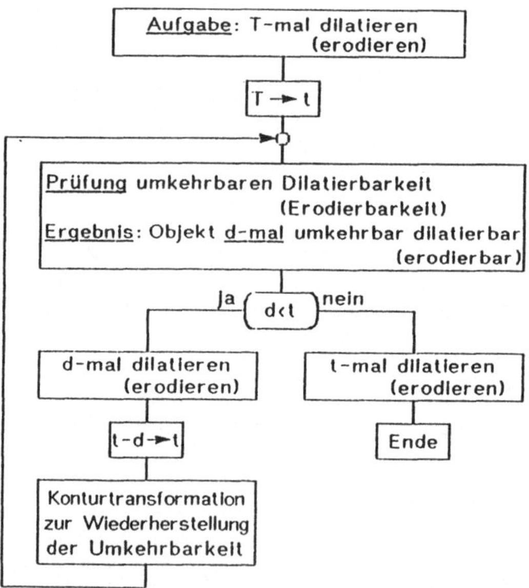

Abbildung 7.4: Flußdiagramm eines Verfahrens zur Durchführung der Erosion und der Dilatation eines Objektes mit Hilfe des Konturcodes.

Veränderungen der Konturkette soweit wie möglich umkehrbar dilatiert (bzw. erodiert). Dann wird im Block "Konturtransformation" durch weitere Manipulationen der Konturkette das Objekt in ein äquivalentes Objekt umgewandelt, das das gleiche dilatierte (bzw. erodierte) Objekt ergibt und jedoch umkehrbar dilatierbar (bzw. erodierbar) ist. Die dafür notwendigen Transformationen der Konturkette sind mit der Bestimmung des Residuums (s. Abschnitt 1.3.) verwandt und in [28] ausführlich beschrieben.

Beispiele der Fermeture und Ouverture für Binärbilder sind in Abb. 7.3f bis 7.3i gezeigt. Das gleiche Originalobjekt (schraffiert in Abb. 7.3f und 7.3h) ergibt nach der Fermeture das Ergebnis von Abb. 7.3g und nach der Ouverture das Ergebnis von Abb. 7.3i. In beiden Fällen bleibt der Rumpf des Objektes, der den umkehrbar erodierbaren bzw. dilatierbaren Anteil darstellt, erhalten. Die Fermeture zerstört das konkave Detail (kleine Löcher und Einbuchtungen), die Ouverture dagegen das konvexe Detail (schmale Stege und "Halbinseln").

Erosion, Dilatation, Ouverture und Fermeture besitzen zahlreiche wichtige Eigenschaften, die oft für den Entwurf von Algorithmen oder von Hardware-Realisierungen der morphologischen Operatoren mit speziellen Rechnerstrukturen ausgenutzt werden. Einige dieser Eigenschaften sind intuitiv plausibel, für andere sind dagegen ausführliche Beweise notwendig, die z.B. in [253], [254] und [255] zu finden sind. Eine kleine Auswahl besonders nützlicher Eigenschaften $E1$ bis $E27$ ist im folgenden wiedergegeben. Dabei wird mit $\overline{A}$ das Komplement des Original-bildes bezeichnet; $\overline{A}$ ist ein Bild, in dem der Hintergrund von A zum Objekt und das Objekt zum Hintergrund wird. Außerdem wird das Strukturelement B größer als ein Einzelpunkt angenommen.

E1.
$$B \subset C \;\rightarrow\; A \ominus B \supset A \ominus C \quad , \quad A \oplus B \subset A \oplus C \qquad (7.7)$$

E2.
$$A \oplus B = B \oplus A \qquad (7.8)$$

D.h. die Dilatation ist kommutativ, aber die Erosion ist nicht kommutativ:

$$A \ominus B \neq B \ominus A \qquad (7.9)$$

In der Praxis haben A und B unterschiedliche Funktionen: wenn A das Objekt und B das (meistens viel kleinere) Strukturelement ist, dann ist nur $A \ominus B$ sinnvoll, weil $B \ominus A = 0$ ist.

E3.
$$\overline{A} \oplus B = \overline{A \ominus B} \qquad (7.10)$$

D.h. die Dilatation des Komplementbildes ist gleich dem Komplementbild des erodierten Bildes.

E4.
$$A \oplus B = \overline{(\overline{A} \ominus B)} \qquad (7.11)$$

D.h. das Komplementbild der Erosion des Komplementbildes von A ist gleich der Dilatation von A.

E5.

$$A \ominus B \subset A \subset A \oplus B \qquad (7.12)$$

Mit (n) bezeichnet man eine n-malige Wiederholung eines morphologischen Operators.

E6.

$$(A \ominus B)^{(n)} \subset (A \ominus B)^{(m)} \qquad \text{mit } m < n \qquad (7.13)$$

E7.

$$(A \oplus B)^{(n)} \supset (A \oplus B)^{(m)} \qquad \text{mit } m < n \qquad (7.14)$$

E8.

Erosion und Dilatation sind monotone Transformationen:

$$A_1 \supseteq A_2 \; \rightarrow \; A_1 \oplus B \supseteq A_2 \oplus B \qquad (7.15)$$

$$A_1 \supseteq A_2 \; \rightarrow \; A_1 \ominus B \supseteq A_2 \ominus B \qquad (7.16)$$

D.h. die Beziehung $\supseteq$ zwischen Objekten ist invariant bezüglich der Erosion, der Dilatation und der Folgen dieser Operatoren, wie Ouverture und Fermeture.

E9.

$$(A_1 \cap A_2) \oplus B \subseteq (A_1 \oplus B) \cap (A_2 \oplus B) \qquad (7.17)$$

Wenn $(A_1 \cup A_2) \oplus B$ umkehrbar ist, wie im Fall von *Abb. 7.5a*, ist die Reihenfolge von Dilatation und Schnittmengenbildung ohne Einfluß auf das Ergebnis, und in (7.17) gilt das Gleichheitszeichen. Andernfalls, wie in Abb. 7.5b, gilt das Zeichen $\subset$.

E10.

$$(A_1 \cup A_2) \ominus B \supseteq (A_1 \ominus B) \cup (A_2 \ominus B) \qquad (7.18)$$

E11.

$$(A_1 \cap A_2) \ominus B = (A_1 \ominus B) \cap (A_2 \ominus B) \qquad (7.19)$$

weil: $A_i \ominus B = p : \{B_p \subset A_i\}$ mit $i = 1, 2$ und $p \in (A_i \ominus B)$. Dann bedeutet $p \in (A_1 \cap A_2)$ das gleiche wie $p : \{(B_p \subset A_1) \cap (B_p \subset A_2)\}$.

E12.

$$(A_1 \cup A_2) \oplus B = (A_1 \oplus B) \cup (A_2 \oplus B) \qquad (7.20)$$

weil: $A_i \oplus B = p : \{B_p \cap A_i \neq 0\}$ mit $i = 1, 2)$ und $p \in (A_i \oplus B)$. Dann bedeutet $p \in (A_1 \cup A_2)$ das gleiche wie $p : \{(B_p \cap A_1 \neq 0) \cup (B_p \cap A_2 \neq 0)\}$.

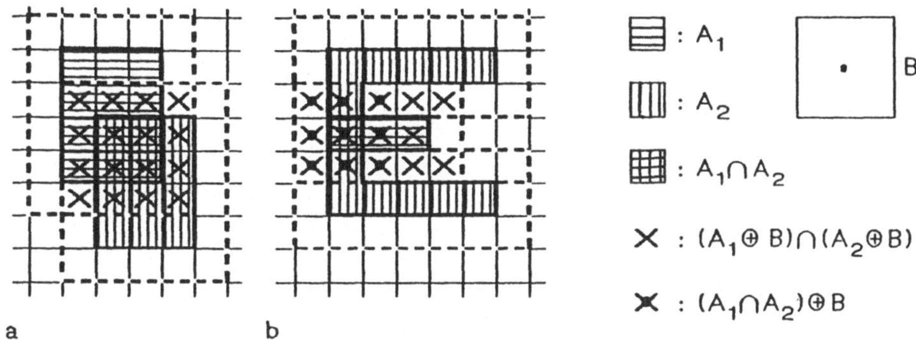

Abbildung 7.5: Erläuterung einer Eigenschaft der Dilatation.
a) $(A_1 \cup A_2)$ ist umkehrbar dilatierbar und es gilt:
$(A_1 \cap A_2) \oplus B = (A_1 \oplus B) \cap (A_2 \oplus B)$
b) $(A_1 \cup A_2)$ ist nicht umkehrbar dilatierbar und es gilt:
$(A_1 \cap A_2) \oplus B \subset (A_1 \oplus B) \cap (A_2 \oplus B)$

Die folgenden Eigenschaften E13 und E14 haben große praktische Bedeutung für die Realisierung schneller morphologischer Operatoren in kommerziellen Bildverarbeitungssystemen:

E13.
folgt aus E12 aufgrund der Kommutativität der Dilatation:

$$A \oplus (B_1 \cup B_2) = (A \oplus B_1) \cup (A \oplus B_2) \tag{7.21}$$

E14.

$$A \ominus (B_1 \cup B_2) = (A \ominus B_1) \cap (A \ominus B_2) \tag{7.22}$$

weil: $A \ominus B_i = p : \{B_{ip} \subset A\}$ mit $i = 1, 2$ und $p \in (A \ominus B_i)$. Dann bedeutet $p \in A \ominus (B_1 \cup B_2)$ das gleiche wie $p : \{(B_{1p} \subset A) \cap (B_{2p} \subset A)\}$.

Anhand der Eigenschaften E13 und E14 können Erosion und Dilatation durch Bildverschiebungen und logische Verknüpfungen der verschobenen Bilder realisiert werden. Verschiebung und logische Verknüpfung sind Operationen, die von modernen Bildverarbeitungssystemen schnell und einfach durchgeführt werden können. *Abb. 7.6a* zeigt die Erosion eines Objektes A durch das Strukturelement $B = B_5 \cup B_2 \cup B_3$. Bezeichnet man mit A^i das Objekt A verschoben um einen Bildpunkt in Richtung i ($i = 1\ldots8$, wie in Abb. 7.6), so ist $A \ominus B_i$ die Schnittmenge von A und A^i, und es ist:

$$A \ominus B = A \cap A^5 \cap A^2 \cap A^3 \tag{7.23}$$

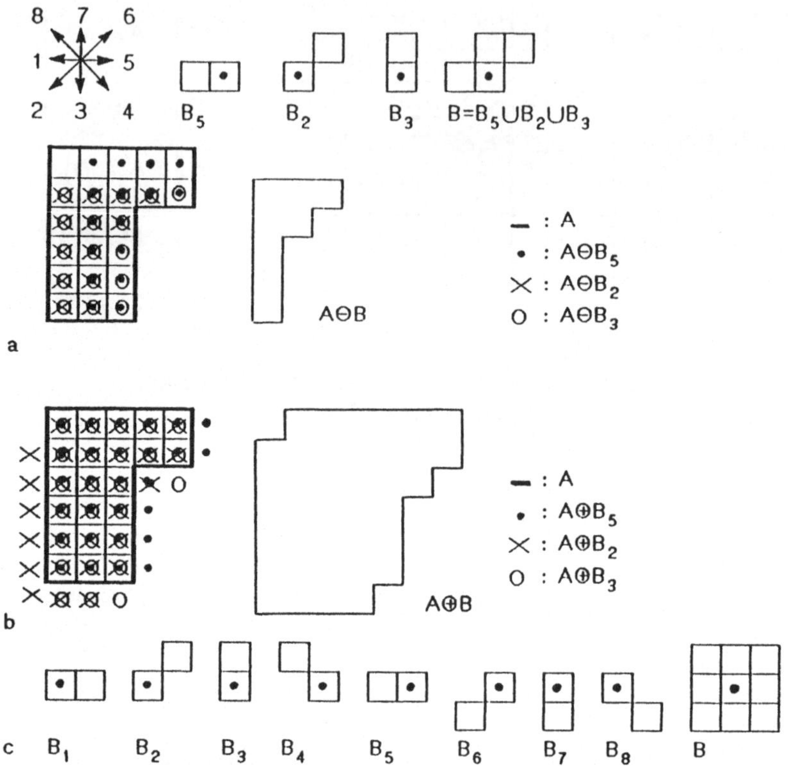

Abbildung 7.6: Erosion und Dilatation durch Verschiebung. a) Erosion und b)
Dilatation eines Objektes A durch die Vereinigung der Strukturelemente B_2, B_3
und B_5. c) Strukturelemente B_1 bis B_8, deren Vereinigung den Einheitskreis B
ergibt.

In ähnlicher Weise ist (s. Abb. 7.6b):

$$A \oplus B = A \cup A^5 \cup A^2 \cup A^3 \tag{7.24}$$

Meistens verwendet man als Strukturelement den Einheitskreis B mit Bezugspunkt
in der Mitte, der, wie in Abb. 7.6c gezeigt, durch:

$$B = \bigcup_{i=1}^{8} B_i \tag{7.25}$$

dargestellt werden kann. In diesem Fall erhält man die Erosion bzw. Dilatation durch eine Und- bzw. Oder-Verknüpfung des Originalbildes mit sich selbst,
verschoben in allen 8 Richtungen der diskreten Ebene.

Eine weitere wichtige Eigenschaft ist die sogenannte Kettenregel der Erosion
und der Dilatation:

E15.

$$(A \ominus B_1) \ominus B_2 = A \ominus (B_1 \oplus B_2) \tag{7.26}$$

E16.

$$(A \oplus B_1) \oplus B_2 = A \oplus (B_1 \oplus B_2) \tag{7.27}$$

Ein Beweis dieser Regel kann in [254] gefunden werden. Danach können Erosion und Dilatation durch ein zweidimensionales Strukturelement B durch eine Kette entsprechender Operatoren mit eindimensionalen Strukturelementen $B_1, B_2 \dots B_k$ realisiert werden, die die Bedingung $B = B_1 \oplus B_2 \oplus \dots \oplus B_k$ erfüllen. Eindimensionale Operatoren bedeuten, daß, mit $k = 2$, das Bild zuerst zeilenweise (z.B. mit B_1 als Strukturelement), und dann spaltenweise (z.B. mit B_2 als Strukturelement) verarbeitet werden kann. Dies hat zwei Vorteile, nämlich:
a) Die Verarbeitungszeit steigt proportional zu $2L$ statt L^2, wenn L die Seitenlänge des strukturierenden "Kreises" ist.
b) Ein zeilenweiser oder spaltenweiser Bilddatenzugriff entspricht der Arbeitsweise vieler Bildverarbeitungsanlagen.

Als Anwendungsbeispiel der Kettenregel mit dem Einheitskreis als Strukturelement zeigt *Abb. 7.7a* eine Erosion und Abb. 7.7b eine Dilatation.

Weiterhin unter der Annahme, daß das Strukturelement B kein Einzelpunkt ist, gelten die folgenden Eigenschaften der Ouverture und der Fermeture:

E17.

$$A \bullet B \supseteq A \tag{7.28}$$

E18.

$$A \circ B \subseteq A \tag{7.29}$$

Hier wird nur ein intuitiver Hinweis zur vollständigen Beweisführung gegeben, die aus [253], [254] entnommen werden kann:
Zu E17: wenn a und b beliebige Bildpunkte von A bzw. B sind, dann gilt: $(a \cup b) \subseteq (A \oplus B)$ $\forall a, b$ mit $a \in A$, $b \in B$ und $B \subseteq (A \oplus B)$. Es folgt: $a \in ((A \oplus B) \ominus B)$.
Zu E18: wenn p ein beliebiger Bildpunkt von $((A \ominus B) \oplus B)$ ist, dann kann die Menge p als Vereinigung der Mengen q und b betrachtet werden, mit: $p = q \cup b$, $q \in (A \ominus B)$ und $b \in B$. Dann ist sowohl $q \in A$, als auch $b \in A$, also $p \in A$.

Diese Eigenschaften sind sehr wichtig, weil sie erlauben zu erkennen, wann verschiedene, durch morphologische Operatoren erzeugte Bilder voneinander Punkt-zu-Punkt subtrahiert werden können, ohne daß das Ergebnisbild negative Grauwerte enthält, die physikalisch nicht realisierbar sind. Ein Operator K_1, der die Konturen eines Binärbildes A extrahiert, kann z.B. durch die folgende Bildsubtraktion realisiert werden:

$$K_1 = (A \oplus B) - (A \ominus B) \tag{7.30}$$

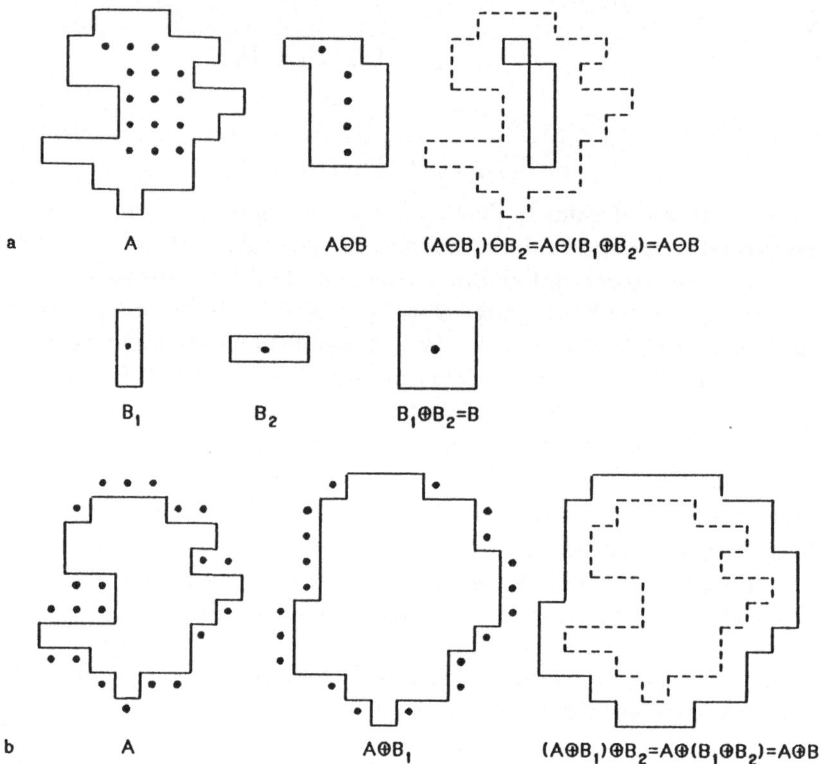

Abbildung 7.7: Kettenregel der Erosion (a) und der Dilatation (b) mit dem Strukturelement $B = B_1 \oplus B_2$.

wobei die Größe des Strukturelementes B die Dicke der Konturen bestimmt. Ein weiterer Konturoperator ist:

$$K_2 = (A \oplus B) \cap \overline{(A \ominus B)} \tag{7.31}$$

Weitere in [254] bewiesene Eigenschaften sind:

E19.

$$A \bullet B = (A \bullet B) \bullet B \tag{7.32}$$

E20.

$$A \circ B = (A \circ B) \circ B \tag{7.33}$$

Dies bedeutet, daß das Ergebnis einer Fermeture (bzw. Ouverture) umkehrbar dilatierbar (bzw. erodierbar) ist, oder: eine Folge von Fermeturen oder von Ouverturen bewirkt das Gleiche wie eine einzige Fermeture bzw. Ouverture.

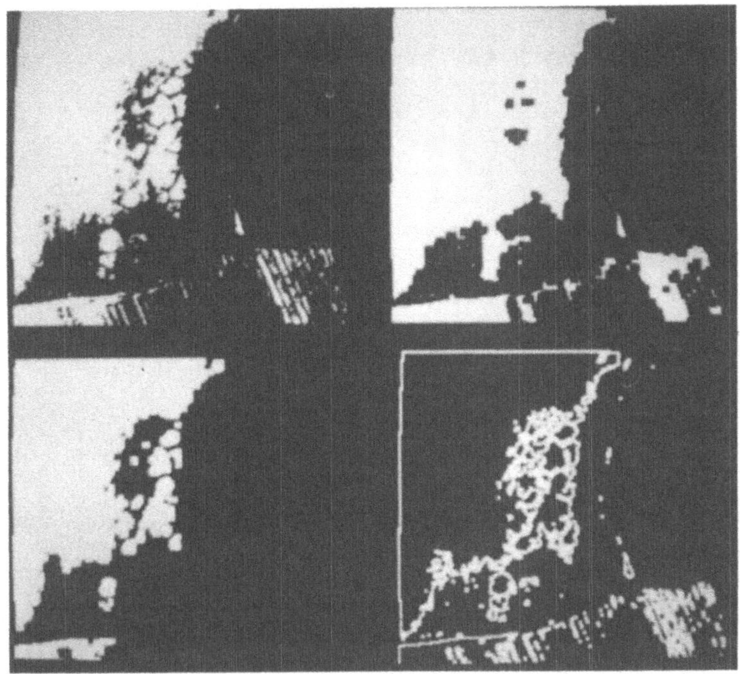

Abbildung 7.8: Experimentalbeispiel der Anwendung der morphologischen Operatoren auf ein natürliches Binärbild. O.l.: Original; o.r.: Fermeture; u.l.: Ouverture; u.r.: Konturbild.

Die Auswirkung von Fermeture und Ouverture ist mit Hilfe der *Abb. 7.8* veranschaulicht. In Abb. 7.8 oben rechts ist die Fermeture, in Abb. 7.8 unten links die Ouverture mit einem 5×5-Strukturelement gezeigt. Man erkennt, daß sowohl nach der Fermeture, als auch nach der Ouverture die groben Umrisse der Originalregion in ihrer Form erhalten bleiben. Durch die Fermeture werden kleinere Löcher und Risse in unumkehrbarer Weise aufgefüllt. Durch die Ouverture werden dagegen kleine Teile gelöscht und Risse in durchgehende Spalten umgewandelt. Abb. 7.8 unten rechts zeigt außerdem ein durch den Operator K_1 von (7.30) erzeugtes Konturbild, wobei B der Einheitskreis ist.

Erosion und Dilatation können iteriert und kombiniert werden. Man kann nach [134] mit $A^{(r)}$ die r-malige Dilatation und mit $A^{(-r)}$ die r-malige Erosion eines Binärbildes A durch den Einheitskreis bezeichnen und die Eigenschaften $E6$ und $E7$ wie folgt umschreiben:

E21.
$$A^{(-n)} \subset A^{(-m)} \qquad \text{für } n > m \qquad (7.34)$$

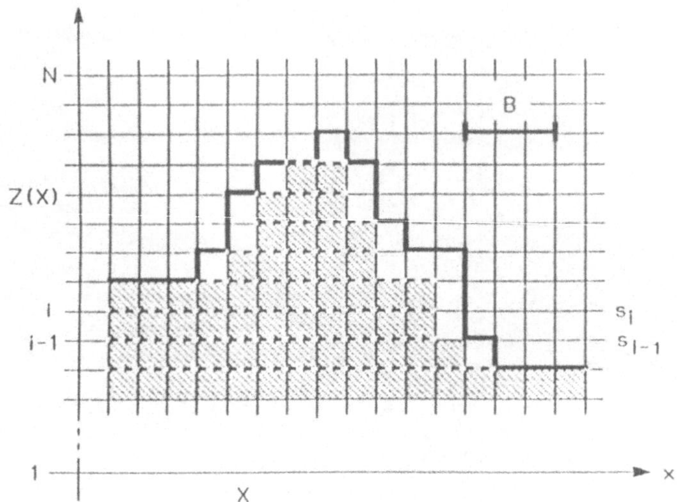

Abbildung 7.9: Prinzip der Erweiterung der Erosion auf Grautonbilder in einem
eindimensionalen Beispiel.

E22.

$$A^{(n)} \supset A^{(m)} \qquad \text{für } n > m \tag{7.35}$$

Es gilt außerdem:

E23.

$$(A^{(n)})^{(-m)} \supseteq A \supseteq (A^{(-n)})^{(m)} \qquad \text{für } n \geq m \tag{7.36}$$

Durch die Wahl der Anzahl der Iterationen n und m (bzw. der Größe und Form
des Strukturelements) kann man unterschiedliche Filterungseffekte zur Extraktion
oder Aussiebung von Teilen nach ihrer Form und Größe bewirken, wie z.B. einen
"Tiefpaß":

$$T = (A^{(r)})^{(-r)} \tag{7.37}$$

der ein vergröbertes Bild wiedergibt, oder einen "Hochpaß":

$$H = A - (A^{(-r)})^{(r)} \tag{7.38}$$

der nur das Detail erhalten läßt, oder schließlich einen "Bandpaß":

$$P = (A^{(n)})^{(-n)} - (A^{(m)})^{(-m)} \qquad \text{mit } n > m \tag{7.39}$$

Zur Durchführung der morphologischen Operatoren in Binärbildern stehen auch
schnelle Algorithmen zur Verfügung, die verschiedene Techniken anwenden, um
Verarbeitungsgeschwindigkeiten bis zu $\frac{1}{4}$-Sekunde pro Iteration zu erreichen, wie
z.B. die Lauflängecodierung mit Listenverarbeitung, die Anwendung von look-
up-tables und die selektive Verarbeitung nur derjenigen Bildpunkte, die in der
nächsten Iteration für eine Veränderung ihres Grauwertes in Frage kommen ([262],
[263], [264]).

7.3 Erweiterung der morphologischen Operatoren auf Grautonbilder

Erosion und Dilatation durch Minimum- und Maximum-Operatoren - Eigenschaften der morphologischen Operatoren - $\max_p$ und $\min_p$ - Zylinderhut-Operator - Ouverture und Fermeture zur Bestimmung der Binarisierungsschwelle - Eliminierung heller bzw. dunkler Einzelpunkte - Morphologischer Kantendetektor - Bedingte Aufhellung und Abdunklung - Hit-or-Miss-Operator - Abmagerung und Verdickung

In diesem Abschnitt wird zuerst anhand der Erosion in intuitiv-plausibler Weise gezeigt, daß die Grundoperatoren der mathematischen Morphologie, nämlich Erosion und Dilatation, auf Grautonbilder erweitert werden können, und daß sie im Grautonbereich den Minimum- bzw. Maximum-Operator als Gegenstück haben (s. auch Abschnitt 3.7.). Man kann auch zeigen, daß bezüglich der morphologischen Operatoren die Binärbilder als Sonderfälle der Grautonbilder betrachtet werden können. Für eine systematische Abhandlung der Theorie der morphologischen Operatoren in Grautonbildern muß hier auf spezielle Lehrbücher und Übersichtsarbeiten wie z.B. [252], [253], [254], [255] und [256] verwiesen werden.

In *Abb. 7.9* ist ein eindimensionaler Schnitt A einer diskreten Grauwertfunktion mit N Grauwertstufen $i = 1 \ldots N$ abgebildet, der als eindimensionaler diskreter Grauwertverlauf betrachtet werden kann. Jeder Schnitt S_i auf der Höhe i einer Grauwertstufe erzeugt ein Binärbild A_i. Das Grauwertbild A mit dem Grauwert $z(x)$ $(1 \leq z \leq N)$ kann als Und-Verknüpfung der äußersten Schicht mit allen darunterliegenden Schichten aufgefaßt werden; diese müssen immer vorhanden sein, weil es keinen "Hohlraum" im Grauwertgebirge geben kann:

$$A = A_z \cap A_{z-1} \cap \ldots \cap A_1 \qquad (7.40)$$

Wenn ein eindimensionales Strukturelement –in Abb. 7.9 der 3×1-Einheitskreis B– gegeben ist, dann wird jedes einzelne Binärbild A_i $(i = 1 \ldots z(x))$ durch B erodiert, woraus sich $A_i^{(-1)}$ ergibt. Das "erodierte" Grautonbild $A^{(-1)}$ setzt sich aus den folgenden Binärbildschichten zusammen:

$$A^{(-1)} = A_z^{(-1)} \cap A_{z-1}^{(-1)} \cap \ldots \cap A_1^{(-1)} \qquad (7.41)$$

Wie in Abb. 7.9 verdeutlicht, entspricht dies einem Minimum-Operator mit dem Strukturelement B als Operatorfenster:

$$A^{(-1)} = \min_{x \in B} A(x) \qquad (7.42)$$

In ähnlicher Weise entspricht die Dilatation für Grauwertbilder dem Maximum-Operator:

$$A^{(1)} = \max_{x \in B} A(x) \qquad (7.43)$$

Beispiele dieser Operatoren sind in Abb. 3.19 gezeigt. Auch Folgen von morphologischen Operatoren, die r-malige Fermeture $(A^{(r)})^{(-r)}$ oder die r-malige Ouverture $(A^{(-r)})^{(r)}$, werden durch Folgen von Maximum- und Minimum-Operatoren durchgeführt.

Einige der Eigenschaften E1 bis E23 des vorigen Abschnitts können auf Grautonbilder erweitert werden. Begriffe wie Kontur und Form sind jedoch auf Grautonbilder nicht unmittelbar übertragbar. Den Zeichen $\supseteq$, $\supset$, $\subseteq$ und $\subset$, die geometrische Beziehungen zwischen Bildpunktmengen von Binärbildern beschreiben, entsprechen für Grautonbilder die Zeichen $\geq$, $>$, $\leq$ und $<$, die einen punktweisen Vergleich zwischen Grauwerten mit gleichen Koordinaten in zwei verschiedenen Bildern darstellen. $A_1 \geq A_2$ bedeutet z.B., daß der Grauwert jedes Bildpunktes eines Bildes A_1 $\quad\geq$ als der Grauwert des Bildpunktes von A_2 mit gleichen Koordinaten ist. Stellt man Binärbilder durch die Grauwerte 1 für Objekte und 0 für den Hintergrund dar, so ist das ein Sonderfall, in dem, anstelle der allgemeinen Beziehungen $\geq$, $>$, $\leq$ und $<$, auch die entsprechenden Zeichen $\supseteq$, $\supset$, $\subseteq$ und $\subset$ verwendet werden können.

Anstelle von E5, E6 und E7 gelten nun für Grautonbilder die folgenden Eigenschaften:

E24.

$$A^{(-1)} \leq A \leq A^{(1)} \tag{7.44}$$

E25.

$$A^{(-n)} \leq A^{(-m)} \qquad \text{mit } m < n \tag{7.45}$$

E26.

$$A^{(n)} \geq A^{(m)} \qquad \text{mit } m < n \tag{7.46}$$

Außerdem entspricht E8 der monotonen Eigenschaft der morphologischen Operatoren:

E27.

$$A(x_1) \leq A(x_2) \;\rightarrow\; A^{(1)}(x_1) \leq A^{(1)}(x_2) \tag{7.47}$$

$$\text{und} \quad A(x_1) \leq A(x_2) \;\rightarrow\; A^{(-1)}(x_1) \leq A^{(-1)}(x_2) \tag{7.48}$$

mit x_1, x_2 Bildpunkten des Definitionsbereiches von A. Diese Eigenschaft ist wichtig, weil eine Folge von monotonen Operatoren kommutativ ist, z.B. Erosion und Dilatation mit Grauwertäqualisation oder mit Binarisierung durch eine Grauwertschwelle. Auch morphologische "Tiefpaß"-, "Hochpaß"- und "Bandpaßfilter" nach (7.37), (7.38) und (7.39) erweisen sich als nützliche Werkzeuge für die Bildanalyse. Die Eigenschaften E24, E25 und E26 sind ihrerseits bei der punktweisen Bildsubtraktion wichtig, damit das Ergebnisbild im Bereich der positiven Grauwerte bleibt.

Die Einsatzmöglichkeiten der morphologischen Operatoren für die Analyse von Grautonbildern sind sehr zahlreich und können durch ihre Kombination mit Operationen der punktweisen Verknüpfung zwischen zwei Bildern A_1 und A_2 gesteigert werden, wie z.B.:

$$A = \max_p(A_1, A_2) \tag{7.49}$$

$$A = \min_p(A_1, A_2) \tag{7.50}$$

$$A = A_1 - A_2 \tag{7.51}$$

Hier bedeuten $\max_p$, $\min_p$ und die Differenz, daß für alle Bildpunkte $p \in A$, $p_1 \in A_1$ und $p_2 \in A_2$ mit Ortskoordinaten (x, y) das folgende gilt:

$$\left.\begin{array}{l} p(x, y) = \max[p_1(x, y), p_2(x, y)] \\ p(x, y) = \min[p_1(x, y), p_2(x, y)] \\ p(x, y) = p_1(x, y) - p_2(x, y) \end{array}\right\} \tag{7.52}$$

Das im Bereich der Bildanalyse anfallende Bildmaterial, die Aufgaben und die möglichen Kombinationen morphologischer Operatoren sind so vielfältig, daß ein damit konfrontierter Anwender meistens durch Erfahrung und durch fachspezifische Kenntnisse im Laufe der Zeit eigene heuristische Lösungswege entwickelt. Es soll deshalb im folgenden lediglich auf einige wenige Methoden näher eingegangen werden, die sich neben den morphologischen Grundoperatoren als allgemein nützlich erwiesen haben.

- Zylinderhut-Operator ([257], [259])

Dieser Operator wirkt als Detektor heller bzw. dunkler Detailstrukturen, wie z.B. Linien oder Flecken unterhalb einer gegebenen Größe, deren Kontrast ein gegebenes Maß übersteigt. Das Prinzip ist anhand eines eindimensionalen Grau-

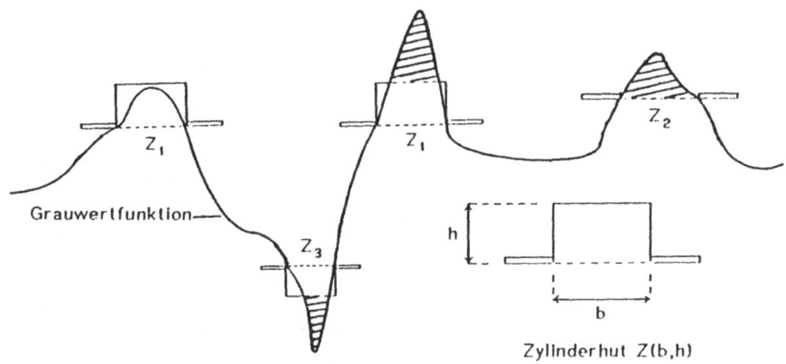

Abbildung 7.10: Prinzip des Zylinderhut-Operators.

wertverlaufs mit Hilfe der *Abb. 7.10* erläutert. Man kann sich einen Zylinderhut

$Z(b, h)$ des Durchmessers b und der Höhe h vorstellen (in Abb. 7.10 in Schnitt dargestellt), der über die Grauwertfunktion gestülpt wird. Der Zylinderhut-Operator extrahiert nun diejenigen Anteile der Grauwertfunktion, die das Dach des Hutes durchstoßen, wenn sein innerer Rand auf der Grauwertfunktion aufliegt. Diese Anteile sind in Abb. 7.10 für die Hüte $Z_i(b_i, h_i)$, mit $i = 1\ldots3$, schraffiert abgebildet.

Um den Zylinderhut-Operator Y_{dh} zu realisieren, wird aus dem Originalbild A seine r-malige Ouverture subtrahiert:

$$Y_{dh} = \begin{cases} Y_d = A - (A^{(-r)})^{(r)} & \text{wenn } Y_d \geq h \\ 0 & \text{sonst} \end{cases} \qquad (7.53)$$

mit $d = 2\,r + 1$.

Y_d unterscheidet sich von A nur durch das fehlende helle Detail, dessen kleinste Abmessung unterhalb d liegt und das durch die Ouverture eliminiert worden ist. Daraus werden dann durch die Schwelle h nur die Anteile mit Kontrast $\geq h$ extrahiert. Ein Wert $h > 0$, wie für Z_1 und Z_3 in Abb. 7.10, bewirkt die Unterdrückung kleiner rauschbedingter Signalanteile.

Der Ausdruck (7.53) gilt für die Extraktion des hellen Details, d.h. für Z_1 und Z_2 in Abb. 7.10. Mit Hilfe eines Zylinderhuts wie Z_3 in Abb. 7.10 wird dagegen eine Extraktion des dunklen Details angestrebt, für die der folgende Operator zu verwenden ist:

$$Y_{dh} = \begin{cases} Y_d = (A^{(r)})^{(-r)} - A & \text{wenn } Y_d \geq h \\ 0 & \text{sonst} \end{cases} \qquad (7.54)$$

Ein Anwendungsbeispiel des Zylinderhut-Operators auf ein medizinisches Kontrastbild zur Extraktion von Linienstrukturen unterschiedlicher Breite ist in *Abb. 7.11* gezeigt. In diesem Fall ist d der Querschnitt der Gefäße, der die kleinere der zwei Abmessungen (Länge und Schnitt) darstellt.

- **Ouverture und Fermeture zur Bestimmung der Binarisierungsschwelle**

Im Abschnitt 2.3. wurde das Problem der Festlegung der Grauwertschwelle zur Umwandlung von Grautonbildern in Binärbilder erörtert. In Abb. 2.7. wird gezeigt, daß im Fall eines ausgeprägt bimodalen Grauwerthistogramms der günstigste Schwellenwert im Minimum zwischen den zwei Moden liegt. Es wurde außerdem erwähnt, daß oft aufgrund von Rauschen, Unschärfe und Hintergrund das Histogramm eher gleichverteilt als bimodal erscheint. Vor der Histogrammberechnung kann es daher von Vorteil sein, das Bild durch die Ouverture oder die Fermeture zu bereinigen ([46] Band 2). Dadurch werden das kleine Detail und die unscharfen Kanten, die in erster Linie zum gleichverteilten Histogrammanteil beitragen, eliminiert, wogegen die Objektumrisse unverändert bleiben. Nach dieser Vorverarbeitung weist das Histogramm oft ein stärker ausgeprägtes Minimum zwischen den Moden auf, wodurch die Festlegung der Binarisierungsschwelle leichter gemacht wird.

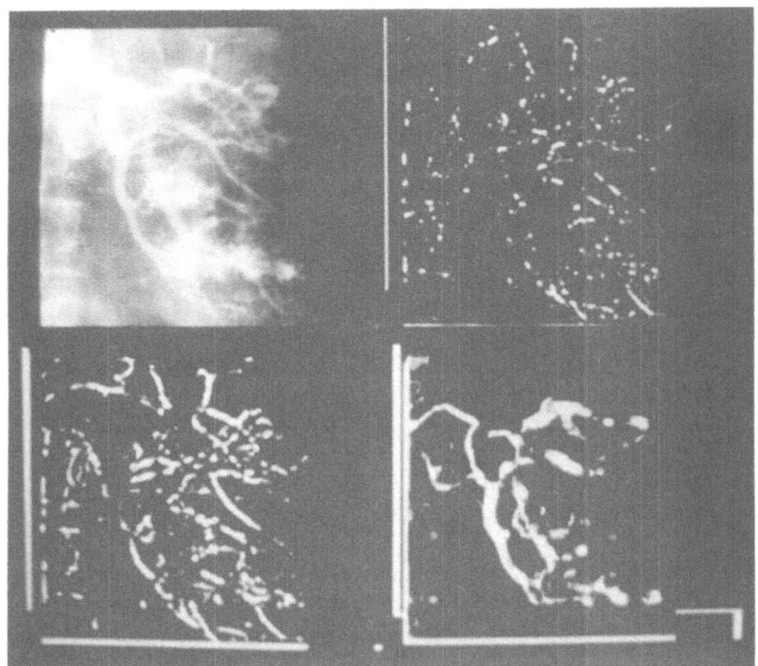

Abbildung 7.11: Anwendungsbeispiel des Zylinderhut-Operators zur Extraktion von linienhaften Mustern unterschiedlicher Breite aus einem Grauton-Kontrastbild. Verarbeitung mit verschiedenen Zylinderhüten $Z(b, h)$ mit $h = 70$ Grauwerte. O.l.: Originalbild; o.r.: $b = 3$; u.l.: $b = 5$; u.r.: $b = 7$.

Abb. 7.12 zeigt neben einem Originalbild das Ergebnis der Fermeture mit einem 5×5-Strukturelement und die entsprechenden Histogramme, woraus eine stärkere Bimodalität nach der Fermeture beobachtet werden kann.

- **Eliminierung heller bzw. dunkler Einzelpunkte ([265])**

Eine Variante der Erosion bzw. der Dilatation führt zu einem einfachen Verfahren, um in Grautonbildern einzelne hellere oder dunklere Bildpunkte, die Störungen darstellen, zu eliminieren. Dies geschieht, indem man sie auf den nächstliegenden Grauwert der Umgebung angleicht. Zuerst sollen die Operatoren $\max_{B} *$ und $\min_{B} *$ definiert werden. Sie unterscheiden sich von den üblichen Maximum- bzw. Minimum-Operatoren dadurch, daß der Grauwert des Bezugspunktes p des Strukturelementes B bei der Berechnung des Maximums bzw. des Minimums unberücksichtigt bleibt.

Der Operator zur Eliminierung heller Einzelpunkte ist dann:

$$A_h = \min_p\{A\,,\,\max *(A)\} \qquad (7.55)$$

Ähnlich ist der Operator zur Eliminierung dunkler Einzelpunkte:

$$A_d = \max_p\{A\,,\,\min *(A)\} \qquad (7.56)$$

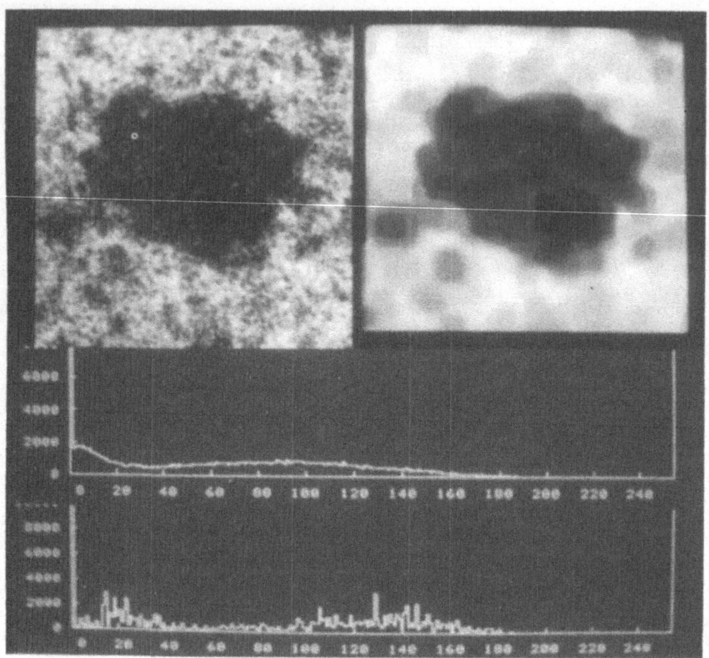

Abbildung 7.12: Anwendung der Fermeture zur Bestimmung der Binarisierungsschwelle. O.l.: Originalbild mit seinem Histogramm (Mitte), ohne Einbruch zwischen den Moden; o.r.: nach der Verarbeitung mit einer 5 × 5-Fermeture ist im
Histogramm (unten) ein Einbruch erkennbar.

wobei $\min_p$ und $\max_p$ durch (7.49) und (7.50) definiert werden. Eine schematische
Darstellung der lokalen Wirkungsweise dieses Operators mit B = Einheitskreis ist
in *Abb. 7.13* abgebildet.

• Morphologischer Kantendetektor ([258])
Der Kantendetektor für Binärbilder von Gl. (7.30) kann auf Grautonbilder erweitert werden:

$$K_d = A^{(1)} - A^{(-1)} \qquad (7.57)$$

Dieser Operator ist jedoch rauschempfindlich, so daß es hier nützlich ist, wie bereits
bei der Kantendetektion durch lokale Operatoren in Abschnitt 4.4., die Differenzbildung von Gl. (7.57) mit einer Glättung zu verbinden. Zu diesem Zweck wird
in [258] der folgende Operator vorgeschlagen. Aus dem Originalbild S wird zuerst
ein geglättetes Bild A erzeugt; der Kantenoperator ist dann:

$$K_m = \min_p\{(A - A^{(-1)}), (A^{(1)} - A)\} \qquad (7.58)$$

Die dadurch erhaltenen Kanten des Kantenbildes K_m verlaufen in der Mitte der
Anstiegsflanken der Grauwertfunktion von S. Die Wirkungsweise dieses Operators
ist mit Hilfe einer eindimensionalen Grauwertkante S in *Abb. 7.14* veranschaulicht.

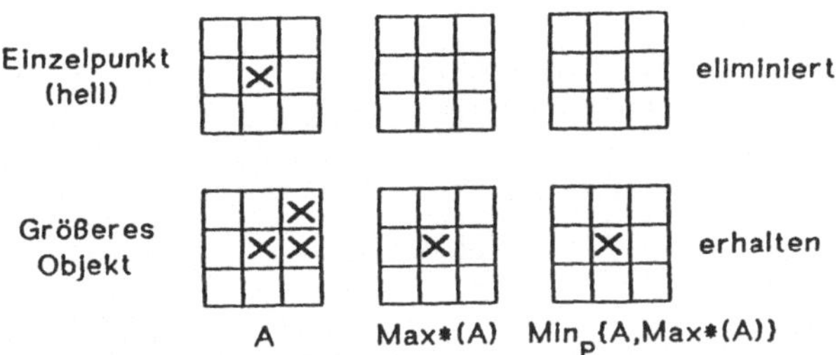

Abbildung 7.13: Verfahren zur Eliminierung heller oder dunkler Einzelpunkte nach [265].

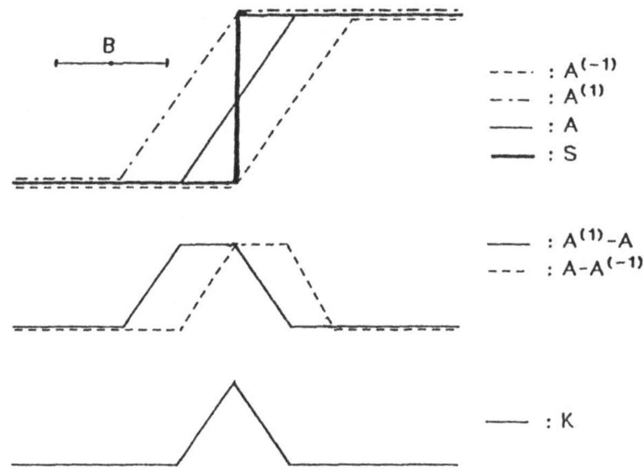

Abbildung 7.14: Prinzip des morphologischen Kantendetektors nach [258], erläutert anhand einer eindimensionalen Kante S. A: geglättete Kante; $A^{(-1)}$, $A^{(1)}$: Erosion bzw. Dilatation von A mit dem Strukturelement B; K: Ergebnis der Kantendetektion.

Zuerst wird die geglättete Anstiegsflanke A und dann die Dilatation $A^{(1)}$ und die Erosion $A^{(-1)}$ mit dem Strukturelement B erzeugt. Es ist zu bemerken, daß die Glättung notwendig ist, weil ohne Glättung der Operator $K_m = 0$ ergeben würde. In *Abb. 7.15* unten links ist der morphologische Kantendetektor von [258] dem einfacheren Kantendetektor von Gl. (7.30) (Abb. 7.15 unten rechts) gegenübergestellt. Das geglättete Bild von Abb. 7.15 oben rechts wurde aus dem Originalbild der Abb. 7.15 oben links durch Mittelwertbildung in einem 5×5-Fenster erzeugt. Der Vergleich verdeutlicht die geringere Rauschempfindlichkeit des morphologischen Kantendetektors.

Abbildung 7.15: Experimentalergebnis der Anwendung des morphologischen Kantendetektors nach [258]. O.l.: Originalbild; o.r.: mit einem 5×5-Tiefpaß geglättetes Bild; u.l.: Kantenbild mit dem morphologischen Kantendetektor K_m; u.r.:
Kantenbild K_d als Differenzbild zwischen Dilatation und Erosion. ·

- **Bedingte Aufhellung und Abdunkelung ([259])**

Die Extraktion heller bzw. dunkler Linien aus Grautonbildern mit Hilfe des
Zylinderhut-Operators kann durch eine Variante verbessert werden. Mit einem
punktsymmetrischen Strukturelement ist es nämlich nicht möglich, zwischen linienförmigen und anderen unerwünschten Strukturen gleicher kleinster Ausdehnung
zu unterscheiden, woraus folgt, daß beide extrahiert werden. Im Beispiel von
Abb. 7.16 tritt nach der Ouverture in $(A^{(-1)})^{(1)}$ der Signalanteil F nicht mehr
auf, weil der kurze Ast senkrecht zur hellen Linie, aufgrund seiner geringen Breite,
durch $A^{(-1)}$ völlig gelöscht worden ist. Daraus folgt, daß in $A - (A^{(-1)})^{(1)}$ dieser
Ast zusammen mit der Linie extrahiert wird. Durch eine r-malige Dilatation von
$(A^{(-1)})^{(1)}$ unter der Bedingung:

$$[(A^{(-1)})^{(1)}]^{(r)} \leq A \tag{7.59}$$

kann man erreichen, daß das zu subtrahierende Bild auch Anteile wie F beinhaltet,
so daß nach der Subtraktion nur die Linie extrahiert wird.
Der Operator zur bedingten Aufhellung ist dann:

$$L_h = A - \min[A, \min[A, \ldots \min[A, \{(A^{(-1)})^{(1)}\}^{(1)}]\ldots]] \tag{7.60}$$

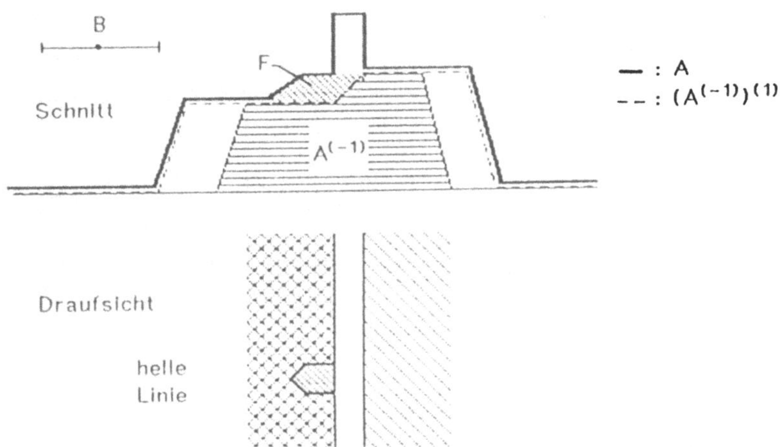

Abbildung 7.16: Erläuterung des Prinzips der bedingten Aufhellung an einer eindimensionalen Grauwertfunktion.

Komplementär dazu ist die bedingte Abdunkelung zur Extraktion dunkler Linien:

$$L_d = \max[A, \max[A, \ldots \max[A, \{(A^{(1)})^{(-1)}\}^{(-1)}] \ldots]] - A \tag{7.61}$$

- Hit-or-Miss-Operator ([252], [253], [260])

Der Hit-or-Miss-Operator H gehört zu den ersten in der mathematischen Morphologie untersuchten Operatoren und kann als der gemeinsame Ursprung der Erosion und der Dilatation betrachtet werden [252]. Obwohl er auch, mit gewissen Einschränkungen, auf Grautonbilder erweitert werden kann, wird er hier nur für Binärbilder definiert (s. auch Eigenschaft $E4$):

$$H = A * B = (A \ominus B_1) \cap \overline{(A \oplus B_2)} = (A \ominus B_1) \cap (\overline{A} \ominus B_2) \tag{7.62}$$

$$\text{mit} \quad B = B_1 \cup B_2 \quad , \quad B_1 \cap B_2 = 0 \tag{7.63}$$

Ein Bildpunkt p ist dann Element von H, wenn $B_{1p} \subseteq A$ und $B_{2p} \subseteq \overline{A}$. Außerdem ist $A * B$ nur dann sinnvoll, wenn die Bedingung (7.63) erfüllt ist und B_1 und B_2 einen gemeinsamen Bezugspunkt haben. Die Erosion ist ein Sonderfall des Hit-or-Miss-Operators für $B_2 = 0$.

Eine Anwendung dieses Operators auf die Konturextraktion ist in *Abb. 7.17* dargelegt. Auf dem dort abgebildeten Objekt wird der Hit-or-Miss-Operator mit den Strukturelementen $B^i = B_1^i \cup B_2^i$ ($i = 1 \ldots 4$) durchgeführt. Jeder Teiloperator H_i ergibt den Konturanteil in einer der 4 Richtungen, und die gesamte Kontur G resultiert aus der Vereinigung:

$$G = \bigcup_{i=1}^{4} (A * B^i) \tag{7.64}$$

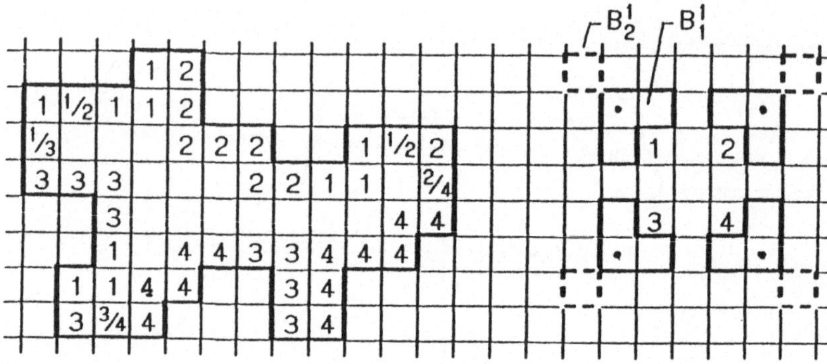

Abbildung 7.17: Beispiel der Anwendung des Hit-or-Miss-Operators auf die Konturextraktion eines Binärobjektes. Die Ziffern $i = 1\ldots4$ geben an, aus welchem Strukturelement B^i sich der entsprechende Konturpunkt ergibt.

Im Objekt von Abb. 7.17 sind die Konturanteile, die aus einem der Teiloperatoren H_i stammen, durch die Zahl i gekennzeichnet.

Der Hit-or-Miss-Operator ist auch der Ausgangspunkt zur Definition von zwei weiteren nützlichen Operatoren für Binärbilder, nämlich die Abmagerung ("thinning", mit der Skelettierung nicht zu verwechseln), und die Verdickung ("thickening") [252], [253], [259].

Die Abmagerung $A \bigcirc B$ des Binärbildes A durch das Strukturelement B ist die Mengensubtraktion der Hit-or-Miss-Transformation (7.62), (7.63) von A:

$$A \bigcirc B = A \cap \overline{A * B}$$
$$A \bigcirc B = A \cap \overline{[(A \ominus B_1) \cap \overline{(A \oplus B_2)}]} \qquad (7.65)$$
$$A \bigcirc B = A \cap [\overline{(A \ominus B_1)} \cup (A \oplus B_2)]$$

Wie in [253] gezeigt, kann durch eine Folge von Abmagerungen ein Skelettierungsalgorithmus aufgebaut werden.

Die Verdickung $A \odot B$ des Binärbildes A durch das Strukturelement B ist die Mengenaddition von A und seiner Hit-or-Miss-Transformation:

$$A \odot B = A \cup (A * B)$$
$$A \odot B = A \cup [(A \ominus B_1) \cap \overline{(A \oplus B_2)}] \qquad (7.66)$$
$$A \odot B = A \cup \overline{[\overline{(A \ominus B_1)} \cup (A \oplus B_2)]}$$

Abmagerung und Verdickung können nicht rein formell und ohne weitere Vereinbarungen auf Grautonbilder erweitert werden. Ein in diesem Zusammenhang wichtiger Begriff ist das wie folgt definierte Komplement $\overline{A}(x)$ eines Grautonbildes $A(x)$ mit Grauwertbereich von 0 bis w:

$$\overline{A}(x) = w - A(x) \qquad (7.67)$$

Für die Erweiterung der Erosion und der Dilatation nach (7.42) und (7.43) gilt
([252]):

$$w - \min_{z \in B} A(x) = \max_{z \in B}[w - A(x)] \qquad (7.68)$$

$$\text{und} \qquad w - \max_{z \in B} A(x) = \min_{z \in B}[w - A(x)] \qquad (7.69)$$

Obwohl Abmagerung und Verdickung für Grautonbilder dem binären Fall nicht
ganz entsprechen, sind sie dennoch von großer praktischer Bedeutung für die Bildanalyse. Mit vereinfachter Notation:

$$\min_{B_1} A = \min_{z \in B_1} A(x) \qquad \text{usw.}$$

kann die Erweiterung der Abmagerung (7.65) auf Grautonbilder wie folgt ausgedrückt werden:

$$A \bigcirc B = \min_p\{A, \max_p[(w - \min_{B_1} A), \max_{B_2} A]\} \qquad (7.70)$$

Dies entspricht den zwei folgenden Alternativfällen I) und II):

$$\text{I) } \min_p\{\ldots\} = A \qquad \text{und II)} \qquad A > \max_p[\ldots].$$

Im Fall II) ist:

$$A > \max_{B_2} A \qquad \text{und} \qquad A > w - \min_{B_1} A$$

woraus im Fall II folgt:

$$\min_{B_1} A > A > \max_{B_2} A$$

Die Grauwertabmagerung kann daher insgesamt mit Hilfe der folgenden Vorschrift
durchgeführt werden ([259]):

$$A \bigcirc B = \begin{cases} \max_{B_2} A & \text{wenn } \min_{B_1} A > A > \max_{B_2} A \\ A \quad \text{sonst} \end{cases} \qquad (7.71)$$

In ähnlicher Weise läßt sich die Verdickung auf Grautonbilder übertragen:

$$A \bigodot B = \max_p\{A, \min_p[\min_{B_1} A, (w - \max_{B_2} A)]\} \qquad (7.72)$$

und mit Hilfe der folgenden Vorschrift durchführen:

$$A \bigodot B = \begin{cases} \min_{B_1} A & \text{wenn } \min_{B_1} A > A > \max_{B_2} A \\ A \quad \text{sonst} \end{cases} \qquad (7.73)$$

Die Auswirkung der Abmagerung und der Verdickung auf das "Grauwertgebirge"
ist mit derjenigen der Skelettierung eines Binärobjektes bzw. seines Hintergrunds
vergleichbar. Bei der ersten bleiben nur die "Gebirgskämme", bei der zweiten nur
die "Flußbetten" erhalten.

Das folgende Beispiel aus [259] soll schließlich veranschaulichen, wie wirkungs-
voll diese Operatoren für Zwecke der Bildanalyse eingesetzt werden können. In
der Originalmikroskopaufnahme der *Abb. 7.18* oben möchte man die Zellgrenzen
bestimmen. Zu diesem Zweck werden zuerst durch eine Ouverture etwa mit einem 7×7-Strukturelement die Lücken in den dunklen Zellgrenzen geschlossen
(Abb. 7.18 unten). Dann wird die bedingte Verdickung, eine Variante des oben
erläuterten Verdickungsoperators, auf das Ergebnis angewendet. Bei der bedingten Verdickung wird dem Operator (7.73) die Nebenbedingung gestellt, daß die
Grauwerte des Ergebnisbildes diejenigen des Originalbildes nicht überschreiten
dürfen:

$$A \odot B \text{ bedingt durch } A = \min_p\{(A \odot B), A\} \qquad (7.74)$$

Somit erhält man das Bild der *Abb. 7.19* oben, in dem die Zellgrenzen durch
einheitliche dunkle Linien dargestellt sind. Mit Hilfe einer weiteren einfachen Verdickung kann das Ergebnis dann für die visuelle Betrachtung verbessert werden,
indem jede Zelle einen einheitlichen Grauwert, und zwar den höchsten in ihr auftretenden Wert, annimmt (Abb. 7.19 unten).

In den praktischen Anwendungen der Bildverarbeitung, und besonders im Bereich der mikroskopischen Bildanalyse für die Biologie und die Materialforschung,
gibt es zahlreiche Weiterentwicklungen des Hit-or-Miss-Operators, wie die Abmagerung und Verdickung, die disjunkte Strukturelemente B_1 und B_2 in komple-
mentären Richtungen anwenden ([17], [259], [260], [266]). Durch die zusätzlichen
Verknüpfungen der Zwischenergebnisse mit dem Originalbild ergeben sich hier so
zahlreiche und vielfältige Möglichkeiten, daß nur die Praxis und die Fachkenntnisse
über den spezifischen Anwendungsfall zur Bestimmung eines geeigneten Lösungs-
weges verhelfen können.

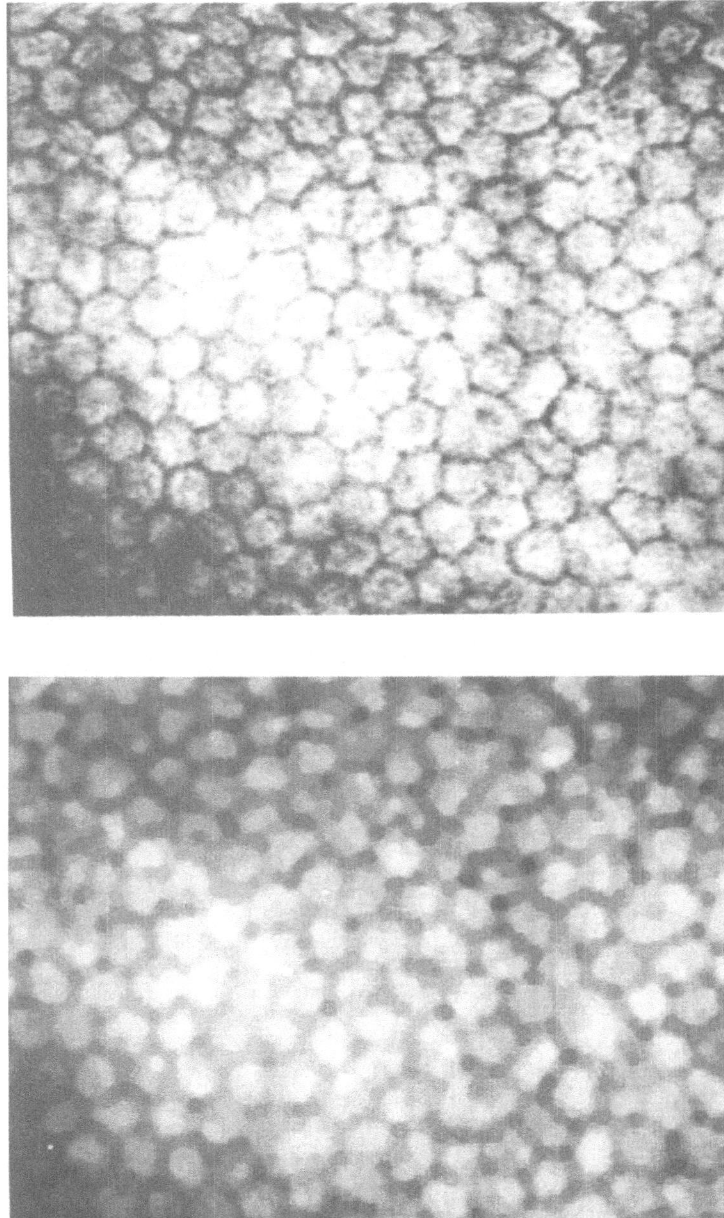

Abbildung 7.18: Praktisches Beispiel der Anwendung der Verdickung und anderer morphologischer Operatoren auf die Bestimmung der Zellgrenzen in einer Mikroskopaufnahme, aus [259]. Oben: Originalbild; unten: nach der Ouverture. Fortsetzung: nächste Seite, Abb. 7.19.

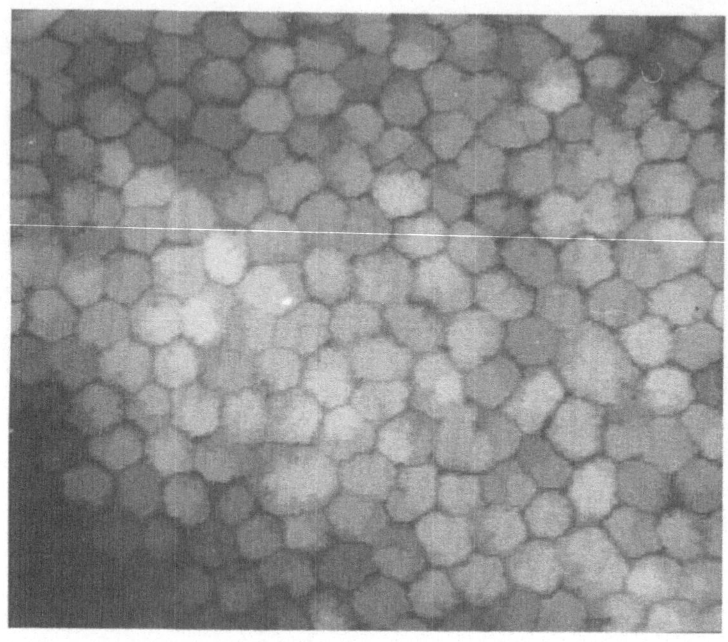

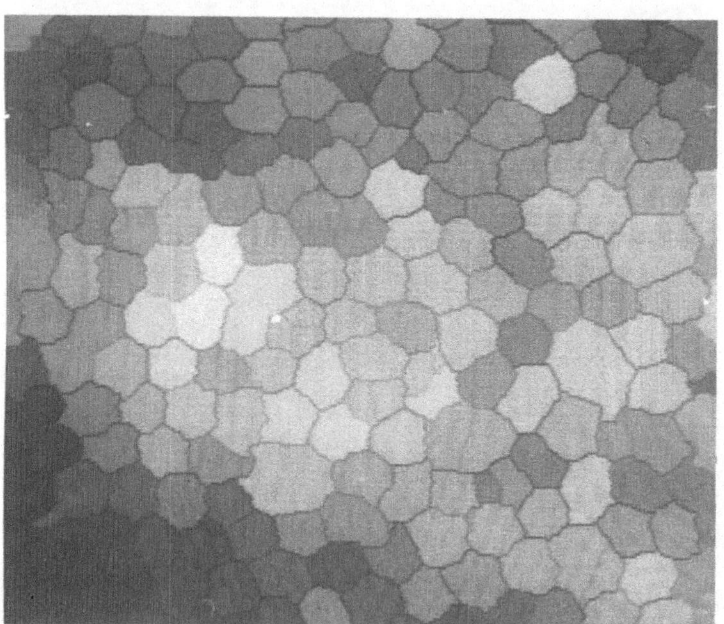

Abbildung 7.19: Fortsetzung der Abb. 7.18. Oben: nach der bedingten Verdickung; unten: Endergebnis.

Literaturverzeichnis

Abkürzungen:
ASSP = Acoustics, Speech and Signal Processing
CGIP = Computer Graphics and Image Processing
CVGIP = Computer Vision Graphics and Image Processing
ICASSP = International Conference on Acoustics, Speech and Signal Processing
ICPR = International Conference on Pattern Recognition
IJCPR = International Joint Conference on Pattern Recognition
PAMI = Pattern Analysis and Machine Intelligence
SMC = Systems, Man and Cybernetics

[1] Schönfelder, H.: Bildkommunikation, Reihe Nachrichtentechnik, Band 11, Springer-Verlag, Berlin, 1983.

[2] Kim, C.E., Rosenfeld, A.: Digital straight lines and convexity of digital regions. IEEE Trans., Vol. PAMI-14, March 1982, S. 149-153.

[3] Brons, R.: Linguistic methods for the description of a straight line on a grid. CGIP, Vol. 3, 1974, S. 48-62.

[4] Wu, L.: On the Freeman's conjecture about the chain code of a line. Proc. 5th ICPR, Miami, FL., 1980, S. 32-34.

[5] Hübler, A.: Grundbegriffe der Digitalgeometrie. In: Autbild 85/3, Wissenschaftliche Beiträge der Friedrich-Schiller-Universität, Jena, 1985, S. 62-112.

[6] Rosenfeld, A.: Digital straight line segments. IEEE Trans. on Computers, Vol. C-23, 1974, S. 1264-1269.

[7] Rosenfeld, A., Pfaltz, J.L.: Distance functions on digital pictures. Pattern Recognition, Vol. 1, 1968, S. 33-61.

[8] Borgefors, G.: A new distance transformation approximating the euclidean distance. Proc. 8th ICPR, Paris, 1986, S. 336-338.

[9] Arcelli, C., Sanniti di Baja, G.: Finding local maxima in pseudo-eucliean distance transform. CVGIP, Vol. 43, 1988, S. 361-367.

[10] Sklansky, J.: Recognition of convex blobs. Pattern Recognition, Vol. 2, 1970, S. 3-10.

[11] Kim, C.E., Sklansky, J.: Digital and cellular convexity. Pattern Recognition, Vol. 15, 1982, S. 359-367.

[12] Döhler, H.-U., Zamperoni, P.: Compact contour codes for convex binary patterns. Signal Processing, Vol. 8, 1985, S. 23-39.

[13] Kim, C.E., Rosenfeld, A.: On the convexity of digital regions. Proc. 5th ICPR, Miami, FL., 1980, S. 1010-1015.

[14] Hübler, A.: An axiomatic approach to discrete geometry and its relations to usual digital geometry for image processing. Proc. II. Intern. Conf. CAIP'87, Wismar, 1987, S. 174-186.

[15] Hübler, A.: Mathematische Grundlagen der digitalen Bildverarbeitung, Teil 2: Digitale Geometrie - Einführung und Algorithmen. In: Autbild 86/2, Wissenschaftliche Beiträge der Friedrich-Schiller-Universität, Jena, 1986, S. 6-55.

[16] Ballard, D.H., Brown, C.M.: Computer Vision, Prentice-Hall, Englewood Cliffs, NJ, 1982.

[17] Nawrath, R., Serra, J.: Quantitative image analysis, Part I and II. Microscopica Acta, Vol. 82, N. 2, Sept. 1979, S. 101-128.

[18] Freeman, H.: On the encoding of arbitrary geometric configurations. IRE Trans., Vol. EC-10, June 1961, S.260-268.

[19] Freeman, H.: Techniques for the digital computer analysis of chain-encoded arbitrary plane curves. Proc. National Electronics Conference, Chicago, IL, 1961, S. 421-432.

[20] Zamperoni, P.: A note on the computation of the enclosed area for contour-coded binary objects. Signal Processing, Vol. 3, 1981, S. 267-271.

[21] Zamperoni, P.: Drehung von konturcodierten Binärobjekten. Elektronische Informationsverarbeitung und Kybernetik (EIK), Vol. 18, 1982, N. 1/2, S. 75-82.

[22] Freeman, H., Davis, L.S.: A corner-finding algorithm for chain-coded curves. IEEE Trans. Computers, Vol. C-26, March 1977, S. 297-303.

[23] Feder, J., Freeman, H.: Digital curve matching using a contour correlation algorithm. IEE Intern. Convention Record, 1965, S. 69-74.

[24] Kampffmeyer, U., Zamperoni, P., Graça, L., Teegen, W.-R.: Untersuchungen zur rechnergestützten Klassifikation der Form von Keramik. Verlag Peter Lang, Frankfurt, 1987.

[25] Abe, K., Sugita, N.: Distances between strings of symbols - review and remarks. Proc. 6th ICPR, Paris, 1982, S. 172-174.

[26] Sakoe, H., Chiba, S.: Dynamic programming algorithm optimization for spoken word recognition. IEEE Trans., Vol. ASSP-26, Feb. 1978, S. 43-49.

[27] Zamperoni, P.: Scaling of contour coded binary objects. Electronic Letters, Vol. 14, 1978, N. 19, S. 608-610.

[28] Zamperoni, P.: Dilatation und Erosion von konturcodierten Binärbildern. Microscopica Acta, Suppl. 4, 1980, S. 245-249.

[29] Yaroslavsky, L.P.: Digital picture processing. Springer-Verlag, Berlin usw., 1985.

[30] Weszka, J.S., Rosenfeld, A.: Histogram modification for threshold selection. IEEE Tans., Vol. SMC-9, Jan. 1979, S. 38-52.

[31] Otsu, N.: A threshold selection method from gray-level histograms. IEEE Trans., Vol. SMC-9, Jan. 1979, S. 62-66.

[32] Pun, T.: A new method for grey-level picture thresholding using the entropy of the histogram. Signal Processing, Vol. 2, 1980, S. 223-237.

[33] Vollmar, R.: Algorithmen in Zellularautomaten. Teubner Studienbücher Informatik, Stuttgart, 1979.

[34] Lüke, H.-D.: Signalübertragung. Springer-Verlag, Berlin usw., 1975.

[35] Hölzler, E., Holzwarth, H.: Pulstechnik, Band I - Grundlagen, 2. Auflage. Springer-Verlag, Berlin usw., 1982.

[36] Wahl, F.M.: Digitale Bildsignalverarbeitung. Springer-Verlag, Berlin usw., 1984.

[37] Haberäcker, P.: Digitale Bildverarbeitung- Grundlagen und Anwendungen. Hanser Verlag, München, 1985.

[38] Wolf, H.: Lineare Systeme und Netzwerke. Springer-Verlag, Berlin usw., 1971.

[39] Shvayster, H., Peleg, S.: Inversion of picture operators. Pattern Recognition Letters, Vol. 5, Jan. 1987, S. 49-61.

[40] Hildreth, E.C.: The detection of intensity changes by computer and biological systems. CVGIP, Vol. 22, 1983, S. 1-27.

[41] Haralick, R.M.: Digital step edges from zero crossings of second directional derivatives. IEEE Trans., Vol. PAMI-6, Jan. 1984, S. 58-68.

[42] Chen, J.S., Huertas, A., Medioni, G.: Fast convolution with laplacian-of-gaussian masks. IEEE Trans., Vol. PAMI-9, July 1987, S. 584-590.

[43] Sommer, G., Meinel, G.: The design of optimal gaussian DOLP (difference of low pass) edge detectors. Proc. II Intern. Conf. CAIP'87, Wismar, 1987, S. 82-89.

[44] Burt, P.J., Adelson, E.H.: The laplacian pyramid as a compact image code. IEEE Trans. Communications, Vol. COM-31, Apr. 1983, S. 532-540.

[45] Oppenheim, A.V., Schafer, R.W., Stockham, T.G.: Nonlinear filtering of multiplied and convolved signals. Proc. IEEE, Vol. 56, Aug. 1968, S. 1264-1291.

[46] Rosenfeld, A., Kak, A.C.: Digital picture processing, 2. Auflage, Band 1 und 2, Academic Press, New York, NY, 1982.

[47] Wang, D.C., Vagnucci, A.H., Li, C.: Gradient inverse weighted smoothing scheme. CGIP, Vol. 15, 1981, S. 167-181.

[48] Lee, J.S.: Digital image smoothing and the sigma-filter. CVGIP, Vol. 24, 1983, S. 255-269.

[49] Nagao, M., Matsuyama, T.: Edge preserving smoothing. CGIP, Vol. 9, 1979, S. 394-407.

[50] Scher, A., Dias Velasco, F.R., Rosenfeld, A.: Some new image smoothing techniques. IEEE Trans., Vol. SMC-10, 1980, S. 153-158.

[51] Justusson, B.I.: Median Filtering: statistical properties. In: Huang, T.S. (Hrsg.): Two-dimensional digital signal processing II. Springer-Verlag, Berlin usw., 1981.

[52] Tyan, S.G.: Median filtering: deterministic properties. In: Huang, T.S. (Hrsg.): Two-dimensional digital signal processing II. Springer-Verlag, Berlin usw., 1981.

[53] Lias, G., Nodes, T.A., Gallagher, N.C.: Output distributions of two-dimensional median filters. IEEE Trans., Vol. ASSP-33, Oct. 1985, S. 1280-1295.

[54] Astola, J., Heinonen, P., Neuvo, Y.: On root structures of median and median-type filters. IEEE Trans., Vol. ASSP-35, Aug. 1987, S. 1199-1201.

[55] Huang, T.S., Yang, G.J., Tang, G.Y.: A fast two-dimensional median filtering algorithm. Proc. IEEE Computer Society Conference, 1978, S. 128-131.

[56] Goldmark, P.C., Hollywood, J.M.: A new technique for improving the sharpness of television pictures. Proc. IRE, Oct. 1951, S. 1314-1322.

[57] Lee, Y.H., Kassam, S.A.: Generalized median filtering and related nonlinear filtering techniques. IEEE Trans., Vol. ASSP-33, June 1985, S. 672-683.

[58] Nodes, T.A., Gallagher, N.C.: Median filters: some modifications and their properties. IEEE Trans., Vol. ASSP-30, Oct. 1982, S. 739-746.

[59] Butz, A.: A class of rank order smoothers. IEEE Trans., Vol. ASSP-34, Feb. 1986, S. 157-165.

[60] Rabiner, L., Sambur, M.R., Schmidt, C.E.: Application of a nonlinear smoothing algorithm to speech processing. IEEE Trans., Vol. ASSP-23, Dec. 1975, S. 552-557.

[61] Wirth, N.: Algorithmen und Datenstrukturen. Teubner, Stuttgart, 1983.

[62] Klette, R.: Algorithmen und Programme. In: Autbild 85/3, Wissenschaftliche Beiträge der Friedrich-Schiller-Universität, Jena, 1985, S. 7-61.

[63] Gallagher, N.C., Wise, G.L.: A theoretical analysis of the properties of median filters. IEEE Trans., Vol. ASSP-29, Dec. 1981, S. 1136-1141.

[64] Tagare, H.D., de Figueiredo, R.: Order filters. Proc. IEEE, Vol. 73, Jan. 1985, S. 163-165.

[65] Bednar, J.B., Watt, T.L.: Alpha-trimmed means and their relationship to median filters. IEEE Trans., Vol. ASSP-32, Feb. 1984, S. 145-153.

[66] Pitas, I., Venetsanopoulos, A.N.: Nonlinear order statistics filters for image filtering and edge detection. Signal Processing, Vol. 10, 1986, S. 395-413.

[67] Bovik, A.C., Huang, T.S., Munson, D.C.: A generalization of median filtering using linear combinations of order statistics. IEEE Trans., Vol. ASSP-31, Dec. 1983, S. 1342-1349.

[68] Bovik, A.C., Huang, T.S., Munson, D.C.: Edge-sensitive image restoration using order-contrained least square methods. IEEE Trans., Vol. ASSP-33, Oct. 1985, S. 1253-1263.

[69] Kim, V., Yaroslavskii, L.: Rank algorithms for picture processing. CVGIP, Vol. 35, 1986, S. 234-258.

[70] Pitas, I., Venetsanopoulos, A.N.: Edge detectors based on nonlinear filters. IEEE Trans., Vol. PAMI-8, July 1986, S. 538-550.

[71] Döhler, H.-U.: Generierung der Ursignale zweidimensionaler Medianfilter. Interner Bericht, Institut für Nachrichtentechnik, Technische Universität Braunschweig, 1988.

[72] Nakagawa, Y., Rosenfeld, A.: A note on the use of local min and max operations in digital picture processing. IEEE Trans., Vol. SMC-8, Aug. 1978, S. 632-635.

[73] Narendra, P.M.: A separable median filter for image noise smoothing. Proc. IEEE Conf. on Pattern Recognition and Image Processing, 1978, S. 137-141.

[74] Nieminen, A., Heinonen, P., Neuvo, Y.: A new class of detail-preserving filters for image processing. IEEE Trans., Vol. PAMI-9, Jan. 1987, S. 74-90.

[75] Harwood, D., Subbarao, M., Davis, L.S.: Texture classification by local rank correlation. CVGIP, Vol. 32, 1985, S. 404-411.

[76] Niemann, H.: Methoden der Mustererkennung. Akademische Verlagsgesellschaft, Frankfurt, 1974.

[77] Duda, R.O., Hart, P.E.: Pattern classification and scene analysis. Wiley, New York, NY, 1973.

[78] Fukunaga, K.: Introduction to statistical pattern recognition. Academic Press, New York, NY, 1972.

[79] Anderberg, M.R.: Cluster analysis fcr applications. Academic Press, New York, NY, 1973.

[80] Schachter, B.J.: Model-based texture measures. IEEE Trans., Vol. PAMI-2, March 1980, S. 169-171.

[81] Schachter, B.J., Davis, L.S., Rosenfeld, A.: Some experiments in image segmentation by clustering of local feature values. Pattern Recognition, Vol. 11, 1979, S. 19-28.

[82] Zamperoni, P.: Model-based segmentation of grey-tone images. Image and Vision Computing, Vol. 2, Aug. 1984, S. 123-133.

[83] Granlund, G.: Description of texture using a general operator approach. Proc. 5th ICPR, Miami, FL, 1980, S. 776-779.

[84] Yokoi, S., Toriwaki, J.-I., Fukumura, T.: An analysis of topological properties of digitized binary pictures using local features. CGIP, Vol. 4, 1975, S. 63-73.

[85] Gray, S.B.: Local properties of binary images in two dimensions. IEEE Trans. Computers, Vol. C-20, May 1971, S. 551-561.

[86] Kolers, P.A.: The role of shape and geometry in picture recognition. In: Lipkin, B.S., Rosenfeld, A. (Hrsg.): Picture processing and psychopictorics. Academic Press, New York, NY, 1970, S. 181-202.

[87] Kugler, J., Wahl, F.: Kantendetektion mit lokalen Operatoren. In: Foith, J.P. (Hrsg.): Angewandte Szenenanalyse. Informatik-Fachberichte 20, Springer-Verlag, Berlin usw., 1979, S. 25-35.

[88] Brooks, M.J.: Rationalizing edge detectors. CGIP, Vol. 8, 1978, S. 277-285.

[89] Davis, L.S.: A survey of edge detection techniques. CGIP, Vol. 4, 1975, S. 248-270.

[90] Peli, T., Malah, D.: A study of edge detection algorithms. CGIP, Vol. 20, 1982, S. 1-21.

[91] Haralick, R.M.: Edge and region analysis for digital image data. CGIP, Vol. 12, 1980, S. 60-73.

[92] Zamperoni, P.: Contour tracing of grey-scale images based on 2-D histograms. Pattern Recognition, Vol. 15, 1982, S. 161-165.

[93] Mérö, L.: An optimal line following algorithm. IEEE Trans., Vol. PAMI-3, Sept. 1981, S. 593-598.

[94] Tilgner, R.D., Abele, L.W., Wahl, F.M.: An improved edge detection system applied to cytological material. Proc. Convegno Tecniche Eleborazione Immagini d'Interesse Clinico, Pavia, 1977, S. 291-302.

[95] Wahl, F., Lange, C., Hofer, J.: Computerisierte Organgrenzfindung in der Myocardszintigraphie. Biomedizinische Technik, Vol. 23, Ergänzungsband 1, Mai/Juni 1978.

[96] Groch, W.-D.: Extraction of line shaped objects from aerial images using a special operator to analyze the profile of functions. CGIP, Vol. 18, 1982, S. 347-358.

[97] Awajan, A., Mignot, J., Rondot, D., Stamon, G.: Détection et analyse des lignes d'une image. Proc. MARI-87, Paris, 1987, S. 321-325.

[98] Paton, K.: Line detection by local methods. CGIP, Vol. 9, 1979, S. 316-332.

[99] Thompson, W.B.: The role of texture in computerized scene analysis. US-CIPI Report N. 550, University of Southern California, Dec. 1974.

[100] Abele, L.: Statistische und strukturelle Texturanalyse mit Anwendungen in der Bildsegmentierung. Dissertation, Lehrstuhl für Nachrichtentechnik, Technische Universität München, 1982.

[101] Zucker, S.W.: Toward a model of texture. CGIP, Vol. 5, 1976, S. 190-202.

[102] Haralick, R.M.: Statistical and structural approaches to texture. Proc. 4th ICPR,Kyoto, 1978, S. 45-69.

[103] Julesz, B.: Visual pattern discrimination. IRE Trans. Information Theory, Vol. IT-8, Feb. 1962, S. 84-92.

[104] Fischer, F.A.: Einführung in die statistische Übertragungstheorie. Bibliographisches Institut, Mannheim, 1969.

[105] Cross, G.R., Jain, A.K.: Measures of homogeneity in textures. Proc. Pattern Recognition and Image Processing Conference, Washington, DC, 1983, S. 211-216.

[106] Gagalowicz, A., De Ma, S., Tournier-Lasserve, C.: New model for homogeneous textures. Proc. 4th Scandinavian Conf. Image Analysis, Trondheim, 1985, S. 411-419.

[107] Gagalowicz, A., De Ma, S.: Synthesis of natural textures. Proc. 6th ICPR, München, 1982, S. 1081-1086.

[108] Kashyap, R.L.: Univariate and multivariate random field models for images. In [157], S. 245-258.

[109] Unser, M.: Local linear transforms for texture measurements. Signal Processing, Vol. 11, 1986, S. 61-80.

[110] Wechsler, H.: Texture analysis - a survey. Signal Processing, Vol. 2, 1980, S. 271-282.

[111] Haralick, R.M., Shanmugam, K., Dinstein, I.: Textural features for image classification. IEEE Trans., Vol. SMC-3, Nov. 1973, S. 610-621.

[112] Wilhelmi, W.: Texturmerkmale, ihre Bestimmung und Anwendung. Bild und Ton, Vol. 38, 1985, N. 6, S. 165-172.

[113] Weszka, J.S., Dyer, C., Rosenfeld, A.: A comparative study of texture measures for terrain classification. IEEE Trans., Vol. SMC-6, April 1976, S. 269-285.

[114] Pietikäinen, M.K., Rosenfeld, A.: Edge-based texture measures. IEEE Trans., Vol. SMC-12, July/Aug. 1982, S. 585-594.

[115] Lowitz, G.E.: Can a local histogram really map texture information ? Pattern Recognition, Vol. 16, 1983, S. 141-147.

[116] Davis, L.S., Johns, S.A., Aggarwal, J.K.: Texture analysis using generalized co-occurrence matrices. IEEE Trans., Vol. PAMI-1, July 1979, S. 251-259.

[117] Davis, W.A., Tychon, G.G.: Texture boundaries in digital images. Proc. 8th ICPR, Paris, 1986, S. 402-404.

[118] Brétaudeau, F.G.: Une méthode d'analyse des images de textures pour la détection des frontières, la segmentation et la pousuite. Proc. 54th Symposium Avionics Panel on Electro-Optical Systems and Image Analysis for Airborne Applications, Griechenland, 1987, S. 30/1-30/14.

[119] Pickett, R.M.: Visual analysis of texture in the detection and recognition of objects. In: Lipkin, B.S., Rosenfeld, A. (Hrsg.): Picture processing and psychopictorics. Academic Press, New York, NY, 1970, S. 289-308.

[120] Pietikäinen, M., Rosenfeld, A., Davis, L.S.: Experiments with texture classification using averages of local pattern matches. IEEE Trans., Vol. SMC-13, May/June 1983, S. 421-426.

[121] Rosenfeld, A., Pfaltz, J.: Sequential operations in digital picture processing. Journal ACM, Vol. 13, 1966, S. 471-494.

[122] Danielsson, P.E.: Euclidean distance mapping. CGIP, Vol. 14, 1980, S. 227-248.

[123] Borgefors, G.: Distance transformations in arbitrary dimensions. CVGIP, Vol. 27, 1984, S. 321-345.

[124] Suzuki, S., Abe, K.: New fusion operators for digitized binary images and their applications. Proc. 6th ICPR, München, 1982, S. 732-738.

[125] Klette, R., Zamperoni, P.: Measures of correspondence between binary patterns. Image and Vision Computing, Vol. 5, Nov. 1987, S. 287-295.

[126] Montanari, U.: A method for obtaining skeletons using a quasi-euclidean distance. Journal ACM, Vol. 15, 1968, S. 600-624.

[127] Philbrick, O.: Shape description with the medial axis transformation. Proc. Symposium Automatic Photointerpretation, Washington, DC, 1967, S. 395-407.

[128] Blum, H.: A trasnsformation for extracting new descriptors of shape. In: Wathen-Dunn, W. (Hrsg.): Models of the perception of speech and visual form. MIT-Press, Cambridge, MA, 1967, S. 362-380.

[129] Pfaltz, J., Rosenfeld, A.: Computer representation of planar regions by their skeletons. Communications of ACM, Vol. 10, Feb. 1967, S. 119-125.

[130] Märgner, V., Zamperoni, P.: Einige Experimente zur datenreduzierten Darstellung von digitisierten Mustern durch die Mittelachsen-Transformation. In: Nagel, H.-H. (Hrsg.): Digitale Bildverarbeitung. Informatik-Fachberichte N. 8, Springer-Verlag, Berlin usw., 1977, S. 212-222.

[131] Levi, G., Montanari, U.: A grey-weighted skeleton. Information and Control, Vol. 17, 1970, S. 62-91.

[132] Yokoi, S., Naruse, T., Toriwaki, J.-I., Fukumura, T.: A theoretical analysis of grey-weighted distance transformations. Proc. 4th ICPR, Kyoto, 1978, S. 573-575.

[133] Wang, S., Wu, A.Y., Rosenfeld, A.: Image approximation from grey-scale medial axes. IEEE Trans., Vol. PAMI-3, Nov. 1981, S. 687-696.

[134] Peleg, S., Rosenfeld, A.: A min-max medial axis transformation. IEEE Trans., Vol. PAMI-3, March 1981, S. 208-210.

[135] Tamura, H.: A comparison of line thinning algorithms from digital geometry viewpoint. Proc. 4th ICPR, Kyoto, 1978, S. 715-719.

[136] Arcelli, C., Cordella, L., Levialdi, S.: Parallel thinning of binary pictures. Electronic Letters, Vol. 11, 1975, N. 7, S. 148-149.

[137] Arcelli, C., Cordella, L., Levialdi, S.: More about a thinning algorithm. Electronic Letters, Vol. 16, 1980, N. 2, S. 51-53.

[138] Arcelli, C.: A condition for digital points removal. Signal Processing, Vol. 1, 1979, S. 283-285.

[139] Pavlidis, T.: A thinning algorithm for discrete binary images. CGIP, Vol. 13, 1980, S. 142-157.

[140] Arcelli, C., Sanniti di Baja, G.: A width-independent fast thinning algorithm. IEEE Trans., Vol. PAMI-7, July 1985, S. 463-474.

[141] Arcelli, C.: Pattern thinning by contour tracing. CGIP, Vol. 17, 1981, S. 130-144.

[142] Suzuki, S., Abe, K.: Sequential thinning of binary pictures using distance transformation. Proc. 8th ICPR, Paris, 1986, S. 289-292.

[143] Chu, Y.K., Suen, C.Y.: An alternative smoothing and stripping algorithm for thinning digital binary patterns. Signal Processing, Vol. 11, 1986, S. 207-222.

[144] Chin, R.T., Wan, H.-H., Stover, D.L., Iverson, R.D.: A one-pass thinning algorithm and its parallel implementation. CVGIP, vol. 40, 1987, S. 30-40.

[145] Levialdi, S.: On shrinking binary picture patterns. Communications of ACM, Vol. 15, Jan. 1972, S. 7-10.

[146] Kameswara Rao, C.V., Prasada, B., Sarma, K.R.: A parallel shrinking algorithm for binary patterns. CGIP, Vol. 5, 1976, S. 265-270.

[147] Shapiro, S.D.: Feature space transforms for curve detection. Pattern Recognition, Vol. 10, 1978, S. 129-143.

[148] Sklansky, J.: On the Hough technique for curve detection. IEEE Trans. Computers, Vol. C-27, Oct. 1978, S. 923-926.

[149] Davis, L.S.: Hierarchical generalized Hough transforms and line-segment based generalized Hough transforms. Pattern Recognition, Vol. 15, 1982, S. 277-285.

[150] Sloan, K.R., Ballard, D.H.: Experience with the generalized Hough transform. Proc. 5th ICPR, Miami, FL, 1980, S. 174-179.

[151] Märgner, V., Politt, C.: Abschlußbericht zum Forschungs- und Entwicklungsvorhaben "Familie schneller Bildverarbeitungsrechner", im Auftrage der Firma VTE Videotechnik und Elektronik. Institut für Nachrichtentechnik, Technische Universität Braunschweig, Nov. 1987.

[152] Henze, M.: Programm zur Durchführung der Hough-Transformation. Studienarbeit, Institut für Nachrichtentechnik, Technische Universität Braunschweig, 1986.

[153] Kimme, C., Ballard, D.H., Sklansky, J.: Finding circles by an array of accumulators. Communications of ACM, Vol. 18, 1975, N. 2, S. 120-122.

[154] Pennati, G.: Interpretazione automatica d'immagini colposcopiche. Diplomarbeit, CNR - Istituto di Fisica Cosmica e Tecnologie Relative, Milano, 1988.

[155] Ballard, D.H.: Generalizing the Hough transform to detect arbitrary shapes. Pattern Recognition, Vol. 13, 1981, S. 111-122.

[156] Ahuja, N., Rosenfeld, A.: Image models. Technical Report TR-781, Computer Vision Laboratory, University of Maryland, July 1979.

[157] Rosenfeld, A. (Hrsg.): Image modeling. Academic Press, New York, NY, 1981.

[158] Chen, P.C., Pavlidis, T.: Image segmentation as an estimation problem. In [157], S. 9-28.

[159] Therrien, C.W.: An estimation-theoretic approach to terrain image segmentation. CVGIP, Vol. 22, 1983, S. 313-326.

[160] Jain, A.K.: Advances in mathematical models for image processing. Proc. IEEE, Vol. 69, May 1981, S. 502-528.

[161] Therrien, C.W., Quatieri, T.F., Dudgeon, D.E.: Statistical model-based algorithms for image analysis. Proc. IEEE, Vol. 74, April 1986, S. 532-551.

[162] Wong, E.: Two-dimensional random fields and representation of images. SIAM Journal Applied Mathematics, Vol. 16, July 1968, S. 756-770.

[163] Therrien, C.W.: Linear filtering models for texture classification and segmentation. Proc. 5th ICPR, Miami, FL, 1980, S. 1132-1135.

[164] Haralick, R.M., Watson, L.T., Laffey, T.J.: The topographic primal sketch. Intern. Journal Robotics Research, Vol. 2, 1983, S. 50-72.

[165] Haralick, R.M., Shapiro, L.G.: Image segmentation techniques. CVGIP, Vol. 29, 1985, S. 100-132.

[166] Gurari, E.M., Wechsler, H.: On the difficulties involved in the segmentation of pictures. IEEE Trans., Vol. PAMI-4, May 1982, S. 304-306.

[167] von Borstel, H.: Realisierung und Erprobung eines Verfahrens zur Histogrammäqualisation von Grautonbildern. Entwurfsarbeit, Institut für Nachrichtentechnik, Technische Universität Braunschweig, 1981.

[168] Pavlidis, T.: Structural pattern recognition. Springer-Verlag, Berlin usw., 1977.

[169] Zamperoni, P.: Feature extraction by rank-order filtering for image segmentation. Intern. Journal Pattern Recognition Artificial Intelligence (IJPRAI), Vol. 2, June 1988, S. 301-319.

[170] Meisel, W.S.: Computer-oriented approaches to pattern recognition. Academic Press, New York, NY, 1972.

[171] Tou, J.T., Gonzalez, R.C.: Pattern recognition principles. Addison-Wesley, Reading, MA, 1974.

[172] Hassner, M., Sklansky, J.: The use of Markov random fields as models of texture. In [157], S. 185-198.

[173] Cross, G.R., Jain, A.K.: Markov random field texture models. IEEE Trans., Vol. PAMI-5, Jan. 1983, S. 25-39.

[174] Pratt, W.K., Faugeras, O., Gagalowicz, A.: Applications of stochastic texture field models to image processing. Proc. IEEE, Vol. 69, May 1981, S. 542-551.

[175] Faugeras, O.: Autoregressive modeling with conditional expectations for texture synthesis. Proc. 5th ICPR, Miami, FL, 1980, S. 792-794.

[176] Najim, M.: Modélisation et identification en traitement du signal. Masson, Paris, 1988.

[177] Kanal, L.N.: Markov mesh models. In [157], S. 239-243.

[178] Voß, K.: Zur Struktur von Punktmengen in Merkmalräumen. Bild und Ton, Vol. 39, 1986, N. 12, S. 357-361.

[179] Jahn, K.: Eine Methode zur Clusterbildung in metrischen Räumen. Bild und Ton, Vol. 39, 1986, N. 12, S. 362-370.

[180] Coleman, G.B., Andrews, H.C.: Image segmentation by clustering. Proc. IEEE, Vol. 67, May 1979, S. 773-785.

[181] Gerbrands, J.J., Backer, E., Cheng, X.S.: Multiresolutional cluster segmentation using spatial context. Proc. 8th ICPR, Paris, 1986, S. 1333-1335.

[182] Goldberg, M., Shlien, S.: A clustering scheme for multispectral images. IEEE Trans., Vol. SMC-8, Feb. 1978, S. 86-92.

[183] Narendra, P., Goldberg, M.: A non-parametric clustering scheme for Landsat. Pattern Recognition, Vol. 9, 1977, S. 207-215.

[184] Wharton, S.W.: A generalized histogram clustering scheme for multidimensional image data. Pattern Recognition, Vol. 16, 1983, S. 193-199.

[185] Haralick, R.M., Kelly, G.L.: Pattern recognition with measurement space and spatial clustering for multiple images. Proc. IEEE, Vol. 57, April 1969, S. 654-665.

[186] Fukada, Y.: Spatial clustering procedures for region analysis. Proc. 4th ICPR, Kyoto, 1978, S. 329-331.

[187] Fu, K.S., Mu, J.K.: A survey of image segmentation. Pattern Recognition, Vol. 13, 1981, S. 3-16.

[188] Zamperoni, P.: Sequential clustering in feature- and image-space for scene segmentation. In: Lacoume, J.L. et al. (Hrsg.): Signal processing IV: Theories and applications. North-Holland, Amsterdam, 1988, S. 1625-1628.

[189] Schachter, B.: Decomposition of polygons into convex sets. IEEE Trans. Computers, Vol. C-27, Nov. 1978, S. 1078-1082.

[190] Aoki, M.: Rectangular region coding for image data compression. Pattern Recognition, Vol. 11, 1979, S. 297-312.

[191] Pavlidis, T.: On the syntactic analysis of figures. Proc. ACM National Conf., New York, 1968, S. 183-188.

[192] Pavlidis, T.: Analysis of set patterns. Pattern Recognition, Vol. 1, 1968, S. 165-178.

[193] Chazelle, B., Dobkin, D.: Decomposing a polygon into its convex parts. Proc. 11th Symposium on Theory of Computing, 1979, S. 38-48.

[194] Zamperoni, P.: Analyse und Synthese von Binärbildern durch Zerlegung in Elementarmuster. Dissertation, Institut für Nachrichtentechnik, Technische Universität Braunschweig, 1980.

[195] Sklansky, J., Cordella, L., Levialdi, S.: Parallel detection of concavities in cellular blobs. IEEE Trans. Computers, Vol. C-25, Feb. 1976, S. 187-196.

[196] Batchelor, B.S.: Using concavity trees for shape description. Computers and Digital Techniques, Vol. 2, Aug. 1979, S. 157-167.

[197] Arcelli, C., Sanniti di Baja, G.: Polygonal covering and concavity tree of binary digital pictures. Proc. of MECO, Athen, 1978.

[198] Akl, S.G., Toussaint, G.T.: Efficient convex hull algorithms for pattern recognition applications. Proc. 4th ICPR, Kyoto, 1978, S. 483-487.

[199] Hübler, A., Klette, R., Voß, K.: Determination of the convex hull of a finite set of planar points within linear time. Elektronische Informationsverarbeitung und Kybernetik (EIK), Vol. 17, 1981, N. 2/3, S. 121-139.

[200] Klette, R.: On the approximation of convex hulls of finite grid point sets. Pattern Recognition Letters, Vol. 2, 1983, S. 19-22.

[201] Kocher, M.: Codage d'images à haute compression. Dissertation N. 476, Département d'Electricité, Ecole Polytechnique Fédérale, Lausanne, 1983.

[202] Kocher, M., Kunt, M.: A contour-texture approach to picture coding. Proc. ICASSP-82, Paris, 1982, S. 436-439.

[203] Kocher, M., Leonardi, R.: Adaptive region growing technique using polynomial functions for image approximation. Signal Processing, Vol. 11, 1986, S. 47-60.

[204] Eden, M., Unser, M., Leonardi, R.: Polynomial representation of pictures. Signal Processing, Vol. 10, 1986, S. 385-393.

[205] Nagura, M., Suenaga, Y.: Gray level picture coding by facet approximation. Trans. IECE of Japan, Vol. E63, July 1980, S. 561-562.

[206] Burt, P.J.: Hierarchically derived piecewise polynomial approximations to waveforms and images. Technical Report TR-838, Computer Science Center, University of Maryland, Nov. 1979.

[207] Haralick, R.M.: Edge and region analysis for digital image data. CGIP, Vol. 12, 1980, S. 60-73.

[208] Ahuja, N., Davis, L.S., Milgram, D.L., Rosenfeld, A.: Piecewise approximation of pictures using maximal neighborhoods. IEEE Trans. Computers, Vol. C-27, April 1978, S. 375-379.

[209] Haralick, R.M., Watson, L.T.: A facet model for image data. CGIP, Vol. 15, 1981, S. 113-129.

[210] Pong, T.C.:, Shapiro, L.G., Watson, L.T., Haralick, R.M.: Experiments in segmentation using a facet model region grower. CVGIP, Vol. 25, 1984, S. 1-23.

[211] Rosenfeld, A., Davis, L.S.: Image segmentation and image models. Proc. IEEE, Vol. 67, May 1979, S. 764-772.

[212] Klinger, A., Dyer, C.R.: Experiments on picture representation using regular decomposition. CGIP, Vol. 5, 1976, S. 68-105.

[213] Knowlton, K.: Progressive transmission of grey-scale and binary pictures by simple, efficient and lossless encoding schemes. Proc. IEEE, Vol. 68, July 1980, S. 885-895.

[214] Burt, P.J., Hong, T.H., Rosenfeld, A.: Segmentation and estimation of image region properties through cooperative hierarchical computation. IEEE Trans., Vol. SMC-11, Dec. 1981, S. 802-809.

[215] Spann, M., Wilson, R.: A quad-tree approach to image segmentation which combines statistical and spatial information. Pattern Recognition, Vol. 18, 1985, S. 257-269.

[216] Haralick, R.M.: Ridges and valleys on digital images. CVGIP, Vol. 22, 1983, S. 28-38.

[217] Beucher, S.: Watershed of functions and picture segmentation. Proc. ICASSP-82, Paris, 1982, S. 1928-1931.

[218] Hashimoto, M., Skalnsky, J.: Edge detection by estimation of multiple-order derivatives. Proc. IEEE Computer Vision and Pattern Recognition Conference, Washington, DC, 1983, S. 318-325.

[219] Franke, U.: Selective deconvolution: a new approach to extrapolation and spectral analysis of discrete signals. Proc. ICASSP-87, Dallas, TX, 1987, S. 1300-1303.

[220] Mester, R., Franke, U.: Ein regionenorientiertes Segmentierungsverfahren für texturierte Bildvorlagen. In Meyer-Ebrecht, D. (Hrsg.): Proc. 6th Aachener Symposium für Signaltheorie, Springer-Verlag, Berlin usw., 1987, S. 135-138.

[221] Franke, U., Mester, R.: Ein regionenorientiertes Bildcodierungskonzept mit sehr hoher Datenreduktion. In Meyer-Ebrecht, D. (Hrsg.): Proc. 6th Aachener Symposium für Signaltheorie, Springer-Verlag, Berlin usw., 1987, S. 195-198.

[222] Zamperoni, P.: Series expansion of pictures with piecewise linear terms. Proc. 1983 SPIE Intern. Techn. Conf. Europe on Applications of Digital Image Processing, Genève, 1983, S. 113-117.

[223] Schäfer, K.: Näherung von Grautonbildern durch Verschmelzung quadratischer Felder mit planarem Grautonverlauf. Diplomarbeit, Institut für Nachrichtentechnik, Technische Universität Braunschweig, 1983.

[224] Graça, L.: Realisierung und Erprobung der Facet-Transform. Studienarbeit, Institut für Nachrichtentechnik, Technische Universität Braunschweig, 1984.

[225] Leonardi, R.: Segmentation adaptive pour le codage d'images. Dissertation N. 691, Département d'Electricité, Ecole Polytechnique Fédérale, Lausanne, 1987.

[226] Hultzsch, E.: Ausgleichsrechnung mit Anwendung in der Physik. Akademische Verlagsgesellschaft, Leipzig, 1966.

[227] Ernst, D., Bargel, B., Holdermann, F.: Processing of remote sensing data by a region growing algorithm. Proc. 3rd IJCPR, Coronado, CA, 1976, S. 679-683.

[228] Zucker, S.W.: Region growing: childhood and adolescence. CGIP, Vol. 5, 1976, S. 382-399.

[229] Zamperoni, P.: Ein Modell zur Beschreibung von regionenbildenden Operatoren für die Bildverarbeitung. Bild und Ton, Vol. 39, Juli 1986, S. 202-211.

[230] Horowitz, S.L., Pavlidis, T.: Picture segmentation by a directed split-and-merge procedure. Proc. 2nd IJCPR, Kopenhagen, 1974, s. 424-433.

[231] Cheevasuvit, F., Maitre, H., Vidal-Madjar, D.: A robust method for picture segmentation based on a split-and-merge procedure. CVGIP, Vol. 34, 1986, S. 268-281.

[232] Tanimoto, S., Klinger, A. (Hrsg.): Structured computer vision. Academic Press, New York, NY, 1980.

[233] Rosenfeld, A. (Hrsg.): Multiresolution image processing and analysis. Springer-Verlag, Berlin usw., 1984.

[234] Sloan, K., Tanimoto, S.: Progressive refinement of raster images. IEEE Trans. Computers, Vol. C-28, Nov. 1979, S. 871-874.

[235] Naor, J., Peleg, S.: Hierarchical image representation for compression, filtering and normalization. Pattern Recognition Letters, Vol. 2, Oct. 1983, S. 43-46.

[236] Shneier, M.: Using pyramids to define local thresholds for blob detection. Technical Report TR-808, Computer Vision Laboratory, University of Maryland, Sept. 1979.

[237] Shneier, M.: Extracting linear features from images using pyramids. IEEE Trans., Vol. SMC-12, July/Aug. 1982, S. 569-572.

[238] Rosenfeld, A.: Quadtrees and pyramids for pattern recognition and image processing. Proc. 5th ICPR, Miami, FL, 1980, S. 802-811.

[239] Shaffer, C.A., Samet, H.: Optimal quadtree construction algorithms. CVGIP, Vol. 37, 1987, S. 402-419.

[240] Samet, H.: An algorithm for converting rasters to quadtrees. IEEE Trans., Vol. PAMI-3, Jan. 1981, S. 93-95.

[241] Wu, A.Y., Hong, T.-H., Rosenfeld, A.: Threshold selection using quadtrees. IEEE Trans., Vol. PAMI-4, Jan. 1982, S. 90-94.

[242] Ranade, S.: Use of quadtrees for edge enhancement. IEEE Trans., Vol. SMC-11, May 1981, S. 370-375.

[243] Sallent-Ribes, S., Torres-Urgell, L.: An adaptive pyramid coding system. Proc. ICASSP-88, New York, 1988, S. 808-811.

[244] Pratt, W.K.: Digital image processing. Wiley, New York, NY, 1978.

[245] Samet, H.: A tutorial on quadtree research. In [233], S. 212-223.

[246] Samet, H.: Region representation: quadtree-to-raster conversion. Technical Report TR-768, Computer Science Center, University of Maryland, June 1979.

[247] Samet, H.: Region representation: quadtrees from boundary codes. Communications ACM, Vol. 23, 1980, S. 163-170.

[248] Dyer, C.R., Rosenfeld, A., Samet, H.: Region representation: boundary codes from quadtrees. Communications ACM, vol. 23, 1980, S. 171-179.

[249] Shneier, M.: Calculation of geometric properties using quadtrees. CGIP, Vol. 16, 1981, S. 296-302.

[250] Samet, H.: Connected component labeling using quadtrees. Journal of ACM, Vol. 28, 1981, S. 487-501.

[251] Ranade, S., Shneier, M.: Using quadtrees to smooth images. IEEE Trans., Vol. SMC-11, May 1981, S. 373-375.

[252] Serra, J.: Image analysis and mathematical morphology. Academic Press, New York, NY, 1983.

[253] Giardina, C.R., Dougherty, E.R.: Morphological methods in image and signal processing. Prentice-Hall, Englewood Cliffs, NJ, 1988.

[254] Haralick, R.M.: Sternberg, S.R., Zhuang, X.: Immage analysis using mathematical morphology. IEEE Trans., Vol. PAMI-9, July 1987, S. 532-550.

[255] Maragos, P., Schafer, R.W.: Morphological filters - Part I: their set-theoretic analysis and relations to linear shift-invariant filters; Part II: their relations to median, order-statistic and stack filters. IEEE Trans., Vol. ASSP-35, Aug. 1987, S. 1153-1184.

[256] Sternberg, S.R.: Grayscale morphology. CVGIP, Vol. 35, 1986, S. 333-355.

[257] Meyer, F.: Iterative image transformations for an automatic screening of cervical smears. Journal of Histochemistry and Cytochemistry, Vol. 27, 1979, S. 128-135.

[258] Lee, J., Haralick, R.M., Shapiro, L.G.: Morphologic edge detection. Proc. 8th ICPR, Paris, 1986, S. 369-373.

[259] Jungmann, B.: Segmentierung mit morphologischen Operationen. In: W. Kropatsch (Hrsg.): Mustererkennung 1984, Informatik-Fachberichte 87, Springer-Verlag, Berlin usw., 1984, S. 77-83.

[260] Rodenacker, K., Gais, P., Jütting, U., Burger, G.: Mathematical morphology in grey-images. In: Schüßler, H.W. (Hrsg.): Signal Processing II: Theories and applications, North-Holland, Amsterdam, 1983, S. 131-134.

[261] Mott-Smith, J.C., Baer, T.: Area and volume coding of pictures. In: Huang, T.S., Tretiak, O. (Hrsg.): Picture bandwidth compression. Gordon and Breach, New York, NY, 1972, S. 449-486.

[262] Young, I.T., Peverini, R.L., Verbeek, P.W., van Otterloo, P.J.: A new implementation for the binary and Minkowski operators. CGIP, Vol. 17, 1981, S. 189-210.

[263] Gerritsen, F.A., Verbeek, P.W.: Implementation of cellular-logic operators using 3×3 convolution and table lookup hardware. CVGIP, Vol. 27, 1984, S. 115-123.

[264] Groen, F., Foster, N.: A fast algorithm for cellular logic operations on sequential machines. Pattern Recognition Letters, Vol. 2, 1984, S. 333-338.

[265] Goetcherian, V.: From binary to grey tone image processing using fuzzy logic concepts. Pattern Recognition, Vol. 12, 1980, S. 7-15.

[266] Holder, S., Dengler, J., Desaga, J.F.: Lokalisation von Mikrokalzifikationen in Mammographien. In: Bunke, H. et al. (Hrsg.): Mustererkennung 1988, Proc. 10. DAGM-Symposium, Zürich, 1988, Springer-Verlag, Berlin usw., 1988, S. 17-23.

[267] Pecht, J., Vollath, D., Gruber, P.: A fast bit-plane processor for quantitative image processing in a mini-computer environment: hardware and software architecture. In: Schüßler, H.W. (Hrsg.): Signal Processing II: Theories and applications, North-Holland, Amsterdam, 1983, S. 809-812.

Sachwortverzeichnis

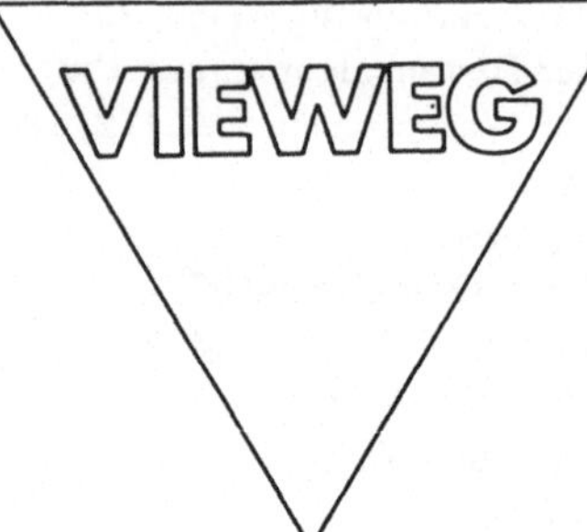

Dieter Conrads

Datenkommunikation

Verfahren – Netze – Dienste.

1989. X, 263 Seiten mit 116 Abbildungen und 9 Tabellen. 16,2 x 22,9 cm. (Moderne Kommunikationstechnik, hrsg. von Firoz Kaderali; Bd.1.) Kartoniert.

Dieser erste Band der neuen Reihe Moderne Kommunikationstechnik bietet eine fundierte, leicht verständliche Einführung in die grundlegenden Verfahren der Übertragungstechnik und beschreibt alle wichtigen Netzmodelle und Übertragungsprotokolle. Er faßt den derzeitigen Stand der Standardisierungen zusammen und gibt einen Ausblick auf zukünftige Entwicklungen.

Es werden folgende Schwerpunkte behandelt: Grundlagen der Datenübertragung – Lokale Netze (LANs) und digitale Nebenstellenanlagen – Weitverkehrsnetze – Netzdienste der Deutschen Bundespost (ISDN) – Grundlagen der Datenübertragung – Kommunikationsdienste der Deutschen Bundespost.

Zahlreiche Abbildungen erleichtern das Verständnis der wichtigsten Strukturen und Standards. Auf eine mathematische Darstellung wurde weitgehend verzichtet.

Der Band ist somit zugleich einführendes Lehrbuch für den Studenten der Nachrichtentechnik und der Informatik als auch eine Orientierungshilfe für den Praktiker, der sich mit dem Aufbau von Rechnernetzen befaßt.